侠の歴史

士は己を知る者のために死す、「侠」に生きた勇者たち

東洋編

下

上田 信◆編著

清水書院

序

『三国志演義』にみる「俠」なる生き方——明代史の視点から

上田 信

漢字の「俠《きょう》」は、「人」に関することを示すニンベン「亻」に、音を示す「夾」を組み合わせたものである。「夾」と言う文字の成り立ちを殷代《いんだい》の甲骨《こうこつ》文字でさかのぼってみると、立っている人「大」の両脇から、人が挟み込む姿をかたどっている。そこから「はさむ」という意味が生まれた。手で挟む動作は「挾」となり、山が挟むと「峽」と峡谷となり、草の実を挟むものが「莢」となる。獣に挟まれた状態「狹」は、「狭い」という意味になる。

このように分解してみると、「俠」の文字には、「人」が四つ含まれていることが分かる。「大」で示される人に、人々が寄り添っている様子を現したのが、「俠」。「俠」とは、役職や身分に頼らずに、人格からにじみ出る魅力によって、その周囲に人々を引き寄せられる人物だということになる。

その「俠」の生き方のモデルとして、おそらく筆頭にあがるのが『三国志』に描かれた英雄たちであろう。歴史上の関羽《かんう》・張飛《ちょうひ》・趙雲《ちょううん》については、本シリーズの「東洋編(上)」で、後漢・三国時代の歴史研究の第一人者である渡邉義浩氏が、おもに正史『三国志』(以下、正史)を引用しながら描いている。

本稿では、十四世紀に原型が書かれたとされ、十六世紀に最古の版本が世に出たもう一つの三国志、『三国通俗演義』、略して『三国志演義』あるいは『三国演義』(以下、『演義』)について、それが成立した明代史の視点から論じておきたい。

『演義』は、おそらくアジアでもっとも広く読まれている小説であろう。これを題材とした映画やテレビドラマ・マンガ・ゲームは、本家の中国はもちろんのこと、日本のみならず、韓国やタイなどでも作り続けられている。現代の小説家が、『演義』の翻案やパロディとして発表した作品も、数え上げればきりがない。『演義』を原点として文化の座標を形づくることができれば、『演義』に関わる作品を生みだした社会と時代の相対的な位置関係を浮かび上がらせることが可能となる。

本稿では、日本人にもっとも膾炙《かいしゃ》した吉川英治《よしかわえいじ》(一八九二―一九六二)『三国志』と『演義』との差異を検討することによって、日本人が理解できなかった中国的な「俠」とはなんであったのか、確認してゆく。

正史から『演義』へ

作業に入る前に、原点となる『演義』について、基礎的な事項を整理しておく。そもそも『三国志演義』は、正史『三国志』を骨格にして、野史などから素材を集めて小説のパーツとして組み込んでいる。

正史は、晋《しん》が三国の魏《ぎ》から政権を継承し、最後に残った呉《ご》を滅ぼしたあと、かつて蜀《しょく》に仕えていた陳寿《ちんじゅ》（二三三―二九七）が編纂《へんさん》した。正史とは別に、魏・呉・蜀が並立した時代について、南北朝の時代からさまざまな伝承が語り継がれていた。南朝宋に編纂された『世説新語《せせつしんご》』には、伝承の断片が含まれている。

時代が下り、宋代《そうだい》に都市が発達し、庶民の文化が成熟してくると、語り物が形成され、中国演劇の創始と位置づけられる雑劇《ざつげき》が成立する。街角で人を集めた講談において、「子どもたちはわがままで、親は手を焼いていた。わがままを言うと、お金を与えて昔話を聞かせてやった。その講釈で三国時代のこととなると、劉備玄徳《りゅうびげんとく》が負けるたびに、涙を流し、曹操《そうそう》が負けると大喜びをした」（蘇軾《そしょく》『東坡志林』巻一）とあり、宋代にはすでに劉備を善玉、曹操を悪玉とする『演義』の基本的な枠組みが成立していたことをうかがい知ることができる。

元代《げんだい》においては、モンゴル族の支配のもとユーラシア全域をめぐる経済の活況を呈し、都市の庶民文化はいっそう発達し、元曲《げんきょく》とよばれる演劇が確立した。正史から演義へのステップとなる『三国平話《へいわ》』（以後『平話』）が、元の至治《しじ》年間（一三二一～一三二三年）に著された。平話とは、講釈師の台本をもとに、読み物としてまとめられたもの。演劇をみた帰りや、観劇の手引きとして普及したと考えられる。『平話』は『演義』の特質を浮かび上がらせる。

現存最古の『演義』版本（嘉靖《かせい》元〔一五二二〕年）の序文によれば、『平話』を目が不自由な芸人が語るが、その言葉は鄙俗《ひぞく》で間違いも多いため、羅貫中《らかんちゅう》が正史で諸国の歴史を考察し、書き改めて『演義』を書いた、とされる。羅貫中は太原(山西省)を本籍とする元末明初(十四世紀後半)の人物であるが、経歴などは一切不明。羅が書いた作品が、いま私たちが読む『演義』とどれくらい一致しているのか、これもよく分かっていない。

羅貫中が生きた十四世紀から、現存最古の嘉靖『演義』が出版された十六世紀までのあいだ、中国は商業の時代を経ている。華美になった都市では、科挙の受験をやめた文人が、俠の生き方を羨望《せんぼう》する「俠士」をきどった。文人のあいだで小説を回し読み、気に入ったものがあれば、書き写す。「あの膨大なものを」、と思うかも知れないが、たとえばおよそ七〇年前の文化大革命の時期に、中国の青年たちは、表沙汰になれば政治批判を免れない恋愛小説を書き写しながら読んでいた、という話を聞いたことがある。コピー機がいたるところにあるという現代とは異なり、かつて人は書写することを厭《いと》わなかった。

正史を通俗化した『十七史詳節』『通鑑《つがん》節要』などをもとに羅貫中が『演義』の原型を元末明初に書き上げたあと、俠士たちがこの原型『演義』を借りてきては書き写していく。このプロセスで、文人の癖が出て、史書に基づいて情報を追加したり、ときにはストーリーを自分の好みに合わせて改変したりしたのではないだろうか。

嘉靖『演義』からして、元代の『平話』に比べると、文人好みとなり史書からの引用、詩文の挿入が見られるが、その方向は明代万暦《ばんれき》年間の一五八〇年代に刊行された周曰校刊『演義』、夏振宇刊本『演義』へと引き継がれていく。この流れのなかで陽明《ようめい》学者の李贄《りし》(李卓吾《りたくご》)による『李卓吾先生批評三国志』が、決定版として世に出るのである。この李卓吾による版本を元にして、いま一般的に広く読まれている毛綸《もうりん》・毛宗崗《もうそうこう》父子の『演義』が、清代康熙《こうき》年間(十七世紀後半)に出版される。

現存『演義』を読むと、明・清という時代を生きた人々の好みを、色濃く反映している。さらに、明代のできごとを反映したと思われるエピソードも、含まれているように思われる。

桃園の結義

日本人のあいだには「三国志」ファンが多くいるが、しかし、『演義』を読み通した人は意外と少ない。ファンを名乗る人の多くは、吉川英治の『三国志』(以下、吉川版)、あるいは吉川版に基づく横山光輝《よこやまみつてる》の漫画『三国志』によって、「三国志」のイメージを作っている。ところが、『演義』と吉川版とは、その本質的な部分で大きな差異がある。

まず劉備のイメージについて。吉川版は、冒頭、つぎの描写から始まる。「後漢の建寧《けんねい》元年のころ。今から約千七百八十年ほど前のことである。一人の旅人があった。腰に、一剣を佩《は》いているほか、身なりはいたって見すぼらしいが、眉は秀で、唇は紅く、とりわけ聡明そうな眸《ひとみ》や、豊かな頬をして、つねにどこかに微笑をふくみ、総じて賤《いや》しげな容子がなかった」。この「賤しげな容子」がない青年こそが、吉川の描く劉備。

なぜ「身なりはいたって見すぼらしい」にもかかわらず、「賤しげな容子」がないのか、その理由は茶を手に入れるため、伝来の剣を人手に渡してしまった劉備を、その母親がしかる場面で語られる。

「お忘れかえ、阿備。おまえのお父様も、お祖父様も、おまえのように沓《くつ》を作り蓆《むしろ》を織り、土民の中に埋もれたままお果てなされてはいるけれど、もっともっと先のご先祖をたずねれば、漢の中山靖王劉勝《りゅうしょう》の正しい血すじなのですよ。おまえはまぎれもなく景帝の玄孫《げんそん》なのです。……あの剣は、その印綬《いんじゅ》というてもよい物です」。

ここでは、「血すじ」「家すじ」という言葉に注意を向けてほしい。

それでは『演義』では、劉備をどのように描いているのか。「この人、あまり学問を好まず、その性格は寛大でことば少なく、喜怒を色にあらわさぬが、心に大望をいだき、いつも天下の豪傑と交わりを結ぼうとしていた」と、劉備の不穏な人柄が紹介される。

劉備の設定について、吉川版は貴種流離譚《りゅうりたん》であり、貴種であることを証明するアイテムが剣であった。それに対して『演義』では、「血すじ」「家すじ」は問題にされていない。この点は、『演義』にはあって正史にはない「桃園《とうえん》の盟」の描き方に見られる中国的「俠」と、吉川版の日本的「俠」との差異に引き継がれる。

『演義』に描かれる劉備・関羽・張飛の桃園の盟では、三人が香をたき、再拝して誓いの言葉を述べるよう「ここに劉備・関羽・張飛の三人、姓は同じくないけれども、すでに兄弟のちぎりを結ぶ」と誓い合う。この誓いが貫徹されるところに、『演義』が人を酔わせる魅力がある。

一方、吉川版では関羽に「劉備玄徳どのを、自分らの主君として仰ぎたい」と発言させている。劉備が辞退し「君臣の誓いは、われわれが一国一城を持った上として、ここでは三人義兄弟の約束を結んでおくことにして下さい」と受けることで、義兄弟の盟約は、時限付きの暫定的《ざんていてき》な関係へと格下げされてしまう。

『演義』の魅力の核心は、劉備が放つ不穏な魅力が関羽と張飛を引き寄せ、もともと縁もゆかりもない者たちが、自らの意志によって実際の親族関係にも勝るとも劣らない強固な信頼関係を築き上げたところにある。まさに「夾」のように、大きな野望を秘めた劉備を挟んで、関羽と張飛が寄り添うのである。その関係は水平に近い。

他方、吉川版はそのポイントを読み損ねている。貴種であるから君臣の誓いを立てるという、垂直の関係になってしまっているのである。

「仁義《じんぎ》・礼智《れいち》・忠信《ちゅうしん》・孝悌《こうてい》」という八つの徳目がある。日本の滝沢馬琴《たきざわばきん》(一七六七―一八四八)が江戸時代十九世紀前半に著した『南総里見八犬伝』がその出典であるが、儒学《じゅがく》の徳目「五常」(仁・義・礼・智・信)に、法家《ほうか》の韓非子《かんぴし》がとなえた「三綱《さんこう》」(臣が君に仕える「忠」、子が父に仕える「孝」、妻が夫に仕える「貞《てい》」)を合わせた「三綱五常」に由来する。おそらく馬琴は夫婦間の「貞」では物語を展開するうえで都合が悪いということで、弟が兄を慕う「悌」に差し替えたのであろう。

馬琴の八つの徳目をみると、垂直的な関係のモラルである仁・礼・忠・孝に対して、水平的な関係を表す義・智・信・悌がセットになっていることが分かる。「仁」は為政者が施すものであるのに対して、「義」は自ら為すべきことを為すということになる。「礼」は上下関係で守るべきことを守るというのに対して、「智」は自ら守るべきことを知るということになる。「忠」は臣下の君主に尽くすということになるが、「信」は自ら相手を信じるということになる。「孝」は子が父に仕えることであるのに対して、「悌」は自ら慕う人物に対する行為だということになる。仁礼忠孝が他律的な規範であるに対して、義智信悌は自律的な行動原理である。

桃園の盟のあと『演義』で展開されていく物語は、水平的で自律的な義と信に基づく結盟であって、決して垂直的な君臣関係ではない。

七擒七放

『演義』に先立つ『平話』は、漢の建国の功臣が冥界《めいかい》で裁判を受け、現世に生まれ変わるという幻想的な物語から始まり、次いで魏の曹操は天の時を、呉の孫権《そんけん》は地の利を、そして蜀の劉備は人の和を、それぞれ得ているという主題が語られる。三国の色分けは、それぞれの政権の特徴を際だたせている。しかし、そもそもなぜ三国が抗争するのか、その理由は冥界において定められた運命として与えられているに過ぎない。

それでは『演義』は、三国の抗争の理由をどのように提示しているだろうか。『演義』は、次の一節から始まる。「そもそも天下の大勢、分かれて久しくなれば必ず合一し、合一久しくなれば、必ずまた分かれるのが常である（説天下大勢、分久必合、合久必分）」。『演義』のモチーフは、「天下の大勢」を描くというところにある。

天下とは、漢族が生みだした文明の及ぶ範囲を指す。この文明の及ぶ範囲を広げる役割は、劉備の死後、諸葛亮《しょかつりょう》（孔明《こうめい》）によって担われる。『演義』では第八七回から第九〇回までの四回を費やして、諸葛亮が四川《しせん》から雲南《うんなん》へと遠征する模様が事細かく描かれる。諸葛亮は自らが軍を率いて南下する理由について、「南蛮《なんばん》の地は、国を離れることはなはだ遠く、人、多く王化《おうか》を習わず、収伏《しゅうふく》はなはだ難し」と述べている。

ここに見える「王化」という言葉は、中国の外側に住む民族に、中華文明の行動原理を受け入れさせ、安定した関係を結ぶ、という意味である。雲南への遠征のなかで、諸葛亮は執拗《しつよう》に抵抗する異民族の孟獲《もうかく》を、捕らえること七度、解き放つこと七度におよんだ。「七擒七放《しちきんしちほう》」として知られる、『演義』後半の見せ場の一つである。

抵抗すると知りながらなぜ七回も解き放ったのか、その理由を諸葛亮は、「心から降伏させてこそ、おのずと平定するというものだ」（第八八回）と解き明かす。これは自己の歴史的な役割を諸葛亮が認識していた、という描かれ方である。八度目になって、孟獲はついに屈する。諸葛亮は占領した地域を孟獲に返還し、もとどおり支配することを認める。地方官を派遣することも行わなかった。

『演義』における諸葛亮の役回りは、劉備を核にして形成された信義に基づく関係を、中国文明の外に広げていくところにある。王化とよばれる文明化は、武力に基づく主従関係ではなく、信頼関係の構築を目指す。孟獲は武力ではなく、諸葛亮の人間としての大きさに屈するのである。こうして生まれた信義に基づき、諸葛亮は孟獲の在地における社会関係には手を付けていない。このエピソードは、『襄陽耆旧記《じょうようききゅうき》』（東晋時代〔三一七〜四二〇年〕刊佚行の史書）に見える馬謖《ばしょく》の助言を、『演義』が取り入れたものであろう。

一方、正史の本文中には、わずかに「亮は衆を率いて南征し、その秋にはことごとく平げた」とあるだけ。「七擒七放」のエピソードは、注釈に引用された『漢晋春秋』（東晋時代刊佚行の史書）の佚文《いつぶん》に見える。そこでは、孟獲は「公は天威である。南人は反抗を繰り返さない」と武力に負けて従うだけであり、諸葛亮は「兵を留めても運兵糧を補給できない、綱紀を定められない、夷《い》と漢とは共存できない」として兵を引き上げるだけで、信義に基づく関係が築かれない。

『演義』で南征の様子が具体的に描かれる背景には、おそらく明初の一三八一年から翌年のあいだ行われた雲南遠征従軍兵士の体験談が下敷きになっているものと考えられる。雲南に存続していたモンゴル帝国の一小国を制圧するため、三〇万という大軍が動員されたのである。『演義』と同じように、戦後は先住民の首長に統治を任せる土司制度が施行されている。

従軍者が体験談に基づくと思われる、こんなエピソードがある。

孟獲に与《くみ》した洞主朶思《だし》がもたらした情報のなかに、「この洞への道は二筋しか有りません。……西北の山道は、夕方には毒気(原文「煙瘴《えんしょう》」)が立ちこめて、巳《し》・午《ご》の刻まで消えませぬ。そこを通るには、未《み》・申《しん》・酉《ゆう》の三つの刻だけです」というものがあった。

吉川版では、この毒気を「沸《に》え立った硫黄《いおう》が噴く」と解釈しているのであるが、どんなものであろうか。火山性の有毒ガスだとすれば、なぜ、未から酉の時刻(午後一時から午後七時ごろ)になると通行が可能となるのか。

一つの推定ではあるが、この「煙瘴」とは、雲南の風土病であったマラリアではないか。マラリアは、湖沼で繁殖するハマダラカによって媒介《ばいかい》される。マラリアは「悪い(mal)空気(aria)」という語源を有し、かつてヨーロッパの人々は、沼地から発する湿った瘴気《しょうき》が、この疫病の原因だと考えた。中国でも南方のマラリア多発地域を瘴癘《しょうれい》の地と呼ぶ。特に、熱帯に分布していた熱帯熱マラリアは、激烈な症状を示し、感染したヒトは間断なく高熱が続き、死に至る。

熱帯熱マラリアを媒介する蚊《か》は、夜間から冷気が残る午前中に主に活動するとされており、雲南や東南アジアに居住する民族は、夜から午前中は、けっして湿度の高い土地に入らない。低湿地における農作業も、太陽が頭上高く昇り、暑さのために蚊の活動が鈍くなる時間帯に行うのである。『演義』に登場する「煙瘴」が午後には消えるという情報は、雲南に従軍した兵士からもたらされた情報だった可能性がある。

『演義』は三国時代の史話ではなく、このように明代の小説として読むべきものなのである。

文士、兵を論ず

『演義』の版本が登場する十六世紀後半は、中国では都市消費文化の爛熟期《らんじゅくき》、日本では戦国時代にあたる。ときの明朝政府は、民間人が海外と交流することを厳禁していたが、銀を産出する日本と、生糸《きいと》・絹織物などを生産する中国のあいだで、人が往来することを押しとどめることはできなかった。

明朝の年号で嘉靖年間、一五五三年にはじまる大倭寇《だいわこう》は、海禁の解除をもとめる中国の海洋商人がスポンサーとなってはじまったもので、「真倭《しんわ》は十の三」などと史料に記されるように、大半は中国人であった。しかし、三割ほどとされる日本人のなかには、日本から海を渡った野武士も含まれ、軍事教練を担っていた。

実戦経験豊かな野武士に鍛えられた倭寇のまえに、明の官軍はなすすべもなく敗退が続く。こうした状況のなかで、民間人が活躍するようになる。文人のあいだでも武を重んじる気風がうまれた。明代後半の社会状況を伝えてくれる『万暦野獲編』巻十七「兵部」に、「文士、兵を論ず」という一文が収められている。

嘉靖以来、名の知れた唐荊川《とうけいせん》中丞・趙大洲《ちょうだいしゅう》閣老・趙浚谷《ちょうしゅんこく》中丞など、みな巍科《ぎか》（科挙試験の筆頭合格者）の大儒《たいじゅ》で、文人がこぞってあがめる人士でありながら、みな熱心に武事を極めようとしており、またいずれも詩文集を出す一方で、〔武事は〕文人に彩り加えるものだとしている。……

このあとに万暦年間に武を重んじた文人の名を列挙し、「数え上げることは容易ではない」としたあとに、生半可《なまはんか》に武事をかじった人物の例を紹介している。

今上(万暦)丁亥《ていがい》(一五八七年)に、鄖撫《うんぶ》を務めた人物は、素人であるにもかかわらず文武の才覚を自負し、王文成(王陽明《おうようめい》の諡《おくりな》、本名は王守仁)を気取っていたが、配下の兵卒が叛乱《はんらん》を起こすと、窮地に陥って早々に襄陽《じょうよう》に逃げ込んだ。他人の手柄を自分のものにしたことが露見して、詔勅《しょうちょく》が下って獄に入ることになったのだ。これはまさに、尿汁(ションベンタレ)の諸葛亮といったところだろう。

「鄖撫」とあるのは鄖陽撫治《うんようぶち》のことで、湖北省北東部・漢水流域の荊州《けいしゅう》・襄陽の軍務を統括する役職。この地は『演義』で、関羽が曹操軍と孫権軍に挟撃され戦死した「樊城《はんじょう》の戦い」が行われたところでもある。また王文成こと王陽明は、思想家としてだけではなく、軍務でも才覚を発揮した。詳しくは、本書に収められた伝を読んでいただきたい。「尿汁諸葛亮」は宋朝の郭倪《かくげい》という名の役人が常に鵞毛扇《がもうせん》を揺らし、諸葛亮を気取っていたが、金との戦争で連戦連敗し、「帯汁諸葛亮」と揶揄《やゆ》されたという故事に基づく。

十六世紀の文士にとっても、『演義』のなかの諸葛亮は、一つの生き方のモデルを提示していたと見ても、間違いはないだろう。

侠者の共通点

本書に収められた侠者の生き方を見ると、建国の功労者、救国の英雄、密貿易商人、軍閥《ぐんばつ》の頭目、反乱者、革命家、実践を重んじた思想家、ペテン師と罵られた外交使節など、実に多様である。本シリーズ「侠の歴史」に先立つ「悪の歴史」では、高校の歴史教科書にも掲載されている偉人を取り上げて、その裏面をえぐるという編集方針であったために、取り上げられた人物のほとんどが皇帝・国王・高官であった。これに対して本書が取り上げた侠者のあいだに、共通点を見いだすことは難しい。

編集を始めるにあたり、選択の基準を定めることもなく漠然《ばくぜん》と、「任侠」と目される人物を候補者としてリストアップして、それぞれの時代の第一人者に割り振った。各執筆者から原稿が届き、通読してみると、侠者とされる人物群には、どうも一つ、共通するところがあるらしい。

いずれの侠者も成人する前の青少年期に、武勇伝を残しているのである。石合戦の流れ弾が役人の頭を直撃しても、悪びれもしない少年。若者組で修練を積む若者。文人の家に生まれながら、武術の鍛錬に余念がない青年。いずれも鮮烈な印象を、周囲の人々の記憶に刻んでいる。彼らは成人しても、世慣れた大人にはならず、どこか稚気《ちき》を残している。『演義』の決定版を明代にまとめた李卓吾の思想の真髄は、「童心」であるとされる。生まれたばかりの幼児の心は、成長とともに曇らされていく。この純真無垢《むく》な精神に立ち返って、あらたに他者との関係を取り結び、社会を造るべきだ、というのである。

そこには「仁礼忠孝」という世間から押しつけられる規範に従うのではなく、自律的な「信義」に基づいて行動し、人格からにじみ出る魅力によって、みずからの周囲に人々を引き寄せられる人物になれ、というメッセージが込められている。これこそまさに、「俠」なる生き方なのである。

「俠の歴史」東洋編【下】

目次

❖一、「金庾信」は、当「俠の歴史」シリーズの「東洋編(上)」が対象とする時代の人物ですが、該当する朝鮮史の掲載人物が金庾信のみであったため、本書での掲載としました。

二、本書に掲載した各人物論におきましては、各執筆者の考えや意向を尊重し、年代・数字の表記、一部の地名・人名表記を除いて、論説や人物評価などの内容上の統一は一切はかっておりません。年代は原則として西暦を主体に「西暦〇〇(元号など〇〇)年」のように表記しましたが、月日については史料記載の陰暦などのままとし、西暦にはおきかえておりません。そのために、西暦年に一年のズレが生じる場合もあります。また、地名・人名表記では一部に旧漢字を使用しています。

三、各テーマにおける重要人物に生没年や在位年を付記しましたが、別のテーマで重複した場合があります。

(清水書院編集部)

「俠の歴史」

東洋編

【下】

新羅の三国統一における
最大の功臣

金庾信

…きんゆしん・キムユシン…

植田喜兵成智

金庾信《きんゆしん》《キムユシン》（五九五―六七三）は、武烈《ぶれつ》王金春秋《きんしゅんじゅう》（在位六五四―六六一）のもと、将軍として軍事方面で貢献し、百済《くだら》・高《こう》句麗《くり》と戦い、六六〇年に百済を、六六八年には高句麗を滅ぼして、新羅による三韓一統（いわゆる三国統一）をもたらした功臣として知られる。また、現代の韓国で最大の人口をほこる姓氏の金海金氏の祖先でもあり、朝鮮の歴史上、もっとも著名な人物の一人である。

史書における金庾信の事績

金庾信の事績は、古代朝鮮に関する歴史書である『三国史記《さんごくしき》』と『三国遺事《さんごくいじ》』に収められている。『三国史記』は、金庾信を当然ながら立伝するが、その分量は特筆すべきことに上・中・下の三巻に及ぶ。これは、『三国史記』に立伝された人物のなかで最長のものである。

『三国史記』は高麗《こうらい》時代の一一四五年に新羅王室の血をひく金富軾《きんふしょく》（一〇七五―一一五一）が編纂《へんさん》した官撰の歴史書である。金富軾が編纂したときには「金庾信行録」なる史書十巻が広く流通しており、これを省略して引用したものが金庾信伝であるという。「金庾信行録」は、金庾信の玄孫・金長清《きんちょうせい》が著したものとされ、新羅時代、恐らく八世紀後半に成立したものと思われる。このように、死後一〇〇年のうちに金庾信の業績は整理され、それが数百年のちの高麗時代にまで広く伝えられていたことは、彼の功績がいかに高く評価されていたかを示すだろう。

新羅による三韓一統の大業《たいごう》に金庾信は貢献したわけだが、『三国史記』金庾信伝には伝説的なエピソードをまじえながら、彼の功績が詳細に記されている。もちろん、金庾信伝の原典は子孫によって編まれたものである。それゆえ、祖先である金庾信を顕彰《けんしょう》するための脚色や潤色《じゅんしょく》が確実に存在することを忘れてはならない。しかし、列伝のほか新羅本紀に記された業績を見るかぎり、金庾信が新羅の三国統一において重要な役割を果たしたことは間違いない。こうした記録から見えてくる金庾信の人物像は、若き日に百済、高句麗を討滅する誓いをたて、自らの生命を顧みず戦場を往来し、後に武烈王と称される金春秋を補佐して覇業《はぎょう》に邁進《まいしん》するなど、私心無く国家に尽くした忠臣としてのものであり、ここに「俠」の要素を見出すことができるかもしれない。では、そうした金庾信の「俠」の原動力とは何だったのだろうか。彼の行動力の源泉を求めつつ、金庾信の人生を生い立ちから見ていこう。

金庾信一族の出自

金庾信の出自をたどると、伽耶《かや》の王族に行き着く。『三国史記』金庾信伝によれば、彼の十二世祖は、金首露《きんしゅろ》といい、伽耶諸国(朝鮮半島南部に割拠《かっきょ》した勢力群)の一つの金官《きんかん》伽耶の始祖である。ちなみに、この金官伽耶の本拠地が現在の慶尚南道《キョンサンナムド》金海《キメ》市であり、前述した金海金氏はここを本貫《ほんがん》と称する。

金官伽耶国は、十代目の王・仇亥《きゅうがい》のとき、新羅に降服した。その仇亥の末子を金武力《きんぶりょく》といい、彼が金庾信の祖父にあたる。武力は、新州の軍主（長官）として百済との戦役で活躍し、百済の聖王を管山城《かんさんじょう》の戦いで討ち取る大功をたて、位は角干《かくかん》（第一位）にまで達している。なお武力の名前は、同時代史料の赤城碑《せきじょうひ》や真興《しんこう》王巡狩碑《おうじゅんしゅひ》にも確認されており、実在がほぼ確実な人物である。

武力の子を金舒玄《きんじょげん》という。地方の長官や将軍などを歴任し、官位は蘇判《そはん》（第三位）であった。金舒玄は、葛文王《かつぶんおう》の立宗の孫娘で、粛訖宗《しゅくきっそう》の娘である万明に恋心を抱き、正式な婚姻の手続きを取らず、「野合」したという。娘の父である粛訖宗はこの関係をゆるさなかったが、舒玄は地方の万弩郡《ばんどぐん》（忠清北道《チュンチョンブクド》鎮川郡）に太守として赴任するさいに駆け落ち同然に連れて行った。そうして五九五（真平王十七、建福《けんぷく》十二年。建福は新羅の独自年号）年、舒玄と万明のあいだに金庾信が生まれた。

このように金庾信は伽耶王室の後裔《こうえい》であり、本来的には新羅の外部から帰属した家門の出身である。一般的に新羅は、閉鎖性の強い社会で、王都に住む貴族たちは排他的であったとされる。言う

首露王陵　慶尚南道金海市。1963年に史跡に認定され、1994年まで補修工事が行われた。　清水書院編集部撮影

ならば、伝統的な新羅人からすると「よそ者」であった。父・舒玄が正式な婚姻を経ずに万明と「野合」したことも、万明の祖父・立宗は、真興王の父であり、新羅王室の出自であるため、そこに「よそ者」を排除する何らかの力が働いたのかも知れない。一方で、母の万明夫人を通じて、金庾信は新羅王室の血も引いている。こうした一族の複雑な事情も金庾信の思考や行動に影響を与えていると思わ

❖金庾信関係系図

＝は婚姻関係、縦線は親子関係、横線は兄弟姉妹関係
数字は王代数

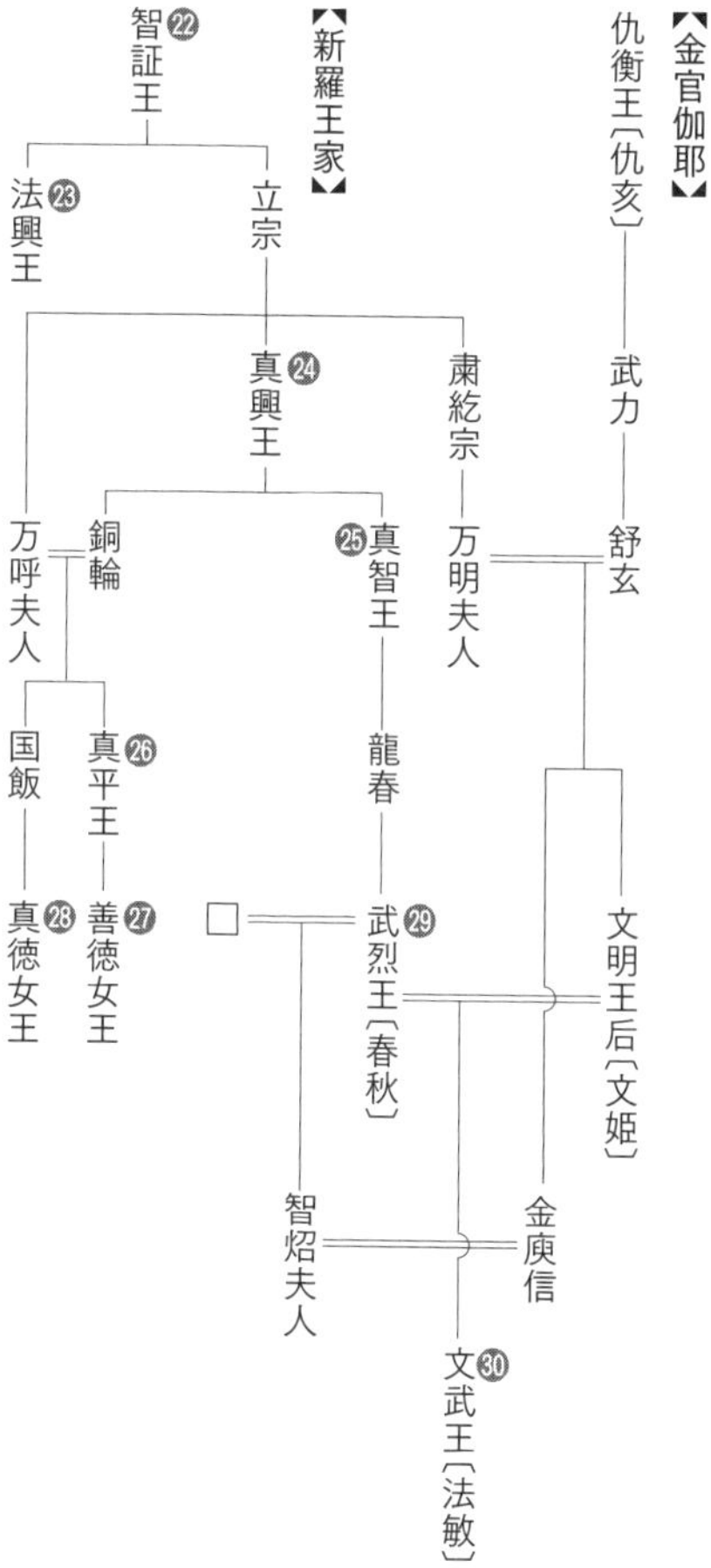

れる。新羅の伝統的な貴族に対する対抗心と、新羅王室に連なる者という帰属意識とが金庾信の「侠」の原動力の一つになったとするのは考えすぎだろうか。

花郎となった金庾信

十五歳になった金庾信は花郎《かろう》となった。花郎とは、新羅における青年貴族集会の指導者のことをいう。新羅の上級貴族の子弟が花郎となり、そのもとに花郎徒とよばれる青年が集まった。花郎集団は、平時には道義修練や、歌楽・名山勝地での遊学を通じて精神的、肉体的修養に励んだ社交組織のような存在であったが、有時には戦士団となって自己の生命を惜しまずに戦ったとされる。

たとえば、生命よりも道義を重んじる花郎の精神を示すものとして次のような逸話が『三国史記』巻四八・剣君《けんくん》伝にある。真平王の時代、剣君という舎人がいた。彼は、近郎という花郎のもとで花郎徒となっていた。六二八(建福四五)年、新羅は飢饉に見舞われ、宮中の舎人たちは、宮倉の穀物を盗んで分け合うほどであったが、その分け前を剣君は受け取ろうとしなかった。

舎人たちは「みんな受けっているのに、どうして君だけが受け取らないのか。もし分け前が少ないということなら、増やそうか」と言った。剣君は笑って「私は近郎の花郎徒として名をつらね、風月の庭(花郎の修業場の雅称)で修業している。そこに義がなければ、千金の利があるとしても心を動かすことはない」と言った。

そのため事が露見することを恐れた舎人たちは、剣君を誘い出して謀殺しようとする。覚悟した剣君は近郎に別れを告げにいった。

〔剣君が〕「今日よりのち再びお会いすることはないでしょう」と言うと、近郎はその理由を尋ねたが、剣君は答えなかった。再三尋ねると、ようやくその事情を語った。近郎は「どうして役人に言わないのか」と言うと、剣君は「〔自身の〕死を恐れて、多くの人が罰せられることは忍びがたいことです」と言った。〔近郎は〕「それならなぜ逃げないのか」と言うと、〔剣君は〕「彼らが間違っており、私が正しいのです。にもかかわらず私が逃げてしまえば、それは丈夫とはいえません」と述べた。

かくして剣君は自らの節義を通した。舎人たちのもとに赴き、毒の入っていることを知りながら、用意された料理を食べ死んだという。この事例は非常に極端な話ではあるが、花郎集団にとって道義や面子《メンツ》が非常に重んじられていたことを示すエピソードである。

さて、花郎となった金庾信は十七歳にして大願を立てる。六一一（真平王の建福二八）年、当時の新羅は高句麗や百済と激烈な抗争を繰り広げていた。そこで金庾信は、中嶽の石窟《せっくつ》にこもり、斎戒《さいかい》を行った。列伝によると金庾信は、

「敵国は無道で、山犬や虎のように、我が領土を侵略し、安らかな年がありません。私は一介《いっかい》の

> 微臣にすぎず、自らの力量もわかっていない者ですが、このわざわいを鎮めたいと思っています。天神よここに降臨し、どうか力を貸してください」

と述べ、天に誓った。すると、難勝《なんしょう》という老人が現れ、金庾信に「三国を併呑《へいどん》しようとする心がある(有併三国之心)」として褒《ほ》め、秘法を授けたという。

六一二(建福二九)年にも、隣国が攻めてくると、宝剣を持って咽薄山《いんはくさん》において斎戒し天に祈った。すると、宝剣に天官(道教の神)の霊気が宿ったという。

また壮年となった金庾信は、六二九年(建福四六)八月、高句麗の娘臂城《じょうひじょう》攻めに従軍した。高句麗軍が城から打って出てきたため、新羅軍は形勢不利となり、士気を失ってしまった。そのとき金庾信は、ともに従軍していた父の舒玄に進言した。

> 「我が軍は敗れつつあります。私は日頃より忠孝をもっとも重んじています。戦に臨んだら勇敢でなければなりません。えりをもって振るえば、かわごろもはきちんと整い、綱をひけば、綱は張るものと聞いています。私がその綱やえりとなってみせましょう」

といい、敵陣に斬り込み、敵将の首を討ち取ると、これを見た新羅兵は奮起して大勝したという。

以上をみると、いささか伝説的なエピソードであり、どれほど事実に忠実なのか疑うむきもあるだろう。だが、これらのエピソードから花郎としての金庾信像が浮かび上がる。

そもそも花郎の文化は、新羅固有の習俗に、儒教、仏教、道教が結びついたものとされる。金庾信の山籠《やまご》もりには、新羅古来の山岳信仰や道教的な神仙《しんせん》思想が反映されている。金庾信の発言に見える「忠孝」は儒教の徳目である。また、金庾信が率いた花郎の集団を龍華香徒《りゅうかこうと》といった。龍華とは弥勒菩薩《みろくぼさつ》を意味し、その弟子であることを称しているわけだが、ここから仏教の影響も見て取れる。

そして娘臂城での活躍は実に花郎らしいエピソードである。敗色濃厚の戦況において、自らの命を顧みず、忠孝の精神を重んじて、率先して敵陣に斬り込み、軍卒を奮起させた姿は、脚色されている箇所はあると思うが、すでに紹介した道義を重んじる花郎像と重なる。こうした花郎の精神も、金庾信の「侠」を形成した一部だったのではないだろうか。

金庾信と金春秋の関係

金庾信の業績は、金春秋《きんしゅんじゅう》(六〇三―六六一)との関係を切り離して考えることはできない。金春秋は、新羅の王族で、のちに即位して太宗武烈王《ぶれつおう》と称される。彼は、即位以前から新羅における改革を主導し、唐《とう》や倭《わ》と交渉を行いつつ、百済や高句麗と抗争し、即位後の六六〇(武烈王七)年には百済を滅ぼした。彼の在位期間中には果たせなかったが、太子の金法敏《きんほうびん》(文武王)があとをつぎ、六六八(文武王八)年には高句麗を滅ぼし、その後の対唐戦争にも勝利して、いわゆる新羅の三国統一を達成した。ここから金春秋の王統が続く一二〇年あまりの時代を「中代」といい、実質的に新王朝を築いた人物である。

さて、金庾信と金春秋との関係を見ていくには、金春秋の即位前の状況から振り返る必要がある。彼が即位するまでの経緯は複雑である。五七六年、真興王が没すると、次男の真智王(在位五七六—五七九)が即位した。真智王は金春秋の祖父にあたる。だが、彼は在位四年目でその治世を終える。『三国史記』では真智王は「薨《こう》」じたとあるが、『三国遺事』では「国人」が王を廃位したという不穏な記事がある。真智王には龍春《りゅうしゅん》という子がいたが、真興王の早世した長子の子である白浄《はくじょう》が真平王として即位した。王位が龍春にはわたらなかったことを考えると、新羅国内で王位継承をめぐって何らかの問題が発生したと考えられる。この龍春の子こそが金春秋である。

金春秋が歴史の表舞台に出てくるのは善徳《ぜんとく》女王の時代である。六四二(善徳王十一)年八月、大規模な百済の攻撃によって大耶《だいや》城が陥落した。大耶城を守っていた都督の品釈《ひんしゃく》は、数多くの部下とともに戦死し、彼の妻・古陁炤《こたしょう》娘《じょう》も夫と運命をともにした。実はこの品釈の妻は金春秋の娘であった。悲報に接した金春秋の様子が『三国史記』巻五・新羅本紀・善徳王十一年条に伝わっている。

春秋はこのことを聞くと、柱によりかかって立ったまま一日中またたきもせず、人が前を通り過ぎてもそれに気づかないほどであった。そして「ああ、大丈夫たる者、どうして百済を併呑できないことがあろうか」といい、王のもとに赴き、「臣は高句麗に使者として参りたく存じます。兵を請い、百済に対する恨みをはらしたいのです」と進言した。

善徳王はこれを許可して金春秋は高句麗へ向かう。しかし、交渉は決裂し、かえって高句麗と敵対することとなり、金春秋は拘禁されてしまう。この窮地を救ったのが金庾信である。金庾信が決死の兵を率いて高句麗に向かい国境に至ると、金春秋は解放された。

金春秋の高句麗使行については、『三国史記』金庾信伝にも記されており、こちらは金庾信が主体となって描かれる。それによると、出発する直前の金春秋と金庾信との会話が収められている。

〔春秋が〕庾信に「私と公とは同体で、国の股肱《ここう》の臣です。いま私が高句麗に行って害されるようなことがあれば、公は平気でいられますか」と言った。庾信は「公がもし高句麗に行って帰ってこなければ、私の軍馬をもってかならずや高句麗と百済両王の庭をふみにじってやりましょう。もしそれが果たせなかったとしたら、何の面目があって〔新羅の〕国人たちに会うことができるでしょうか」と言うと、春秋は感激し、庾信と互いに手の指を噛《か》み、血をすすって誓い、「私の計算では六〇日で帰還します。もしこれを過ぎて帰って来なければ、ふたたび会うことはないでしょう」と言った。

かくして金春秋は旅立ったが、彼は拘束され帰国できない状態に陥り、六〇日が過ぎたため、金庾信が決死の兵を募り、高句麗領に向かったとある。細部では異なるエピソードがはさまれるが、おおまかに話の筋は新羅本紀の記事と変わらない。金庾信の軍事行動が決め手となり、金春秋は九死に一生を得たわけである。信義に応えるため、決死の覚悟で金春秋を救おうとする金庾信の姿にも「俠」を見出すことができるだろう。

右に見た金庾信伝のエピソードには、脚色されているとは思われるものの、金庾信と金春秋が互いに盟約を交わし合うほどの信頼関係にあったことが示されている。実は、この時点で金庾信と金春秋の間には強固な関係ができあがっていた。

金庾信と金春秋の関係について、『三国遺事』巻一・紀異編・太宗春秋公条に興味深い逸話が掲載されている。ある年の正月、金庾信は自身の家で金春秋とともに蹴鞠《けまり》をしていたが、春秋の上衣の結びひもをわざと踏んで裂いてしまう。そこで庾信は妹の文姫《ぶんき》に繕《つくろ》わせたところ、これがきっかけとなり金春秋は文姫を娶《めと》ることになったという。この文姫が文明王后であり、のちの文武王の母である。つまり、金庾信と金春秋は義理の兄弟であった。

一方、金春秋も即位後、娘を金庾信に嫁がせている。これが智炤《ちしょう》夫人である。すなわち、金庾信にとって金春秋は、義理の弟であると同時に、義理の父でもあった。

このように金庾信と金春秋は、精神的な信頼関係だけでなく、血縁という実際的な関係によっても結びついていた。だからこそ金庾信は、金春秋の危難を救うために決死の行動をとったとも考えられる。両者の非常に強固な関係も、金庾信の「俠」の原動力の一つだったとみることもできるのではないだろうか。

三韓一統と金庾信の功績

こうして金庾信と金春秋は協力して三韓一統の覇業《はぎょう》を進めていく。金春秋は、内政・外交面で活躍し、唐からの援助を引き出すため親唐政策を進め、さらには新羅の国内制度も改革していく。金庾信は、軍事面で活躍し、六四三（善徳王十二）年には押梁州《キョンサンブクド》（慶尚北道慶山市《キョンサン》一帯）の軍主となり、百済との戦闘を連年繰り返した。その激しさを語るエピソードが金庾信伝に伝えられている。六四四（同十三）年、金庾信は、百済の加兮城《かけい》などを攻め落として凱旋しようとしたところ、百済の大軍が新羅領の買利浦城《ばいりほ》に迫るという急報を受け、家にも戻らず、これを迎撃しに行った。これを撃退したあと、王宮に復命したところ、また家に帰り着く前に百済軍の侵入を告げる急報が入る。三度百済との戦場に赴くことになり、帰りを待っていた家人たちのいる私邸の門を素通りしたが、このとき家を少し過ぎたところでしばらく馬を止めた。

〔庾信は〕家から水を持ってこさせて、これを啜《すす》り、「我が家の水の味は変わっていない」と言った。このとき軍卒たちは「大将軍でさえこうなのだから、我々が家族と離れ、会えないからといって、どうして恨むようなことがあろうか」と言った。

このエピソードもそのまま事実としてよいか疑わしいが、新羅本紀の記事を見ると、六四四年からほぼ連年続く百済との戦争に金庾信が出撃している。そのときの金庾信の活躍が右に見たエピソードに反映されたものだろう。

一方の金春秋は、内政改革や外交努力を続け、唐服の導入、唐年号の使用を決め、やがては唐からの軍事援助を引き出すことに成功する。そして善徳、真徳王の亡き後、金春秋は新羅王に即位し、即位七年目(六六〇年)にして唐軍とともに百済を滅ぼした。金庾信もこのとき大将軍として従軍しており、黄山において百済の将軍・階伯《かいはく》と死闘を繰り広げている。

ようやく宿敵の百済を滅ぼした武烈王金春秋であったが、翌年死去してしまう。金法敏が跡を継いだ。のちに文武王と諡《おくりな》される彼は、金庾信の妹と武烈王金春秋との間の子であり、金庾信からみれば外甥にあたる。この頃には金庾信も六〇歳を超えて老境に入っていた。

文武王が即位した六六一年は朝鮮半島情勢が混沌《こんとん》としていた時期であった。百済は滅亡したものの、倭の援軍と協力して再興しようと各地でその残党が活発に活動していた。また北では唐軍による高句麗征討の軍事行動が展開されていたが、高句麗の激しい抵抗は続いており、新羅にとってはまだ楽観視できない状況であった。

武烈王の喪が明けないうちに、高句麗征討に苦戦する唐軍から新羅に救援要請がきた。高句麗の王都・平壌《ピョンヤン》を攻略している蘇定方の軍は糧秣《りょうまつ》が乏しくなってしまったため、新羅にその補給を要請したのである。高句麗領深くまで入る危険な任務であるが、情勢が不安定であるからこそ新羅は唐との良好な関係を維持しなければならず、その要請を拒絶することも難しい局面であった。新羅の朝廷では進んで誰も引き受けようとする者のいないなか、ここでふたたび金庾信が立ち上がる。

庾信は進み出て、「臣は過分な恩恵を受け、重責を任されてきました。〔ですので〕国家の大事であれば死んだとしてもかまいません。今日は老臣が忠節を尽くすべきときです。敵国に向かい、蘇将軍の意向にそうようにいたします」と述べると、文武王は席から前に出て、庾信の手をとり涙ながらに「公のすぐれた助けを得られれば、何も憂えることはない。今回の戦がいつものように大過なく終わったなら、公の功績と徳行はいつまでも忘れられることはないだろう」と言った。

金庾信は、これまでの戦でも見られたように、決死の覚悟を表明し、それによって将兵たちを奮起させる。そして次にとった行動は、香《こう》を焚《た》き山寺に籠《こも》ることであっ

Alamy提供

金庾信将軍の肖像と墓

墓は慶尚北道慶州市忠孝洞にあり、
円墳でその周りの台石に
十二支にちなんだ動物像が刻まれている。

iStock.com/Hannizhong提供

た。これも、若いころの花郎であった時分から続く習慣といえるだろう。まさしくこの出征は、金庾信の軍事行動の集大成といえるものであった。六六一（文武王元）年十二月十日、金庾信は九人の将軍とともに平壌へ向かった。年が明けて正月二三日、高句麗との境界線である七重河（臨津江《イムジンガン》）を越えた。

不安がる将兵たちを励ましつつ、途中に敵兵の襲撃を受けたり、寒さのため凍死者を出したりしたものの、二月六日には蘇定方たちに食糧を届けることができた。この蘇定方の遠征軍は、補給を得ると、唐本国に退却してしまい、この支援作戦が直接的に高句麗滅亡につながったわけではないが、敵の領土深くにまで入り食糧を届けるという、非常に困難な作戦を成し遂げたことには違いなく、また唐との友好関係を継続することにも貢献したといえる。

これが金庾信の数々の戦歴のうち、最後の輝かしいものとなった。その後も百済遺民との戦闘や高句麗戦役に名前があげられてはいるものの、具体的な活動は記されていない。六六四（文武王四）年には致仕を願い出ており、六六八（同王八）年の高句麗を滅亡させた戦役には病で従軍できなかったとある。金庾信は、高句麗の滅亡を見届け、新羅と唐の戦争が繰り広げられるなか、六七三（同王十三）年七月一日、数え七九歳で没した。

金庾信の「俠」の源泉

以上、金庾信の事績を金庾信伝に依拠しながら見てきた。その記述は伝奇的な部分も多く、注意深く検討しなければならないが、金庾信が自らの人生を三韓一統にささげたことと、金春秋を補佐して忠節を尽くしたことは否定できない。その姿に「俠」という言葉をあてはめることはできるだろう。

こうした金庾信の「俠」というのは、伽耶の後裔であること、新羅王室の血を引いていること、花郎の精神、金春秋本人との信頼関係、そしてその家門との血縁関係など、さまざまな結び付きや要素がからみあって、形成されたのではないかと考える。だからといって、金庾信の「俠」が一段劣るものであるとか、価値のないものだと言いたいわけではない。むしろ、自己犠牲や献身という「俠」的なありかたの根源には、「純粋な」自己犠牲の精神だけではなく、こうしたさまざまなしがらみのような因子があったのではないだろうか。金庾信の伝説的な「俠」のむこうに、当時の政治・社会においての金庾信の置かれた状況が見えてくる。

⦿参考文献

鮎貝房之進『花郎攷・白丁攷・奴婢攷』（国書刊行会、一九七三年）
三品彰英『新羅花郎の研究』（『三品彰英論文集六』平凡社、一九七四年）
池内宏「新羅人の武士的精神について」（『満鮮史研究』上世第二冊、一九六〇年）
池内宏「新羅の花郎について」（『満鮮史研究』上世第二冊、一九六〇年）
李基東『新羅骨品制社会と花郎徒』（朝鮮語）（一潮閣、一九八四年）
末松保和「新羅三代考」（『末松保和著作集一　新羅の政治と社会　上』吉川弘文館、一九九五年）
高寛敏「『三国史記』の一原典としての『金庾信行録』」（『『三国史記』の原典的研究』雄山閣、一九九六年）

新羅を憎悪し、
高句麗再興を掲げた
隻眼の僧

弓裔
…きゅうえい・クンイェ…

須川英徳

本稿の主人公弓裔《きゅうえい》《クンイェ》(?—九一八)は、新羅《しらぎ》の国があちこちから崩れ始めた九世紀半ば過ぎに生まれた。若いときには僧籍にあったが、流賊に身を投じて頭角を現し、半島中部を支配して自ら後高麗王《ごこうらいおう》に即位した。彼のライバルともいうべき甄萱《けんけん》(?—九三六)は西南部に拠って後百済王《ごくだらおう》を称し、衰えた新羅とあわせて、後高麗・後百済・新羅の三国が朝鮮半島に鼎立《ていりつ》する後三国時代を現出した。九一八年、権勢の絶頂にあったとき、最も信頼する部下に裏切られて王位を追われた。城外に追放され、彼を恨む土民の手にかかって死んだと伝わる。

この男について語る前に、彼が成し遂げようとした野望の意味を知るには、彼が生まれる九〇〇年ほど前から話を始めなければならない。彼が憎んで滅ぼそうとした新羅の歴史は、それほどに長かったからである。

新羅の起こり

西洋紀元が紀元後に変わるころ、朝鮮半島の東南端に小さな徐那伐《シラポル》のクニが発生した。徐那(シラ)が名で伐(ポル)は集落・村の意味である。その辺りは辰韓《しんかん》と括《くく》られる地域に属し、辰韓には十二のクニがあったという。このシラ国は、近隣の小国と戦いを繰り返して支配領域も拡大したが、四世紀後半からは南下してきた高句麗《こうくり》に従属した。クニの名は斯羅・斯盧などとも書いた。

高句麗への従属から脱した六世紀のシラ国は国号を新羅と定め、西海岸への進出を果たし、中国王朝との直接交渉を可能にした。今日の慶尚南道《キョンサンナムド》地域(弁韓《べんかん》)にあった金官伽耶《きんかんかや》(金海)、大伽耶《だいかや》(高霊)などを吸収し、百済・高句麗《こうくり》と朝鮮半島での覇業《はぎょう》を争う一国となった。三国時代である。

五九〇年、中国の南北を統一した隋《ずい》は、遼東と朝鮮半島の支配を目論んだ。大陸情勢の変化がきっかけとなって、長らく対立していた高句麗と百済が手を結び、高句麗は倭《わ》(日本)とも友好関係を結んだ。隋は高句麗攻略に三度失敗し、疲弊して自壊した。

隋を継承した唐《とう》もまた遼東と朝鮮半島支配を企図した。唐の遼東攻撃が時間の問題となった六四〇年代には、高句麗、百済、さらに倭において政変が起き、軍事的動員体制が強化されていく。逆に新羅は高句麗・百済による侵攻を訴えて唐に接近した。六六〇年、渡海して侵攻した唐軍と内陸を突破した新羅軍とによって、百済の都扶余《プヨ》が陥落し、百済は滅亡した。高句麗は数次にわたる海陸からの攻撃を退けたが、国内は疲弊していた。権力者泉蓋蘇文《せんがいそぶん》(淵蓋蘇文、『日本書紀』ではイリカスミ)が死去し、後継をめぐる息子たちの内紛が生じた。その隙に乗じた海陸からの唐軍の攻撃と、内陸を長躯《ちょうく》侵攻した新羅軍とにより、六六八年、都長安(平壌《ピョンヤン》)は陥落し、高句麗もまた滅亡した。

新羅による半島の一統

百済と高句麗の旧領に唐は都督府《ととくふ》や都護府《とごふ》を設置し、旧王族などを都督や都護府使に任じて反発を抑えつつ、唐の領土に準ずる羈縻州《きびしゅう》（地域の族長などに官位を与える間接統治）として統治しようとした。これにたいし百済・高句麗の遺民《いみん》が抵抗した。新羅もそれを支援して唐軍と戦い、六七六年の戦闘を最後として半島での唐・新羅の戦いは終息し、旧百済領は新羅の統治下に入った（唐は半島支配を断念したのではなかったが、吐蕃《とばん》・突厥《とっくつ》との戦闘が続き、朝鮮に派兵する余裕がなくなった）。

他方、高句麗遺民は多く遼西地域や唐内地へと強制移住させられたが、一部は新羅や突厥、倭国などに逃れた。新羅は六七〇年に高句麗王族を高句麗王（後に報徳王）に任じ、六八四年に吸収して新羅王の臣下とした。また、旧高句麗人をあつめた警護部隊も編制し、旧高句麗の官位に応じて新羅の官位を授けた。旧高句麗領はほとんど接収できなかったにもかかわらず、高句麗も含めた三国を一統したと呼号したのはこれによる。新羅が半島の覇者《はしゃ》となったのである。

新羅と渤海

六九六年に営州（遼寧省朝陽）に住む契丹人李尽忠《りじんちゅう》が唐に反乱した。同じく営州に徙民《しみん》されていた大祚栄《だいそえい》は高句麗遺民らとともに東に奔《はし》り、高句麗遺民や靺鞨人《まっかつじん》らを糾合して鴨緑江北岸の山間部（吉林省敦化）に根拠地を建設した。『新唐書』では、武則天《ぶそくてん》（則天武后、在位六九〇―七〇五）は、その中心であった靺鞨人乞乞仲象《きつきつちゅうしょう》を「震国王」に任じて懐柔《かいじゅう》を図ったとする（『旧唐書』では大祚栄が自ら「振国王」を称したとする）。武則天の後も契丹や突厥との戦闘が続いたため、遼東以東への派兵を諦《あきら》め、六一三年には唐が使節を派遣して大祚栄を渤海郡王《ぼっかいぐんおう》に任じた。渤海は高句麗遺民と靺鞨人が立てた国家であるが、唐は高句麗を継承する国と認定して北東方面の安定と遊牧民勢力への牽制《けんせい》を期待した。渤海が領域を拡大するのは、第二代国王大武芸《だいぶげい》(在位七一九―七三七)のときである。

渤海と新羅の関係は良好なものではなかった。大武芸の弟が山東に逃れ、それを追って七三三年、渤海兵が海を越えて山東の登州を襲撃した。この事件をきっかけとして、唐は新羅に渤海侵攻を命じた。この出兵は新羅兵多数が厳寒の雪のなかに斃《たお》れるという無残な失敗に終わった。それでも唐と新羅の関係改善をもたらし、唐は平壌を流れる大同江以南までの領有を許した。その結果、新羅の北限は、北緯三九度線あたりにまで拡大した。他方、渤海は唐に謝罪することで関係を修復した。しかし、靺鞨系(後の女真族)の暮らす半島北部地域を緩衝《かんしょう》地帯として、新羅と渤海の対立は解消することがなく、新羅は陸路に長城を築き、海から都金城(慶州)への侵攻に備えて関門を設置した。

北部にこそ正統性を見出す北朝鮮(朝鮮民主主義人民共和国)の歴史認識では、この時代を南北国時代と呼ぶ。朝鮮半島からマンチュリア東部にかけての、言ってみれば朝鮮史の舞台となった地理的空間に継起した諸王朝にたいし、儒教的に正閏《せいじゅん》の別をわける歴史理解である。そこでは、正統王朝は高句麗→渤海→高麗と連続し、半島南部の政権には歴史的に正統性は存在しない。韓国(大韓民国)では、ながらく統一新羅時代と呼んでいたが、近年では北に倣《なら》って南北国時代と呼ぶようになった。

新羅下代の混乱

新羅の栄華に陰りが生じたのは、三六代恵恭《けいきょう》王(在位七六五―七八〇)の時代である。彼は八歳で王

❖新羅下代王系図

═ は婚姻関係、縦線は親子関係、横線は兄弟姉妹関係
●数字はこの系図における即位順。数字は在位年。
下線は前王あるいは他の候補者を殺害して即位した王。
在位年の×は、殺害されたことを示す。

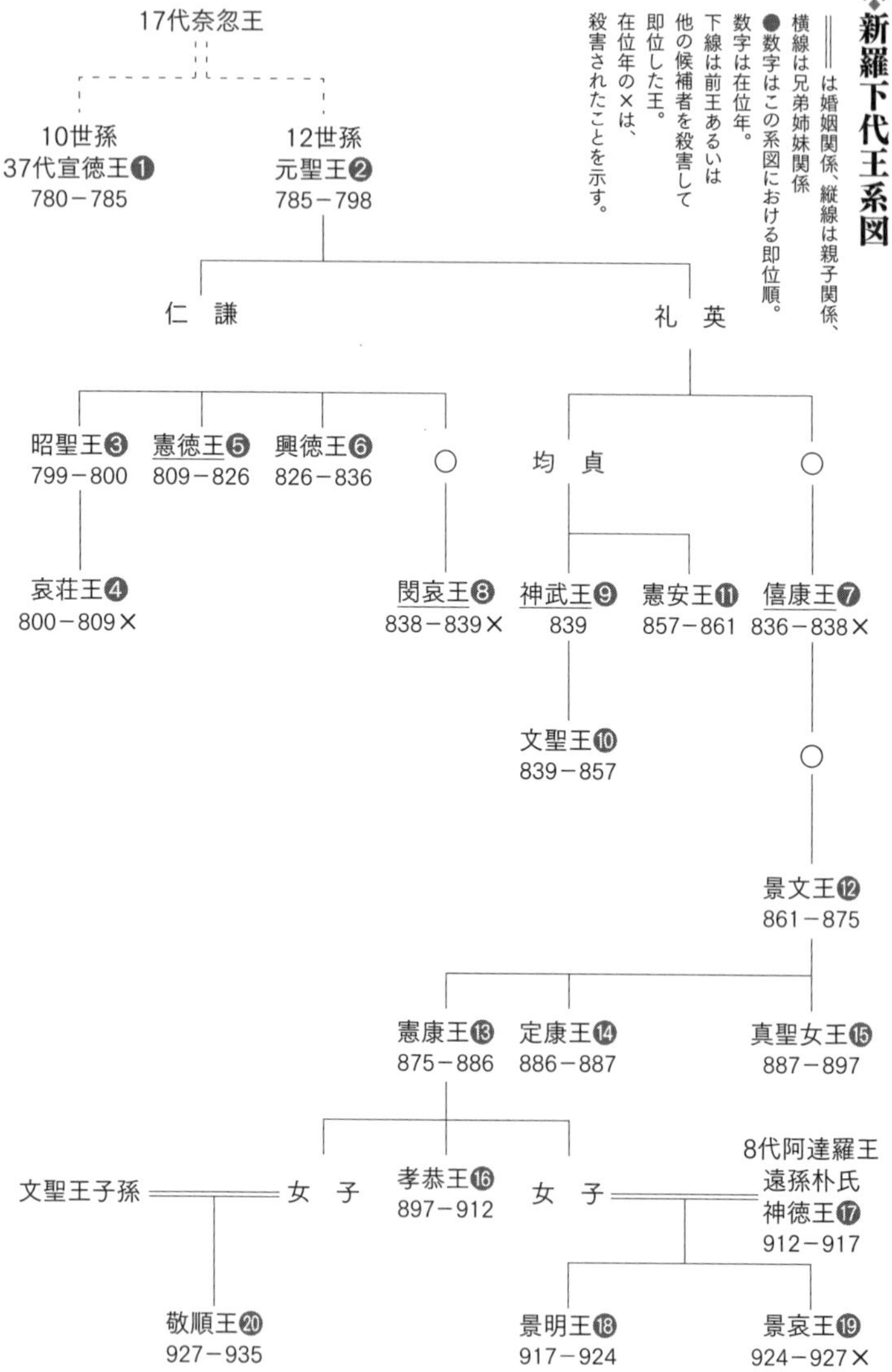

位を継ぎ、母后が摂政《せっしょう》となった。幼弱な王に叛逆《はんぎゃく》する有力王族の挙兵と謀反《むほん》が相継ぎ、長じては声色に惑溺《わくでき》した。ついには反乱軍に王宮が包囲され、反逆者を誅罰するとの理由で出動した兵との乱戦の中で、王と王妃は殺害された。『三国史記』を編纂した金富軾《きんふしょく》は、百済が滅亡したときの武《ぶ》烈《れつ》王(在位六五四―六六〇、金春秋。即位前には唐・高句麗・倭を訪れて外交に尽力した)から恵恭王までの八代を中代として新羅の全盛の時代と見、後継男子がいなかった恵恭王の後、十七代奈忽《なこつ》王の十代目の子孫でありながら叛軍を鎮圧して王位を継いだ宣徳《せんとく》王(母は恵恭王の祖父である三三代聖徳王の娘なので、恵恭王とは母方の従兄弟にあたる)から高麗に降伏した敬順《けいじゅん》王までの二〇代は、衰亡の途をたどる下代とした。以後は前王を殺害した者が新王に即位したり、王に嫡男《ちゃくなん》がおらず、王位をめぐって激しい武力衝突の起きることがしばしばとなる。

中央政権の弱体化は、地方勢力の成長を招いた。八二二年には公州(熊州《ゆうしゅう》)で王族の金憲昌《きんけんしょう》が反乱を起こした。国号を長安と称し慶雲《けいうん》元年の年号を立てたが、同年中に滅ぼされた。その子梵文《ぼんぶん》は八二五年に楊州を拠点に反乱を起こした。三国の一統から一五〇年ほど経ったときには、百済の故地で高句麗の都の名を冠して分離独立しようとする動きさえ起きていたのである。他方では、兵士出身で清海鎮《せいかんちん》大使に成り上がり、神武《しんぶ》王(在位八三九)を即位させた張保皐《ちょうほこう》(弓福《きゅうふく》)は、中国・日本との貿易で巨富を築いた。また、しばしば飢饉が発生し、盗賊団が横行した。治安が悪化するなかで、地方郡県の有力者であり村主などに任じられていた土豪たちは、城柵を築いて武備を固め、城主や将軍などと自称するようになった。

弓裔の出自

弓裔《きゅうえい》の生涯を最も詳しく伝えるのは『三国史記』巻五十、列伝第十である。ここでは、弓裔と後三国時代のもう一人の奸雄《かんゆう》、甄萱《けんけん》が扱われている。この列伝に従って、弓裔について見ていこう。

弓裔が生まれたのは、第四七代憲安《けんあん》王（在位八五七―八六一）のとき、あるいは四八代景文《けいぶん》王（在位八六一―八七五）のときともいう。憲安王の従兄弟が四三代僖康《きこう》王で、その孫膺廉《ようれん》が憲安王の娘たちを妻にしたことで後継に指名され、次の王位についた。憲安王の兄が四五代神武王である。

四二代興徳《こうとく》王の没後、王位をめぐって王族どうしの内乱が発生し、金均貞《きんてい》支持派に勝利して即位したのが均貞の甥にあたる金悌隆《ていりゅう》（四三代僖康王）だった。ところが、内乱では悌隆を支持した王族の金明が裏切り、僖康王を弑して即位した（四四代閔《びんあい》哀王）。新王に人望が無いと見た均貞の遺児金祐徴《きんゆうちょう》は、清海鎮に逃れ、張保皐の兵力を借り閔哀王を破って即位した（四五代神武王）。しかし神武王は即位した年に他界し息子が王位を継いだ。文聖《ぶんせい》王は父の約束どおり張保皐の娘を妃にしようとして臣下に反対された。張保皐は違約に怒り反乱を起こしたが、刺客《しかく》によって殺された。文聖王の太子が早世し、他に男子がいないために、叔父が王位を継いだ（四七代憲安《けんあん》王）。

さて、弓裔の父親は憲安王で母は嬪《ひん》であったと伝えるが、憲安王は甥の後を継いで即位し、在位期間も短かったことを考えると、即位時にはすでに中年であったはずである。憲安王四（八六〇）年に二人の娘が二〇歳と十九歳と伝える（彼女たちと結婚して王位を継ぐ膺廉は十五歳）ので、王は四〇代にはなっていたはずである。

弓裔が憲安王の子とするなら、憲安王即位前の八五〇年前後かそれ以前の生まれとなるだろう。そうだとすれば、王位を追われた九一八年には、七〇歳近くとなり、彼が各地を転戦しつつ王国を作っていく八九〇年代には五〇歳近くであり、当時としては年がいきすぎてはいないか。おそらく、そのような疑問を抱いた人がいて、次の景文王の子ともいう、との説が併記されたのであろう。八六〇年代の生まれと見るのが妥当か。

父が誰なのかはこれ以上追求しがたい。とりあえず新羅の王族の胤であったとしておこう。弓裔は五月五日に生まれ、そのとき虹のような光が天まで達し、生まれながらに歯が生えていた。日官（天文や陰陽五行《いんようごぎょう》を観察して吉凶を占う官）は、この子は将来、国家に禍《わざわい》となるので育ててはならないと上奏した。王の送った使者は、赤児を取り上げて階下に投げ捨てたが、乳母《うば》が抱き止めて抱えて逃げ、秘かに養育した。受け止めたときに目を傷つけてしまい、片目が不自由になったという。

『三国史記』では、憲安王には女子二人がいたが男子はなく、景文王には二人の男子がいた。そもそも生年さえ不詳な弓裔が、新羅王の子であったという話自体が、出生時の神異な事象とともに後から創作されたものかもしれないが、神武王即位までの王位をめぐる武力抗争の連続を考えるなら、むやみに王族男子を増やさないことが、王位をめぐる内乱を未然に防ぐ策とされたとしても、有《あ》りうることである。

十数歳まで乳母によって育てられた弓裔は、近隣の悪童と同じように暮らしていた。その中でも目立つ存在になったようである。乳母は、「あなたは、生まれてすぐに国から棄てられたのです。

それが憐れで、今日まで秘かに育ててきました。それなのに、悪ふざけばかりで、きっと誰かの目に留まって素性が発覚するでしょう。そうなったら二人ともこのままでは済まされないのですよ」、と叱った。弓裔は、そのときまで、自分の出自について知らなかったようだ。「それならば私はどこかに行きますから、お母さんは心配しないでください」と言い残して世達寺《せいたつじ》に入った。世達寺は新羅の都金城（慶州《キョンジュ》）からは遠くに位置し、『三国史記』編纂当時では、開京（開城《ケソン》）の郊外にある興教寺と名前を変えている。その後の興教寺は、朝鮮王朝第二代国王定宗を葬る厚陵が近くに築かれたことで、斎宮《さいぐう》（祭祀を行うための付属寺院）に指定されている。多くの寺院が廃止された朝鮮時代にも法灯は絶えることがなく、日本統治下にいたった名刹《めいさつ》である。

若くして世達寺に入った弓裔は、髪を落とし、善宗なる法名《ほうみょう》を名乗った。新羅末の飢饉《ききん》や反乱の続く世相のなかで、寺院は行き場のない人々には安息の場であった。長じて後も僧の戒律《かいりつ》にこだわらず、豪放な性格であったという。あるとき法事に赴く道すがら、鴉《からす》が咥《くわ》えていたものを落とし、托鉢《たくはつ》の鉢に入った。見ると象牙《ぞうげ》に王と刻まれた占いの札であった。他人には語らず、おおいに自負するものがあったという。このころ、各地で反乱や盗賊団が発生し、王畿《おうき》の外の地方は中央政権への反附《はんぷ》が半ばする状態だった。善宗は「乱に乗じて衆を聚《あつ》むれば、以て志を得るべし」と決意を固め、八九一（真聖王二）年、竹州（忠清道竹山）の賊魁《ぞくかい》である箕萱《きけん》の下に身を投じた。

新羅の人々は、王族や貴顕《きけん》を除いて、地方民は姓をもたなかった。新羅王室に連なる金氏、朴氏《ぼくし》の他は、かつての楽浪郡《らくろうぐん》や帯方郡《たいほうぐん》に由来する中国系の姓を伝える人々である。高麗太祖王建《おうけん》の妃の一人は、帯方郡の故地である黄州の豪族の出で中国系の皇甫氏《こうほし》を名乗っていた。弓裔も例外ではなく、名前が弓裔であり、姓が弓、名が裔というのではない。後百済の甄萱《けんけん》、高麗の王建も同じである。高麗創建後に地位にふさわしいよう、姓を王、名を建と分けたのである。王建を擁立した将軍たちも同様で、弘述を後に洪儒《こうじゅ》に改め、白玉を裵玄慶《はいげんけい》に、三能山を申崇謙《しんすうけん》、卜沙貴《ぼくさき》を卜知謙《ちけん》などと、もとの音に似せて姓を作り、佳字《かじ》を用いた名に変えている。

都では真聖《しんせい》女王（在位八八七―八九七）の代であり、彼女は夫をもたず、以前から角干《かくかん》（新羅の十七階の官位の上に置かれた特別な官位）の魏弘《ぎこう》と通じていた。魏弘が死ぬと、若い美丈夫数人を密かに引きこんで淫《いん》に耽《ふけ》り、彼らを要職に就かせて国政を委ねたという。諸州郡は貢賦《こうふ》を送ってこなくなり、国庫は窮乏した。女王は使いを送って督促させたが、そのために各地では盗賊が蜂起したと伝える。八八九年には、お膝下である沙伐州《さほつしゅう》（尚州）までが叛《そむ》く有様だった。王位をめぐって王族が争ったのは過去のこととなった。新羅国王位の魅力が褪《あ》せただけでなく、王位を狙うほどの有力な男子すらいなくなっていたのが、九世紀末の新羅だった。

弓裔の進撃

箕萱と弓裔は反りがあわなかった。箕萱が傲慢無礼《ごうまんぶれい》だったからという。そこで、手下のなかの元《げん》会《かい》、申煊《しんけん》らと手を組み、翌年、北原（原州《ウォンジュ》）の賊帥《ぞくすい》、梁吉《りょうきつ》（良吉とも）の下に移った。同じ盗賊団であっても、梁吉が根拠とした北原は新羅の文武王が設置した小京の一つであり、交通、人口など、竹州とは比べものにならない要地である。梁吉は仲間をひきつれて新たに加わった弓裔を歓迎した。人物を見る目があったようだ。ひとかどの頭目として遇するとともに、弓裔に兵を分け与え、東方地域の攻略に送った。

弓裔は北原の東に位置する酒泉《しゅせん》・奈城（寧越《ヨンウォル》）などの郡県を一〇〇〇の兵で攻め、みな降伏させた。山間部の郡県なので、動員できる守備兵は一〇〇人もいなかっただろう。さらに東海岸まで進出し、八九四

弓裔の進撃路（著者作成）

(真徳女王八)年には溟州《めいしゅう》(江陵《カンヌン》)を攻略した。このころには新たに徴発した兵を加えて三五〇〇人もの兵力となり、それを十四の隊に分けるまでになっていた。指揮系統も整え、配下の金大黔《きんだいけん》・毛昕《もうきん》・長貴平・張一らを「舎上《しゃじょう》」に任命した。

このころの弓裔は人望も篤かった。士卒と労苦をともにし、賞罰は公正で私心が無く、配下の者たちは畏敬の念を抱いたといい、推されて将軍を自称することになった。

弓裔の快進撃は続く。溟州を出撃した弓裔は、太白山脈に分け入って西を目指した。半島中央を横断して勢力下に置くならば、もはや新羅の中央政権に従う気持ちを失っている以北の州郡は、先を争って帰服してくるであろうし、そうなれば、新羅領の北半分がそのまま手に入るのである。猪足《ちょそく》(麟蹄《インジェ》)、狌川《せいせん》(華川《ファチョン》)と太白山脈のなかにある郡県を陥し、ついに鉄円《てつえん》(鉄原《チョルウォン》)に入った。鉄円は東海岸元山と西海岸ソウルを結ぶ街道の要地である。西方侵攻の道筋は、かつて身を隠すために世達寺へと向かった道筋と重なっていたのかもしれない。彼の戦略は、朝鮮半島の地理を熟知したうえで立てられていたと言わざるをえない。世達寺で過ごした時期に学んだのだろうか。

近代以降の鉄原《チョルウォン》は、京元線の鉄路が通るばかりでなく、朝鮮戦争中の一九五二年末からはソウルへと南侵する絶好の出撃拠点となるために、周辺の高地をめぐって朝鮮人民軍・中国人民志願軍と韓国軍・国連軍のあいだで数次にわたる激しい争奪戦が繰り返されたことでも知られる。鉄原・金《クム》化《ファ》・平康《ピョンガン》に囲まれた一帯は「鉄の三角地帯」と呼ばれた。弓裔が都とした鉄原は、非武装地帯のなかで草木に埋もれている。

弓裔軍の威勢ははなはだ盛んであった。弓裔の目論みどおり、北部の武装集団や州郡は弓裔のもとに続々と来投してきた。

後高麗の建国へ

弓裔は自分に帰服した領域と人民が多くなったので、国を建て、君を称しても良いだろうと考えた。そこで、はじめて内外の官職を定め、国家としての体制を整備した。もはや盗賊団の頭目ではなかった。王建《おうけん》が松岳から来投したのはこの時であり、弓裔は鉄円郡太守の地位を授けた。王建は八七七年生まれなので、まだ、十七、八歳のときである。

八九六年には、弓裔の軍は鉄円から南下し、僧嶺《そうれい》(漣川《ヨンチョン》)・臨江《りんこう》(長湍《チャンソ》)など、今日の京畿道《キョンギド》北部を攻略し、翌八九七年には仁物《にんもつ》(徳水《トクス》)も降伏した。弓裔は松岳を都とすると決め、工事を始めさせた。さらに南進して孔巖《こうがん》(陽川《ヤンチョン》)・黔浦《けんほ》(金浦《キムポ》)・穴口《けっこう》(江華《カンファ》)も攻略した。

松岳への定都について、『高麗史節要』では、松岳の来投を決めたのは王建の父龍建《りゅうけん》であり、鉄円太守を授けられたのも父だったとする。さらに、帰服した龍建が弓裔に「もし王が朝鮮・粛慎《しゅくしん》・弁《べん》韓《かん》の地を欲するならば、まず松嶽に城を築き、我が長子(王建、二〇歳)を城主とするのがもっともよいでしょう」と勧め、弓裔はそれに従ったという。朝鮮・粛慎とは、箕子《きし》の古朝鮮とその北方、すなわち古朝鮮が都とした平壌から鴨緑江以北の遼東地方、さらに沿海州にまで続くマンチュリア東半分を意味する(粛慎の地は渤海の領域と重なる)。弁韓は、三韓の一つであるが、今日のわれわれが知るような朝鮮半島南端部の地域ではなく、高句麗もしくは百済の故地を指すものであろう（新羅末には、中国史書に見える三韓について、辰韓《しんかん》は新羅の故地であるが、馬韓《ばかん》を百済とし弁韓を高句麗とする説、逆に馬韓を高句《こうく》驪《り》とし弁韓を百済とする説があった）。ともあれ、半島の領有に満足するのではなく鴨緑江を越えて遼東の一帯を領土にする、という雄大な目標を論じていたことに注意したい。龍建の献策が史実か否か、確認しようがないのだが、龍建の言葉に託して、弓裔が北方への野望を抱いていたこと、あるいは、弓裔の後継者であり高句麗の継承者を称した高麗太祖王建もまた、北方に領域を拡大する意図をもっていたことを示しているのであろう。

このとき、かつて弓裔が身を寄せた梁吉は、いまだ北原に留まって周辺地域に支配を拡大していたが、部下であった弓裔のほうが占領地も民も多いことに腹を立て、弓裔を倒そうと支配地から兵を集めた。弓裔はそれに気づき、先手を打って攻撃し、梁吉軍を大敗させた。

八九八年、弓裔は王建を精騎大監に任じ、南部攻略を命じた。楊州、ついで広州《クワンジュ》、忠州《チュンジュ》、唐城（水原《スウォン》）、青州（開寧《ケニョン》）、槐壌《かいじょう》（槐山《クェサン》）まで南進した。槐壌の鳥嶺《ちょうれい》を越えれば、今日の慶尚北道《キョンサンブクド》聞慶《ムンギョン》、尚州《サンジュ》へとつながっている。この功績をもって王建は阿飡《あさん》（新羅官位の六等）に任じられた。すでに、北原の梁吉の旧支配地も占領していたとすれば、半島の中部以北はすべて弓裔の支配下に入ったことになる。衰えた新羅はいつでも攻略可能であるとして、唯一残る敵対勢力は、全羅道地域を掌握している甄萱だけとなった。

九〇一年、弓裔は、松岳を都として、ついに王位についた。国号は後高麗（あるいは後高句麗）であったようだ。最初の国号について、『三国史記』は伝えておらず、その後に作られた『帝王韻紀《いんき》』（李承休、十三世紀末）は「後高麗」とする。とはいえ、『三国史記』では、即位した記事に続け弓裔の言葉として、「かつて新羅は唐に兵を請い、高句麗を破った。そのために平壌の旧都は草に覆われてしまった。自分は必ずその仇を返す」と記し、国王即位が高句麗継承と新羅への復仇の意図からであったことを伝える。現王朝が高麗であるため、金富軾は国号について明言を避けたのだろう。

実は、この前年（九〇〇年）に甄萱が今日の全羅道《チョルラド》地域に割拠していたが、そこは百済の故地であるため、自ら後百済王を称し、統治制度を整えた（設官分職）とある。唐と新羅によって滅びた国名をあえて用いたことは、復古の念を呼び起こし新羅への敵愾心《てきがいしん》を掻《か》き立てるためであろう。甄萱は中国南部の呉越にしばしば使節を派遣した。九二九年には日本にも新羅使節と称して甄萱からの使節が来ている。

衰えたとはいえ新羅は慶尚道地域に存在し、後百済が新たに出現した以上、高句麗（高麗）の故地（の一部）を版図としている弓裔が、対抗して後高麗ないし後高句麗を九〇一年から国号とした可能性は高い。これより後百済の滅亡（九三六年）までを後三国時代と呼ぶ。大陸では九〇七年に唐が滅んだ。

絶頂から没落へ

九〇四年、国号を摩震《ましん》に変え、元号を武泰《ぶたい》と定めた。摩震とは、梵語《ぼんご》のマハーと東を示す震を併せたもので、大東方国の意という。広評省《こうひょうしょう》・兵部《ひょうぶ》・大龍部《だいりゅうぶ》・寿春部《じゅしゅんぶ》・内奉省《ないほうしょう》・禁書省《きんしょしょう》などの官府を設置し（その多くが名称を変えて高麗に引き継がれる）、配属される官吏の職位を定めた。さらに、官吏の品階も改定した。さらに、内陸にある鉄円に都を移すことを決めた。領域は南にも拡大し、鳥嶺を越えて尚州をはじめとする今日の慶尚北道《キョンサンブクド》西部までを版図とし、さらに公州をはじめとする忠清《チュンチョン》道《ド》地域も弓裔に帰服した。

九〇五年、鉄円の新京に移り、元号を聖冊《せいさつ》と改めた。平壌で城主将軍を称していた黔用《けんよう》が帰服し、浿江《ばいこう》（大同江《テドンガン》）以西に十三鎮を設置した。弓裔は自身の勢力が強大なことを恃《たの》んで、新羅併呑の意欲を逞しくし、新羅を滅都と呼び換え、新羅から投降してきた者は悉《ことごと》く誅殺したという。かつて自分を殺そうとした新羅への復讐なのである。

九一一年、聖冊を水徳万歳《すいとくばんざい》と替え（新羅は金なので、水徳をもって金に克つとの意か）、国号を泰封《たいほう》と改めた。王建の部隊を半島南西部に上陸させ、錦城《きんじょう》を降伏させて羅州《らしゅう》と改名した。王建はこの功績をもって大阿飡将軍に昇進した。後百済を南北から挟撃する体勢である。弓裔と甄萱は、この頃から激しく戦うようになる。北部への領土拡大を阻まれた甄萱は、拠点とする完山（全州《チョンジュ》）から小白山脈を越えて慶尚南道への進出を図った。甄萱の軍勢にはげしく抵抗したのが大耶《だいや》城（陝川《ハプチョン》）だった。大耶城が抜かれれば、金城までの侵入を防げるほどの要害の地はないのである。王建の高麗開創後にも、大耶城とその周辺は、後百済と高麗による争奪戦が繰り広げられる場となる。

しかし、この頃から弓裔の振舞は常軌を逸しはじめた。自らを阿弥陀仏《あみだぶつ》であると称し、長子を青光菩薩《せいこうぼさつ》、次子を神光菩薩と呼ばせた。外出時には童男童女に幡蓋《はんがい》を掲げさせ、香と花を撒《ま》いて先導させ、僧たちに梵唄《ぼんばい》(梵語=サンスクリット語による声明か)を歌わせて後ろに従わせたと伝える。現世に現われた生身の仏として振舞ったのである。また、二〇巻余りの経典を口述させ、自ら説法した。それを聞いた僧が「みな邪説・怪談であり、それを教えることはできない」と批判したところ、鉄槌《てっつい》で打ち殺したという。

九一三年、王建を波珍湌侍中《はちさんじちゅう》(波珍湌は新羅官等第四位、侍中は首相に相当)に任じ、翌年には、政開元年と元号を変え、王建に百触《ひゃくこう》(舡)将軍の官職も追加した。これは、松岳出身で海上交通に熟達していた王建に、水軍の総指揮を委ねたものであろう。このころの王建は、攻略した飛び地である羅州方面の戦闘を指揮することで、都を離れ弓裔の疑いを招かないように努めたとも伝える。また、島嶼を根拠地とする海上武装集団や甄萱配下の後百済水軍も強力であり、高麗開創後には松岳の外港である礼成江《レソンガン》まで侵入したことがあった。

九一五年、弓裔の夫人康氏が夫の非行を諫めたところ、その子ども二人とともに処刑される事件が起きている。神通力によって人の心を見通せると言うのだ。臣下として位を極めた王建さえも弓裔に呼び出され、謀反の疑いをかけられた。そのとき王建は「大王のおっしゃるとおり、謀反を企てております。その罪、万死に値します」と白状した。その素直な態度に喜んだ弓裔は、多くの褒美《ほうび》を賜ったと伝える。しかし、疑心暗鬼に陥っていた弓裔は、讒訴《ざんそ》や狐疑によりつぎつぎと臣下を誅殺し人心を失った。反逆のカリスマは消え去った。

九一八年のこととして、弓裔の没落と王権の即位を予言する古鏡の話が伝わる。中国から来ていた商客の王昌瑾《おうしょうきん》が鉄円の市場で古い衣冠を纏《まと》った白髪の老人に声をかけられて、古い鏡を買った。昌瑾がその鏡を部屋に掛けていたところ、光に反射して細かい文字が見えた。「上帝降子於辰馬、先操鶏後搏鴨、於巳年中二龍見、一則蔵身青木中、一則顕形黒金東」と読めた。なにやら讖言《しんげん》のようなので、弓裔王に申し上げた。王は文人の宋含弘《そうがんこう》・白卓《はくたく》・許原《きょげん》らに解釈させた。

上帝降子於辰馬とは、天の上帝が辰韓・馬韓に子を降臨させたとのことであり、一つの龍が蔵身青木、もう一つが顕形黒金というのは、松岳の人で龍を名前にもつ人の子孫を指し、今の波珍湌侍中(王建)のことであろう。黒金とは鉄であるから、今、都としている鉄円のことであろう。今の主上は鉄円に興り、鉄円で滅びるという意味ではないか。先操鶏後搏鴨とは、波珍湌侍中がまず鶏林すなわち新羅を手に入れ、つぎに鴨緑江まで押し出すとの意味であろう。しかし、今の主上は虐乱が甚だしく、真のことを申し上げたら我等が膾《なます》にされるだけでなく、波珍湌侍中にまで害が及ぶこと必定である。適当なことを申し上げるのがよかろう、と相談した。これは弓裔の非道を伝える話とともに、王建の政権奪取を正当化する創作であろう。その年の六月、部下の将軍四人に説得されて王建は義挙の旗を上げた。弓裔の側につく者はいなかった。平民の衣服に着替えて山林に逃げ込んだが、民に殺害された。

弓裔の残したもの

弓裔の没落は、八九一年に流賊に身を投じてから二八年目のことであったと列伝は筆を措《お》く。しかし、王建が開創した新王朝は高麗を名乗り、王建の本拠地である松岳に都を戻して開京と呼んだ。後高麗のあとに高麗が続くのではおかしな話なのだが、高句麗継承を闡明《せんめい》し、半島北部への拡大を再確認したということであったか。

それでも、一介《いっかい》の僧であった男が、新羅領域の半ば以上を服属させ、さらに北方へと拡張しようとしたことは、偉業と呼んで差支えない。また、新羅がなしえなかった鴨緑江までの北方への領域拡大政策は、弓裔が企て、王建の高麗に継承されたと言っても過言ではなかろう。九二二年、王建は平壌を西京とし、良家の子弟を移して官を定め、都城の工事を命じた。高麗時代を通じて西京は、開京に次ぐ特別な地位を保ち続けた。また、九二六年の渤海滅亡にさいして、大量の渤海人が高麗に来投した。高句麗継承を唱えた二つの国は、一つになったことになる。

九三五年、高麗に保護を求めていた新羅国王は王建に王位を譲り、後百済の甄萱は息子たちの跡目争いで幽閉された。脱出した甄萱は王建に降り、九三六年、後百済攻撃軍の先鋒となって自らが立てた国を滅ぼし、後三国の動乱は終わった。

「義に赴き、白刃を忘れ」、宋遼の百年平和をもたらした侠

寇準
…こうじゅん…

王瑞来

司馬遷《しばせん》の『史記《しき》』以後、正史では生き生きとした人物はなかなか少なかったと言えよう。歴代の歴史家が書いた人物は、或《ある》いは天使であり、或いは悪魔である。要するにほとんどが執筆者の道徳理念の過去形的言説であった。善悪とも言えない人物を史書に書き入れても単調な生涯の年代記に過ぎない。千人が千人同じ顔で、万人が万人同じ文句を言い、はっきりした個性がない、ひいては活気の全くない、出土したミイラのようである。

漢代以降、儒学《じゅがく》の説教や倫理が尊崇される地位を占めた。教育の公式的な面でも、目に見えない感化の部分でも、いずれも全社会の人の態度は、穏やかで立ち居ふるまいも上品な方向に導かれていった。そして、一定の社会的規範が形成された。人々は規範内で非常に几帳面《きちょうめん》にしているしかない。個性が強すぎる人は、社会に受け入れられにくくなる。しかも伝統的な派閥的政治環境においては、皇帝でも、大臣でも、強すぎる個性は許されない。しかし寇準《こうじゅん》（九六一―一〇二三）は伝統的社会に生まれた例外である。かれは鮮明な個性をもち、長所・短所とも際だっていた。

寇準の一生は、宰相という官僚としての頂点に達して権勢を恣《ほしいまま》にした時期があるとともに、讒《ざん》

言《げん》により左遷《させん》されたこともある波瀾に富んだ生涯であった。寇準の活動した時期は太宗《たいそう》(在位九七六—九九七)・真宗《しんそう》(在位九九七—一〇二二)という両朝に跨《また》がっている。太宗は「準開国皇帝」として、そして真宗は初の正常に即位した皇帝として、それぞれの時代を代表している。寇準の政治的地位とその活動は、新旧交替する時期にあって、皇帝権力の発展方向と中央政治の定型とに対して、極めて重要な影響を与えた。かつ寇準本人が度々左遷されたり再起用されたりするのに、最後まで政治の舞台から見放されなかったことは、この時代の君臣関係を考える上で非常に深い意味をもっていた。

太宗との出会い

「十九にして高第に中たり、弱冠にして国章を司る(十九中高第、弱冠司国章)」という詩を書いた。寇準は、九八〇(太平興国五)年に、十九歳で進士《しんし》に合格した。この年齢は宋代の進士としては極めて珍しい若さであった。太宗は殿試《でんし》(進士の最終試験)の際は通常「臨軒顧問」をしたが、この前に寇準は目立つ行動をもって太宗に知られたようである。『五朝名臣言行録』前集巻四に「太宗、魏《ぎ》に幸するや、公、年十六、父が蕃《はん》に陥りしを以て、行在《あんざい》に上書す。辞色激昂し、挙止、畏《おそ》る無し。上《じょう》、之れを壮なりとし、有司に命じて姓名を記せしむ。後二年にして、進士及第し、浸《しだい》に以て貴顕《きけん》なり」と記している。寇準が進士に及第した後は、大理評事という官を授けられ、遠く湖北巴東県の知県となり、五年後には大名府成安県の知県へと転任している。この両県の知県の任期内に、寇準は「其の治は一に恩信を以てす。賦役《ふえき》に朝会する毎《ごと》に、未だ嘗《かつ》て符移を出ださず、惟《た》だ郷里姓名を具して、県門に掲ぐるのみ。而《しこう》して百姓は争いて之れに赴き、稽緩《けいかん》する者無し」という記事があるように頗《すこぶ》る治績が挙げられている。

寇準と太宗との出会いに関して、研究者に見落とされた史料がある。『続資治通鑑長編《しじつがん》』巻三三淳化三年十一月丙辰の条に李燾《りとう》が割注で引用している北宋張唐英《ちょうとうえい》の『寇準伝』には、

寇準、鄆州《うんしゅう》に通判《つうはん》たりしとき召見を得たり。太宗謂《い》いて曰く、卿に深謀遠慮有るを知る。試みに朕《ちん》と一事を決し、中外に令して驚動せざらしめん。此の事、已《すで》に大臣と之れを議《ぎ》したり、と。準、其の事を示さんことを請う。太宗曰く、東宮《とうぐう》の為す所の不法は、他日必ず桀紂《けっちゅう》の行《こう》有らん。之れを廃せんと欲するも、則ち宮中に亦《ま》た自ずから兵甲有り。因《よ》りて乱を招くを恐る、と。準曰く、請うらくは、某月日に東宮に令して某処に行礼を摂《と》り、其の左右侍衛は皆な之れに従わしむ。陛下、其の宮中を捜し、果《はた》して不法の器有らば、還るを俟《ま》ちて之れに示す。左右を隔下《かくか》し入らしむる勿《な》くして之れを廃す。一黄門《こうもん》の力のみ、と。太宗、以て然りと為す。

とある。太宗朝後期は、立太子が極めて重要かつ敏感な問題となった。皇后の勢力、宦官《かんがん》の勢力及び朝廷のさまざまな諸勢力が、この問題をめぐって陰に陽にしのぎを削っていた。本来、太子となるはずであった太宗の長男元佐《げんさ》は廃され、この史料の主人公である次男元僖《げんき》も、もともと承継者として育てられたのに、のちに太宗の寵愛《ちょうあい》を失い、原因不明の病死の際は葬式をやめられた。彼

の寵妾《ちょうしょう》は太宗の命令によって縊死《いし》させられ、腹心の部下である左右の侍従たちも投獄された。これら一連のことはすべて『長編』に見られる史実であるが、張唐英の記載とは符合し、寇準神道碑の「通判鄆州に差《つかわ》させられ、召見を得て旨に称《かな》う」とも合致する。恐らく太宗はクーデタが起こる懼《おそ》れありと感じ、局外者と相談した方がより安全だと思ったからであろう。もし本当にそうであるならば、太宗は寇準をよく知っていたことになる。これまで見てきた太宗と寇準との間の尋常でない関係からすると不条理のように思えるが、予《かね》てから太宗は寇準に重要な任務を委ねており、立太子問題については密かに彼と通じていたと解釈すれば、すべてが釈然とするのではなかろうか。

「義に赴き、白刃を忘れ、節を奮い秋霜を凌ぐ（赴義忘白刃、奮節凌秋霜）」という寇準が書いた詩のように、寇準の性格は剛直で、不公平なことに出会えば、魚の骨が喉に刺さったように、吐き出さずにはおれなかった。彼の書いた詩に「孤立して敢言し素分を逾《こ》ゆ（孤立敢言逾素分）」というのがあり、また「準、嘗てに事を奏するに切直なり。上《じょう》、怒りて起つ。準、上衣を攀《ひ》き、請うて復《ま》た坐せしめ、事、決すれば乃ち退く」という記事もある。君主に逆らって率直に戒めることは、歴代の史書にしばしば見えることであるが、天子の服を引っ張ってまで強引に坐らせて意見を聞かせるということはかなり珍しいことであろう。太宗としても恐らく初めてこのような臣下に遭遇したものと思われる。だが、怒っても何の役にも立たない。意見を聞き入れる態度に出るほかない。続いて「上、嘉《か》嘆《たん》して曰く、此れ真の宰相《さいしょう》なり、と。又た左右に語りて曰く、朕《ちん》の寇準を得るは、猶《な》お唐の太宗の魏鄭公《ぎていこう》を得たるがごときなり、と」とある。これも一心に唐の太宗のようになりたいと考えていた宋太宗の止むに止まれぬ言葉であったのであろう。

九九一（淳化《じゅんか》二）年、「歳に大旱《たいかん》たり。天子、以て憂いと為し、嘗て輦《れん》にて館中を過ぎり、泛《あまね》く以て衆に問う。皆な曰く、水旱《すいかん》は天数なり。堯舜《ぎょうしゅん》も奈何《いかん》ともする毋《な》き所なり、と。準独り曰く、朝廷の刑罰偏頗《へんぱ》なり。凡そ天旱、是れが為に発するのみ、と。上怒りて、起ちて禁中に入る。之れを頃《しばら》くして、準を召して偏頗なる所以《ゆえん》の状を問う。準曰く、願わくは両府を召して前に至らしめよ、臣即ち之れを言わん、と。詔《みことのり》有りて両府を召して入らしむ。準乃ち言いて曰く、某の子甲、贓《ぞう》若干に坐し、少しきのみなるも、罪乃ち死に至る。参政王沔《おうべん》、其の弟淮《わい》、主《つかさど》る所の財を盗むこと、千万以上に至るに、顧って死せざるを得たり。刑罰、偏するに非ずして如何《いかん》、と。上顧みて沔に問う。沔頓首《とんしゅ》して謝す。即ち皆な罷去せらる」とある。最初、太宗が怒ったのは、寇準が朝廷の刑罰が偏頗していたため天譴《てんけん》を被ったという指摘をしたからである。これは太宗の政治が明朗ではないと指摘することにほかならない。同じ神道設教《しんとうせっきょう》であっても、天の威厳を借りて君主の威厳を抑えつけるのは、官僚士大夫たちの慣用的手段である。だがここで寇準が挑戦した対象は、太宗と一体となった執政集団の一員である。かれが告発した王沔は、『長編』巻三四淳化二年四月辛巳の条の記載によれば、当時、「趙普《ちょうふ》西洛に出守し、呂蒙正《りょもうせい》寛簡を以て自任す。王沔恩を怙《たの》みて権を招き、政事は多く沔に決めらる」という情勢であった。そこで寇準はこのように、天子を怒らせるだけではなく、権力を握っている大臣にも挑戦した。二重の危険を冒すには、勇気が必要だったであろう。しかし、政治はある時は賭博《とばく》のように、乾坤一擲《けんこんいってき》、背水の陣を敷いて一戦を交え、死地に赴く決死の覚悟で奮闘してはじめて活路を見出す。果たして、寇準の行動に対して、「上、大いに喜び、準を以て用うべきと為し、遂に驟《にわ》かに進ましむ」とある。今回の「驟かに進ましむ」は、『宋史』の寇準本伝には、「即ち準を右諫議《うかんぎ》大夫・枢密《すうみつ》副使に拝し、改めて同知院事とす」と記されている。これから寇準は宋王朝の最高の執政中核に入るようになった。彼の波瀾万丈《はらんばんじょう》の生涯もここから幕が開けた。

寇準の性格はしばしば太宗と対立しただけではなく、時に同僚とも衝突した。同時に執政となり、官位が高い知枢密院事張遜《ちょうそん》と、寇準はどうしても合わなかった。「遜素《もと》より準と協わず、数々上の前に事を争う」という。結局寇準は他人のわなに掛かった。ある日、勤務終了で同僚の枢密副使温《おん》仲舒《ちゅうじょ》と一緒に馬に乗って家に還る途中、一人の狂人が馬を迎えて万歳を叫んだ。当時このような事件に、特に敏感だった太宗にとって、これは極めて嫌悪すべきことであった。町を管理する街使王賓《おうひん》は張遜に推薦されたことがあったので、張遜は機に乗じてこの事件をとらえて王賓をそそのかして上奏した。太宗がこの事件に直接に取り組んだとき、「準、自辯《じべん》して云う、実に仲舒と同行せしも、而《しか》れども遜は賓に独り臣を奏せしむ、と。遜、賓の奏を執り準を斥け、辞意は甚だ厲《はげ》し。因りて互いに其の私を発す。上怒り、遜を貶《おとし》めて準を罷《や》めしむ」とある。太宗がもっとも敏感な皇位に及ばしたので、罷免するのは避けられないはずだった。

ところが、太宗はやはり寇準に対する信頼が変わらなかった。地方勤務が一年未満で、寇準はまた朝廷に召し還り、再び執政集団に入り、参知政事を担当した。

寇準の気性が激しく人に寛容でなかったことは、朝廷の中でよく知られたことであった。ところが、執政集団内の宰相や参政も、かれにある程度の譲歩をしていたようである。寇準が参知政事となった半年後、宰相呂蒙正が退任し、参知政事呂端《りょたん》が後任となった。だが呂端が宰相となった五、六日ばかりの後、太宗は詔を下して参知政事と宰相を順番に日直させたのである。参知政事と宰相が順番に日直する先例がなかったわけではないが、それは太祖が宰相趙普の権力を弱めるためにとった便宜的な措置であった。今回は参知政事寇準の権力を強めるために行ったのである。

晩年の太宗は寇準を極めて信任しており、ほとんどすべて言うことは聞き入れられる程になった。立太子などのひた隠しに隠さねばならぬ重大なことも、寇準と相談し、かつ彼の提言を聞き入れた。前述したように、太宗の後期、宮廷内外では立太子という大事を巡る闘争が非常に激しかった。太宗に影響力をもとうとしたグループとしては、皇后の一党があり、宦官《かんがん》の一党があり、また朝廷内のさまざまな政治勢力があった。最初既に定められた太子元佐が廃され、続いて定められた準太子である次男元僖も原因不明の病死をした。これはすべて上述した闘争とかかわるのであった。そこで、こうした背景の下で、太宗はたびたび寇準と相談していたが、ここに彼への深い信任が伺えるだろう。『五朝名臣言行録』前集巻四に、

公、青州に在るとき、太宗久しく不豫《ふよ》なり、駅して召還して、後事を問う。公曰く、子を知るは父に若《し》くは莫《な》し。臣愚、当《まさ》に与《あずか》るべからざるなり、と。固く之れを問う。公再拝して曰く、臣、諸皇子を観るに、惟《た》だ寿王のみ人心を得たり、と。上大いに悦び、遂に定策し、寿王を以て皇太子と為す。

とある。太宗は寇準と立太子という大事を相談し、かつ寇準の提案を受け入れたことは、断言できる。その証左となる史料がある。『長編』巻三六淳化五年九月壬申《じんしん》の条には、「襄王元侃《じょうおうげんかん》を以て開封府尹《いん》と為し、改めて寿王に封ず。寇準の言を用うるなり」と記している。

寇準と太宗との付き合いの期間は、太宗の在位後期にあたる。歴代の開国皇帝は、概ね例外なしに、宰相をはじめとする士大夫によって改造されてしまう。本来の野性に満ち、さらに文盲である武人は、「内聖外王」の基準に合格できる、標準的な帝王までに改造される。改造方法と言えば、経史を学ばせ、知らず知らずのうちにその影響を受けさせ、さらに重要なこととして、諫《いさ》めて進言することにある。温和な読書と比べれば、諫めて進言するというのは強引な手段だ。このような改造は結局多くの場合、君主本人の協力を得ることになるものの、その間には少なくない不愉快ないし激烈な衝突が満ちあふれる。皇帝が強情で不遜《ふそん》であれ、頑固《がんこ》で独りよがりであれ、最終的にはすべて伝統的な君たる道の規範に収められてしまう。寇準が初期の皇帝を改造する行動は、後継した君主に積極的な模範を示していた。したがって君主の自律意識の増強は、次第に強まってきた宰輔専政に対する障害を減少させる作用があったにちがいないと思われる。

「天子を左右する」寇準

一〇〇四(景徳元《けいとくげん》)年、寇準は政治のピラミッドの頂上に登り宰相となった。まもなく宋と長期間対峙していた契丹遼朝《きったんりょうちょう》は、兵隊十万人を集めて二〇万の大軍と称し大挙して侵攻してきた。急速に迫る遼軍に対して、寇準と畢士安《ひっしあん》の両宰相は「合議して真宗の澶淵《せんえん》に幸せんことを請う」たが、強敵に直面して真宗の親征に対する態度は煮え切らなかった。だが寇準の強硬な要求によってやっと決心を固めるに至った。『長編』に、

寇準已に親征の議を決す。参知政事王欽若《おうきんじゃく》、寇の深入を以て上《じょう》に密言し、金陵《きんりょう》に幸せんことを請う。簽書枢密院事陳堯叟《せんしょすうみついんじちんぎょうそう》、成都《せいと》に幸せんことを請う。上、復た以て準に問う。時に欽若・堯《ぎょう》叟《そう》、傍《かたわら》に在り。準、心に欽若は江南人なり故に南幸せんことを請い、堯叟、蜀人《しょくじん》なり故に西幸せんことを請うことを知る。乃ち佯《いつ》わりて知らずと為し、曰く、誰か陛下の為に此の策を劃《かく》せり、罪は斬たるべし。今、天子神武たりて将帥協和し、若し車駕《しゃが》親征せば、彼自ずから当に遁《とん》去《きょ》すべし。然らざれば則ち奇を出して以て其の謀を撓《みだ》し、堅守して以て其の衆を老す。労逸の勢い成れば、我、勝算を得るなり。奈何《いかん》ぞ宗社《そうしゃ》を委棄し、遠く楚蜀《そしょく》に之《い》かんと欲せんや、と。

とある。寇準の話は、二重の抑止力を示している。王欽若(九六二―一〇二五)・陳堯叟(九六一―一〇一七)に対しても、真宗に対してもいずれにも威嚇《いかく》の効果を見せている。だれでも「委棄宗社(国家)」の罪名を着せられたくないと思っていた。こうしてついに親征実行の運びとなったのである。真宗は「未だ嘗て親《みずか》ら軍旅《ぐんりょ》を御せず、意甚だ懼れ」ると『儒林公議《じゅりんこうぎ》』に記されている。確かに事実として、真宗は澶淵への親征の途中、再び決心がぐらついて南に逃げようという考えを抱いていた。『長

編』巻五八景徳《けいとく》元年十一月甲戌《こうぼ》の条に、

是れより先、王超《おうちょう》等に詔《みことのり》し、兵を率いて行在《あんざい》に赴かしめんとす。月を逾《こ》えるも至らず。寇、益々南侵す。上《じょう》、韋城《いじょう》に駐蹕《ちゅうひつ》す。群臣復た金陵の謀を以て上に告げ、宜しく且つ其の鋭を避くべしとする者有り。上の意稍々《しょうしょう》惑い、乃ち寇準を召して之れに問う。将に入らんとするに、内の人の上に謂い、群臣の輩、将に官家《かんか》を何に之かんと欲すぞ。何ぞ速かに京師《けいし》に還らざらん、と曰うを聞く。準、入対す。上曰く、南巡するは何如《いかが》と。準曰く、群臣怯《きょう》懦《じゅ》にして無知なり、嚮《きょう》の老婦人の言に異ならず。今、寇、已に迫近し、四方の心危うし。陛下惟《た》だ尺《しゃく》を進む可し、

宋の地勢図（沙笠雅章『宋の太祖と太宗』〔「新・人と歴史」清水書院、2017年〕より）

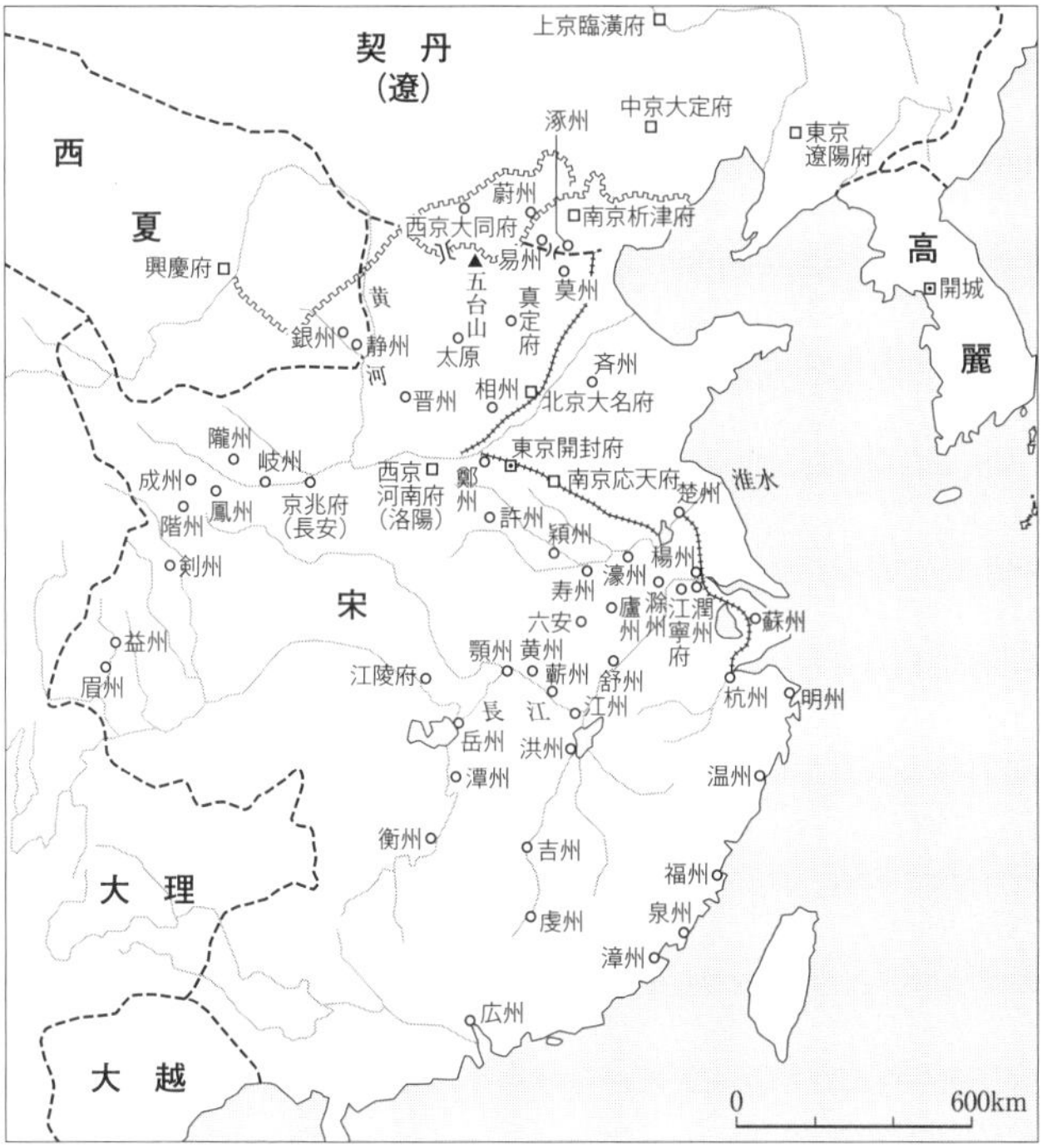

寸《すん》の退く可からず。河北の諸軍、日夜に望み、鑾輿《らんよ》至れば、士気当《まさ》に百倍すべし。若《も》し数歩に回《かい》輦《れん》せば、則ち万衆瓦解し、敵其の勢いに乗ぜん。金陵に亦た得て至る可からざるなり、と。上意未だ決せず。準出て、門屏の間に殿前都指揮使高瓊《こうけい》に遇い、謂いて曰く、太尉国の厚恩を受け、今日以て報ずる有るか、と。対えて曰く、瓊、武人なり。誠に死に効《いた》らんことを願う、と。準復《ま》た入対し、瓊随《したが》い入り、庭下に立つ。準曰く、陛下臣の言を以て然りと為さざれば、盍《いずくん》ぞ瓊等に試して問わざる、と。遂に前議を申し、詞気慷慨《こうがい》たり。瓊仰ぎ奏して曰く、寇準の言是なり、と。且つ曰く、随駕軍士《ずいがぐんし》の父母妻子は尽《ことごと》く京師に在り、必ず棄てて南行するを肯《がえ》んぜず。中道にして即ちに亡去せんのみ。陛下亟《すみ》やかに澶州に幸せんことを願う。臣等死を効《いた》せば敵破り難からず、と。準又た言う、機会失う可からず、宜しく趨駕《すうが》すべし、と。時に王応昌《おうおうしょう》帯御器械《たいぎょきかい》たりて上の側に侍る。上、之れを顧る。応昌曰く、陛下、天討を奉将せば、向かう所必ず克《か》たん。若し逗《とう》留《りゅう》して進まざれば、敵の勢い益々張るを恐る。或いは且つ河南に駐蹕《ちゅうひつ》し、詔を発し王超等を督《うなが》し進軍せしむれば、寇当に自ずから退くべきなり、と。上意遂に決す。

とある。この記事を見れば、寇準が武将高瓊と共同で、南逃しようとする真宗を無理矢理にも諫めたという印象を受ける。寇準が意気軒昂《けんこう》として再び前言を申し、高瓊は、兵士は南逃に従わないと威嚇《いかく》する。真宗は助け船を出してもらおうと視線を側に武器を持つ近衛官《きんえいかん》に向けるが、意外にもその近衛官も、寇準と高瓊の側に立った。こうした情勢下、真宗はやむを得ず諫めに従い、南逃をあきらめた。このことから想像できるであろう。なぜ後に王欽若の悪口はすぐ目的を達したのか。これはやはり真宗の心の奥底に埋められた、振り返るに忍びないもっとも屈辱的な一幕であった。

真宗は寇準等に催促されて、しぶしぶながらも澶州《せんしゅう》に着いた。澶州は黄河を境として南北二城に分けられている。真宗は黄河を渡って北城には行きたくなかった。北城は遼軍と直接に対峙し、かつ遼軍の一部がすでに迂回《うかい》して河北に入っていて危険だったからである。「天子北巡して澶州に至るも、虜騎已に魏府《ぎふ》を過ぐ。上疑いて、河を渡るを欲せず、南澶州に駐せんとす。準、上に勧む、北に渡りて、以て衆心を固くし、虜をして勝に乗ずるを得しむ毋《な》かれ、と。上、猶豫して未だ決せず」とある。寇準は依然として南逃しようとする真宗に利害をもって諭して、「今、一旦に棄て去らば、(社稷《しゃしょく》は)復た陛下の有する所に非《あら》ざらん。若し盗賊因縁して起こらば、陛下当に何に帰るべきか」と言った。しかし、城下に迫った敵軍に直面して、やはり皇位より命のほうが大事になったのだろう。

寇準はいちおう再び真宗に河に渡ることを勧めたが、真宗はまだぐずぐずして心が定まらない。このとき、寇準は再び真宗の傍にいる武将高瓊を動員した。「準、瓊に謂いて曰く、事当《まさ》に奈何《いかん》すべき、太尉胡ぞ一言せざる、と。瓊曰く、相公《しょうこう》之れを廟堂に謀《はか》る。瓊何ぞ敢えて与り知らん、然れども相公が以て上に謂う所は何ぞ、と。準曰く、今河を渡らば、則ち河北労力せずして定まる。渡らざれば、則ち虜日に益々熾《さか》んにして、人心敢えて自ら固まらず。智者有りと雖も、其の後を善くする能わず、と。瓊呼びて曰く、陛下、準の語を聴け、準の言是なり、と」とある。高瓊の叫びを聞き、本来部屋に入ろうと思っていた真宗はやむを得ず戻り、寇準と改めて相談することとした。

そのとき、寇準は高瓊に目くばせをして護衛する兵隊を連れて先に黄河を渡らせ、同時に、「又た自ら馬を牽《ひ》き、上に奉じ」たという。以上の記事は『五朝名臣言行録』前集巻四に見える。この記事によれば、真宗はまるで寇準・高瓊等に強引に黄河を渡らされたようである。

皇帝の親征の象徴的意義は軍事的意義よりはるかに大きい。これが寇準が一たびならず真宗に北進を強要した理由である。黄河を渡ると、寇準は、さらに真宗に城門に上がり六軍の将士を観閲させ、「六軍の心胆、陛下の身上に在り。今若し城に登らば、必ず賊を擒《とらえ》るなり」と言った。すると「上、因りて澶の北門に御す。将士黄屋を望見し、皆な万歳を呼ぶ。声、原野を震わせ、勇気百倍たり」という。親征の全過程を見ると、真宗のすべての行動は寇準の催促によって行われたもので、元来極めて消極的であった。かれは一切のことを寇準に押しつけた。「上尽《ことごと》く軍事を以て準に委ね」たという。これに対して、強敵を前にした情勢下、寇準も譲らず、「因りて制を承け専ら決す」という。

ところが、真宗は全権を寇準に譲ったが、勝ちを収めることができるかどうか、確信がない。寇準と一緒にいるとき以外、常に人を遣い、寇準の様子を窺った。「暮れに会い、上、宮に還り、準を留めて城上に居らしむ。上人を使い準に何を為すか視る。曰く、準方に飲酒歌笑す、と。上、未だ嘗て釈然とせざるなり」という。また「公、澶州に在り、毎夕に楊億《ようおく》と飲博謳歌し、諧謔《かいぎゃく》喧呼《けんこ》す。常に旦に達すれば、或いは就寝して、則ち鼾息《かんそく》雷の如し。上、人を使い之れを覘《うかが》い、喜びて曰く、渠《かれ》に此の如きを得、吾、復た何を憂えん、と」という記事が、先に引いたと同じ『五朝名臣言行録』前集巻四にある。寇準のこうした挙止は、三国時代に曹操《そうそう》が槊《ほこ》を横にして詩を吟じたような風雅な興趣ではあるが、君心と士気を安定させるために、わざと事もなげにしていたのであろう。その苦心が並大抵でないことを察するべきである。当時の人は寇準を淝水《ひすい》の戦の際に陣頭に立って囲碁《いご》を打ったという東晋《とうしん》の謝安《しゃあん》にたとえた。

「相持すこと十余日、其の統軍撻覧《たつらん》、出て督戦す。時に威虎軍頭張瓌《ちょうかん》、床子弩《ど》を守り、弩撼して機発す。矢は撻覧の額に中《あ》たる。撻覧死す。乃ち密かに書を奉じて盟を請わんとす」という形勢に変わった。形勢は宋の方に有利になったので、最初寇準は和平交渉に賛成しなかった。遼の使者が「来て請うこと益々堅く、帝、将に之れを許さんとす」と『宋史』「寇準伝」に記されている。

宋朝は使者として曹利用《そうりよう》(?—一〇二九)を派遣した。最初遼の和平交渉の条件は河北を割譲してもらうことであった。こうした厳しい要求は、曹利用さえ朝廷に報告する勇気が出ず、代わりに毎年二〇万の歳幣《さいへい》を送るという提案を改めて出したが、遼側は少なすぎるとして認めなかった。第一次の和平交渉が合意に達しなかった。曹利用は帰還して結果を報告したが、真宗は都に帰ることに気がせいており、曹利用に「百万以下皆な許す可し」という上限を示した。しかし、曹利用は再び遼側に行く前に、寇準に呼ばれた。寇準は彼に「勅旨《ちょくし》有りと雖も、汝《なんじ》往きて許す所は、三十万を過ぐるを得る毋《な》かれ。三十万を過ぎれば、準に来見する勿かれ、準将に汝を斬らん」と厳しく言った。寇準の話を聞いて、「利用股栗《こふる》えて、再び虜の帳に至り、果たして三十万を以て約と成して還る」と史書に記されている。これが史上有名な「澶淵《せんえん》の盟《めい》」である。

寇準は危急存亡の際に重責を担い、確かに君主の期待にそむかず、さらに衆望にこたえて、彼の政治履歴に最も輝かしい一頁を書き入れたのみならず、しかも宋王朝に一〇〇余年の和平的局面を開いたと評価されたのである。宋人の陳瑩中《ちんえいちゅう》は「当時若し寇準無くんば、天下分かちて南北と為らん」と感嘆した。仁宗《じんそう》時代の参知政事范仲淹《はんちゅうえん》は「寇莱公《こうらいこう》国に当たり、真宗澶淵の幸有り。而して能く天子を左右して山の動かざるが如くし、戎狄《じゅうてき》を却《しりぞ》け、宗社を保ち、天下之れを大忠と謂う」と賛美している。つまり、真宗を乾坤一擲にした寇準は、天下の公論では忠君愛国とされる。しかも范仲淹より見れば、天下が寇準を大忠と言ったのは、まさに寇準が「能く天子を左右」したことにある。天子を左右できることが大忠と見なされるのは、たぶん宋代士大夫《したいふ》から初まった新観念であろう。

「澶淵の盟」成立後の陣中での宴会
（宮崎市定編『世界文化史大系〔中国Ⅲ〕』〔角川書店、1959年〕より）

「章献を廃す」クーデタを発動した寇準

一〇一九（天禧《てんき》三）年、寇準は王欽若に取って代わり宰相となった。これは寇準の三たびの浮沈を経ての再出馬である。この時期は、真宗在位の末期に近かった。中央における政治の安定と複雑さとは、もはや寇準が昔、中枢に出入りしていた頃とは比べものにならなかった。

寇準が宰相に任命された日に、丁謂《ていい》（九六六―一〇三七）も再び中書に入って参知政事となった。行政才能をもっている丁謂はそのときすでに世論に悪評される「五鬼」の中に並べられていた。丁謂が一緒に執政した最初の段階には、寇準にたいへんうやうやしかった。しかし丁謂のこうした行為が寇準にいっそう彼に対する軽蔑の念をもたせた。『長編』巻九三天禧三年六月戊戌《ぼじゅつ》の条に、

> 謂、中書に在り準に事《つか》えて甚だ謹む。嘗て会食し、羹《あつもの》は準の須《あごひげ》を汚《よご》れたり。謂起ち、徐《おもむろ》に之れを払く。準笑いて曰く、参政、国の大臣なり。乃ち官長が為に須を払くか、と。謂甚だ之れを愧《は》じる。是れ由り、傾誣《けいぶ》始めて萌えるなり。

とある。寇準がこのように丁謂を辱めた結果、丁謂の心の中に恨みの種がまかれてしまった。丁謂が寇準に復讐する機会は宮廷クーデタにつれて訪れたのである。寇準が再び宰相となった一〇一九（天禧三）年、真宗は中風に罹《かか》り、言葉が流暢《りゅうちょう》ではなくなり、意識が時にもうろうとしていた。真宗は正常に政務を処理できず、「政事、多く中宮の決する所」という状態になった。つまり元来皇帝を通す政務運営のプロセスは、ほとんど皇后劉氏《りゅうし》（諡《おくりな》は章献明粛《しょうけんめいしゅく》、九六八―一〇三三）が代理するようになった。これは政事に参与することがすきな劉皇后の権力を急に強めた。したがって、朝廷の各種の派閥間の角逐《かくすい》と新たな組み合わせに新しい局面を与えた。

寇準には劉皇后の権力が急に強まってきた政治情勢が見えないわけではない。しかし、彼にとってこの出身の貧しくて卑しい女性は眼中にない。以前、真宗が劉氏を皇后に立てようとしたとき、寇準は反対意見を出したことがある。あいにく劉氏の権勢が大きくなったとき、寇準はもう一つ愚かな事をした。「劉氏の宗人蜀に横し、民の塩井《えんせい》を奪う。上、皇后の故を以て、其の罪を赦《ゆる》せんと欲す」。だが、寇準は頑固に法律に従って処罰した。結局、「重ねて皇后の意を失う」ということになり、いっそう劉氏の恨みを買った。本来齟齬《そご》だった二人の関係に対し、火に油を注ぐ結果となって、劉氏は完全に寇準の敵対派に廻った。

この情勢に面して寇準は真宗の果たす役割を利用して、機会をねらって真宗と単独で話して説得し、幼い皇太子を監国《かんこく》とさせ、或いは皇位を皇太子に譲らせようとした。こうすれば、寇準が皇太子の名義で劉氏および反対派を制約することができるようになる。『長編』に「準嘗て間を請いて曰く、皇太子は人望の属する所なり。願うらくは、陛下宗廟《そうびょう》の重さを思い、伝して神器を以て、もって万世の基本を固めるを。丁謂、佞人《ねいじん》なり、以て少主を輔《たす》ける可からず。方正の大臣を択び羽翼《うよく》と為せんと願う、と。上、之れを然りとす」と記されている。

病魔にとりつかれても、真宗は劉氏の朝政への干与《かんよ》を不満に思っていた。『五朝名臣言行録』前集巻四に「天禧末、真宗疾《しつ》に寝る。章献太后漸《ようや》く朝政に豫する。上の意能く平らがず」とある。これを鑑み、真宗と話したところ、「上然之」とされたことで、これは切り捨て御免の剣をもらったのも同然である。寇準の計画は、「章献を廃し、仁宗を立て、真廟を尊して太上皇と為し、而して丁謂・

曹利用《そうりよう》等を誅《ちゅう》す」とある。この計画が成功したら、敵を負かし、朝廷の政争を平定するだけではなく、寇準も両朝皇帝を擁立《ようりつ》した元勲《げんくん》となる。これはかれの権力の強固化にとって重要な意義がある。そのため、寇準は多くの人に連絡した。先に引用した『五朝名臣言行録』に「李迪《りてき》・楊億《ようおく》・曹瑋《そうい》・盛度《せいたく》・李遵勗《じゅんきょく》等を引き協力せしむ」とある。「処画已に定まる」後、「凡そ詔令、尽く(楊)億をして之れを為さしむ」。「億事の洩《も》るるを畏《おそ》れ、夜に左右を屏《のぞ》き、辞を為す。至るは自ら起きて燭跋《しょくばつ》を翦《はさ》む。中外に知る者無し」という記事がある。

こうして秘密裏にしていたにもかかわらず、最終的にはやはりクーデタは未遂に終わった。原因は寇準にある。かれは酒を飲んで有頂天になったさい、うっかり口を滑らし、漏らした秘密を丁謂の徒党に聞かれた。その徒党の報告で情報を得た丁謂が、慌てて仲間であり軍事権を持つ枢密使曹利用に会って対策を立てる。『五朝名臣言行録』前集巻四に「且つ将に事を挙げんとするに、会にく公(寇準)酔いに因り言を漏らす。人、謂に馳報《ちほう》する有り。謂、夜に犢車《とくしゃ》に乗り、利用の家に往き之れを謀る」。翌日、「利用入り、尽く公の謀る所を以て太皇に白う。遂に詔を矯《た》め、公の政事を罷《や》める」とある。この記事の注意すべき点として、「矯詔《きょうちょく》」ということがある。「矯詔」とは、臣下が直接に皇権を犯す行動ではあるが、ある場合においては、無罪となるだけではなく、ある程度まで認められている。この史料がその例である。

寇準の肖像(王瑞来『宰相故事』より)

クーデタ未遂後、寇準の宰相が罷免された。真宗がもっと大きな圧力の下にあったとき、「丁謂を首相に抜擢し、曹利用を同平章事に加える」という情勢となった。後に、寇準は相次いで知相州から、知安州に移り、また道州司馬に左遷された。真宗が崩じた後、雷州司戸に貶《おと》された。最後は天涯海角といわれる辺地に死去した。

寇・丁両党の激しい角逐《かくすい》からは、伝統政治における派閥的一面がはっきり見える。党争の渦中に、皇帝は超然として局外に身を置くことは不可能である。しかし巻き込まれた皇帝は党争をリードすることができず、党争に左右され、ある派閥に利用される道具になるしかない。寇準が権力を握っていたとき真宗を左右したように、丁謂が権力を握っていたときも同様に真宗を左右できた。寇準の最後の惨敗は、真宗の危篤《きとく》という特殊な情勢下、歴史的原因によって皇権の実際の代理人である劉皇后と結盟できなかったことと関係があると思われる。

士大夫として寇準は『寇忠愍公詩集《こうちゅうびんこうししゅう》』三巻を残している。その詩を読み、その行動を見ると、寇準は魏晋時代の「竹林七賢《ちくりんしちけん》」と併称せられるべき、あるいは唐の李白《りはく》・杜甫《とほ》と伍《ご》すべき人物であると言ってよいように思われる。不幸なことは、寇準が身を置いた宋代は科挙《かきょ》の盛行した時代であって、昔のように礼儀作法にこだわらずに気ままに振る舞い、あるいは山水に隠栖《いんせい》する行動はほとんど不可能となっていたことであった。読書して官僚になることが、知識人のごく自然に進む道となっており、士大夫たちはわれ先にと官途を駆けめぐったのである。寇準も意識するとしないとに関わらず、時代の潮流に巻き込まれ、選択する余地はなかった。しかし、ある意味ではこのように政治世界が全面的に開放され、士大夫階層が大いに奮い立ってきた時代にかれが出逢ったということは、幸運だったとも言える。この時代、士大夫たちは「独り其の身を善くする」ような「修身斉家《しゅうしんせいか》」にもはや満足できず、視野を「兼ねて天下を済う」ことに向け、それまで抑えられていた「治国平天下《ちこくへいてんか》」にまで志向を広げようとした。この時代には士大夫《したいふ》に縦横無尽に駆け回る広々とした天地が与えられた。寇準はちょうど時宜にかなって、順調に政治のピラミッドの頂上に立ち、君臣の間で、詩人以外の才能を発揮し尽くしたのである。

ところが、強すぎる個性というものは、派閥が林立する政治の格闘場において、その立脚地を獲得することが非常に困難なのである。ある時期には、寇準は一時的に志を遂げていたが、結局一生の間に多くの苦しみをなめ、重い代価も払ったのであった。官途に幾多の浮沈を経て波瀾に富んだ生涯を送ったにもかかわらず、党争が激しい宋代において、政界の義侠である寇準は意外に非難が少なく、肯定的な人物として宋代の士大夫に列せられ、後世の歴史の記録にも名を残している。

⦿参考文献

王瑞来『宋代の皇帝権力と士大夫政治』（汲古書院、二〇〇一年）
王瑞来「宋代の時代的特徴とは何か」（『楊家将演義読本』、勉誠出版、二〇一五年）
李燾『続資治通鑑長編』（中華書局、二〇〇四年）
朱熹『五朝名臣言行録』（文海出版社、一九六九年）

「公罪の無かる可からず」、政治家の義侠

范仲淹

…はんちゅうえん…

王瑞来

前漢の司馬遷《しばせん》（前一四五／一三五？—前八七／八五？）によって『史記』に「游侠列伝《ゆうきょうれつでん》」が立てられて以来、社会では義侠というような人間の存在が取り出されて、重視されている。侠客《きょうかく》が義という原則を守り、一人または集団で社会の不公平と挑戦する。その挑戦は現実の秩序に衝撃をもたらした。増淵龍夫《ますぶちたつお》氏は『中国古代の社会と国家——秦漢帝国成立過程の社会史的研究——』でこの義侠現象を中国伝統社会の重要な特徴の一つと指摘していた。このような思考上の筋道に沿って考えてみれば、路上で人の危難を見て刀を抜いて助けるという個人の行為または少数人の行為に限らず、あらゆる分野で固有の不合理な秩序に衝撃する行動は義侠心に富んだことであろう。この意味で言えば、政治家の政治的改革も勇気をもつ義侠心のある行動である。

この視点によって「慶暦《けいれき》新政」という宋王朝の初めての政治改革の主宰者である范仲淹《はんちゅうえん》（九八九—一〇五二）を取り上げたい。

范仲淹とその時代

宋王朝（北宋〔九六〇～一一二七年〕／南宋〔一一二七～一二七九年〕）は、歴史上の魏晋《ぎしん》の門閥的《もんばつてき》な政治、隋《ずい》唐《とう》の集団的な政治及び五代の武人的な政治に鑑みて、それらを戒めようとする一方で、政権自体は少しも「君権神授」という神秘なベールがかかっていない実状を踏まえ、広く士大夫《したいふ》を籠絡《ろうらく》するという政治的戦略を選択し、士大夫たちを政治に参与させて、その政権への求心力を増強させ、簒奪《さんだつ》によって立てた政権を合理化することになった。一言でいえば、「士大夫とともに天下を治む」（與士大夫治天下）ということである。

宋代の君主は貢挙《こうきょ》の規模を広げると同時に、殿試《でんし》も制度化し、士大夫は「天子門生」であるという観念を強化しようとした。朝廷のいろいろな優遇策は、宋代の士大夫に君主の知遇の恩に対する感謝の念を起こさせた。特に庶民または貧民より出世した士大夫が職務に精励する行為は、朝廷に対する特別強い恩返しの意識によっていたと思われる。

貧乏な家に出身した范仲淹も例外ではないのである。彼は宋王朝が士大夫に施した優遇策の受益者である。范仲淹の言行のなかには、強い恩返しの意識が見られる。ところが、彼は単に君主一人への恩返しだけではなく、朝廷に忠節を尽くし、この朝廷が代表している国家の安危《あんき》に全身全霊を捧げる、というところまで昇華させているのである。

范仲淹は二歳のとき、父親が亡くなった。母親が生計のため、彼を連れて再婚した。その後、范仲淹は他人に依存して貧しい生活を送った。青年時代の范仲淹は、山の中の寺院で勉強したとき、食べ物が足りないため、一つの小さい皿の粥《かゆ》を凍らせてから四つに分け、すこし韮と塩を入れて、これを一日分のたべものとした。そんな生活が三年間続いたのである。そのあと、范仲淹は睢陽学《すいようがく》舎《しゃ》で勉強したが、生活の苦しさは変わることがなかった。同窓の金持ちの子どもがそれを見て惻隠《そくいん》の心を動かし、食料品を送ってきた。そのとき、范仲淹は自分を貧乏な顔淵《がんえん》に例えていた。

ところが、范仲淹の進士合格後、状況はすぐに変わった。政治的地位はさておき、単に経済収入についていえば、彼がまだ大理寺丞・秘閣校理という中級官僚を務めたとき、彼自身の話によれば、年俸はすでに二〇〇〇畝《せ》土地所有による収入に相当したのである。これによっても宋王朝の士大夫優遇策の一斑がわかる。范仲淹自身こういう地位や経済面の変化を踏まえ、「朝廷儒《じゅ》を用うの要、其の品流を異とし、其の委注を隆《たか》くすに若《し》くは莫《な》し」といっているのは、その実感であろう。

宋代の歴史に触れたことがある人は、宋代の士大夫に上言の風習は頗《すこぶ》る盛んであるという印象をもつ。何かことがあれば、大小にかかわらず、往々つぎつぎに上奏し、議論が絶えない。その議論の是非はさておいて、このような現象が少なくとも反映していたのは、宋代士大夫に国家観念及び事業心と責任感が増強していることであると思われる。

宋代士大夫が政事を議論する風気は長期間にわたって続けられ、上言は宋代士大夫たちの「特権」となった。『朱子語類』巻一三二に「士大夫は面折《せんせつ》廷争を以て職と為す」とある。これについて、ほんの典型的な一例だけ取り上げておきたい。一〇四三(慶暦《けいれき》三)年、西部の辺境を統率していた范仲淹の官職は文官から武官に変更された。武官の俸禄《ほうろく》が文官より良いにもかかわらず、范仲淹はやはり連続して三通の上表を出して、この任命を断ってしまった。いうまでもなくこれは宋代士大夫の文を重んじて武を軽んじる風習の影響と思われるが、何よりも武官に変更されると、制度上、上奏し

て政治を議論することは不便になり、「特権」を失うからである。范仲淹は「譲観察使第一表」に、

> 臣輩、亦た内朝の職を以て詔令《しょうれい》の下るを観《み》る毎に、或いは便に非らざること有れば、必ず極力議論し、覆奏《ふくそう》して已《や》まず、必ず正さんことを期す。自ら近臣は、當《まさ》に其の闕《けつ》を弥縫《びほう》して嫌《けん》なかるべしと以《おも》えばなり。今、一旦内朝の職より落ちて、外帥に補さるれば、……則ち今より後、朝廷の詔令の出さるること、或いは軍中に於いて不便ならば、或いは辺事に於いて害有るも、豈《あ》に敢《あ》えて是非を区別し、朝廷と抗論せんや。自ら近臣に非ざれば、其の闕を弥縫するの理無し。縦《たと》い詔《みことのり》を降すこと丁寧にして、須《すべか》らく奏覆《そうふく》せしむべきも、臣輩、豈に前代の将帥驕亢《きょうこう》の禍を鑑み、国家の内外指蹤《ししょう》の体を存せざらんや。

と理由を述べている。范仲淹から見れば、「儒者の報国、言を以て先と為す」（儒者報国、以言為先）というので、この発言権を失いたくないのは当然なのである。

報恩思想、近名主張および范仲淹のずっと持っている深い憂患意識、これらすべてを一つの基本的形式で表現するものが「儒者報国、以言為先」である。これは一貫して主張され、生涯実行された。早くも一〇二五（天聖《てんせい》三）年、范仲淹がまだ監《かん》楚《そ》州《しゅう》糧《りょう》料《りょう》院《いん》という地方小官であった時に、既に「奏上時務書」を、仁宗《じんそう》（在位一〇二二―六三）と摂政《せっしょう》の劉太后《りゅうたいごう》（九六八―一〇三三）に呈上している。文弊を救う、武挙を恢復《かいふく》する、三館の選を重んじる、直諫《ちょっかん》の臣を賞するなどの建言であった。一〇二七（天聖五）

年、母の喪に服する期間に、范仲淹は朝廷に前述の万言書を出した。時弊を匡正《きょうせい》するために、郡守を選ぶ、県令を挙す、遊惰《ゆうだ》を斥ける、冗僭《じょうせん》(余分な官職)を除く、選挙を慎む、将帥《しょうすい》を安撫《あんぶ》するなどの改革案で綿密なものであった。これはほぼ、彼が十五年後「慶暦新政」を主宰するときに提出した十項改革主張と同じであった。当時の宰相王曽《おうそう》は万言書を受け取った後、「見て之を偉とす」、晏《あん》殊《しゅ》(九九一—一〇五五)をして范仲淹を館職に推薦させた。

范仲淹が「以言為先」なのは、痛くもかゆくもない空論を展開するためではなくて、ずばりと時弊を摘発したいためである。

一〇二九(天聖七)年、摂政の劉太后が冬至に朝拝の礼を受け、仁宗が文武群臣をつれて太后に誕生祝いをしようとする。范仲淹はこれを聞き強く反対した。彼によれば、

親を内に於いて奉るは、自ら家人の礼有り。顧って百官と同列し、南面して之に朝するは、後世の法と為す可からず。

というものであった。さらに太后に対して政務を成人となった仁宗に返すことを強く要求した。唐の則天武后《そくてんぶこう》をならって野望ある劉太后は、范仲淹の言論に怒り、范仲淹を朝廷から追放して河《か》中府通判《ちゅうふつうはん》に左遷させた。范仲淹を推薦した晏殊は自分が巻き添えになることを恐れ、范仲淹を呼んで厳しく責めた。このため、范仲淹は晏殊に長い手紙を書き理路整然と弁明した。手紙には

君に事《つか》え、犯有るも隠す無し、諫め有るも訕《そし》る無し。其の身を殺すも、君に有益ならば則ち之を為す。

とあった。また、范仲淹が表明したのは、決して責任を負わずに保身するだけの「循吏《じゅんり》」になることでなくて、「発するは必ず危言、立つるは必ず危行（発必危言、立必危行）」にして、「君を過《あやま》ち無きに致し、民を怨み無きに致す（致君於無過、致民於無怨）」ということを期待するもので、最終の目的は「政教墜《つい》せず、禍患起こらず、太平の下、浩然《こうぜん》として憂《うれ》い無し（政教不墜、禍患不起、太平之下、浩然無憂）」という局面であった。

一〇三三（明道二）年、劉太后が亡くなり、仁宗が親政し、范仲淹は朝廷に呼ばれて右司諫《うしかん》となった。ほどなく仁宗が郭《かく》皇后（一〇一二―三五）を廃黜《はいちゅつ》する事件が起こった。范仲淹は御史中丞孔道輔《こうどうほ》と台諫《たいかん》たちを率いて「伏閤極諫」した。ついに都から追われて睦州《ぼくしゅう》に左遷されたが、范仲淹は依然として仁宗を諫め続け、仁宗に「犯有るも隠す無きは、人臣の常。面折《めんせつ》廷争は、国朝の盛」という道理を教えたのである。

二年後、范仲淹は再び都に呼ばれて判国子監となっ

范仲淹の肖像（王瑞来『范仲淹研究』より）

た。『長編』巻一一七景祐《けいゆう》二（一〇三五）年十二月癸丑《きちゅう》の条に

仲淹、朝に還りて自《よ》り、言事は愈《いよいよ》急。宰相陰《ひそ》かに人をして之を諷《いさ》めかしめて曰く、待制《たいせい》、侍臣、口舌の任に非ざるなり、と。仲淹曰く、論思は正に侍臣の職、余敢えて勉めざらんや、と。宰相は其の誘う可からざるを知り、乃ち知開封を命じ、撓《みだ》れて劇煩《げきはん》を以てし、他議に暇あらざらしめんと欲す、亦た其の失有るを幸い、亟《すみ》やかに罷去《ひきょ》せしむ。仲淹、之に処ること弥月、京師は粛然として治と称せらる。

とある。范仲淹は直言によって、命を投げ出すことになっても惜しくなかった。また、『范文正（范仲淹の諡号《しごう》）公言行拾遺事録』巻一に

公（范仲淹）京に尹《いん》たる日、内侍の勢を怙《たの》み威を作《な》し、中外を傾動するもの有り。公、抗して其の罪を疏列《それつ》す。疏上《そじょう》せらる。家に蔵する所の書に兵を言う者有り、悉《ことごと》く之を焚《た》き、仍《な》お其の子を戒めて曰く、我、上疏して君側《くんそく》の小人を斥けんことを言う。必ず罪を得て以て死せん。我、既に死せば、汝輩、復た仕宦《しかん》する勿かれ、但《た》だ墳側にて教授するを業と為せ、と。疏奏《そそう》せらる。其の言を嘉納《かのう》し、内侍を罷黜《ひちゅつ》す。

とある。その時、呂夷簡《りょいかん》(九七九—一〇四四)が宰相で甚だ専断していた。しかし、范仲淹は「事を言いて避くる所無」いので、深く呂夷簡を怒らせた。『長編』巻一一八景祐三年四月丙戌《へいじゅつ》の条に

> 時に呂夷簡執政し、進む者は往々《おうおう》其の門より出づ。仲淹言く、人を官にする法、人主は当に其《そ》の遅速昇降の序を知るべく、其の近臣を進退するに、宜《よろ》しく全ては宰相に委《ゆだ》ぬべからず、と。又た「百官図」を上し、其の次第を指して曰く、此《か》くの如きは序遷《じょせん》と為し、此くの如きは不次と為し、此くの如きは則ち公とし、此くの如きは則ち私とす。察せざる可からざるなり、と。夷簡、滋々《ますます》悦ばず。帝、嘗《かつ》て遷都の事を以て諸を夷簡に訪ぬ。夷簡曰く、仲淹の迂闊《うかつ》、名を務め実無し、と。仲淹、之を聞き、四論を為《な》し以て献ず。一に曰く「帝王好尚」、二に曰く「選賢任能」、三に曰く「近名」、四に曰く「推委」。大抵《たいてい》時政を譏指《きし》(譏刺と批判)す。又た言う、漢の成帝、張禹《ちょうう》を信じ、舅家《しゅうとけ》を疑わず、故に終《つい》に王莽《おうもう》の乱有り。臣、恐らくは今日の朝廷も亦た張禹の陛下の家法を壊し、大を以て小と為し、易を以て難と為し、未成を以て已成と為し、急務を以て閑務と為す者有り。早く弁せざる可からざるなり、と。夷簡大いに怒り、仲淹の語を以て帝の前に弁じ、且つ仲淹の越職言事・薦引朋党・離間君臣を訴う。仲淹も亦た章を交わして対訴す。辞愈々《いよいよ》切なり。是れ由り、降黜せらる。

と記されている。今回は、饒州《ぎょうしゅう》に左遷されることになった。

范仲淹の歴官は、ほとんど上奏と左遷の繰り返しであった。

上奏建言と左遷の繰り返しについて、范仲淹自身はいったいどう考えていたのか。これについて、『仕学規範』巻二五に「官となり、公罪の無かる可からず、私罪の有る可からず(作官、公罪不可無、私罪不可有)」という、研究者にはほとんど見落とされた范仲淹の一つの名言がある。これは面白い言い方である。公のため罪を得ても犯罪ではない。宋代士大夫が面折廷争したときもっている理屈はこれであろうか。少なくとも范仲淹はこう思ったのである。また、彼には「可負万乗主、甘為三黜人(万乗の主に負いて、甘んじて三たび黜《しりぞけ》らる人と為る可し)」、「雷霆《らいてい》日有犯、始可報君親(雷霆日に犯す有らば、始めて君親に報ず可し)」という詩がある。毎日雷のような怒りにふれながら面責直諌するという、このような言行で原則を守り、朝廷或いは君主厚遇の恩に報いる忠誠は、本当に得難い特殊な忠誠といわなければならない。このような特殊な忠誠は宋代の士大夫のなかに珍しいことではなかった。史書を調べればたくさんあるのである。法治国ではない社会では、范仲淹のような特殊な忠誠心をもった士大夫の存在は多く、彼らは統治体制が正常に伝送できないさまざまな情報を自らの忠言直論によって政策の制定者に伝達し、自分の官途ひいては生命をかけて絶えず宮廷或いは朝政の失策を直していた。このような責任感と事業心は、現在から見ると、人に感動も与えるが、多くは人に悲壮感を抱かせるものである。このような自分の政治的生命の犠牲を惜しまざる言行は、范仲淹の義侠心に富んだ一面を示しているであろう。

范仲淹の行為は宋代士大夫のもろもろの所作のなかで滄海《そうかい》の一粟《いちぞく》にすぎない。言により罪を得るのは当時の世論に非難されないのみならず、逆によい評判を得る。范仲淹は「慶暦新政」の前に上言により三回左遷された。これに対して世論は「三光」と評価した。つまり、一回また一回とふえていけば一層光栄で光彩があるという。世論は范仲淹に大きな名声を与え、ついに彼を「慶暦新政」の発動者の位置に押し上げた。

范仲淹と「慶暦新政」

真宗(在位九九七—一〇二二)の死後、劉太后が十二年間の長きに及ぶ臨朝摂政《せっしょう》を、その死去まで続けた。劉太后は、政治的才能をもち、その摂政は明朗な政治だったといえる。彼女は唐の則天武后に倣《なら》う野望が芽生えたときがあるが、唐代と違う政治的環境、つまり士大夫政治に制約され、賢明に自己抑圧して強行しなかった。その摂政期では、限度ある改革をしたが、その摂政の前期に丁謂《ていい》と王曽《おうそう》などの執政集団内部の政治闘争があったし、後期に仁宗の親政をめぐる政争が起きたため、宋王朝が発展を遂げたとはいえず、大きな危機をもたらさなかったにすぎない。にもかかわらず、真宗後期に残った各種の社会的な問題がやはり深刻化するようになった。

国内には、真宗朝の財政収入が太宗朝の二倍の一万五〇八五(これは銭・絹・銀・穀の合計として単位はそれぞれ貫・匹・両・石である)になったものの、宋祁《そうき》が一〇三九(宝元二)年に指摘した「三冗《さんじょう》」「三費」は政府に深刻な財政危機をもたらした。「三冗」とは、その一は全国の官職が定まったが、官員の定員制限がないことで、真宗の景徳《けいとく》年間(一〇〇四~一〇〇七年)に全国の官員数が一万人を超えた。年間に官員の俸禄支出は九七八五万貫に達した。その後、その支出はさらに官員の増加により増えている。その二は、数十万人の役に立たない廂軍《しょうぐん》が無駄に軍事費を支出すること。天禧《てんき》年間（一〇一七～一〇二一年）に全国の軍隊が禁軍（禁衛軍《きんえいぐん》）の四三万二〇〇〇人を含んで九一万二〇〇〇人に達し、慶暦《けいれき》年間（一〇四一～一〇四八年）にさらに一二五万九〇〇〇人に達した。一人の禁軍兵士の年間費用は約五〇貫であり、一人の廂軍（地方軍）兵士の年間費用は約三〇貫であった。合わせてかなり巨大な支出であろう。当時には「六分の財、兵は其の五を占める」といわれる。その三は仏教・道教の僧侶道士が日に日に増えて定員制限もないことである。「三費」とは、その一は宗教行事の費用支出、その二は首都にある多くの寺院・道観への費用支出、その三は解任された大臣が節度使の肩書きを帯び、公用銭を支出することで、「三費」のうち二つは宗教に関して無駄に支出した費用をさす。例えば、天書降下による大規模な宗教行事を行った以前の景徳年間の郊祀《こうし》（天地を祭る行事）費用は六〇〇万になった。天書降下後、各種の宗教行事はますます甚だしくなった。当初宗教行事の経費を保障できると言った三司使（財政大臣）丁謂も「恐らく有司の経費給せざらん」と国家財政の破綻《はたん》を訴えた。朝廷は財政難を最終的に民に押しつけていった。これは慶暦年間の朝廷の税金収入によりわかる。農業税の増加を除き、その時期の商業税は前の四五〇万貫より一九七五万貫に、酒税は前の四二八万貫より一七一〇万貫に、塩税は前の一二三三万貫より四四〇〇万貫になった。朝廷からいろいろな名目で徴収する過酷な税金は社会経済の崩壊を速めた。当時の学者李覯《りかん》は「産業は家家壊れ、誅求歳《ちゅうきゅう》歳新しく（産業家家壊、誅求歳歳新）」という詩でその状況を描いた。農民反乱が各地に何回も起こった。

社会は不安定な状態にあった。
国外には遼《りょう》・西夏《せいか》の脅威が日に日にひどくなった。ところが、宋朝は「澶淵《せんえん》の盟《めい》」の後、欧陽脩《おうようしゅう》（一〇〇七—七二）の指摘したように「上下無事に安んず、武備廃して修めず。廟堂謀臣《ちょうどうぼうしん》無く、辺鄙《へんぴ》勇将無し。将は愚かに干戈《かんか》を識《し》らず、兵は傲《おご》りて戦陣を知らず。器械朽腐《きょうふ》し、城郭隳頽《きたい》なる」という。北方の遼は宋の辺境に軍事演習を行い、武力を誇示して宋をおびやかしていた。西北の西夏はその首領李徳明《りとくめい》が遼に大夏国主に封じられた後、宋との和議を守らず、時々宋軍と衝突する。特にその子李元昊《りげんこう》（一〇〇三—四八）が首領となった後、公然と和議を破棄して宋に侵攻した。仁宗の親政後の慶暦初年まで宋は西夏と三回戦い、三回負けた。最後、宋朝は毎年二五万五〇〇〇の銀・絹・茶という歳幣《さいへい》を送る代価によって、李元昊が夏国主（在位一〇三八—四八）の名義で宋朝に臣と称すという結果を達成して、新たに平和協定を結んだ。そのとき、遼も機に乗じて軍事と外交の手段で宋朝に迫って、歳幣を「澶淵の盟」に定まった銀十万両、絹二〇万匹から銀二〇万両、絹三〇万匹にまで増加させた。かつ名目としてもとの「歳遺（毎年贈る）」を「歳納（毎年納める）」に改めた。この名目の変更によって、宋が遼に臣服というイメージになったのである。

「澶淵の盟」の旧跡　筆者撮影

宋朝の上述の状況は「積貧積弱」と形容される。「積貧」とは長期間の国家財政難と社会経済の不景気をさす。「積弱」とは西夏と遼の侵攻と脅威《きょうい》に抵抗する力がないことをさす。要するに建国からすでに八〇年になった宋王朝は、改革しなければならない情勢に直面するようになったのである。

国内外の厳しい情勢に対して、天下の事を自分の行うべき任務とする士大夫たちは、相次いで改革の要求を訴えてきた。前述したように范仲淹は、早くも一〇二五(天聖三)年、まだ監楚州糧料院という地方小官であった時に、「奏上時務書」を仁宗と摂政の劉太后に呈上している。一〇二七(天聖五)年、母の喪に服する期間に、范仲淹は朝廷に万言書を出した。しかしながら、范仲淹を含む多くの改革の提案が、様々な状況により梨のつぶてだった。前述した内憂外患が一層深刻化した慶暦年間になると、親政がすでに十年近くになる仁宗さえ改革を行わなければならないと痛感した。当時の朝廷には若手官僚を中心とする改革派集団も次第に形成され、改革を奔走し呼びかける。それによって長期間宰相を務める保守的な呂夷簡《りょいかん》は解任され、欧陽脩などの改革派が諫官に任命され、発言権を握った。さらに政界に高い名声を有している范仲淹と韓琦《かんき》(一〇〇八―七五)・富弼《ふひつ》(一〇〇四―八三)・杜衍《とえん》(九七八―一〇五七)が相次いで執政大臣に任命された。朝廷では、改革の指導部がもはや結成された。

こうした背景の下で、仁宗は一〇四二(慶暦三年)九月に、わざわざ父親真宗の遺物を収める天章閣を開き、そこで参知政事を任命したばかりの范仲淹とほかの執政大臣を接見して、その現場で改革案を出してくださいと催促した。「久安に弊《へい》を革《あらた》め、朝夕に可能非ず」と言った范仲淹と富弼は後に

「答手詔条陳十事」を提出した。その十事は、黜陟《ちゅっちょく》を明らかにする、僥倖《ぎょうこう》を抑える、貢挙を精しくする、官長を択ぶ、公田を均《なら》す、農桑を厚くする、武備を修める、徭役《ようえき》を減らす、恩信を覃《おも》んずる、命令を重んずる、というものである。その内容を見ると、彼の天聖五年万言書はその種本であるということがわかる。これによって、范仲淹の改革案は長期間の深思熟慮の結果であるといえる。

この綱領的な改革案によって宋代史上初めての大規模な改革である「慶暦新政」が始まった。朝廷は続々と仁宗の名義で改革の詔書を発布した。その一は磨勘法《まかんほう》を改革すること。磨勘法とは文官を三年ごとに昇進させる年功序列的なものである。それを改めて、実際の才能と業績により官員を昇進させるようにした。その二は恩蔭制《おんいんせい》を改革すること。恩蔭制とは中級・高級官僚の子弟が科挙試験を経ず直接に官になれる特権的な制度である。それをさらに厳しく規定して制限を加えた。その三は科挙制度を改革すること。もとの詩賦《しふ》を中心とする試験内容を政論の識見に改めた。さらに科挙を教育と結びつけて、科挙受験生は学校に三〇〇日の勉強経歴があれば、はじめて州県の解試《かいし》（科挙の第一次試験）に参加する資格をもつ。それに相応して朝廷の命令により各地の州学・県学が普遍的に設置された。中央にも正式に最高学府である太学《たいがく》が設置された。長い目で見ると、たぶんこれは慶暦新政の最大の成果であろう。その四は地方官員の選任方法を改革すること。中書・枢密院《すうみついん》により各路と州の長官を選び、また各路と州の長官により県の長官を選ぶ。その五は職田法《しょくでんほう》を改革すること。新たに官位によって職田を配分して「其の廉節《れんせつ》を責め」、つまり積極的な方法で官員の汚職を防ぐ。その六は労役を軽減すること。これは合併の方式で州県の数を減少して、従って民間から徴発する労役の人数を減らす目的を達成する。試行として河南府（今の河南省洛陽《らくよう》市の東部地域）の五県を廃止して鎮《ちん》とした。

「農桑を厚くする」と「武備を修める」を除いて、改革案の十事は、上述したように、一〇四二（慶暦三）年から翌年の前半にかけて続々と全国に実施された。これは当時「慶暦新政」と呼ばれる。

しかし、「慶暦新政」の実施はわずか一年数ヶ月しかなく、やがて打ち切りとなった。一〇四四（慶暦五）年の年初から、范仲淹・富弼・韓琦などの改革の指導者は相次いで解任され、朝廷を離れていった。なぜ「慶暦新政」はそんなに早く打ち切りとなったのか。それには、以下の原因が考えられる。

一つは、官僚制度を中心とする改革が官僚層の既得の利益に触れたことだ。「任子の恩薄く、磨勘の法密し、僥倖者《ぎょうこうしゃ》不便なる」ので、「謗毀《ぼうき》浸《いよ》いよ盛んで、朋党の論は滋《ます》ます解くべからず」となった。

二つは、やり方が順を追って一歩一歩進めるのではなく、あせりすぎたことだ。ゆえに激しい反発に遭遇した。

三つは、党争の背景が改革集団を崩れさせた。早くは十年前に諫官を担当する范仲淹が仁宗郭皇后を廃することをめぐって、宰相呂夷簡と激しい対立となった。結果として范仲淹をはじめとする台諫《たいかん》（御史と諫官の併称）集団とそれを支持する欧陽脩・余靖《よせい》などの士大夫が地方に左遷された。それによって派閥の種をまいた。その後、都に戻って権知開封府となった范仲淹はさらに宰相呂夷簡と激突した。呂夷簡は直に范仲淹の朋党（派閥）を結ぶことを非難した。そして范仲淹が再び地方に左遷された。改革の叫び声がますます強くなった一〇四二（慶暦三）年に、宰相呂夷簡が解任され、欧陽脩・

余靖など范仲淹の支持者が諫官となり、范仲淹・富弼・韓琦も執政大臣となった。この情勢が范仲淹の支持者を非常に喜ばせ、国子監直講《こくしかん》石介《せきかい》は「慶暦聖徳詩」を書いて、范仲淹等の改革派を称揚して対立する呂夷簡などの人を名指しで攻撃した。これが慶暦新政に濃い党争の色を付けさせた。皇帝は朝廷の派閥に対してとても敏感であるので、いつもこれを厳しく禁じる。反対派が朋党を理由に范仲淹たちを非難するとき、仁宗は范仲淹にこの問題を聞いた。范仲淹は古来朝廷では邪と正の両党が存在するので、禁止すべきではないと答えた。さらに欧陽脩は「朋党論」という文章を書き、士大夫を自分の君子党と反対派の小人党とに分けた。これは一層対立を激化させた。本来、慶暦新政の実施は皇帝権力・政府権力および世論の合力の結果であったが、反対派の攻撃によってもともと改革の決意が固くない仁宗を動揺させた。その結果、范仲淹・韓琦などの執政大臣が解任された。後に新しい磨勘法・恩蔭法・科挙法も廃止された。ある意味で言えば、慶暦新政は改革集団が朋党樹立によって自己破壊したのである。さらに公然と朋党を唱えたことで、宋代の公開的な党争の端緒《たんしょ》ともなった。これは慶暦新政の前後、優秀な士大夫たちが宋代史にもたらした深く考えるべき悪影響であった。

四つは、当時の国内外の情勢に関わる。慶暦新政実施の一年後、国外には宋夏の和議が成立し、国内ではすでに都周辺の農民反乱が平定したので、朝廷の焦眉《しゅうび》の急がやや和らいだ。この情勢の変化も慶暦新政が中止された一因であろう。

ところが、慶暦新政は完全に失敗したとはいえない。少なくとも各地に普遍的に設立された州県学と中央の太学という教育事業が依然として続けられていった。またその後、前述した政府の財政難と各種の社会的な問題は相変わらず存在して、かつますます深刻化に向かっていった。朝野内外に改革の叫び声が絶えず、一つの大規模な改革運動の可能性をはらんでいる。その慶暦新政の実践は後の改革者に貴重な教訓を与えた。

范仲淹の皇帝権力制約論

真宗朝では、李沆《りこう》・王旦《おうたん》・寇準《こうじゅん》などの政界のトップにいる士大夫たちは、初めて正常に皇位継承になった真宗を、士大夫政治下の皇帝権力として位置づけることを明らかにした。後の仁宗朝の范仲淹は、さらにそれからの政治的実践を儒学の政治倫理に結びつけて士大夫の皇権観を理論にまで高めた。

君主に対する認識について、范仲淹には、「臣諌めを興《おこ》さざれば、則ち君道虧《か》くること有り」という言葉がある。つまり、君主は神様ではなく、普通の人間と同じように過失を犯すから、絶えず群臣が諌めて君道を直すことが必要であるということだ。范仲淹は君主が流れるように善に従い、臣下のよい意見を受け入れることを希望している。彼は君主の手本として昔の虞舜《ぐしゅん》を取り上げて、「虞舜以て己を捨てて人に従い、聖徳と称さる」という。言外に、皇帝は聖徳という評判が欲しいなら、自分の定見をもたず臣下の意見に従わなければならない、という。同時に反面教師として、范仲淹は「桀《けっ》・紂《ちゅう》は則ち人を以て欲に従わしめ、自ら天に絶す」ということを取り上げた。また、宋王朝が創立以来の伝統として、「犯有るも隠す無きは、人臣の常。面折廷争は、国朝の盛」と范仲淹はまとめた。これこそが宋代以降の士大夫の重要な特徴の一つである。

皇帝権力について、もう一つ、范仲淹の皇帝権力論を見てみよう。范仲淹は「天子の常、道に在りて、権《けん》に在らず」という。この「権」はもちろん常道に対する権道というが、「権」という文字は権《はか》る→便宜→権謀→権力という意味発生のプロセスがあるので、「権」というと、権力への連想がしやすい。かつ范仲淹は必ずしも一語で二語の意味を兼ねさせないわけではない。そうすれば、権力というものは君主にとって最も重要ではない。大事なのは君主となる道であり、無道の暗愚な君主とならないようにすることであるというのである。道と権について、君主にとって、「己《おのれ》を虚とするは之を道と謂《い》い、道に適するは之を権と謂う」と范仲淹はさらに説明している。つまり君となる道という厳格な範囲のなかにおとなしくしていて、それをこえてはいけないという。では、皇帝として権力をすこしも握らなくてよいというのであろうか。そうではなく、范仲淹から見れば、君主としては一つの権力、つまり人事権だけを握るべきであった。范仲淹は「推委臣下論」に「聖帝明王、常に賢を求めるに精意し、事に臨むに労慮《ろうりょ》せず」と述べている。君主は人事権のほかに、いかなる政務も処理すべきではないのである。范仲淹はこのようにして、君主のもっているほかの権力をすべて剥奪《はくだつ》してしまった。さらに、人事権でもすべて君主に任せることに、范仲淹は賛成しない。彼は「千官百辟《へき》、豈《あ》に能《よ》く独り選ばんや。必ず之を輔弼《ほひつ》に委ぬ。惟《た》だ清要の職・雄劇《ゆうげき》の任のみ、人に軽授す可からず。僉諧《せんかい》の外、更に親選を加う」と述べている。これから分かるように、范仲淹の見方では、君主の人事権とはわずか清要の職あるいは重要な任を選ぶことに限る。しかし、これらの官員を選ぶ前提条件もある。すなわち、「僉諧」しなくてはいけない。つまり、群臣側の世論の賛成を得なければならない。これによれば、君主のこういうわずかな権力も群臣の監督の下に置かなければならず、自分の意志を意志とすることができない。范仲淹の希望は君主に条件付きのある権力を与えることであった。

「澶淵の盟」の際、当時の奸臣《かんしん》とされる王欽若《おうきんじゃく》の言う通り、真宗は寇準によって澶州城《せんしゅうじょう》の人質とされた。つまり、大賭博に賭けられた有り金であった。ところが、范仲淹の評価は正反対であった。彼の「楊文公写真賛」という文章では、寇準について、「寇萊公当国たり。真宗、澶淵の幸有り、而して能く天子を左右し、山の動かざるが如く、戎狄《じゅうてき》を却け、宗社を保つ。天下、之を大忠と謂う」と評価している。つまり范仲淹はこのような天子を左右する行動を「大忠」と認めている。范仲淹の見方は宋代士大夫の皇権観の典型を表しているため、宋人の著作にしばしば引用される。これによって宋代士大夫の「忠」に対する認識も以前に比べて大幅に変わったことがわかる。『東都事略《とうとじりゃく》』の著者である王称《おうしょう》は、巻九六「李清臣伝」の末に「人臣は公正を以て忠と為す(人臣以公正為忠)」と述べている。つまり、宋代士大夫にとって、「忠」は皇帝本人に忠に尽くすことを表すだけではなく、ある行為の公正さを表すものなのである。このように「忠」はさらに「忠誠」、「忠実」などの意味に近くなってきた。范仲淹は天子を左右することを「大忠」と見る。この大忠とは「大公」の同義語として間違いない。伝統的な意味の「忠」を天下に対して尽くすことによって体現されたところの「大公」である。

皇権について、宋代士大夫の言行は矛盾することがある。つまり、士大夫たちは時に皇権を弱め、時に強めることを要求するのである。范仲淹の言論も例外ではなく、このような矛盾が存在している。では、これをどう解釈すべきであろうか。

宋代では、特に真宗朝より、皇権が全面的に下がっていくと同時に、宰相および執政集団の権力（相権）がかつてないほど強化されてきた。しかし、皇権と相権とのバランスについて、皇権が強すぎるなら、君主専制になる弊害がでるが、逆に相権が強すぎるなら、権臣独裁になるおそれがある。二つの傾向はいずれも王朝の安定にとって不利なのである。ところで、天下の事を自分の行うべき任務とする士大夫は、二つの傾向に非常に敏感である。彼らはつねに謹んでバランスを保って、二つの傾向の発生を防止するからである。これについて説明するのに范仲淹の経歴の中に好例がある。彼が政界に入ったとき、朝廷では呂夷簡が長期間宰相を務め、権力を一手に握って、官吏の任免はすべて独断していた。范仲淹を二度左遷し、皇后を廃黜《はいちゅつ》したのはその例である。このような情勢の下、万人の上に位する権臣に対して争うために、范仲淹は皇帝をかつぎ出して圧力をかけるしかない。皇権を武器として相権を制限するのである。呂夷簡の独裁に対して、范仲淹は「君道宜しく強なるべし、臣道宜しく弱なるべし」と主張した。ところで、皇権を強化するという主張は宋代の士大夫が特殊な時期、特殊な情勢の下に特殊な目的を果たすために使う、ある便宜的な措置なのであった。言い換えれば、正常な政治局面では、范仲淹を含む宋代士大夫は、士大夫を中心とする官僚政治を主宰する宰相大臣たちに政務運営を執り行わせ、君主が政府の正常な運営に干渉しないよう、できるだけおとなしく宮中におき、お高くとまっている天子にしたほうがよいと希望した。

宋代は以前と全然違う新しい社会である。唐末から五代にかけて数十年間の激動によってある文化的断層が形成されていた。このような新しい社会環境の機縁に恵まれて勃興《ぼっこう》する士大夫たちは、あらためて理論をたて伝統を作ることが可能になったのである。とりわけ士大夫を中心とする官僚政治の下に、皇権に対する宋代士大夫の観念は以前と明らかに異なるものをもっている。唐末以降、激動した現実はほとんど「君権は神様から授けられる」という観念を粉砕してしまった。皇帝として、このような現実の下に、最高至上の天子からあらためて世間に戻ってきた。宋代士大夫には、皇権の観念が弱まると同時に、国家意識が逆に強まってきた。皇権が実際の政治生活のなかで多くの制限を加えられれば加えられるほどに、中央政府としての管理体制はますます完全になっていく。このような局面は皇帝のあるべき地位をあらためて定めて、つまり、その地位を新しい形で再び引き上げて、象徴化に近づけていくのである。皇帝の役割は国家あるいは民族の象徴として、社会や民族の求心力をつなぎとめるものである。

王安石《おうあんせき》・朱熹《しゅき》も含んだ宋代ひいては後世における士大夫は范仲淹に極めて高い評価を与えた。北方に身を置く金王朝の著名な文人元好問《げんこうもん》は『遺山先生全集』巻三八「范文正公真賛」に「文正范公、布衣に在りて名士と為り、州県に在りて能吏と為り、辺境に在りて名将と為り、朝廷に在りて、則ち又た孔子の所謂《いわゆる》大臣なる者、之れを千百年の間に求めて蓋《けだ》し一二見ることとなし、但だ一代の宗臣と為るのみならず」とある。

范仲淹の言行が中国の伝統的知識人における主流的な精神を体現しているだけではなく、さらに北宋から士大夫が社会の有力な階層として奮い立ってきたという事実と符合するのである。したがって范仲淹はある象徴として、士大夫全体が道統を維持し発揚する心の支えになったのである。范仲淹の言行によって表れるのは、宋代の大部分の士大夫の共通の思想主流であり、中国における伝統的知識人にとって最も特徴的な精神の一側面でもあると思われる。士大夫によって支配的な基盤を構成する社会では、その士大夫たちの活動のあり方がいうまでもなく非常に重要なことになる。彼らの活動を考察し、彼らの精神世界を探ることは、その時代の歴史の門をこじあけるだけではなく、中国の知識人における思想の進展変化を研究する上でも大きな意味をもっているといえよう。

范仲淹が「天子を左右する」とした寇準という先輩政治家に対する極めて高い評価の裏には、彼自身の政治家としての義侠心の発露があろう。范仲淹こそがその時代の政治家義侠である。

⦿参考文献

増淵龍夫『中国古代の社会と国家』（岩波書店、一九九六年）

王瑞来『宋代の皇帝権力と士大夫政治』（汲古書院、二〇〇一年）

王瑞来『中国史略』（DTP出版、二〇〇九年）

王瑞来「宋代の時代的特徴とは何か」（『楊家将演義読本』、勉誠出版、二〇一五年）

「男児は死に到るも心鉄の如し」、文武両道の義侠

辛棄疾

…しんきしつ…

王瑞来

刀剣の侠——金戈鉄馬、気は万里を呑むの虎の如し

無月黒風の夜、女真《じょしん》の軍営では灯火が明々と輝き、一人の将軍を囲んで盛宴中であった。そのとき、騎兵五〇人が枚《ばい》を銜《ふく》み、こっそりやってきた。そして、宴会場のテントに突入してその将軍を拉致《らち》した。愕然《がくぜん》とした金軍《きんぐん》が反応し、追撃したが間に合わなかった。その一行はもはや既に脱出して夜陰に乗じて消失していた。

一一六二（南宋紹興《しょうこう》三二）年に起きたその事件で、奇襲兵を率いた者は二三歳の辛棄疾《しんきしつ》（一一四〇—一二〇七）である。なぜ辛棄疾はこういう行動を起こしたのか。前年、金国皇帝である完顔亮《かんがんりょう》（在位一一五〇—六一）は大軍を連れて南下し、対宋戦争を発動させたが、前線で軍隊の反乱が起きた。それによって完顔亮が殺され、結末として金軍は北に撤兵した。その機に乗じて、金の占領に反抗する北宋の故地であった山東地域で反乱が蜂起した。辛棄疾も二〇〇〇人を集めて二〇万人になった耿京《こうきょう》（?—一一六二）の反乱軍に加入した。耿京は、軍の参謀（掌書記）を担当する辛棄疾の南宋朝廷と連絡をとるという提案を受け入れ、辛棄疾を南宋朝廷に派遣した。辛棄疾は連絡の任務を達成した

後、耿京らの官職の委任状を持って本拠地に戻ったが、反乱軍の首領である耿京はすでに合流したもう一つの反乱軍のリーダーである張安国《ちょうあんこく》に殺されていた。その後、張安国は金に投降した。これにより、前述の奇襲劇にいたることになった。これは『宋史』巻四〇一「辛棄疾伝」の記録である。

拉致された張安国は南宋の首都臨安《りんあん》で処刑された。長官の耿京の復讐《ふくしゅう》を果たした辛棄疾はそれから南宋に残り、仕官生涯が始まった。

その前に辛棄疾にはもう一つの伝奇的な出来事がある。辛棄疾は耿京軍に参加すると同時、軍に一〇〇〇人を集めた一人の僧侶・義端《ぎたん》を加入させることを勧めた。ところが、その義端は後に反乱軍将軍の印鑑を盗んで、金に亡命していった。怒った耿京は、紹介者であった辛棄疾を処刑しようとしたが、辛棄疾は三日間もらえれば、義端をとらえて戻り、それができなければ、そのときに私を殺しても遅くないだろうといった。結局、金に到着していないうちに、義端は辛棄疾に追いつかれ捕らえられた。そのとき、義端は、「わしは君の本来の面目が青兕《せいじ》であることを知った。その力は人を殺せるが、どうかわしを殺さないでほしい」と辛棄疾に言ったが、辛棄疾はそれを聞かずに義端の首を切って軍に帰った。その行動によって新たに耿京の信任と重用を得た。前述した復讐行動は、辛棄疾が知遇の恩に報いたこととされるだろう。義端の見破ったかのような言い方によって、辛棄疾は青兕(青いサイ)の化身であるという伝説がその時代に広く伝わるようになった。

金と戦う名将岳飛《がくひ》(一一〇三―四一)が南宋朝廷に処刑された前年(一一四〇)、辛棄疾は今の山東省済《さい》南《なん》に生まれた。家族人口が多かったため、靖康《せいこう》の難の際に南方に亡命しておらず、祖父は金の官僚になった。しかし、彼はつねに幼い辛棄疾を連れて「登高望遠し、山河を指画《しかく》」して宋朝故地の回復を促していた。果たして祖父の期待に背かず、二〇代の辛棄疾は南宋に行き、仕官して江南で終焉《しゅうえん》を迎えることとなった。

辛棄疾の南宋行きにも伝奇的記録がある。ある日、同窓の党懐英《とうかいえい》と一緒に山の頂上に登って、二人が占いをし、党は坎《かん》卦《か》(北方の卦《け》)を得、辛は離卦《りか》を得た。このため、党は金に残り、辛は金から離れて南宋に行く決意をした。二人は酒を飲んでから、辛棄疾が「君はここに残って、わしはこれから消えよう」と言って南宋に行った。

南宋と金（周藤吉之・中嶋敏『中国の歴史〔5〕五代・宋』〔講談社、1974年〕より）

軍政の俠――功名は本《もと》是れ真の儒事

『宋史』「辛棄疾伝」によれば、南宋に行った二三歳の辛棄疾には、承務郎《しょうむろう》・江陰軍簽判《こういんぐんせんぱん》が授けられた。

南宋に行ったあとにも、辛棄疾の逸事がある。彼は士人たちがみな科挙《かきょ》試験を受けることを見て、これはそれほど難しいことではないだろう、三〇〇文を使い市場で「時文」のような受験参考書を買えば、及第できるよ、といった。それから、果たして及第したので、後に宋の孝宗（在位一一六二―八九）は辛棄疾に会ったとき、君は三〇〇文の銅銭で私の官位を買った人か、と揶揄《やゆ》した。

この逸事は事実ではないと思われる。宋代の士人が科挙及第後、まずは下級官僚である選人となるが、辛棄疾が南宋に入ると、すぐに選人の右儒林郎から中級官僚として京官の承務郎に彼を昇進させた。一般的に言えば、進士及第から承務郎までに昇進するのには少なくとも十年以上の年月が必要である。このため、この伝説は辛棄疾の優れた才能を伝えるためだけにすぎないだろう。もちろん官になっても科挙試験に参加する可能性は排除することができないが、宋代の制度として科挙試験以外のルートを通じて官になった人は、官名に「右」という文字がついている。辛棄疾の最初の官階「右儒林郎」には科挙及第者ではないことが表れている。そのため、科挙及第者ではない官僚はよく朝廷にもっぱら設置される鎖庁試《さちょうし》の受験を通して、名誉的な進士出身の資格を取る。宋代においてこのようなケースがかなり取り上げられている。例えば、辛棄疾と同時代の蔡戡《さいかん》は蔭補《いんほ》によって建康府《けんこうふ》の溧陽県尉《りつようけんい》となった後、さらに進士科の受験を通じて及第し、江州観察推官を担当したのである。明確な記録がないものの、辛棄疾が科挙試験を受けたという説は真実ではないであろう。

辛棄疾が宋に帰った時期は、ちょうど南宋の初代高宗（在位一一二七―六二）の退位、孝宗の即位という君主交代の時であった。困難な境地で王朝を中興して屈辱的な条件で紹興《しょうこう》和議を結ぶことを含め、基本的に金朝に対して守勢に立っていた。回復の大望壮志をもっていた孝宗だが、隆興北伐の挫折に遭遇したあとも守勢を取った。守勢を取ったのは、やはり太上皇帝の意思及び和議後の平和環境に関わる。それにもかかわらず、その初志によって孝宗は主戦派を優遇している。このような背景の下で、辛棄疾も重用されたと思われる。二八歳のとき、軍事重鎮《じゅうちん》である建康府の副長官通判《つうはん》となり、後に江西提點刑獄《ていてんけいごく》、京西轉運判官《てんうんはんがん》、知江陵府《ちこうりょうふ》兼湖北安撫使《あんぶし》、知隆興府《りゅうこうふ》兼江西安撫使、湖北轉運副使、湖南轉運副使、知潭州《たんしゅう》兼湖南安撫使、両浙西路提點刑獄、知紹興府兼浙東安撫使など、多くの要職を歴任した。

対金戦略として辛棄疾が建康府通判の任に「美芹《びきん》十論」という上奏文を提出した。彼は「進美芹十論札子」に「臣は至愚至陋《しぐしろう》なり、何ぞ能《よ》く知らんと雖《いえ》ども、徒《た》だ忠憤を激す所を以て、自ら已《や》まざるに能《あた》わず、以為《おもえら》くは今日に虜人実《りょじんじつ》に弊有りて乗ずる可き、朝廷の上策は預備を為して乃ち患《かん》無くと為る。故に磬竭《けいけつ》精懇し、自ら忖量《そんりょう》せず、御戎《おんじゅう》十論を撰成、名づけて美芹と曰う。……野人は美芹もて君に献じて、亦た主を愛するの誠を取る可し」と自ら述べている。『宋史』本伝には「講和の方《はじ》めて定めを以て議を行なわず」とある。ところが辛棄疾の上奏は朝野の高い評価を得た。朱熹《しゅき》（一一三〇―一二〇〇）は「辛棄疾頗《すこぶ》る兵事を諳曉《あんぎょう》す」という。後に劉克荘《りゅうこくそう》（一一八七―一二六九）も「辛公は文墨議論尤《もっと》も英偉磊落《えいいらいらく》とし、乾道、紹熙《しょうき》の奏篇及び進ずる所の『美芹十論』、虞雍公《ぐようこう》に上ずる『九議』、筆勢浩蕩《こうとう》たり、智略輻湊《ふくそう》し、権書衡論《けんしょこうろん》の風有り」と評価する。元人王惲《おううん》は「万里江山図」に「千古『美芹』の高議在り、應《まさ》に成敗もて終初を論ずるべからず」と謳《うた》った。

辛棄疾には地方官を担当した際の業績もたくさん取り上げられている。例えば江西提點刑獄の任で茶寇《ちゃこう》（専売品の茶を密売する武装集団）を平定したため、秘閣修撰に昇進した。江西安撫使の任で飢饉を救うため、「帝は之を嘉《ほ》め、一秩《いっちつ》を進」むとなった。湖南安撫使を担当したとき、広東摧鋒《さいほう》軍、荊南神勁《しんけい》軍、福建左翼軍に倣《なら》って、湖南飛虎《ひこ》軍を創設した。

さまざまな地方の要職を担当していたが、当時の人はそれでも辛棄疾の不遇をよく慨嘆していた。宋末の謝枋得《しゃほうとく》（一二二六―八九）は「宋辛稼軒《かけん》（辛棄疾の号）先生墓記」に「公は藝祖・太宗の時に生まれせしめば、必ず旬日《じゅんじつ》に宰相を取るべし。入仕たる五十年、在朝に老従官に過ぎず、在外に江南の一連帥に過ぎず」と嘆いた。同時代の有名な詩人陸游《りくゆう》（一一二五―一二一〇）の「送辛幼安殿撰造朝」の詩には「大材小用にして古の嘆く所、管仲蕭何《かんちゅうしょうか》実に流の亞なり」と謳った。友人陳亮《ちんりょう》（一一四三―九四）も「辛疾棄畫像贊」で「真鼠《しんそ》枉《ま》げて用い、真虎《しんこ》以て用いざる可し」と憤慨した。不遇とされるのは、やはり辛棄疾が宰相のような高位に至らなかったからだろう。それについては、具体的に分析する必要がある。大きな時代背景から見れば、辛棄疾が宋に帰った後、宋金戦争のない平和な時期となり、主戦派が政治的中枢《ちゅうすう》に入れないのは必然的な勢いであろう。また辛棄疾が地方の要職を担当していたとき、やりすぎたとされることがたびたびあったため、よく非難を受けた。宰相の周必《しゅうひつ》大《だい》（一一二六―一二〇四）が辛棄疾の重用を抑えたこともあった。もう一つは辛棄疾が北方の金の占領地から宋に来たいわゆる「帰正人《きせいじん》」であったことに関係がある。南宋政府は「帰正人」の到来に歓迎の態度を示している一方、一定の警戒心を抱えている。最後、辛棄疾の強い性格に関わる。楊万里《ようばんり》（一一二七―一二〇六）が執筆した宰相王淮《おうわい》の「王公神道碑」には「辛棄疾功有れども、人多《おお》いに其れの駕《が》御《ぎょ》し難きと言う」とある。複合的な要因によって高位に至らなかった辛棄疾は、当時と後世の人に遺憾の意を感じさせた。

政策決定の政治中枢に入れなかった辛棄疾は、地方官の任に優れた行政才能を示していた。朱熹は「稼軒《かけん》湖南を帥とし、賑済《しんさい》の榜に祇《た》だ八字を用うるのみ、只だ麤法《そほう》と雖《いえ》ども、便《ただ》ちに他の有才を見ゆ」と高く称賛した。執政能力だけでなく、たくさんの上奏文に辛棄疾の卓識を示している。「讎虜《しゅうりょ》六十年の後に必ず滅び、虜の滅ぶも而ども宋の憂いは方《はじ》めて大《はなは》だ」という『斉乗《さいじょう》』に載せる研究者にも見落とされた辛棄疾のモンゴル侵攻という予言がある。『斉乗』にはこのような辛棄疾の言論を引用した後、「宋人既に傖荒《そうこう》を以て之を遇し、而ども柄用《へいよう》せず、中原又《ま》た止《た》だ詞人を以て之を目とし、爲《ため》に惜しむ可きなり」と述べる。

『宋史』本伝に「豪爽《ごうそう》として気節を尚《たっと》んじ、英俊を識抜、交わる所多くの海内《かいだい》の知名なる士」と述べるように、辛棄疾の交友はとても広く、その時代の名流にほとんど往来がある。

筆端の俠――酔裏、燈を挑て剣を看ゆ

不遇というのは当世と後世の他人の感嘆だけでなく、辛棄疾本人の気分でもある。彼は心の奥底の憤激や俠気を筆端によって傾け注いでうたいあげ、たくさんの詞を作った。その成就によって今日まで「詞人を以て之を目と」される。

「平生の塞北江南に、帰って来て華髪蒼顔なる」と独り言う辛棄疾は、長期間に閑散して家に居る。

彼は若いころの壮挙を顧み、同じく志向をもつ陳亮に「破陣子陳同甫（陳亮の号）の為に壮詞を賦《ふ》し以て之に寄す」という詞を書き上げる。

醉裡挑燈看劍、
夢回吹角連營。
八百裡分麾下炙、
五十弦翻塞外聲。
沙場點秋兵。
馬作的盧飛快、
弓如霹靂弦驚。
了卻君王天下事、
贏得生前身後名。
可憐白發生。

醉裏灯《すいりとう》を挑《かきた》て剣を看れば、
夢は回《めぐ》る角吹ける連営を。
八百里は麾下《きか》に分かちて炙《あぶ》り、
五十絃は翻《かな》づ塞外の声を。
沙場秋に兵を點《てん》ず。
馬は的盧《てきろ》の作《ごと》くに飛快し、
弓は霹靂《へきれき》の如く弦驚かす。
君王の天下の事を了却し、
生前身後の名を贏《か》ち得《え》たるも、
憐む可し白髮の生ずるを。

とある。君王のために天下の偉業を遂行し、自分のために生前と死後の不朽の名声を取る、という昔の士人の理想であろう。ところが、大志がかなえられず、時は待たず、年を取った。

同じ情緒は「永遇楽」詞にも辛棄疾は吐露《とろ》した。

千古江山、英雄無覓、孫仲謀處。
舞榭歌臺、風流總被、雨打風吹去。
斜陽草樹、尋常巷陌、
人道寄奴曾住。
想當年、
金戈鐵馬、氣呑萬裡如虎。
元嘉草草、封狼居胥、
贏得倉皇北顧。
四十三年、望中猶記、
烽火揚州路。
可堪回首、
佛狸祠下、一片神鴉社鼓。
憑誰問、
廉頗老矣、尚能飯否。

千古の江山、英雄覓《もと》むる無く、孫仲謀の処。
舞榭歌台、風流は総じて雨打たれ風吹かれ去《い》く。
斜陽は草樹にさし、尋常の巷陌《こうはく》に、
人は道《い》う、寄奴曾《かつ》て住めりと。
当年を想うに、
金戈《きんか》鉄馬、気万里を呑みて虎の如くなりき。
元嘉草草、狼居胥《ろうきょしょ》に封らんとすれど、
贏《し》得て倉皇として北を顧るに。
四十三年、望むる中に猶も記す、
烽火の揚州路。
可ぞ堪《た》へん首《こうべ》を回らすに、
仏狸祠《びりし》の下、一片の神鴉社鼓は。
誰に憑《よ》って問わん、
廉頗《れんぱ》老いたるも、尚《な》お能《よ》く飯せるや否や。

とある。この蒼然たる歴史感をもっている「京口北固亭懐古」の詞は、辛棄疾の晩年に鎮江知府に起用されたときの作である。辛棄疾は鎮江城外の北固山頂上の楼に上がって、長江北岸を眺め、三国呉の孫権《そんけん》や南朝宋の劉裕《りゅうよう》の悲壮な往事を思い出し、それによって自分の南宋に帰る四三年を顧み、戦国時代の趙国の大将である廉頗《れんぱ》を六五歳になった自分に譬《たと》えて敵と戦う力がまたあると述べる。

南宋に帰って、地方の要職を歴任したり、長期間に閑散に家に居たりして、北伐の大志を遂げず、辛棄疾はいつも鬱憤《うっぷん》に晴れない状態にあった。彼は自分のこのような情緒を詞で訴えた。建康府西側城壁の賞心亭に上がって「水竜吟」詞を書いた。

楚天千里清秋、	楚天千里の清秋、
水随天去秋無際。	水は天に随《したが》い去りて秋は際《きわま》り無し。
遙岑遠目、	遙けき岑《みね》を遠目すれば、
獻愁供恨、玉簪螺髻。	愁を献じ恨を供するは、玉簪螺髻《ぎょくしんらけい》。
落日樓頭、斷鴻聲裡、江南游子。	落日の楼頭に、断鴻の聲裏に、江南の游子《ゆうし》、
把呉鉤看了、闌干拍遍、	呉鉤を把《と》って看了へ、欄干《らんかん》を拍《う》つこと偏《あまね》けれど、
無人會、登臨意。	人の会する無し、登臨せる意を。
休說鱸魚堪膾、	説うを休めよ、鱸魚《ろぎょ》は膾《なます》に堪うと、
盡西風、季鷹歸未。	西風尽き、季鷹《りよう》帰りしや未だしや。
求田問舍、怕應羞見、劉郎才氣。	求田問舎、怕《おそら》く応に見《まみ》ゆるを羞《は》ずべし、劉郎の才気に。
可惜流年、憂愁風雨、	流年を惜しむ可し、風雨に憂愁して、

樹猶如此。
倩何人、喚取紅巾翠袖、
抆英雄涙。

樹猶《なお》此くの如し。
倩《こ》う何人《なんぴと》か、紅巾翠袖《すいしょう》を喚《よ》び取りて、
抆《ぬぐ》へかし英雄の涙を。

「人の会する無し、登臨せる意を」というのは、自分の志向を理解する人はいないという意で、金に抵抗する将軍岳飛の「小重山」詞に「音を知るひと少なき、弦の断りに誰か聞くこと有らん」と同様の心境といえよう。

晩年の辛棄疾の「鷓鴣天《しゃこてん》」詞に、

壮歳旌旗擁万夫、
錦襜突騎渡江初。
燕兵夜娖銀胡碌、
漢箭朝飛金僕姑。
追往事、歎今吾、
春風不染白髭鬚。
却将万字平戎策、
換得東家種樹書。

壮歳旌旗《せいき》万夫に擁し、
錦襜《きんせん》突騎渡江の初め、
燕兵《えんぺい》夜に銀胡碌《ぎんころく》を娖《うなが》し、
漢箭朝《かんぜんちょう》に金僕姑《きんぼっこ》を飛ばす。
往事を追い、今の吾れを歎ず、
春風も染めず白髭鬚《はくししゅ》を。
却って万字の平戎《へいじゅう》の策を将《も》て、
換え得ん東家の種樹の書に。

この詞の一言の序に「客有り慨然として功名を談ず、因《よ》って少年の時の事を追念して、戯《たわむ》れて作る」とあるように、若い頃の「美芹十論」「九議」など多くの対金戦略の提案が採用されず、いずれも無用となり、それを近所の農家に農作業の実用書と交換した。これは必ずしも真実ではないが、万やむをえないかつ悲憤の念で胸がいっぱいである。

義侠心に富み、文武両道に秀でて、行動の能力、戦略の画策、ともに優れたが、時運によって大志を遂げず、六八歳で最期を迎えて「賊を殺さん」と続けざまに叫んで、辛棄疾は死去した。辛棄疾の「賀新郎・同父見和再用韻答之」詞に「我最も憐む君の中宵に舞うを、道《い》う男児は死に到るも心鉄の如しと、試手を看ゆ、天の裂を補わん。(我最憐君中宵舞、道男兒、到死心如鐵。看試手、補天裂)」という天まで響き渡るような詩句をうたった。死ぬまで心が鉄のような辛棄疾は、「天の裂を補う」という大志を実現できなかったが、筆端に花を咲かして、最も影響力をもち、中国文学史上の「豪放派」の代表的作家となった。堂々たる歴史の大地を踏まえた男一匹であろう。

◉参考文献

脱脱『宋史』(中華書局、一九八五年)
朱熹『朱子語類』(中華書局、一九八六年)
鄧広銘『辛稼軒詩文抄存』(上海古籍出版社、一九七八年)
辛更儒編『辛棄疾資料彙編』(中華書局、二〇〇五年)

王を越える権力者になった男

崔忠献

…さいちゅうけん・チェチュンホン…

須川英徳

高麗《こうらい》王朝、毅宗《きそう》二四年(一一七〇年)八月丁丑《ていちゅう》の日、連日の野遊と昼酒に酔い疲れた毅宗の一行は、暗くなってから宿所である普賢院《ふけんいん》の大門を潜った。そのとき、国王を警護する精鋭である巡検軍将士が斬りかかり、扈従《こしょう》していた寵臣《ちょうしん》たちを殺害した。首謀者《しゅぼうしゃ》であった鄭仲夫《ていちゅうふ》(一一〇六—七九)は殺し損ねた者と殺すべき者を追って開京《かいきょう》(開城《ケソン》)に一隊を急派し、太子を拘束するとともに文官五〇名余りを殺害して対抗策を封じた。翌日の夕方、王は宮殿に戻った。事情を知る随駕《ずいが》の内侍《ないじ》・宦官《かんがん》は始末された。王は、その晩遅くまで宮中で酒に耽《ふけ》り、夜更けには軍器監に移された。逃げられぬよう武器を収蔵する頑丈な庫に押し込められたのだ。明けて九月二日戊寅《ぼいん》の朝、毅宗は巨済島《コジェド》、太子は珍島《チンド》への流配と決まり、王孫は殺され、毅宗の弟が王位に就けられた(明宗)。鮮やかな国王廃立であり、鄭仲夫の決断だった。

高慢《こうまん》な振舞《ふるまい》と冤罪《えんざい》事件を引き起こしたことで憎しみの的であった金敦中《きんとんちゅう》(妙清の乱鎮圧と『三国史記』編纂で功績のあった金富軾《ふしょく》の息子)は、普賢院の現場から逃走していたが、潜伏先を従僕《じゅうぼく》が密告して殺された。この惨劇を仕組んだ鄭仲夫・李義方《りぎほう》・李高《りこう》らの武官は、新王の下で壁上功臣《へきじょうこうしん》の称号を受けた(宮中の図形閣に肖像画が掲げられる功臣)。以後、武官が文官の職とされていた官職に多数就任するようになる。

この国王廃立と寵臣殺害の一幕を、武臣乱《ぶしんらん》、鄭仲夫の乱、甲寅《こういん》の乱などと呼ぶ。このときから一〇〇年にわたって高麗国王は飾り物に過ぎない存在となり、武官(武臣)が政府の中枢《ちゅうすう》を占め、彼らが国政を決定する時代になる。これを武臣政権期という。

本稿では、武臣政権とは何であったのかを考察するとともに、そこからさらに独自の政治機構を作り上げて崔氏《さいし》四代の権力継承を可能にした崔忠献《さいちゅうけん》《チェチュンホン》(一一四九—一二一九)について、その人物像に迫ってみよう。

武臣乱の背景

後三国時代の動乱を武力で終焉《しゅうえん》させた高麗は、地方の中小武装勢力となっていた有力者たちを取り込むことで成立した政権であったといって過言ではない。彼らは新羅《しらぎ》の地方統治の末端として村主などの地位にあったが、新羅の地方統治が弛緩《しかん》した九世紀後半から、流賊《りゅうぞく》・盗賊が横行するなかで自衛のために武装した。同じ州郡や近隣の有力者たちと結んで地域支配を安定させるとともに、高麗の太祖王建《おうけん》(在位九一八—九四三)に帰服することで地方支配を正当化した在地土豪《ざいちどごう》である。王建は地方有力者の中から要地に蟠踞《ばんきょ》する有力者の子女と通婚することで、その兄や父たちを中央政権に取り込み、相応の地位と官職を与えて組織していった。

二代・三代と短命かつ不安定な政権が続いたが、第四代光宗《こうそう》(在位九四九—九七五)のときに、郡県をさだめ、在地土豪の既得権も配慮しつつ中央に田租《でんそ》を納める公田を設定し、自立的な在地土豪たちを地方統治機構の構成員に編成替えしていった。また、太祖以来、中国の官僚制度を採り入れて文士を優遇したが、九六一年、光宗は経書や詩文の知識を試験する科挙《かきょ》を開始した。戸長以下の邑吏《ゆうり》へと編成替えされた地方土豪たちも、科挙に応試することが求められる時代となる。数次の試験に及第すれば、王室を頂点とする門閥《もんばつ》につながらずとも中央の文官として登用される可能性がひらけたのである。王京人のみが政治を左右した新羅とは大きく変わった。ただし、高麗では儒学経典の暗記が必要な明経《みょうきょう》よりも詩文の才を問う進士のほうが圧倒的に人気は高かった。父祖の官位に応じて子・孫が官途に出仕できる蔭叙《いんじょ》もあったが、子孫のなかの一人だけであり、そのような家門の子弟もまた、科挙及第による仕官の途を選ぶようになった。

開京では名のある文人が主催する私塾に学ぶ者が増加した。進士科では最新の文物に触れ、流行の文体や表現に接しうる開京の名門子弟たちが有利だっただろう。科挙受験の準備教育を目的とした国子監《こくしかん》も作られたが、受験資格確保のために籍を置く監生ばかりであった。開京在住で代々高官を輩出する家門は、姻戚関係によって閨閥《けいばつ》をつくり、王室の有力な王子には女を入れて外戚《がいせき》としての地位も確保し、門閥貴族としての地位を固めた。

これにたいし、武官の地位や軍士の服務はほぼ世襲《せしゅう》の役務であった。地方在住の邑吏家系は、新羅末から高麗初には自ら武装し、騎兵《きへい》として騎射《きしゃ》や騎槍《きそう》、歩兵として刀剣や弓術、さらに格闘技を鍛錬《たんれん》し、一族や家兵とともに実戦に参加した人々でもあった。その中から武芸を専《もっぱ》らとする者たちには軍人田が認定されて免税となり、親族や隷属農《れいぞくのう》・小作農の労働によって農事を営み、軍士の職能や地方軍の下級武官の地位を継承した。男子に恵まれないときは女壻《じょせい》や甥《おい》が軍士の職務と軍人田を相続した。また、軍士の家系でなくとも膂力《りょりょく》・体力に優れた者も軍士に採用された。

地方軍士たちは番次で都の警備にも上り、武芸の腕前が認められて中央軍に採用される者もいた。その中からさらに技量抜群で国王警護に抜擢《ばってき》された軍士を武士と称した。他方、士官に相当する武官は、軍士として従軍し軍功を立てて武官に取り立てられる者、開京に居住し代々武官を輩出する家門の出で、蔭叙により校尉《こうい》(旧軍の少尉に相当)などの下級武官から官途をはじめる者など、さまざまな経路で補充された。そのため、軍士上がりで文字の苦手な武官もおり、科挙及第の秀才たちの失笑をかうこともあった。武夫《ぶふ》というのは武術だけで文の無い武官への蔑称《べっしょう》でもある。大きな軍事行動の総指揮官には文官が任じられることが多かった。また、武官の家門に生まれても、吏才(文筆による事務や計算能力)があって胥吏《しょり》として官途に出仕する者、経書の知識や詩文に才があって科挙及第となる者もいたが、少数だった。かくして、武官の家門は、科挙及第によって文官を輩出する家門よりも格下に見られるようになった。

契丹《きったん》族の遼《りょう》(九一六～一一二五年)が北方に存在していたときには数次の大規模侵入もあり、武官と軍士の威信も高かったのだが、女真《じょしん》族の金《きん》(一一一五～一二三四年)に替わってからは、対外的な危機は発生しなかった。仁宗《じんそう》(在位一一二二―四六)代に開京の門閥貴族の争いである李資謙《りしけん》の乱(一一二六年)、称帝建元《しょうていけんげん》と平壌《ピョンヤン》遷都を求めた西京人の蜂起である妙清《みょうせい》の乱(一一三五～三六年)が鎮圧されてからは、大きな兵乱はなかった。国王をはじめとする支配層の人々には、神秘的な予言である讖緯説《しんいせつ》と風水地理説、陰陽五行説《いんようごぎょう》の混淆《こんこう》したものや神憑《かみがか》りの巫《みこ》による託宣《たくせん》が流行り、晩年の仁宗は流配先で没した李資謙の怨霊《おんりょう》に怯《おび》えていた。

仁宗の子毅宗《きそう》(在位一一四六―七〇)は享楽的な性格で夜の外出や舟遊びを好み、そのための河川工事や亭舎建築を喜んだ。寵臣《ちょうしん》たちは王の歓心をかうために贅《ぜい》を尽くした第宅《ていたく》を建てて王を招き、珍奇な器物を入手して王に献上した。高麗青磁《せいじ》が技術的に完成し、さらに象嵌《ぞうがん》青磁の技法を獲得したのはこの頃である。

技巧的で繊細《せんさい》な美が称揚され、門閥や閨閥の毛並みの良さ、くわえて文才が賞賛される時代のなか、武官と軍士を粗暴で無知な田舎者のように見下す風潮が瀰漫《びまん》していった。さらには、軍務に就く軍士や国王警護にあたる武士たちへの禄俸《ろくぼう》は、今日の尉官《いかん》相当の校尉《こうい》、下士官《かしかん》相当の隊正《たいせい》には本人の食費程度が支給されたが、兵卒である軍士への禄俸はなかった。毅宗が開京郊外の景勝地や寺院を遊覧し寵臣たちとの酒宴と詩文に歓を尽くしているとき、彼らを警護する巡検軍の軍士たちには食事すら供されなかった。

十五世紀に編纂された『高麗史』と『高麗史節要』では、毅宗の遊興癖《ゆうきょうへき》と武官・軍士に対する劣悪な待遇が武臣乱の原因であるとするが、それだけではあるまい。決起した武官たちの心中は、もっと複雑だったはずだ。後三国の戦乱を勝ち抜き、契丹《きったん》の侵入を退け、北方に領土を拡大し、国内の逆賊を討ち果たし、高麗の社稷《しゃしょく》(国家、朝廷)を文字通り命がけで守ってきたのは、自分たち武臣の父祖たちに他ならないのだから。また、怒りにまかせた暴挙というより、決起後の行動は周到に計画された軍事作戦のようである。王弟の擁立《ようりつ》もあらかじめ話ができており、排除すべき文官も決めてあったと見るべきだろう。残すべき文官は決まっており、軍士を分遣して警護させている。事態が落ち着いてからは文官登用の科挙もまた従前どおりに実施されているのである。

鄭仲夫の後継たち

武臣たちが権力を掌握してからは、文官の職に武官が大挙して進出した。将軍たちの寄合《よりあい》である重房《じゅうぼう》が軍事と重要国事の決定機関となった。その後は武臣どうしの殺戮《さつりく》が続く。一一七一年、李義方と対立した李高がその一党とともに粛清《しゅくせい》された。在京の有力な武臣たちは家僮《かどう》・門客などの名目で私的な武力を抱えるようになり、威嚇《いかく》と暴力によって田土と財を手に入れた。そのような者たちによって流血の権力争奪が繰り返される。また、中級の武官・文官は有力者の家臣となり、官職も授与されて個人的に奉仕した。国王明宗《めいそう》(在位一一七〇—九七)は無力だった。野心と才覚のある者には、文武を問わず、出世と蓄財の機会が開かれた。

一一七三年、東北面兵馬使金甫当《きんほとう》が逆賊誅罰《ぎゃくぞくちゅうばつ》と毅宗復位を名分に挙兵した。廃王毅宗は巨済島を脱出して慶州《キョンジュ》に入った。鄭仲夫は討伐軍を送るとともに、慶州出身の将軍李義旼《りぎぶん》を派遣して慶州を押さえ、毅宗を殺害させた。連座して多くの文武官が粛清された。七四年、李義方は女を太子妃に入れた。この年九月には西京(平壌)で西京留守兵部尚書趙位寵《ちょういちょう》が挙兵し北界の四〇城余りがこれに呼応した。十二月、李義方と兄俊儀《しゅんぎ》の兄弟は、鄭仲夫の子筠《いん》によって殺害された。鄭仲夫が門下侍中に昇り、その女壻宋有仁《じょせいそうゆうじん》が枢密院《すうみついん》副使となって、鄭仲夫の一党が権力を独占した。七六年一月には、公州鳴鶴所《ミョンハクソ》の亡伊《ぼうい》・亡所伊《ぼうしょい》が山行兵馬使を自称して挙兵した。一年後に降伏して許されたが、また背いて捕縛《ほばく》された。七六年六月、西京が陥落し、趙位寵は斬に処されたが、その残党は北部の各地で蠢動《しゅんどう》を続けた。

一一七九年、将軍慶大升《けいだいしょう》が鄭仲夫と筠、宋有仁らとその一党を悉《ことごと》く誅殺《ちゅうさつ》した。鄭仲夫の配下で毅宗を殺害した李義旼は、地方に赴任していて難を免れた。そのため、大升は自身を警護する死士（決死の士）百数十名を門客とし、これを都房《とぼう》と呼んだ。都房に集まった者たちは、大升の威を借りて悪事も働いた。大升は官職を辞したが、密偵《みってい》を京中に放ち、叛逆《はんぎゃく》の噂だけで捕らえ処断するという恐怖政治を敷いた。八三年、慶大升が没すると都房の者たちは捕らえられて殺された。明宗は李義旼を中央に呼び戻した。

慶大升亡き後は、李義旼が鄭仲夫直系の実力者であり、危ういバランスのうえで政治が動いていた。一一八九年の人事では、崔世輔《さいせいほ》が文官人事を司る判吏部事《はんりぶじ》に任じられた。彼は軍士からの叩き上げで武臣乱後に将軍に昇進したが文字を解さず、賄賂《わいろ》の多寡《たか》で官職を決めたと伝わる。崔世輔とともに権判兵部事《ごんはんひょうぶじ》となった杜景升《とけいしょう》は金甫当・趙位寵の蜂起鎮圧などに功績のあった歴戦の武官であるが、文にも通じ、上将軍であった舅《しゅうと》からは手搏《しゅはく》（空手のような格闘技）は賤技だと諭《さと》されたという。剛直かつ清廉な人物であり、世輔の後任として判吏部事に就いた。杜景升の後任の判兵部事は李義旼である。義旼は卑賤《ひせん》の出の粗暴な大男で、体格と膂力に恵まれて手搏を得意とした。手搏の技で毅宗に気に入られて昇進したが、最後は毅宗を素手で扼殺《やくさつ》した男である。権勢と蓄財にしか関心のない者たちが政権を牛耳っていたのである。

崔忠献の登場

一一九六(明宗二六)年四月、将軍崔忠献と弟忠粋《ちゅうすい》が族人らとともに、警備の手薄な別荘にいた李義旼を誅殺した。崔忠献四八歳のときである。開京に戻り賛同する者を募ったところ、諸衛の将卒もその指揮下に入った。城門を閉じ、義旼の息子至純《しじゅん》・至光《しこう》・至栄《しえい》、さらにその一党も誅殺した。残党である吉仁《きつじん》・兪光《ゆこう》・朴公襲《ぱくこうしゅう》は禁軍《きんぐん》や宦官・奴《ぬ》を集め、開京内での市街戦となった。形勢不利となった吉仁らは王のいる寿昌宮に逃げ込んだため、宮中でも殺戮が続いた。

崔忠献は残党を捕えて殺害しただけでなく、宮中も粛清した。生母の身分が低い庶出《しょしゅつ》の王子たちは、僧になり出家させるのが例となっていたが、明宗の許可で宮中に居残り、宮中紊乱《びんらん》の元になっていた。彼らは所属の寺院に送り返された。

崔忠献は左承宣《さしょうせん》(王命の出納を担当)と知御史台事《ちぎょしだいじ》(文武官の非理を糾察する)を兼ねた。翌年九月には国王の交替を策し、新たに徴募した兵を加えて、中軍、左右前後軍を編制し、市街に配置した。城門を閉鎖し、杜景升ら古手の武官、宮中の僧侶、庶出王子たちを流配に処した。その上で明宗と太子を廃し、明宗の弟を即位させた。神宗《しんそう》(在位一一九七―一二〇四)である。さらに宮中に巣食う内侍たちも追放した。奢侈《しゃし》と嫉妬《しっと》、そして陰謀の巣窟《そうくつ》が一掃された。

しかし、弟忠粋は女を新たな太子の妃《きさき》に入れようと目論んで兄に反対された。忠粋は力ずくでも妃に入れようとし、忠献は兵力を集めて阻止しようとした。開京の城内北西部に位置する宮闕《きゅうけつ》の広化門（宮城の正門で東向きに開く）周辺に集合した忠献の軍と、中央の十字街（東・西・南の大門からの大路が交わる十字路。北上すると市廛街《してんがい》を経て広化門に至る）に陣取った忠粋の軍のあいだで激しい戦いとなった。敗れた忠粋は城外に逃亡したが追っ手に斬られた。以後、崔忠献による独裁がはじまる。崔忠献（一二一九年没）、崔瑀《さいう》（忠献の長男、のちに怡《い》と改名、一二四九年没）、崔沆《さいこう》（瑀の庶子で次男、母は娼妓《しょうぎ》、法名万全、還俗《げんぞく》して沆、一二五七没）、崔竩《さいぎ》（沆が万全時代に他人の婢《ひ》に生ませた子、一二五八年没）が権力を握っていた時期を崔氏政権という。

開京略図（筆者作成）

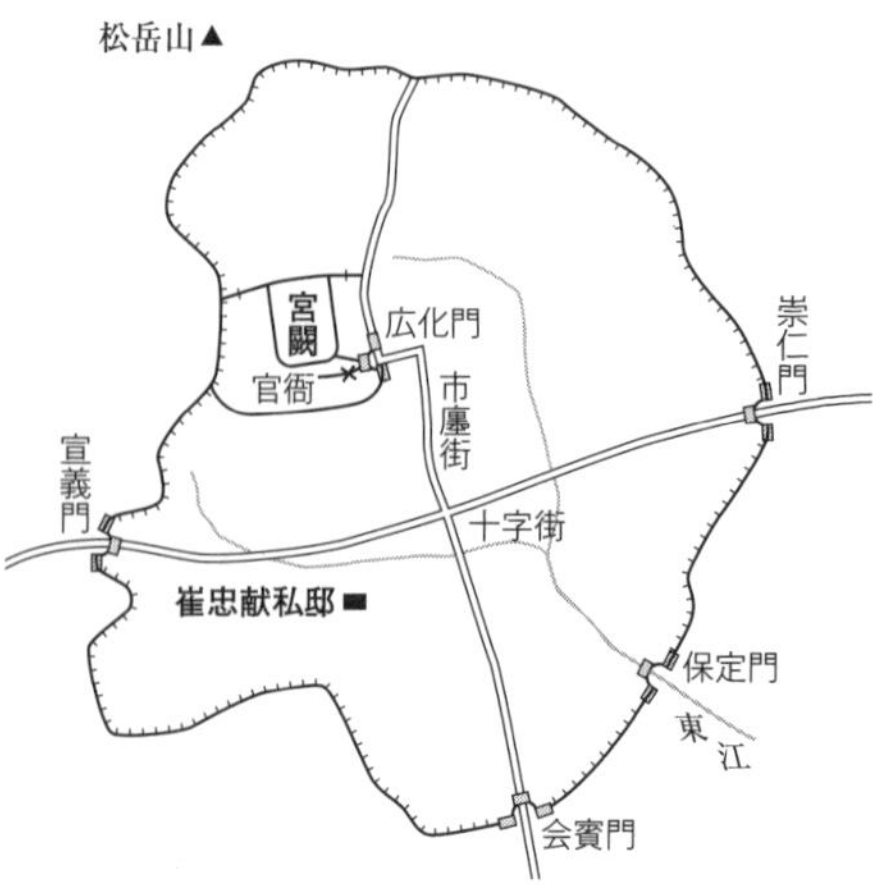

崔忠献の権力掌握

一一九九年、高齢を理由に多数の文武高官たちを罷免《ひめん》し、崔忠献は兵部尚書《ひょうぶしょうしょ》・知吏部事《ちりぶじ》・摠文武《そうぶんぶ》銓注《せんちゅう》を兼任した。王を入れ替え、宮中の退廃を一掃し、因循《いんじゅん》に陥った高官を追い出しただけではない。また、李義方や崔忠粹のように太子妃を入れることで、かつての李資謙らの文官門閥のごとく外戚の地位を得ようとしたのでもなかった。官僚の人事権と糾察《きゅうさつ》権を兼帯したことが、忠献の確立した権力行使の新しさである。

それまでの権勢家たちは、国王を頂点とする官僚の位階序列を前提とし、その中での高位官職への進出を争った。また、女を王室に入れて外戚の地位を獲得し、国王の側近、宰枢《さいすう》の地位を獲得することで、権勢を振るった。そして、腹心を人事などの要職に据えて国政を動かした。あくまで国王の外戚・側近・宰枢であることが権勢の源泉だった。このような権勢への志向は、武臣であっても同様だった。武臣乱は文官に限られていた清要の職を武官にも開いた。そして職権行使は暴力的かつ直截《ちょくせつ》になった。鄭仲夫も宰相たる門下侍中に就任していた。

ところが、崔忠献は、それまでの権勢家が求めた外戚や宰枢《さいすう》の地位を求めなかった。しかし、慶大升の先例のように、自己に忠誠を誓う圧倒的な武力を保有することで、他の武臣の挑戦を未然に防げることを知っていた。一二〇〇年には文武の官吏・軍士から兵を徴募して慶大升没後に廃止されていた都房《とぼう》を復設し、六番に分けて私邸を日夜警備させた。忠献の外出時には全員が出動したので、戦に赴くようであったと伝える。慶大升の都房と同様、崔忠献の都房もまた政権批判なども取り締まっていたようで、開京内における治安警察・政治警察的な機能も果たしていたと見られる。官僚たちの死命を制する人事と監察の権限を一身に握ったことに加え、他を圧倒する都房の武力を保有することで、官僚機構の頂点に立つことなく、文武を越えた権力を確立した。そして、二度にわたって国王と太子を廃位し、事実上、国王の上位にある権力者であることを示した。

さらに、一二〇二年、すでに吏部・兵部・銓注を兼ねていた崔忠献は、その職務遂行にあたって各官衙《かんが》を自身が行き来するのではなく、信用できる姻戚《いんせき》を吏部員外郎に任じて、私邸で決定した事項を上奏し、王と宰枢たちに承認させたと伝える。同年には、慶州で燻《くすぶ》っていた有力者どうしの武力抗争への対策について、文武三品以上の高官を私邸に集めて議論させ、処置を決めている。崔忠献の私邸が重要事の議論と決定の場になったことを確認できよう。政事と軍事の中枢となった私邸の警護は、厳重であった。都房は崔氏が自由に行使できる武力であり、のちに三六番にまで拡大されている。

一二〇四年には神宗が没し、長子が即位した。熙宗《きそう》(在位一二〇四—一二一一)である。熙宗代には忠献の息子である瑀《う》の邸宅に王が移御した記事があり、権力継承の準備が進められていたようである。一二〇九年、崔忠献暗殺の陰謀が未然に発覚した。暗殺の武力に諸寺の僧徒を動員する目的で、偽の公牒《こうちょう》が寺院に送られていた。寺院は、土木建築のための技術者も抱えており、そのための木材伐採や石材加工と輸送、財物警備など、力仕事に熟練した男たちが集団生活している場でもある。これらの下級僧徒が僧兵として動員されることもしばしばだった。牒とは、統属関係にない官衙に通知したり、所管事項の実施を要請する公文書である。

偽の牒によって僧徒が動員されそうになったことを重大視した崔忠献は、「教定別監《きょうていべっかん》」を新設し、種々の牒を教定別監から発することとした。史料では教定別監は教定都監とも呼ばれているが、官衙の名称は教定都監であり、その長の職名が教定別監のようである。とはいえ、崔忠献によって新設された教定別監は、次の崔瑀以後も引き継がれ、武臣政権が従来の官制に拠らずに諸官衙に指示命令を下す最高機関となる。崔氏政権最後の竩《ぎ》も、教定別監に任じられている（判吏兵部・御史台事にも任じられたが受けなかった）。教定都監の新設が、権力行使手続きの組み換えを終了したという意味で、大きな画期となるだろう。

私邸において腹心の文武高官との会議で重要事を決定し、教定都監からの牒により既存の中央と地方の官僚機構を動かす、そして、既存の官僚機構にたいする人事権と監察権を一身で掌握するというのが、崔忠献の創出した独裁のための新たな権力機構である。そのプロセスには、門下侍中のような宰枢も国王すらも不要だった。その中枢部は都房に組織された私的武力に警護されている。

それまでの官衙・官職は廃止されたのではない。それらからは決定権が奪われ、教定都監などからの牒に従って所管業務を実施するだけの機関となったのである。剰員《じょういん》となった文官職は削減された。

崔忠献が残した権力機構

高麗の政治的意思決定過程は、中国のそれを取り入れ、各部と門下中書省の文書の遣り取り、門下中書省での審議を経て王への上奏、王の裁可を経て、尚書省で文案作成、実施機関への命令文の通達など、さまざまな手続きに分節されていた。この煩瑣《はんさ》な報告・決定・命令のプロセスは、さまざまな段階で貴族的官僚たちの合意とチェックを加えることで、帝王が暴走できないように制御し、貴族的官僚たちの既得権を擁護するという、官僚的な狡知《こうち》にたけた中国由来の仕組みでもある。崔忠献が作ったのは、情報と報告を私邸に集約するとともに途中での貴族的官僚たちによる審議や合議を省き、一人の決定で実施命令がただちに出されて実行されるという単純化された意思決定の仕組みだった。軍の指揮と同様に迅速《じんそく》な決定と実施の過程である。

崔忠献没後の一二二五年、崔瑀は私邸に「政房」を設置した。政房には優れた文士が集められ、文武官の人事を管理し、所属する文士たちは必闍赤(ピジャチ、書記官)とモンゴル語で呼ばれた。さらに、一二二七年には門客のなかから優れた儒学者を集めて「書房」を設置し、三番に分けて常時在邸させた。故事や先例、典拠などを諮問《しもん》したか。科挙に及第したが官職のない有為な才能を、崔瑀は政房や書房に入れ、自分の手足もしくはブレインとして取り込んだのである。

ところで、武臣政権期に作られた軍事組織として「三別抄《さんべつしょう》」が有名である。モンゴルへの降伏を拒否し、珍島《チンド》ついで済州島《チェジュド》へと根拠地を移して徹底抗戦するとともに、日本に使節を派遣し、モンゴルへの警戒と援兵を要請する牒状《ちょうじょう》を送ったことで知られる。別抄とは、既存の部隊のなかから精鋭軍士を抜き出して編制された特別部隊の呼称である。慶大升の没後にはじめて編制されたようで、崔忠献も別抄の都領(大佐に相当)に選補され将軍に昇進している。崔氏一族は、崔忠献の舅が上将軍だったことから推測できるように、代々武官を出す家門だったようだ。

一二一六年から始まる契丹の侵入からモンゴルとの戦闘へと続く時期には、各地で別抄が編制されている。治安維持や警備を専らとする世襲的な軍士による地方部隊では、契丹兵・モンゴル兵との苛烈《かれつ》な戦闘には力不足だったのだ。別抄の武官には指諭《しゆ》・都領があり、一般部隊の校尉・郎将（尉官・佐官）に相当した。

三別抄とは、首都で編制された左右別抄・夜別抄《やべっしょう》・馬別抄《ばべっしょう》の総称で、首都防衛（一二三二年、江華島《カンファド》に遷都）を担当する中央直属の精鋭部隊であり、モンゴルとの抗戦期には江華島を守るために島嶼《とうしょ》にも分駐した。別抄は崔氏の私兵ではなく、高麗の社稷《しゃしょく》に忠誠を誓う国家の兵である。崔氏政権では、三別抄の指揮官に腹心の武将を配置したが、それとは別に、崔氏に忠誠を誓う私兵は都房として組織されていた。

一二一一年十二月、国王に上奏すべき所用があり、崔忠献が寿昌宮を訪れた。王が酒食を賜うと告げられ、僅《わず》かな供回りとともに奥へと招かれた。そのとき、武装した僧俗十数人が崔忠献と従者を襲い、王は別室に姿を消した。異変を聞きつけた重房の武官たちや都房の兵たちが駆けつけ崔忠献は難を逃れた。国王熙宗と太子は廃されて流配され、暗殺計画に関わった宮中の者たち多数が処断された。新王には明宗の太子で崔忠献によって父とともに廃され、江華島に流されたことのある康宗《こうそう》（在位一二一一―一三）が立てられた。即位のときすでに六〇歳であった彼は、在位二年で他界し、二二歳になっていた太子が即位した。高宗《こうそう》（在位一二一三―五九）である。

崔忠献の晩年

一二一八年、崔忠献は満七〇歳を迎える。二度目の王の廃立以後、崔忠献の地位を脅かす陰謀も叛逆《はんぎゃく》も起きなかった。妻と妾《めかけ》の争いで家庭内が治まらなかった者が降格されたり、妻が家臣と私通して家臣が流配されたりとの記事があり、家庭内の問題にまで介入していた様子が窺がわれる。崔忠献の性格に由来するのであろう。しかし、その二年前の一二一六年、金《きん》の東京揔管府《とうけいそうかんふ》（遼陽府《りょうようふ》）から金国《きんこく》皇帝の意を受けてもたらされた移牒は、遼東情勢の激変を伝えていた。モンゴル（牒では韃《だつ》靼《たん》と記す）の興隆と、契丹族の反逆、遼東に拠った蒲鮮万奴《ほせんまんど》が反逆し天王を称し大真国を立てたと報じ、軍糧と馬匹《ばひつ》の支援を公式に求めてきた。すでにその前年から国境に金人が押し寄せ、争って食料を買い求め、金の将兵が食糧提供を要求するなどの騒擾《そうじょう》が起きていた。

遼東から遼西、華北にかけての混乱は、一二一一年、チンギス＝カン率いるモンゴルが金に侵攻を開始したことに端を発している。金に服属していた契丹族などの遊牧民にはモンゴルに寝返るものが多かった。一二一三年、金の中都（北京）までモンゴル兵が攻め寄せ、一時的な和睦《わぼく》が結ばれた。しかし金が開封《かいほう》に遷都するとモンゴルの攻撃が再開し、一二一五年には中都が陥落した。そして華北から遼西・遼東の一帯が収拾のつかない混乱に陥った。遼西では契丹人の金山《きんざん》王子・金始《きんし》王子が大遼収国王と自称し、天成の元号を立ててモンゴルからの自立を図り、遼東では女真人蒲鮮万奴の立てた大真国、さらに各地に大小の漢人・契丹人・女真人の武装集団が入り乱れ、それぞれが生存のために戦っていた。

契丹兵から降伏を要求する書状が送られてきた。だが、一二一六年の八月から鴨緑江《おうりょくこう》の中流域を越えて大挙高麗に侵入してきたのは、統制された軍勢ではなかった。大真国とモンゴルに追われて行き場を失った契丹兵とその家族であり、多数の牛馬を引き連れての大規模な集団移動だった。冬になり大同江《テドンガン》が氷結すると、さらに南へと侵入してきた。高麗は可能な限りの軍士を集めて侵入阻止を図るが、契丹人の数が多すぎた。

一二一七年、開京は戒厳状態となり、城壁周辺の人家を撤去して壕《ごう》を深く掘った。そのさなかに、崔瑀の妻の父で元帥である鄭叔瞻《ていしゅくたん》が、従軍していた僧兵を動かして崔忠献の殺害を図り流配された。野心家には国家の危機は権力奪取の好機なのである。契丹人は多くの集団に分かれて波状的に侵入してきたため、各地で局地的な勝利を収めても、全面的な侵入阻止にはならなかった。契丹兵の一隊は原州まで南下していた。九月には、女真人の黄旗子《こうきし》の兵までが侵入してきたが撃退された。翌十八年も契丹兵との戦闘は収まらなかった。

その年末、モンゴルの元帥哈真《カチン》と、蒲鮮万奴の東真国(大真国)元帥完顔子淵《かんがんしえん》からの使者がきた。彼らはそれぞれ一万と二万の兵を率い契丹兵を追ってきたという。契丹兵が占領する江東城を討つので、そのための軍糧提供と高麗の参陣を求めた。江東は西京(平壌)の京畿六県の一つで西京の東北東四〇キロメートルほどに位置し、大同江東岸の要地である。一二一九年春、モンゴル兵・東真兵・高麗兵に包囲された江東城は開城した。首魁《しゅかい》であった喊捨《かんしゃ》王子は自害し、官人・軍卒・婦女計五万人余りが投降した。契丹人たちは高麗の各地に送られて未墾地を与えられ、農業に携わることで高麗の民となった。彼らの定着地を契丹場と呼んだ。また、モンゴル皇帝と高麗国王は兄弟の関係となった。

契丹人の大規模侵入はようやく終息したが、軍功があっても褒賞《ほうしょう》がないとの不満が強かった。不満を漏らした武官と軍士たち一〇〇人余りが崔忠献の家兵に摘発され保定門外(都城の東南に設けられた水口門)で斬られたとの記事がある。保定門外は多数をまとめて処刑する場であった。遺体は川に投じられる。老いた忠献は、気が短くなっていたようだ。契丹兵との長期の戦いは、高麗を疲弊させただけでなく崔忠献の心身も確実に蝕《むしば》んでいた。

一二一九年九月、死期を悟った忠献は瑀に伝えた。「今後はお前を呼び寄せることはしない。もし、呼んでいると言う者がいたら、それは罠《わな》だ」。禑は腹心の将軍を父に付き添わせ、自邸に去った。忠献が会いたがっていると伝える者がいたが、はたして瑀を亡き者にしようとする陰謀だった。そして、忠献は他界し瑀が権力を継いだ。時を同じくしてモンゴルと東真から歳貢《さいこう》を求める使節が来ていた。瑀は、父が溜め込んだ金銀珍宝を国王に献上し、奪った田土は本主に返し、寒士を多く抜《ばっ》擢《てき》したと伝える。高麗最大の国難となるモンゴルとの死闘は、父の権力を継承した瑀の時代のことになる。

どん底から世界征服者へ
駆け上がった英雄と
それを支えた僚友・盟友たち

チンギス・カン

…ちんぎす・かん／Činggis Qan…

四日市康博

チンギス・カン（在位一二〇六―一二二七）といえば、並外れた指導力によってモンゴル帝国のユーラシア覇権《はけん》を打ち立てた英雄として名高い。しかし、その道のりは決して順風満帆だった訳ではない。特にモンゴル高原の統一までチンギスは何度も苦渋《くじゅう》を味わってきた。そんな時に彼を扶《たす》けた僚友《ノコル》・盟友《アンダ》たちとの信頼関係を支えていたのは、チンギスの侠義心と地道な努力であった。

影よりほかに僚友はなし

「影よりほかに僚友《とも》はなく、尾よりほかに鞭《むち》もない」。モンゴルの格言である。モンゴルにおける始祖・英雄譚《えいゆうたん》であり、歴史書でもある『モンゴル秘史』のなかで、テムジン（＝チンギス・カン、一一六七―一二二七）がまだ幼い子供のときの苦境を表す言葉として度々口にされる。モンゴル部キヤト氏族の有力な領袖《りょうしゅう》であったテムジンの父イェスゲイ・バァトル（？―一一七一）が宿敵タタル部に毒殺されると、同じモンゴル部で味方であるはずのタイチウト氏族は残されたテムジン一家を見限り、それどころかテムジンたちの部民を奪い去ってしまう。キヤト氏族の始祖である英雄カブル・カン（生没年不詳)以来、イェスゲイ・バァトルのもとモンゴル部を統一しようと勢力を拡大しつつあったキヤト・ボルジギン氏族のテムジンたちは父の死により一転してどん底の苦境に陥ったのである。「影よりほかに僚友《とも》はなし」とはまさにその苦境を言い表した言葉であった。

苦境に苦境は重なるものである。テムジンはさらに身を切る出来事を体験する。ベクテル(生没年不詳)、ベルグテイ(一一七二?—一二五一?)という二人の異母弟と諍《あらそ》いをおこしたテムジンは実弟ジュチ・カサル(一一六四—一二一三?)とともにベクテルを殺してしまう。それを知った母ホエルン(一一四〇?—一二二一?)は『影よりほかに僚友はない』というのに。タイチウト氏人に苦しめられているのに。なんということをしでかしてしまったのか」と心を痛める。このベクテルについては詳しいことは何もわからず、実在の人物ではないという説まで存在する。しかし、この時、「ベルグテイだけは見捨てないでくれ」と助命を嘆願されて生きながらえた弟ベルグテイは、後々兄チンギス・カンの功業の一助を担い、東方諸王家の一角を担うことになる。苦境にもかかわらず、非情な決断をしたテムジン(チンギス)は、モンゴルがユーラシアの覇権《はけん》を握る過程でたびたび非情な決断をせざるを得なかった。弟殺しはその最初の決断であった。

集まる僚友たち

苦境に陥り、何度も命の危機にさらされたテムジンであったが、その度に扶《たす》け支えてくれる人物に恵まれた。自らの曠世《こうせい》なる指揮の才もさることながら、身を投げ打って力を尽くす部下を見いだし、引きつけるカリスマ性も彼の天賦《てんぷ》の才である。彼らは単なる部下ではなかった。モンゴル語でノコルと呼ばれる僚友であり、後々、モンゴル帝国の中核となってゆくのである。

命を狙うタイチウト氏族長タルグタイ・キリルトク(?―一二〇〇?)に捕らわれたテムジンが再び脱走した時、スルドゥス氏族のソルカン・シラ(生没年不詳)は機転を利《き》かせてテムジンを匿《かくま》い、無事に逃がした。このソルカン・シラは後にチンギスに帰順し、功臣第二七位の千戸長に任命される。その子チラウン(生没年不詳)は最側近「四駿《ししゅん》」の一人となり、その兄チンバイ(生没年不詳)とともにチンギス・カンに仕え、その子孫は代々重臣として尊重された。

ボオルチュ(生没年不詳)との邂逅《かいこう》もテムジン苦境の時期であった。少年期のテムジンが馬泥棒を追っている時、ボオルチュは馬を貸して一緒に追跡した。これにより、テムジンとボオルチュはお互いに僚友《ノコル》と呼び合うようになり、ボオルチュはチンギスが立志すると「四駿」の一人としてチンギスを扶けた。ボオルチュとは下僕《げぼく》を意味する名であるが、チンギスの信頼を得た彼は右翼の万戸長にまで上り詰める。

カラコルム遠景　本格的な首都の造営はオゴデイ・カンの時代からだが、その歴史はチンギスの時代に始まる。　筆者撮影

「四狗《しく》」の一人、ジェルメ（生没年不詳）も早期から仕えた猛将である。テムジンがケレイト部のトォリル・カン（?—一二〇三）と盟友となったとき、父の代からの臣従関係を踏襲して馳せ参じた。宿敵タイチウト氏族との戦いでチンギスが腕に深い傷を負うと、ジェルメは夜通し血が固まらないように吸い出したばかりか、危険を冒して敵陣から馬乳と水を持ち帰り、チンギスの命を救った。チンギスはその恩を決して忘れないと言ったという。

これ以外にも枚挙に遑《いとま》がないが、弱小な時分にさまざまな恩義を受けた僚友《ノコル》たちを自軍の中枢《ちゅうすう》に据え、チンギス・カンは最強と謳われたモンゴル軍を築き上げていった。チンギスの勢力が強大になるにつれてさまざまな勢力が帰順するようになり、モンゴル帝国はさらに急速に拡大してゆくが、チンギスは古くからの僚友《ノコル》への恩義は忘れず、僚友《ノコル》たちもそれに応えて一層の活躍をしたのであった。

盟友たちとの運命

モンゴル語で盟友をアンダという。僚友《ノコル》が影に日向に力を尽くして扶ける従臣となる場合が多かったのに対して、アンダは君長どうしの盟約であった。テムジンがチンギス・カンとなってモンゴル高原を統一するまでの過程で、彼は何人かの重要人物とアンダの誓いを交わして盟友となった。誰と盟を結ぶかによって部族の運命は大きく変わる。宿敵を討ち果たすためには最善の盟友《アンダ》を選ぶ必要がある。テムジンの運命を左右した盟友《アンダ》に、幼なじみのジャムカ（?—一二〇五）がいた。『モンゴル秘史』によれば、ジャムカはモンゴル部ジャダラン氏の出身で、十一歳のときに「アンダとは命ひとつで互いに見捨てず、生命の守りとなり合うもの」と言って盟友《アンダ》となったという。成長して二人は良き盟友《アンダ》となっていたが、ある時から二人は決別することになる。テムジンのキャト氏族と敵対していたタイチウト氏族はジャムカの支持にまわった。モンゴル部内の実力者である二人のどちらを首長とするのか、周囲の者たちも決断を迫られる。テムジンを支持する氏族集団は徐々に増えてゆき、キャト氏族の他の首長たちもテムジンがキャト氏族全体の族長となることを認めざるを得なかった。ここに至って、テムジンはチンギス・カンとしてキャト氏族全体の君主に就く。それは、一一八七年のこととも一一八九年のこととも言われる。こうして、チンギス・カンはジャムカとモンゴル部全体の支配をめぐって雌雄を決する「十三翼《よく》の戦い」に臨んだのであった。

しかし、結果はチンギスの敗北であった。十三の部族を味方としたジャムカに圧倒されたのである。勝利したジャムカであったが、彼もまたかねてからモンゴル部と敵対していたメルキト部トクトアー(?―一二〇五)との抗争に敗れ、勢力を削がれてしまったと見られる。それを機にチンギスは盟友《アンダ》であるケレイト部のオン・カンの力を借り、父を殺した宿敵タタル部の討伐をおこなう。さらには敵対する勢力も撃破してゆき、チンギスはキャト氏族連合の上に絶対的な君主権を確立していったのであった。一方のジャムカは自分を捉えたメルキト部を懐柔し、西方の雄ナイマン部との同盟を組んで、ケレイト部・キャト氏連合軍と対峙した。うまくいかないと見るや、ジャムカはモンゴル部に帰還するが、既にチンギスの勢力は揺るぎないものとなっていた。そこで、支持勢力であったタイチウト氏族にカタギン部、サルジウト部、イキレス部、オンギラト部、ドルベン部などの同盟を組んでチンギスのキヤト氏およびオン・カンのケレイト連合軍と対決した。一二〇一年、ジャムカ自らはグル・カン(あまねき王)として即位する。しかし、決戦となったコイテンの戦いを経て、勝ったのはチンギスのほうであった。宿敵タイチウトは滅び、ジャムカは逃亡してケレイト部に、続いてナイマン部に身を寄せていたが、最後は自身の部下に捕らわれてチンギスの元へ突き出された。このとき、ペルシア語史料『歴史集成』はチンギスが冷淡な態度を取ったと伝えるが、『モンゴル秘史』によれば、再び僚友《ノコル》にならないかと申し出たチンギスに対し、ジャムカは潔《いさぎよ》く死ぬと答えた。その意を汲んだチンギスは彼の血を流さずに殺して埋葬するように命じたという。地面に血をつけない処刑は最大限に相手を尊重した処刑方法であった。

チンギス・カンの運命を決定づけたもう一人の盟友《アンダ》は、父イェスゲイの盟友《アンダ》であったケレイト部族長の一人、王《オン》カンことトォリル・カンであった。話はテムジンがまだ弱小であった時代に遡《さかのぼ》る。挨拶に来たテムジンに対し、トォリル・カンはタイチウト氏族によって散り散りになった部民を集めてやろうと約束し、さらにはテムジンの新妻ボルテ(一一六一?—一二三〇年代)を奪ったメルキト部族をともに討って取り返すことに成功する。この時、トォリルの紹介でテムジンは後にモンゴル部の首領の座を争うジャムカと知り合い、トォリル、ジャムカと互いに盟友《アンダ》となった。以後、ジャムカともども、トォリルを「我が父なるカン」と呼ぶようになったのであった。実際、ケレイト部はモンゴル部よりもすって大国であり、オングト王国・ナイマン王国と並んでモンゴル高原の先進国であった。これらの国々は西域と中国を結ぶシルクロードに隣接しており、東西からの文化や富を受容することができた。これら三国でいずれも東方教会系キリスト教が受容されていたことは有名な事実である。また、ケレイト王国は当時のモンゴルと較べて進んだ官僚機構と文書行政制度を備えていた。モンゴル帝国初期の書記官職(ビチクチ)にケレイト出身者が多いのはそのためである。チンギス・カンが父の仇敵《きゅうてき》タタル部、北方の雄メルキト部、西方の大国ナイマン部、そしてモンゴル部内の宿敵タイチウト氏族という強大な相手を討ち果たすには、大国ケレイト王国の協力は無くてはならないものであった。特にジャムカと反目した後、チンギスはトォリル・カンの助力を得て次々と敵対勢力を壊滅させてゆき、急速に絶対君主的な権力を強めていった。一方のトォリル・カンも金国に助力してタタル部を討った功績で王の爵号《しゃくごう》を得て、オン・カンと名乗るようになった。しかし、宿敵タタル部とタイチウト氏族を滅ぼして急速に勢力を伸ばしつつあったチンギス・カンに対し、オン・カンも警戒せざるを得なくなっていた。しかも、チンギスに敗れて逃亡したジャムカが身を寄せたのはオン・カンの元であった。チンギスとオン・カンの間には次第に隙が目立つようになってゆく。この頃、チンギスは改めてオン・カンと父子の盟約、オン・カンの子セングン(?—一二〇四?)と兄弟の盟約を結ぶのだが、それにもかかわらず、セングンはチンギスへの反発心を強めてゆき、オン・カンもそれを抑えきれなかったとみえる。事態は取り返しのつかないところまで来てしまっていた。反目を強めたチンギスとオン・カンは、ついに雌雄を決する。天下分け目のカラ・カルジトの戦いである。

底辺からの挽回、再び

大国ケレイトと新興のモンゴル。ともに錚々《そうそう》たる布陣であったが、その主軍が正面からぶつかった。しかし、モンゴルは敗勢であった。ジャムカがケレイト側にあった代償は大きく、モンゴル側からケレイト陣になびく者が続いたのである。体勢を整えて再度ケレイト軍にあたったチンギスであったが、結果は完全な敗北であった。追撃を受けて潰走《かいそう》するモンゴル軍は散り散りとなり、僅《わず》かな手勢のみを連れ、辛うじてバルジュナ河畔まで落ちのびたチンギスは再起を誓う。有名な「バルジュナ河の誓い」である。この辺りの事情は漢語史料の『元史』札八兒火者《ジャアファルハージャ》伝に次のように言う。

汪罕《オンカン》　兵を潜《ひそ》めて來《きた》るや、倉卒《そうそつ》にして備うるを為《な》さず。衆軍　大いに潰《つい》ゆ。太祖　遽《にわか》に引去す。従行する者　僅《わず》かに十、九人。札八兒《ジャアファル》　焉《これ》に與《あず》かる。班朱尼《バルジュナ》河に至るも、餱糧《こうりょう》　倶《とも》に盡《つ》き、荒遠にして食を得る所無し。一野馬の北來するに會《あ》い、諸王　哈札兒《カサル》之を射ち、殪《たお》す。遂《つい》に革を刳《さ》きて釜を為《つく》り、火を石より出し、河水を汲みて之を烹《にや》して啖《くら》う。太祖　手を舉《あ》げ、天を仰ぎて誓いて曰く、「我をして克《よ》く大業を定めしむに、當《まさ》に諸人と與《とも》に甘苦を同《おな》じうすべし。苟《いや》しくも此言《このげん》を渝《か》うれば、河水の如《ごと》く有らん」と。將士の感泣せざる莫《な》し。

オン・カンが兵を潜ませて急襲すると、モンゴル軍は突然のことで備えをしておらず、大軍であったがほとんど壊滅した。太祖チンギスはとっさに退却したが、付き従う者はわずかに十人、九人ほどであった。ジャアファル(生没年不詳)はこれに従っていた。バルジュナ河畔に至ったが、兵糧も全て尽き、周囲はどこまでも荒涼として食料を入手できる場所もなかった。一匹の野生馬が北から来たのに遭遇すると、諸王〔ジュチ・〕カサルがこれを射て、打ち倒した。そこで革を裂いて釜を作り、石を打って火をつけ、河の水を汲んでその馬を煮て食べた。太祖チンギスが手を挙げて天を仰いで誓って言うことには、「天が私にうまく大業を成し遂げさせるというのならば、みなと共に甘苦を同じくしなければならない。もし、この言葉を翻《ひるがえ》したならば、私はこの河水のごとく黒く濁って志は潰えるだろう」。将士たちで感泣しない者はいなかった。

ここではたまたま現れた野生馬を煮て食べて誓いを立てているが、同じ『元史』の太祖本紀では「班朱尼《バルジュナ》河に至るや、河水 方《まさ》に渾《にご》るも、帝 之《これ》を飲みて以て衆と誓う」といい、濁った河水を飲んで誓いを立てたという。『モンゴル秘史』では、このバルジュナ河の誓いに関してはさしたる情報は記載されていないが、代わりにふたつの重要な情報が付される。ひとつは、オンギラトの一支族とされるコルラス族の族長が帰順してきたこと。これは、ケレイトに敗れて逃亡中のチンギスが速やかに勢力を再結集したことを示唆している。そして、もうひとつは、オルドスから陰山山脈にかけて勢力を張っていたオングト王アラクシ・テギド・クリ(?—一二二七)のもとからハサン(生没年不詳)という名のムスリム商人が千匹の羊とともにバルジュナ河畔に来ていたのに遭遇したことである。その後の顚末《てんまつ》は直接語られていないが、この場面は、チンギスがイスラーム商人から物資を買い取って急速に勢力回復を為し得たこと、さらにはその庇護者であった南方の大国オングト部の支持も取り付けることができたであろうことを示唆している。現に、この後、オングト部はモンゴル帝国に自ら帰順し、オングト王家は元朝期まで高唐王家として安堵《あんど》される。ジュワイニー（一二二六―八三）などペルシア史家はチンギスや次帝オゴデイ（一一八六―一二四一）がイスラーム商人を庇護し、モンゴル帝国がユーラシア西部との交易で大いに栄えたことを伝えているが、その源流は、ケレイト、オングト、ウイグルなど先進の遊牧国家と通商していたイスラーム商人たちをチンギスが取り込んだところにあるのであろう。

『元史』では、食料が尽きたチンギスたちを馬を射とめて救ったのは弓の名手ジュチ・カサルであったが、『モンゴル秘史』ではバルジュナ河でチンギスたちと合流を果たしたことになっている。いずれにしても、チンギスはカサルと共にオン・カンへの反撃を開始する。一方のオン・カンはモンゴル部を壊滅させたことを祝して黄金の天幕で宴を張っていた。そこへカサルからの使者と偽ったチンギスの使者が赴くのであるが、オン・カンはまさかこれほど早くチンギスが勢力を回復したとは思っていなかったのであろう。使者の情報に基づいたチンギスの急襲を受けたケレイト部は逆に壊滅し、オン・カンは逃亡先のナイマン部領で捕殺される。ここに、モンゴル高原東部の覇権をめぐる争いは、完膚無《かんぷな》きまでの敗北から急転してモンゴル部の大勝利に終わった。あまりに劇的な展開であるが、これはモンゴル語史料、漢語史料、そして、ペルシア語史料のいずれもが伝えるエピソードである。

最大の協力者にして最大の敵対者であったオン・カンを滅ぼしたチンギス・カンは、残る西部を支配する大国ナイマン王国の攻略に取りかかるとともに、千戸制の創設や輪番内廷府《ケシクテン》の整備など軍の再編制をおこなった。一二〇四年のことである。

モンゴル高原統一

全モンゴル高原の統一をかけてナイマン王国との決戦が始まる。相手は太陽王たるタヤン・カン（?――一二〇四）であったが、『モンゴル秘史』では一貫して気弱で臆病な人物として語られる。『秘史』ではあっけないほど簡単に勝利してしまうように見えるナイマン王国との決戦であったが、『元史』によれば、この時、メルキト部族長トクトアー、ケレイト部族長アリン・タイシ（生没年不詳）、オイラト部族長クトカ・ベキ（?――一二〇五）、さらにはドルベン部、タタル部、カダギン氏、サルジウト氏、そしてジャムカがナイマン部側に付いて大連合を結成しており、「兵勢は頗《すこぶ》る盛んなり」と伝えている。しかし、ジャムカはナイマン側の敗北を予見し、部衆とともに逃れ去ってしまう。果たして、ジャムカの予見どおり、ナイマン王国のタヤン・カンはあっけなくモンゴル軍に捕殺されてしまうのである。

次いでチンギスはメルキト部の残存勢力の討伐に乗り出し、メルキト部もほぼ壊滅させた。もっとも、長らくチンギスと敵対してきたトクトアーはなお逃亡し続け、ナイマン王国のもう一人の王、ブイルク・カン（?――一二〇六）のもとへ身を寄せる。史料によって年代は異なるが、チンギスはやがてブイルク・カンやオイラト部族長のクトカ・ベキも捕らえ、トクトアーは追撃戦の最中に戦死したと言われる。一方、トクトアーと合流していたナイマン王子グチュルク(?―一二一八)は逃走を重ね、ついにはカラ・キタイ国へ逃亡し、そこで国を簒奪《さんだつ》した。しかし、そこにもジェベ率いるモンゴルの追跡軍が現れ、最終的にグチュルクはバダフシャーンで捕まって処刑されることになる。

それより前、ナイマン部とメルキト部をほぼ壊滅させたチンギスは、クリルタイを開いて改めてチンギス・カンとして即位式をおこなった。一二〇六年の春のことであった。以後、モンゴル帝国=元朝の軍制の要となり、後世のモンゴル部族の民族構成にも大きな影響を残した百戸千戸制がこのとき施行された。右翼・左翼の万戸長に任じられたボオルチュ、ムカリ(一一七〇―一二二三)をはじめとして、これまで僚友《ノコル》として尽力してきた功臣たちは千戸長に取り立てられ、その子々孫々まで繁栄してゆくこととなる。ここにチンギス・カンのモンゴル高原統一は果たされたと言ってよいであろう。言葉を換えれば、チンギスのモンゴル・ウルス、すなわち、モンゴル帝国がここに誕生したのであった。「影よりほかに僚友《とも》はなし」という苦境から徐々に勢力を回復し、最終的にモンゴル高原統一まで至り得たのは、チンギスのもとに結集した僚友《ノコル》たち、そして、最終的には対立して雌雄を決したとはいえ、ともに強敵にあたった盟友《アンダ》たちの助力なくしてはあり得なかったであろう。それを可能としたのは、彼らの恩義に応えようとしたチンギス自身の地道な努力があったと見られている。モンゴル帝国は、それまでは当たり前であった血族集団《オボグ》を最優先する部族統治を翻し、血族集団《オボグ》だけに拠らない新たな社会集団《ウルス》を核とした国家であったと言われている。その社会集団《ウルス》の構成基準は君主《カン》たるチンギス個人との恩義の関係であった。ある意味、モンゴル帝国は侠義心によって繋がった新興勢力であったとも言えないことはない。チンギスに信服した者は新たな千戸（＝社会集団）の長となり、それが後々の新たな部族形成に繋がってゆく。逆に敵対して逆らった部族・氏族の部民たちはバラバラに分配されて血族集団としての体裁を保つことができなくなり、歴史の舞台から姿を消していったのである。

ユーラシア帝国の実現

モンゴル高原の統一を果たしたチンギスはこれまで服従を強いられてきたアルタン・カンこと金朝皇帝の治める北中国、ナイマンの王子グチュルクが逃げ込んだ中央アジアの攻略に乗り出した。一時は、金《きん》とカラ・キタイ（西遼）が遊牧部族の対立に陰に日向に介入し、モンゴル高原を舞台とした二大帝国の代理戦争のような様相を呈していたが、モンゴルの隆盛とは対照的に金の衰退は顕著となり、中国への入口たる居庸関《きょようかん》をモンゴル軍に抜《ぬ》かれた後、都の中都が陥落するまでさほど時間を要しなかった。一方のカラ・キタイも逃亡中のナイマン王子に国を簒奪されるほど混乱していた。立場の逆転したチンギスは次なる目

居庸関　中国の定住世界と遊牧世界を分け隔てる関門。金朝攻略の際にここをめぐって攻防がおこなわれた。　筆者撮影

標を視野に入れ、南宋と金を挟撃する。その一方で、西方においても中央アジアの先を見据えていた。当初、チンギスはイスラーム世界の雄であったハーラズム・シャー帝国との友好的な通商を目的としてキャラバンを往来させたが、それもすぐに破綻《はたん》する。モンゴルが派遣したキャラバンがオトラルに差し掛かった際、その商人たちが一人を除いてその太守イナルチュク（?―一二一九）によって皆殺しにされたのである。いわゆるオトラル事件であった。チンギスはカラ・キタイを滅ぼして、ハーラズム・シャー帝国までの行軍路が開かれると、討伐軍を編制して自ら出征をおこなった。イスラーム世界へのモンゴルの衝撃《インパクト》が本格的に始まったのである。この時点では、後にイスラームの古都バグダードがモンゴルによって陥落し、アッバース朝のハリーファ（カリフ）が断絶することになろうとは誰も予想さえしなかったに違いない。

残された禍根

ハーラズム・シャー帝国を壊滅させたチンギスは一二二五年、別働隊を現地に残して自らはモンゴル高原に帰還するが、この時、チンギスはまた別の問題を憂慮していた。後継者問

オトラル遺跡
ハーラズム・シャー帝国遠征のきっかけとされるオトラル事件が起こり、モンゴル軍の攻撃を受けた。　筆者撮影

題である。ハーラズム・シャー帝国との決戦のためユーラシアの西方にまで遠征をおこなうにあたって、チンギスがおこなったのは自分の後継者を明らかにすることであった。チンギスには四人の嫡子《ちゃくし》がいたが、モンゴル帝国の皇帝位を誰に継がせるのか大きな問題であった。というのも、長男のジュチ(一一八二?―一二二七)はチンギスの妻ボルテがメルキトに略奪された直後に生まれた子であったが故に、度々メルキトの血を引くのではないかと噂されていたからである。『秘史』によれば、ジュチに反感をもっていたチャガタイ(一一八三?―一二四二)はこの疑念を口にしてしまい、激しい口論になったという。結局、チンギスは一番温厚と評されるオゴデイを後継者に指名するが、それでこの問題が解決したわけではなかった。現にハーラズムの都ウルゲンチ攻略中にもジュチとチャガタイが対立を起こし、激怒したチンギスはオゴデイに指揮を委ねている。ハーラズム・シャー帝国が壊滅し、ユーラシアの大部分を手に入れたチンギスは領土を分割して息子たちを分封《ぶんほう》した。しかし、そこでもまた後継者問題が再燃する。末子であるトルイ(一一九二―一二三二)はこの時分封を受けず、父の死後に本拠地のモンゴル高原と帝国の中核たる中央軍《コル》、さらには竈神《そうしん》の祭祀権《さいしけん》を引き継ぐことになっていた。しかし、帝位を引き継いだのは三男オゴデイである。帝国の中枢をどちらが握るのかを巡って軋轢《あつれき》が生まれることは火を見るよりも明らかであった。この後、チンギスは西夏《せいか》の征戦に赴き、そのまま帰らぬ人となるが、その後、チンギスの掌握していた帝国の中核を受け継いだ末子トルイは謎の死を遂げる。『モンゴル秘史』ではトルイがオゴデイの前で自ら毒杯を仰いだことになっているが、オゴデイに暗殺されたのではないかと疑念を抱く説も少なくない。多くの部下に恵まれ、人心掌握と指揮に長《た》けたチンギスであっても、自らの息子たちの間に生まれた軋轢は最後まで解消することはできなかった。そして、この禍根は後にモンゴル帝国を分裂に向かわせたのであった。

社稷《しゃしょく》に身命を捧げた
高麗の武人

崔瑩……さいえい・チェヨン……

加藤裕人

黄金を石ころのごとく見よ

崔瑩《さいえい チェヨン》(一三一六―八八)は十四世紀後半に活躍した高麗《こうらい》の武臣である。幼いころから体格に恵まれ、膂力《りょりょく》に優れた人物であった。宰相を輩出した家門に生まれながらも武臣となる道を選び、当初は楊広道都巡問使の麾《き》下《か》として活動、倭寇《わこう》の討伐で武功を挙げた、とされる。一三五四年、高麗の恭愍王《きょうびんおう》(在位一三五一―七四)は元の依頼に応じて張士誠《ちょうしせい》討伐のための援軍を派遣したが、この時の戦いで崔瑩はその武名を轟かせた。以降、離元《りげん》政策や紅巾賊《こうきんぞく》の撃退、興王寺の変などを経て、崔瑩は高麗武臣の中核を担う人物となっていった。

崔瑩の人となりを物語るエピソードとしては、十六歳の時に他界した父元直《げんちょく》の遺した「黄金を石ころのごとく見よ」という訓戒《くんかい》を生涯守り通したことが有名である。崔瑩は、つね日頃から蓄財を疎《うと》み、狭隘《きょうあい》な住居に住んで楽しげであった。その衣食は慎ましく質素であり、しばしば米櫃《こめびつ》が空になることもあった。豪奢《ごうしゃ》な衣服を纏《まと》って肥馬に跨《また》る者を見ても犬畜生ほどにも思わず、また将軍や宰相を務めて永く兵権を握っていても、賄賂《わいろ》の類は一切受け取らなかった、という。勇猛果敢な武人であり、剛直にして忠臣、なおかつ清廉《せいれん》。これが、『高麗史』「崔瑩伝」が伝える高麗の武臣、崔瑩である。

高麗の猛将

崔瑩が活躍した十四世紀は、地球規模での寒冷化による飢饉《ききん》や天災、疫病の蔓延《まんえん》がユーラシア大陸各地で混乱を引き起こした時代であったといわれる。一般に「十四世紀の危機」と呼ばれるこの混乱により、中国大陸では各地のモンゴル政権が次々と倒れ、元朝《げんちょう》では紅巾《こうきん》の乱が起こり、この中から現れた朱元璋《しゅげんしょう》（一三二八―九八）が元朝を打倒した。高麗もまた外寇《がいこう》や天災、飢饉の発生に見舞われることとなる。そうした状況下において、武を以って頭角を現していったのが崔瑩であった。

崔瑩がひときわ武名を揚げることとなったのは、一三五四年頃のことである。一三五四（恭愍王三）年、高麗の恭愍王は元の要請を受けて張士誠討伐のための援軍を送った。金鏞《きんよう》（?―一三六三）や鄭世《ていせい》雲《うん》（?―一三六二）、安祐《あんゆう》（?―一三六二）らが将帥として四〇名ほど、軍士二〇〇〇人あまりが援軍として元に送られた。崔瑩もまた、四〇数名の将帥の一人として派遣された。崔瑩はとくに翌年の淮安《わいあん》城《じょう》の戦いにおいて、その身に幾本もの槍を受けながらも奮戦、多くの賊を殺し、あるいは捕獲したという。史書には明示されていないものの、特筆されるほどの武勇を発揮した崔瑩の武名は、この時を前後して内外に轟くこととなった、とみて差し支えないと思う。

帰国した崔瑩は、一三五六（恭愍王五）年に離元政策（元の傘下から離脱するための一連の施策）の一環として、王命により鴨緑江《おうりょくこう》以西の駅伝（ジャムチ）を攻撃・破壊した。しかし離元政策以降、いよいよ高麗は相次ぐ外寇と内乱による多難な時期へと突入していくことになる。その過程で崔瑩は、図らずも武臣の中核的存在へと登りつめていった。

社稷の守護者——不惑

まず倭寇《わこう》についてみておこう。倭寇は一三五〇年頃から頻繁に朝鮮半島を襲撃するようになっていた。一三五七(恭愍王六)年頃には倭寇の襲撃によって開京《かいきょう》に戒厳令が敷かれ、またその翌年には倭寇が角山戍《かくざんじゅ》を襲撃して船三〇〇艘あまりを焼くという被害が発生した。さらに、倭寇の狙いの一つは税米の強奪にあったために、この頃すでに漕運《そううん》(税貢の水上輸送機構)が打撃を受け始めており、兵糧の不足から継続的な倭寇防御が困難になる事態も発生していた。崔瑩はみずから倭寇撃退の指揮を執る一方で、楊広《ようこう》・全羅道倭賊体覆使《ぜんらどうわぞくたいふくし》に任命され、倭寇に対する防御の厳粛化にあたった。しかし、倭寇の勢いは衰えるどころか増すばかりであり、以降もたびたび朝鮮半島各地を襲撃した。

一方、元で勢力を拡大していた紅巾賊は、一三五九(恭愍王八)年と六一(同十)年の二度にわたって高麗に侵攻した。とくに二度目となる一三六一年の侵攻では、総勢十万と称する紅巾賊の大軍が高麗に侵攻してきた。紅巾賊が侵入してくるや否や、高麗側は安祐を筆頭とする三元帥を中心に抗戦を開始し、崔瑩もまた前線で応戦する。しかし圧倒的な兵力の差は覆し難く、高麗は首都開京が陥落するという存亡の危機に瀕《ひん》した。恭愍王は開京陥落以前に南方への退避を始めていたが、開京を放棄するにあたり、前線から合流した金鏞・安祐らは開京の守備を主張する。とりわけ崔瑩は開京の放棄を最も嘆き、しばらく留まって丁壮《ていそう》を募り、宗廟《そうびょう》・社稷《しゃしょく》を守るよう王に叫び願った、という。崔瑩の武がいったい何のためのものなのか、はじめて端的に示されたのがこの時であった。陥落した開京には紅巾賊が数カ月にわたって留まった。賊は、あるいは捕まえた者を男女問わず屠《ほふ》り炙《あぶ》り、あるいは妊婦の乳を焼いて食したという。崔瑩が守らんとした開京では、朝鮮半島ではほぼ例を見ない人肉食の光景が広がっていたのである。それがどれほど凄惨《せいさん》な姿であったのか、推して知るべし、といったところであろう。

その後、恭愍王は紅巾賊に対する反撃を宣言し、翌一三六二年には王の側近の一人であった鄭世雲を摠兵官《そうへいかん》(総大将)とする高麗軍約二〇万が開京を取り囲んだ。崔瑩もまた九人の元帥の一人として参戦し、高麗側は開京を奪還しつつ残った賊を追い返すことに成功した。ところがこのとき、王の側近の一人であった金鏞が暗躍を始め、安祐ら三元帥を謀って鄭世雲を殺害させた。その結果、二度の紅巾賊侵攻から高麗を守った三元帥は一転して逆賊となり、恭愍王によって処断、処刑された。

さらにその翌年となる一三六三年には、開京への帰還の途中で興王寺《こうおうじ》に滞在していた恭愍王が突如暗殺者に襲撃される、という事変が発生した(興王寺の変)。事変は崔瑩らによって平定され、恭愍王は辛くも開京に逃げ帰った。事の首謀者は金鏞であり、彼は流刑に処されたのちに誅殺《ちゅうさつ》された。金鏞は、かねてから元帝室付近で活動していた高麗の官人である崔濡《さいじゅ》と内通しており、事変は崔濡による徳興君《とっこうくん》擁立の動きに金鏞が呼応したものだった。金鏞の死後、ある人が金鏞の飼っていた目のきれいな子猫を拾って都堂に献上する。都堂の誰もがその子猫を可愛がるなか、ひとり崔瑩は、「金鏞の意志はそうしたものが亡ぼしたのである。諸公はなぜそんなものに構うのか」と、その子猫を顧みることはなかった、という。印象的かつ象徴的なこの描写に、筆者は歴史の変わり目を感じずにはいられない。金鏞の飼っていた子猫が富や権力、あるいは元との繫がりを象徴しているとすれば……、などと説明することが想像力を膨らませる一助となるか、蛇足となるか。悩みどころである。

実のところ、興王寺の変が収束するまでの崔瑩の活躍は、記録上、それほど目立つものではない。確実に武功を重ねてはいたが、崔瑩はあくまで数十名から数名いる将帥の一人であり、本人の武勇はともかく、いまだ突出した存在ではなかった。この期間にはむしろ恭愍王の側近であった鄭世雲や金鏞、また安祐ら三元帥の活躍が目立つのである。しかし、そんな彼らは紅巾賊の侵攻と興王寺の変を経て歴史の舞台を去り、本人の武功もあって、図らずも崔瑩の武臣としての存在感は増すこととなった。そうした折、疲弊した高麗の虚を衝く形で攻め込んできたのが崔濡であった。

社稷の守護神——知命

徳興君は忠宣王(在位一二九八、一三〇八—一三一三)の庶子であり、恭愍王の即位とほぼ時を同じくして元に出奔《しゅっぽん》した人物であった。一三六三(恭愍王十二)年、金鏞暗躍の背後にあった崔濡は、元の順帝を通して徳興君を正式な高麗国王とすることに成功し、翌年、徳興君を奉じて高麗に攻め込んだ。崔濡の軍勢を相手に高麗側は敗走し、崔濡が宣州《せんしゅう》を占拠すると高麗国内は騒然となった。崔濡が率いたのはせいぜい一万の軍勢だったが、彼らは賊の類ではなく、元の冊立《さくりつ》した正式な高麗国王の一団であった。それゆえ、大義をもたない高麗側の将卒は及び腰になっていたのである。

こうした事態を受けて、恭愍王はすぐさま崔瑩の派遣を決定する。崔瑩を精兵とともに前線に急行させ、諸軍の指揮を採らせることにしたのである。このとき、命を受けた崔瑩が将卒を鼓舞しつつ、必ず敵を殲滅《せんめつ》する、と宣誓するや、人々は彼を信じ、その不安はたちどころに払拭《ふっしょく》された、という。李成桂《りせいけい》(一三三五―一四〇八)の参戦もあり、崔瑩率いる高麗軍は獺川《だっせん》の戦いで崔濡の軍を大いに打ち破った。

こうして崔瑩はみずからの武威《ぶい》を以って、事実上、高麗武臣の頂点に立った。その後、高麗を取り巻く情勢はやや落ち着きを取り戻し、倭寇の襲撃は徐々に激しくなっていくものの、高麗が全軍を挙げて対処せねばならないほどの事態は起こらなかった。崔瑩が名実ともに高麗武臣の頂点に立つのは、十年後の一三七四(恭愍王二三)年のことである。このときすでに元朝は明によって北方に退き、高麗は明から冊封を受けていた。

一三七四(恭愍王二三)年四月、明の太祖《たいそ》(朱元璋、在位一三六八―九八)は、高麗に耽羅《たんら》(済州島《チェジュド》)の馬二〇〇〇頭を進貢するよう要求してきた。恭愍王は耽羅に馬を献上させようとしたが、当時の耽羅はいまだ元朝の版図であるという意識を強く残しており、どうして世祖皇帝(クビライ、在位一二六〇―九四)の飼っていた馬を明に献上せねばならないのか、と三〇〇頭の馬を献上するに止めた。当然、耽羅の対応は明の要求を満たしうるものではなく、このままでは明帝の怒りを買ってしまうのは必定であった。そこで恭愍王は、耽羅の征伐を決定した。

同年七月、恭愍王は崔瑩に節鉞《せつえつ》を授け、全軍を統括して耽羅を征伐するよう命じた。節鉞は賊軍を討伐する官軍の証であり、節鉞を与えられた者には王の代理として高麗の全軍を率いる権限が与えられた。さきの紅巾賊との戦いでは鄭世雲に節鉞が授けられており、ゆえに鄭世雲を殺害した三元帥は王の代理を殺害した逆賊として処断されたのである。つまりこの瞬間、崔瑩は名実ともに高麗武臣の頂点に立ち、王に代わって高麗の武威を体現する存在となったのである。

王命を受けた崔瑩は、戦艦三一四艘・将卒二万五六〇〇人余りを率いて耽羅の征伐に向かった。いざ攻城の日、崔瑩は「王は私に叛逆の徒を征伐せよと命じた。我が言《げん》はすなわち王の言葉である。我が命に従えば、事は成し遂げられるだろう」と述べ、諸将はみな冠《かんむり》を脱いで謝意を表した、という。王命を一身に背負い、並み居る将帥を前にして諭告する崔瑩の威風堂々とした姿が思い浮かぶのではないだろうか。はたして耽羅は平定され、同年十月、崔瑩は諸将とともに開京に凱旋《がいせん》した。ところが恭愍王は、崔瑩の帰還を待たずに弑逆《しいぎゃく》によってこの世を去っていた。棺に向かって王命の完遂を報告した崔瑩は、声がかれるまで泣き叫んだという。

齢五〇を前後する頃、崔瑩は自他ともに認める武臣の頂に立っていた。高麗が滅亡の危機に瀕《ひん》するほどの戦乱こそ起こらなかったが、二度の紅巾賊侵攻から高麗を守った三元帥が救国の英雄であれば、崔濡の軍を相手に勝利を約束して人々の不安をぬぐい去り、また王命に従わない耽羅を平定して明帝の怒りを回避した崔瑩は、さしずめ社稷の守護神といったところであろう。もちろん、度重なる倭寇の侵奪から高麗を守り通してきたことも忘れてはならない。五〇にして天命を知る、というが、一切の野心をもたず、私欲すらもたずに国家や王のために身命を賭して戦った崔瑩は、武を以って社稷の安寧《あんねい》を守ることを天命と見定めていたにちがいない。

しかし、そんな崔瑩が忠義を尽くしてきた恭愍王というカリスマは、弑逆によって最愛の魯国《ろこく》公主の待つ彼岸へと旅立った。新たな高麗国王には禑王《ぐおう》が即位し、崔瑩はこの幼い君主に忠義を尽くしていくこととなる。このとき、崔瑩はすでに五八歳になっていた。

社稷の守護神――老兵は死なず

禑王（在位一三七四―八八）は、恭愍王の庶子とも辛旽《しんとん》（一三六五～七〇年にかけて王に代わって執政した。一三七〇年に失脚し、翌年処刑された）の子ともいわれる。即位当時の年齢は数えで十歳という幼君であり、恭愍王代からの重臣である李仁任《りじんにん》と崔瑩が後見役を担った。この禑王代には、とりわけ倭寇による被害が甚大なものとなっていった。

先に述べたように、倭寇は一三五〇年頃からさかんに朝鮮半島を襲うようになり、その後もたびたび出没しては略奪行為を繰り返した。とくに一三七五（禑王元）年七月頃から、これまで人や動物を殺さなかった倭寇が襲撃のたびに女子供まで害するようになり、全羅・楊広道の沿海地域は人がいなくなって静まり返ってしまう、という事態が発生していた。崔瑩は李成桂とともに開京の防備にあたる一方、寧州・木州が倭寇に襲撃されると、みずから出陣して倭寇を撃退させてほしいと願い出たが、禑王はこれを許さなかった。幼い禑王には、崔瑩はすでに年老いて見えたのである。

しかし、一三七六（禑王二）年七月、倭寇が公州を陥落させ、迎撃にあたった元帥朴仁桂《ぼくじんけい》が戦死すると、崔瑩は再びみずからの出陣を許してほしいと願い出た。禑王をはじめ諸将が老齢を理由に思い止まらせようとするも、崔瑩は「私は年老いてはおりますが、志は衰えておりません。ただ宗廟・

社稷を安寧にし、王室を守りたいと願うのみなのです。どうか、すみやかに倭寇の迎撃に向かわせて下さい」と述べ、再三にわたってみずからの出陣を主張した。禑王がこれを許すと、崔瑩はただちに戦場へと出立した。

崔瑩が麾下《きか》を率いて倭寇が猛威を振るう鴻山《こうざん》に至ると、倭寇は四方のうち三方を絶壁に囲まれた険しい場所に陣取った。一方向からしか攻め込まれない地形である。諸将が恐れをなして歩を進められずにいるなか、崔瑩は士卒の前に躍り出ると、みずから先陣を切って突進した。鬼気迫る崔瑩の気迫に倭寇は散り散りになるも、林に隠れた賊の一人が崔瑩の口先を射抜く。すると崔瑩の口からは血が滴り落ちたが、崔瑩は悠然と賊に向かって矢を放ち、弓の弦を射抜いてこれを倒した。以後、崔瑩はますます力戦し、大いに倭寇を打ち破って禑王に勝利を献上した、という。

老いたりといえども志なお衰えず、とは崔瑩本人の弁だが、老いてますます意気軒高《いきけんこう》、というべき勇姿である。このときの崔瑩の戦いぶりは倭寇の間でも語り草となったようである。一三七七(禑王三)年に江華島《カンファド》一帯を襲撃した倭寇は、「気を付けなきゃなんねぇのは、しらが頭の崔万戸《さいばんこ》だけだ。前の、鴻山の戦んときゃ、奴が来たとたん、部下の兵士どもが我先にと馬を躍ばしやがって。ウチの連中が蹴っとばされるわ、踏みつけられるわ。もう、怖ぇーったらありゃしねぇ」と常々口にしていたという。

しかし、崔瑩もまた人の子であり、やはり老いには抗《あらが》えない時がやってくる。一三七八(禑王四)年四月、倭寇の大船団が窄梁《さくりょう》に集結した。開京近郊の昇天府を占拠した倭寇は、これから開京へと攻め込むことを公言して憚《はばか》らなかった。この事態に人々は恐れおののき、開京では戒厳令が出されて襲撃に対する防備が固められた。崔瑩もまた諸軍を率いて開京に程近い海豊《かいほう》に駐屯したが、これを知った倭寇は「崔万戸の軍さえ潰せりゃ、都も落とせらぁ」と、わき目も振らずに崔瑩の軍を目指した。崔瑩は「社稷の存亡、まさしくこの一戦にあり」と、軍を進めてこれを迎え撃つ。しかし、ついに崔瑩は戦いに敗れ、倭寇に追い詰められて逃げ帰った。結局、このときの倭寇は李成桂の活躍によって撃退され、結果的に高麗に勝利をもたらした崔瑩は安社功臣《あんしゃこうしん》の号を賜与された。

こうして、社稷の安寧のためにみずからの武を捧げてきた崔瑩は、みずからが敗れた戦いの後に安社功臣の号を受けた。皮肉といえば皮肉な結果であり、その胸中は複雑だったにちがいない。その後、翌一三七九(禑王五)年には「賊(倭寇)の手にかかって死んでも悔いはない」とみずからの敗死を念頭に置いた言葉がみられ、さらに八〇(禑王六)年には「私はすでに年老いております」と口にするようになる。崔瑩の敗走が老いによるものであったとは必ずしも言い切れないが、このとき倭寇に敗退したことが、崔瑩から「志なお衰えず」と言えるだけの気迫を奪い去ったことはたしかだろう。

他方、崔瑩に代わって戦った李成桂はというと、八〇(禑王六)年九月に倭寇の大集団と戦うこととなった。李成桂が倭寇の首領である阿只抜都《あきばつ》を破ったのがこのときである。その翌月、凱旋《がいせん》した李成桂を出迎えた崔瑩は、涙ながらに「公でなければ、いったい誰が勝てたというのか」とその戦果を称え、「公がいなければ、国家はいったい何を恃《たの》みとするというのか」と、その武威を称賛した。以降、李成桂の威名はますます倭寇の間で知られるようになる。倭寇は襲撃のたびに、「李万戸のやつぁ、いまどこにいやがるんだ」と李成桂の所在を捕虜《ほりょ》に尋ね、その間隙を突いて出没するようになったという。

　鴻山の戦いで倭寇を恐れさせた白髪頭の崔万戸も、寄る年波には勝てなかった。海豊の戦いで倭寇に敗れた崔瑩は第一線を退き、代わって高麗の武を体現する役割は李成桂に引き継がれたのである。みずからの老いを口にする一方で李成桂の武威を称えた崔瑩の姿は、いっそ鮮やかなまでの世代交代を表しているといえる。そのときの崔瑩の涙には、戦果を喜ぶ嬉しさ以外にも一抹の寂しさやある種の感慨が込められていたものと思う。

　老兵は死なず、ただ去るのみ。一三八一（禑王七）年二月、崔瑩は首相に次ぐ地位となる守門《しゅもん》下侍《かじ》中《ちゅう》の職を拝命する。かつて崔瑩は、鴻山の戦いの論功行賞で侍中の拝命を固辞しており、その理由は、侍中となってしまっては軽々しく出陣できない、というものだった。そのとき崔瑩は、倭寇が平定された後であれば構わない、とも語っていた。いまだ倭寇は収束していないが、崔瑩が守侍中を拝命したのは、みずからが第一線を退いても安心して後を任せられる者ができた、ということだったのだろう。

崔瑩将軍の肖像

ソウル特別市鐘路区母岳洞仁王山国師堂にある巫俗神画のうちの一つである。

禑王の保護者——老境

さて、武人としては引退した崔瑩は、以降は政府の重鎮《じゅうちん》としての役割を中心に果たしていくこととなる。とはいえ、史書に「性格は馬鹿正直で、学はない」と記されるように、武臣として出仕した崔瑩は具体的な政策判断を苦手としていた。すでに恭愍王代から賛成事（従二品）を拝命するなどして国政に参与していたが、一三七三（恭愍王二二）年には、七〇歳以上の者から米を徴収して軍需に充てたことで、民の大不評を買っている。また八一（禑王七）年には、開城の物価高騰を気に病んだ崔瑩が、価格の公定と強制収税をともなう売買の許可制を実施しようとした。このとき、違反者は大鉤《おおかぎ》で処刑するとして実際に京市署に大鉤を吊り下げたところ、市場の人々が大いに戦慄《せんりつ》したため、事は沙汰止みになった、という。ようするに崔瑩は感覚が軍人なのであり、軍事優先、かつやり方が軍隊式なのであった。こうした点については崔瑩自身も自覚があったようで、八四（禑王十）年には「私はすでに年老いている。物事の道理を知らず、行いが道理に合わないこともあるだろう。どうか大臣諸兄は黙することなく、この老人を戒めてほしい」と宣言している。

にもかかわらず、崔瑩が一三八四（禑王十）年に首相たる門下侍中にまで至ったのは、これまでの武功もさることながら、禑王との強固な信頼関係による。李仁任が禑王と家族のような関係を築いていく一方で、崔瑩はあくまで大臣然とした対応を取っていた。一三七七（禑王三）年五月には孫《そん》光裕《こうゆう》ら敗戦の将の罪を赦《ゆる》そうとした禑王に対し、「賞罰は君主の大権でございます。間違いがあってはなりません」として賞罰を是正させており、また八〇（禑王六）年には「どうか志の持ちようにお気を付けて、怠ることのありませぬように。民の安危は殿下の御心如何《いかん》にかかっているのです」と、国王としての修養を諭している。七七（禑王三）年に李仁任らが池奫《ちいん》を排除した折には、身を呈して禑王を守ったこともあり、崔瑩はいたって真摯《しんし》に幼い君主に仕え続けた。禑王もまた崔瑩の言うことを聞いてしばしば行いを改めるなどする一方、崔瑩を宰相の中の真の宰相である、と評するほど、崔瑩に絶大な信頼を寄せていった。

そうしてある程度の治世を経るうちに、崔瑩にも禑王に対する一定以上の情が芽生えたようである。一三八一（禑王七）年六月、酒に酔った禑王は竜首山で馬を走らせているときに、落馬して怪我をしてしまった。崔瑩は怪我をして帰ってきた禑王を涙ながらに諫め、禑王は「今後はしないようにする」と反省したという。イメージとしては、遊びたい盛りのお坊ちゃんとそれを叱る実直な教育係、といったところだろうか。あるいはストレートに、おじいちゃんと孫、でもよいかもしれない。ともあれ、八五（禑王十一）年に至る頃には、禑王は「木は墨縄《すみなわ》に従えば真っ直ぐになるといい、君主は諫言を聞けば道理に通じるという。卿はどうして予の良い点や悪い点を申さないのか」とみずから口にできる程度に成長し、崔瑩は「殿下の今のお言葉は国家の福でございます。どうかいつも心に留めて忘れませぬように」と返した。禑王はまた崔瑩に向かって「卿とともに四方を平定したいのである」とも言っており、二人の間に築かれた信頼関係が特別なものであったことが窺われる。

その後、一三八八（禑王十四）年に至り、二人の間柄も特別なものとなる。禑王が崔瑩の娘を側室に迎えたいと言い出したのである。崔瑩は、娘は王の側室としてふさわしくない、と涙ながらに一度は断ったものの、結局は押し切られる形で娘を禑王に嫁がせた。崔瑩の娘は寧妃に封じられ、以降、禑王は寧妃を寵愛《ちょうあい》して、しばしば崔瑩の家を訪れるようになったという。

禑王は、李仁任を父、その妻を母と呼んでいたという記録があり、崔瑩のことを父と呼ぶこともあるなど、父母を求めていた節がある。禑王が崔瑩を慕ったのは、彼の真摯さや武功を信頼したためであっただけでなく、崔瑩に父性を求めてのことだったのかもしれない。一方で崔瑩は、あくまで大臣然とした態度を維持し、国王に対する臣下であり続けた。とはいえ、禑王が狩りに出かけて夜遅くなって帰ってきた、と聞いて涙を浮かべる崔瑩の姿は、国王を諫める臣下というよりは、孫を心配する祖父のそれに近かったのではないかと思う。実際には、義理とはいえ親子の関係になってしまったわけだが。しかし、時はすでに一三八八年三月、高麗滅亡へのカウントダウンはとうに始まっていた。

天下の叛逆者――明と暗

一三八七(禑王十三)年、遼東を根拠地としていた元将納哈出《ナガチェ》が明の北伐軍に降伏すると、明によって遼東半島の平定が進められた。同十一月、明の太祖朱元璋は、露骨な不信感を示しながら高麗に通交の断絶を通達する。さらに同十二月には、かつて元が直轄していた鉄嶺《てつれい》以北の地を遼東の統括下に置き、鉄嶺以南を高麗の所管として互いに侵犯しない、という国境線について高麗王に諮《はか》るよう戸部に命じた。そして翌八八(禑王十四)年二月、聖旨《せいし》を奉ずる戸部の名の下に、明による鉄嶺以北の直轄化が高麗に告げられた。

この事態に禑王と崔瑩は、明の東北経営の拠点である遼東城(定遼衛)の攻略を決断する。高麗国内では、以前から明の高圧的な歳貢要求に対する不満が高まっていた。とくに八七(禑王十三)年十一月、明帝が処女と秀才、宦官《かんがん》を各一〇〇〇名、牛馬を各一〇〇〇頭要求しようとしている、という情報が高麗にもたらされると、都堂(最高政務機関)が頭を悩ませる一方で、崔瑩は「そのような事態になれば、兵を興して明を攻めるのがよい」と、明への攻撃の意志を明らかにしていた。それが実行に移されることとなったのである。

以降、禑王と崔瑩は周囲の反対を押し切る形で軍備を整えていく。八八(禑王十四)年四月には、平壌を侵攻の拠点として禑王自身もとどまり、諸道からの兵の徴集を監督する一方で、崔瑩を八道都統使に、曹敏修《そうびんしゅう》を左軍都統使、李成桂を右軍都統使に任命した。同四月壬戌《じんじゅつ》、総勢約五万の遠征軍が平壌を出立すると、崔瑩もみずから軍の指揮に赴こうとする。しかし禑王が「卿が行ってしまったら、誰と政《まつりごと》をするというのか」、「卿が行くのならば予もともに行く」と言い出したため、崔瑩は禑王とともに平壌に留まった。同五月、遠征軍は鴨緑江の威化島《いかとう》まで軍を進めるも、長雨による増水で足止めを食うなかで大量の逃亡兵が発生した。前線の指揮を任されていた曹敏修・李成桂は遠征軍を引き返させるよう進言したが、禑王と崔瑩には聞き入れられなかった。そうしてついに、李成桂らは軍を反転させて禑王を廃する決断を下した(威化島回軍)。

知らせを聞いた禑王と崔瑩があわてて開京へと逃げ帰る一方、李成桂らは戦闘の激化を避けるためにあえてゆっくりと南下したという。同六月一日には、李成桂らは開京近郊に軍を駐屯させ、禑王に崔瑩の追放を要求した。はたして禑王には聞き入れられず、同六月三日乙巳《いっし》の日、李成桂らは開京への攻撃を開始した。崔瑩は城門の付近で奮戦したものの、大勢を覆すことはできなかった。ほどなく、崔瑩は禑王・寧妃とともに隠れていた宮中の八角殿で拘束され、崔瑩には高峯県《こうほうけん》への流配が言い渡された。その年の十二月、禑王に代わって即位した昌王《しょうおう》(在位一三八八―八九)の治世の下、崔瑩は流配先で斬刑に処された。享年七三。崔瑩が死に臨んだ日には、都の人々は市を開くのをやめ、近きも遠きも、街頭の子供から巷《ちまた》の婦女に至るまで、みな涙を流してその死を悼《いた》んだという。

こうして崔瑩は七三年に及ぶ生涯に幕を下ろした。その罪は明に牙をむき、遼東攻撃を企てて軍を興したという点に尽きる。彼我の規模の違いに鑑みれば、たしかに崔瑩は危うく国を転覆させるところであったことに間違いはないだろう。つまりは、明帝に罪を得て社稷を危険に晒《さら》しかねなかった天下国家の叛逆者、ということである。とはいえそれは結果論に過ぎず、崔瑩が敗れたために、結果的にそうなっただけである。朝鮮時代に至って明との関係が安定すると、崔瑩は早々に名誉回復され、武愍《ぶびん》の諡号《しごう》を与えられるとともに、その伝記は『高麗史』「列伝」に収録された。誰も崔瑩のことを罪人だなどとは思っていなかったのであり、ようするに崔瑩は死をもって責任を取ったのである。

崔瑩がなぜ遼東遠征に踏み切ったのかはよくわからない。通常、国家が大規模な軍を興すときには国王が教旨を下すなどして経緯や理由が説明されるものだが、このときの遼東遠征にはその記録がないのである。しかし、とにかく実直で忠義に篤い武人であり、政策判断が不得手で、殖財《しょくざい》や道義に悖《もと》ることを嫌った崔瑩が、度重なる明の恐喝にくわえて、鉄嶺以北直轄の知らせが突如もたらされたことで我慢の限界を迎え、みずからが先陣を切る形で立ち上がった、と整理してみると、非常に崔瑩らしい。崔瑩が禑王に遼東遠征を勧めた、というのはおそらく本当のことだろう。

社稷を思うあまり義憤に駆られて立ち上がった崔瑩の脳裏には、かつて紅巾賊によって蹂躙《じゅうりん》された開京の凄惨な光景がよぎっていたのかもしれない。あるいは、明の歳貢要求に頭を悩ませる禑王を見かねてのことだった、ということもありうる。それが李成桂には、崔瑩が明の挑発に乗ってしまった、と見えたのだろう。蜂起すべきか、耐えるべきか。その判断が崔瑩と李成桂の、そして高麗の明暗を分けたのである。

英霊「崔瑩」

現在、大韓民国済州特別自治道済州市楸子《チュヂャ》面には崔瑩を祀る祠堂《しどう》がある。韓国文化財庁のウェブサイトによれば、高麗恭愍王二三年、崔瑩将軍は軍士を率いて済州島へ遠征する途中、激しい風浪に見舞われたために、風が収まるのを待ちつつ楸子島へと避難した。このとき崔瑩将軍は島民に網で魚を採る方法を教え、彼らの生活に多大な変革をもたらした。以降、楸子島の住民は崔瑩将軍に受けた恩を忘れることなく、祠堂を建立して、毎年陰暦七月十五日と十二月末日に豊漁と豊作を祈念して祭祀を執り行っている、という。なお、祠堂は一九七〇年に復元されたものである。

また、崔瑩を祀る祠堂は慶尚南道統営市《キョンサンナムドトンヨン》にもある。統営市のウェブサイトによれば、この祠堂は高麗末、倭寇による侵奪が激しかった頃に、ここに陣を張って倭寇を退けた崔瑩将軍を祀るために建立されたものである。木造一間で四隅に軒をめぐらせた八作造りの祠堂の中には「高麗功臣崔瑩将軍霊位」と記された位牌がある。その右側には馬に乗った崔瑩将軍の馬夫像があり、左側には五人の仙女に囲まれた崔瑩将軍の影幀《えいてい》が祀られている。「崔瑩将軍神」は、主に中部地方の巫俗《ふぞく》信仰で祀られる人物神の一つであって、崔瑩将軍の最期がそうであるように、無念のうちに死んだ魂を慰労しようとする冤魂《えんこん》信仰が作用したものではないか、と考えられている。毎年、陰暦の正月と十二月には付近の住民が祠堂祭を開催している、という。

崔瑩。社稷に身命を捧げた高麗の武人は、死してなお、英霊となって朝鮮半島の人々を見守っているのである。

⊙参考文献

李成市・宮嶋博史・糟谷憲一編『世界歴史大系　朝鮮史一』(山川出版社、二〇一七年)
須川英徳『朝鮮の歴史と社会——近世近代』(放送大学教育振興会、二〇二〇年)
文化財庁国家文化遺産ポータル(http://www.heritage.go.kr/heri/idx/index.do、二〇二〇年六月、韓国)
統営市ウェブサイト(http://www.tongyeong.go.kr/main.web、二〇二〇年六月、韓国)

天下を慈愛で包んだ
大姉御

馬皇后

…ばこうごう…

上田信

馬皇后《ばこうごう》（一三三二―八二）は明朝を建てた朱元璋《しゅげんしょう》（一三二八―九八、在位一三六八―九八）の正妻、名は伝わらない。生年は一三三二年、夫の朱元璋よりも、四歳年下。元末《げんまつ》の「紅巾《こうきん》の乱」の頭目《とうもく》・郭子興《かくしこう》（一三〇二―五五）の養女となり、郭のもとで才覚を現した朱元璋と結婚した。以後、転戦する夫と行動をともにしているところから、纏《てん》足《そく》をしていなかったと推定され、民間では「馬大脚板底」（大足の馬姉御）と呼ばれる。一三六八年に明朝が成立すると、皇后となる。

はじめに

馬皇后の評伝の多くは、正史『明史《みんし》』を参照するが、そのもとになった記録は、『明太祖実録』巻一四七、洪武《こうぶ》十五（一三八二）年八月丙戌《へいぼ》の条の崩御《ほうぎょ》の記事。死後に孝慈高《こうじこう》皇后と諡《おくりな》される。

この『実録』の記事を、訳者による注釈を本文に織り込みながら、翻訳することにする。夫婦だけが知りうる事柄が述べられており、苦楽をともにした妻を失った朱元璋自身が、追憶のなかで周囲のものに語った思い出が記録されたと想像される。

洪武十五年八月丙戌に皇后の馬氏が崩御された。皇后の祖先をさかのぼると、宋代に神宗《じんそう》皇帝の身近に使えた馬黙《ばもく》となる（訳者――根拠があるとは思われない。ただし、『宋史』の馬黙の伝によると、馬氏の出生地から遠くない山東の単州で生まれたとされ、その性格は剛胆で厳しく、悪を憎んだとあるところから、祖先に比定されたものと推定される）。馬氏は（江蘇省《こうそしょう》）宿州閔子郷《びんしごう》新豊裏世豪の里中《りちゅう》の出身（訳者――この地は、孔子《こうし》の弟子であった閔子騫《びんしけん》の郷里である）。その父は、性格が剛胆で人を愛し、危機に直面した人に施すことを喜んだ。皇后は元の至順壬申《しじゅんじんしん》七月十八日（西暦一三三二年七月十八日）に生まれた。母の母鄭氏《ていし》は、早く亡くなる。皇后が幼いときに、父は定遠人《ていえいじん》で叛乱軍《はんらんぐん》の頭目であった郭子興と刎頸《ふんけい》の交わりがあり、皇后をその家に預けた。父が死去すると、郭子興が皇后を育てて、養女とした。皇后は若い時分には、慎み深く孝行を行い、慈愛に満ちて聡明で、詩書を好んだ（訳者――この評伝の後半に、皇后になってから儒学の初級テキスト「小学」を学び始めたとあり、おそらく若い頃には無学であったと思われる）。成人すると、誠実で真心に満ち、身内だけではなく広くその評判が伝わった。

馬皇后の評伝

大飢饉《だいききん》の年、夫の朱元璋に従って軍中にあり、自らは飢えを忍んで、搗《つ》き固めた穀物や干し肉を懐《ふところ》に入れて夫

馬皇后の肖像
（故宮博物院蔵）　Alamy提供

のもとに届けた（訳者――朱元璋は頭目の郭子興に疑いを掛けられ、食料を与えられなかった。馬氏は密かに硬い焼餅を炊いて、懐に入れてとどけたため、その肉が爛《ただ》れてしまった――『明史』列伝）。疲れることを知らず、慌ただしくても、夫に尽くした。

朱元璋は何か新しいことを知ると、必ずメモを取り、妻に命じて保存させる。急に思い立ってメモを取り出してチェックする段になると、馬氏が袋から取り出して手渡すのだが、いまだかつて紛失したり取り違えたりすることはなかった。

あるとき朱元璋が香《こう》を焚《た》いて天に祈り、王朝を建てよという天命が早く降《くだ》り、天下の民草《たみぐさ》を苦しみから救い出せるように、と願うことがあった。すると馬氏は夫に「いままさに豪傑が並び立ち、天命がどこに降るのか分かりませんよ。私が観るところでは、ただ人を殺さないことを根本に据えて、転ぶものを支え、危ういものを救えば、人心が付いてきて、天命が降ります。おまえ様のライバルたちは、虐殺《ぎゃくさつ》や略奪をほしいままおこなっていて、人心を失い、天の憎むところになっています。王朝を開くどころか、その身を保つことすら難しくなります」。朱元璋は「おまえの言葉は、俺の想いと合っている」と応えた。

次の日、雨のなかを還ってきた朱元璋は、妻に「昨日のおまえの言葉を、道すがら片時も忘れなかった。ある兵卒《へいそつ》が軍令に反して、婦人をからかった。問い詰めると隠すことができずに、本当のことを白状して、拐《かどわ》かしたという。俺はそいつに『いま兵を用いているのは、乱を禁じるためだ。夫を亡くした妻、親を失った子に悪さをするものは、捨ててはおけぬ、おまえを成敗する』と言ったのさ。するとその兵卒は悟ったようだったので、殺さずに許すことにした。おまえの言葉に従ったんだ」。馬氏は「このように心がけていただければ、もう人心が帰《き》さないなどと憂うことはありません」と言った。

（朱元璋が旗揚げしたときに、長江を渡って馳せ参じた古くからの）参謀・郭景祥《かくけいしょう》が、和州を統括していたときのことである。その息子がしばしば法を破っている、という噂が立つ。朱元璋が監査の役人の唐《とう》原嘉《げんか》を派遣して、実情を調査させた。その復命報告に、郭景祥が息子を追い出すと、息子は矛《ほこ》を持って父親を殺そうとした、とある。朱元璋は馬氏に、息子を誅殺《ちゅうさつ》しないわけにはいかないというと、馬氏は「その役人の言葉が正しくなかったら、どうするんですか。郭のおやっさんには、その息子しかいないんですよ。一人息子を殺して、もし間違っていたら、無実の罪で跡継ぎを絶つことになりますよ」。朱元璋は宦官《かんがん》の仏保廉《ふつほれん》に密命を与えてあらためて調べさせたところ、矛を持ったことはないと分かった。朱元璋は郭景祥の息子を許し、誤った報告をした役人を杖刑《じょうけい》に処した（訳者――「杖刑」とは、太くて長い棍棒《こんぼう》で叩く刑罰で、死に至らしめることもできた）。「おまえに見識がなかったら、俺はその子を殺すところだった」と、馬氏に語った（訳者――この一件は、明建国前の一三六四年のできごと。のちに永楽帝《えいらくてい》が宦官で構成される特務機関「東廠《とうしょう》」を設立したことが知られているが、朱元璋も役人に嫌疑がかかったときに、宦官を特務として用いていたことが、この記事から明らかとなる）。

馬氏はなかなか子を授からなかった。朱元璋の兄の息子の朱文正《ぶんしょう》、姉の息子の李文忠《ぶんちゅう》、それに沐英《もくえい》など数人を手元に置いて、まるで我が子のように愛情を注いだ（訳者――朱文正の父は朱元璋の長兄であったが、飢饉のために死去。朱文正は母親とともに朱元璋のもとに身を寄せる。多くの軍功を挙げるが、恩賞が少ないことに不満をもち、配下の武将に略奪をほしいままにさせたことを咎《とが》められ、馬氏の助命嘆願で死は免れるものの、官位を剥奪《はくだつ》されたうえに軟禁され、一三六〇年に死去する。李文忠は十二歳のときに母親をなくす。父の李貞《りてい》に引き連られて戦場を駆け巡り、幾度も死地に臨んだ。十六歳のときに父が朱元璋の軍門に降ると、朱元璋は若い文忠を身辺に置き、かわいがった。十九歳のときに初陣《ういじん》、軍功を挙げる。明朝建国後はモンゴル高原に退いた元朝勢力との戦役において、活躍する。沐英は孤児で、朱元璋夫婦に拾われて養子になる。のちに雲南攻略などの戦役で活躍する）。彼らが王に封じられたあとも、その恩を忘れることはなかった。

朱元璋が軍勢を率いて長江を南に渡ると、馬氏は将士の妻妾《さいしょう》を率いて後に続いて長江南岸の太平に移る。朱元璋が「呉《ご》」を建国すると、居を建康《けんこう》（のちの南京《ナンキン》）に移した。このとき、湖北から江西までの一帯では、陳友諒《ちんゆうりょう》が「漢《かん》」を建てていた。呉と漢とは境を接し、戦火がやむ日はなかった。馬氏は将士の側室を集めて衣服や靴を作り、将士のもとに届け、夜分に寝ることもなく、常に左右に気を配った。朱元璋が時機に合わせて兵を動かそうとしたとき、陳友諒は龍灣《りょうわん》（建康の北の一角）に攻め寄せた。朱元璋が軍を率いて防御に当たっているさなか、馬氏は宮中の金や錦布を宦官に命じて軍営まで運ばせて、兵士の恩賞とした。戦士はみな奮い立ち、防御の柵から出て突撃して、陳友諒を敗走させ、敵軍の多くを捕虜《ほりょ》とした。

このころ李文忠は、陳友諒の漢国との最前線にあたる浙江《せっこう》の厳州《げんしゅう》を守っていた。事務次官の楊《よう》憲《けん》が、李文忠が法を守らないと申し立てた。朱元璋は文忠を揚州《ようしゅう》の守護に転任させた。馬氏は夫を諫めて「厳州は敵の陳友諒と境を接していますよ。文忠は人に信頼されています。文忠を他の人に替えれば、人心は納得しません」と言った。朱元璋は馬氏の諫言《かんげん》にハッとして、改めて厳州を守護させることにした。このことが、のちに杭州《こうしゅう》を攻略することに繋がるのである（訳者――初期の朱元璋政権には、恩顧《おんこ》の家臣から構成させる淮西派《わいせいは》と、知識人から構成され、帝国のデザインを描いた浙東派《せっとうは》の二大派閥があった。淮西派の李文忠に対する浙東派の楊憲の弾劾の背景には、こうした明朝建国期の派閥争いが関係していたと考えられる）。

洪武元年（一三六八年）春正月、朱元璋は帝位に即き、馬氏を皇后に冊封《さくほう》した。侍臣《じしん》に皇帝が語るには、「その昔、後漢の光武帝《こうぶてい》が功臣の馮異《ふうい》をねぎらって、『（劉秀が懸賞首として手配され、厳寒の河北で逃避行を続けていたころ）、豆粥・麦飯を給してくれた厚意に久しく報いていなかった』と語ったという故事がある。君臣のあいだは、こうして保たれる。朕《ちん》が無位無官のときから、皇后は苦楽をともにしてくれた。朕とともに軍勢に従い、みずからは飢えを忍んで、懐に焼餅を潜ませて、朕の食としてくれた。皇后の行いを光武帝にとっての豆粥・麦飯と比べてみても、その辛さはひとしおであっただろう。その昔、唐の太宗（李世民《りせいみん》）の長孫《ちょうそん》皇后が、隠《いん》太子（訳者――李世民の兄で、皇太子に任命されるも弟の李世民に玄武門《げんぶもん》の変で射殺される）とのあいだで対立が起きたときに、宮中にあって孝を尽くして、妃のあいだの嫌疑を解消したという。朕はしばしば郭子興に疑われ、勝手に支援を打ち切られることがあった。将士というものは、任用されれば力を出すものだ。皇后はまず郭子興に贈り物をしてよろこばせ、郭が朕を危険な目に遭わせようとしたら、取り繕《つくろ》って危機から救ってくれた。かの長孫皇后よりも、困難であっただろう。朕が小さな過ちで頭に血が上ると、皇后は朕に『おまえ様は、昔の貧しかった日々をお忘れかい』と言葉を掛けてくれる。朕はハッとして、我に返るのだ。家にあっての良妻は、国にあっての名宰相のようなものだ。このことを、どうして忘れられようか」。

朝議が終わったあと、こんなことを言ったのだと皇后に語ると、皇后は「夫婦のなかは保ちやすいが、君臣のあいだは保ちがたい、とよく申します。陛下もお忘れではないでしょう。わたしが貧しかったころ、家臣や民草が苦難のなかにあることを決して忘れまいと誓いました。わたしなど、賢女として名高い長孫皇后とは比べものになりません。ただ、陛下には堯・舜《ぎょうしゅん》を見習っていただければと、願うばかりです」。皇后が中宮《ちゅうぐう》の位につくと、ますます励み、宮中の側室が縫い物を治めるように気を配り、夜も寝る間を惜しみ、片時も休もうとはしなかった。夫には有識者を身近に置いて学ぶように勧め、事があると諌めた。自分も古くからの教えを極めるように求め、女官たちに訓《くん》告《こく》して、いささかも倦《う》むことがなかった。（中略）

あるとき後宮《こうきゅう》の記録を担当する女官が、前漢の竇太后《とうたいごう》が老子《ろうし》を好んだことを論じたのを耳にした皇后は、「ねえ、老子ってどういうことかしら」と尋ねた。女官が「清浄《せいじょう》に身を置き、作為《さくい》をあえて行わない『無為《むい》』を、その根本にしています。人為的な『仁』を絶ち『義』を捨てることで、民草は慈愛に満ちるとしていますが」と説明すると、皇后は「そんなことはありませんよ。慈愛というのは『仁』と『義』の事です。仁・義を絶って慈愛をなせますか。仁・義は政治の根本です。それを捨てよというのは、道理に反します」と言った。

皇后は朱子《しゅし》が初学者用にまとめた教科書『小学《しょうがく》』を女官に朗読させ、熱心に聴いた。それから皇帝に「『小学』の文章は、言葉は分かりやすく、内容は行いやすいものです。人の道について、備わらないところはございません。まことに聖人の教えです。これをぜひ広めてください」と上奏《じょうそう》した。皇帝は「おまえの言うとおりだ。もうすでに息子と婿、また官学で学ぶ学生に、講読させているよ」と答えた（訳者――中国で少しでも書物を開いたものであれば、『老子』や『小学』に触れたことはあるだろう。馬氏は皇后になったあとに、女官に朗読させて学び始めたようである。このことから、馬氏は若いときに書物に親しむゆとりがなかったものの、知識欲に満ちた人柄であったと察せられる）。（中略）

皇后は親戚や功臣の家族にまごころをもって接し、皇后のもとに訪れた人々はみな、心から楽しんだ。婦人たちを宮廷に招いたときも、上から目線で臨むことはなく、あたかも家族のように接見した。もてなし方は生まれながらの自然体で、取り繕《つくろ》うことはない。父母が早くに亡くなったことを常に念じて、一言でも父母のことに触れると、涙を必ず流す。皇帝はその様子をみて、常に嘆息するのであった。

水害や干害《かんがい》があると、皇帝への食事をしばしお預けにして、麦飯と野菜を用意させる。皇帝はそうした食事が出ると、「対処する」と皇后に告げる。すると皇后は「大水や日照りは常に起きるものですが、それに対する救済には方法があります。備蓄しておくのです。不幸にして水害が九年も続いたり、日照りが七年も続いたとしたら、備蓄がなくてどうして対処できるのですか」と言う。皇帝は深く反省せざるを得なかった。

皇后は皇帝のためを思って、次のように言った。「恩をほどこすにあたって、まんべんなく行き渡らせたいと願っても、格差が生じてしまいます。民草の日々の手当は、もとより苦難があります。百官で都に住まいするものには、その郷里に遠近の違いがあり、家計の貧富もまた異なります。給与には限りがあり、支払われない恐れもあり、その苦労は並大抵《なみたいてい》ではありません。猛暑や豪雨、厳寒のときには、怨嗟《えんさ》の声が起きるでしょう」。皇帝は皇后の意見に感銘を受け、官僚を調査のために地方に派遣するごとに手当を支給し、近習の家臣や上奏するために出頭した官僚に対しては、朝議のあとに宮廷で会食させた。

皇后は宦官に命じて、官僚に出された食事を取り寄せ、味見したところ、滋養に乏しく味もまずい。そこで、皇后は皇帝に次のように上奏した。「朝廷は天から与えられた福禄を用いて、天下の賢者を養うので、賢者はみずから進んで仕えるのです。賢者に手厚くせず、権勢をもつものを富ませようとしては、臣下を束《たば》ねることはできません。上奏する者が美味しいと言っているだけで、実際に口にしてみると家臣たちの飲食は、味が良くありません。陛下には賢者を養おうという心構えがあるのですか」。

皇帝は次のように語った。「飲食に関して、朕は気配りが足りなかった。家臣たちに言うと、みな美味しいというものだから、配慮しようとしても、どうしても厚い薄いの格差が生じてしまう。家臣たちは正直に言おうにも、口に出すことは難しかったのだろう。些細《ささい》なことのようだが、大きな問題をはらんでいたわけだ。皇后がもし言ってくれなければ、朕はどうしてそのようなことを知ることができただろうか」。皇帝は急いで宮廷での給仕を司る光祿卿《こうろくきょう》の徐興祖《じょこうそ》を呼び出し、厳しく責任を追及した。徐興祖らはみな恥じ入った。

皇帝が官学の太学《たいがく》に赴いて孔子を祀って戻ったとき、皇后は「官学でまなぶ太学生は、何人ほどなのですか」と尋ねた。皇帝が「数千人だ」と答えたところ、皇后は「みな家を持っていますね」と尋ねる。「大体は持っているだろうね」と答えると、皇后は「天下をうまく管理するものは、人材をその根本に据えるものです。いま人材が多いことは、とても喜ばしいことです。しかし、科挙の受験資格をもつ生員《せいいん》は、太学から手当を支給されますが、その妻子には手当がありません。家族のことが気がかりなのではないでしょうか」。皇帝は即座に、その家族にも糧食を支給するよう命令した。

皇帝は死刑囚を徴用して城壁の建築に従事させ、その罪をあがなうことにした。皇后は帝に次のように言った。「罪を許して労役につかせることは、国家の恩恵の最たるものですね。ただ、疲労《ひろう》困憊《こんぱい》している囚人に、さらに労役を加えると、死を免れないのではないかと恐れます。死を免除すると言っても、実際は死者が続出するのではないでしょうか」。皇帝はそれもそうだとして、労役を免除して釈放した。

皇后は皇帝に次のように言った。「事がうまく運ぶか否かは、君主の心根の正邪にかかっています。天下が平安か否かは、民情の苦楽にかかっています」と。また次のようにも言った。「法をころころ変えると、必ず弊害が生じます。法に弊害があると、奸悪《かんあく》なものが出てきます。民が繰り返しかき乱されると、必ず困窮し、民が困窮すると叛乱《はんらん》が起きます」と。皇帝は記録を担当する女官に命じて、それらの言葉を書き残させた。

皇后が病に伏せった。皇帝は寝食のあいだも不安で、家臣に山川の神々に祈禱《きとう》し、あまねく名医を求めるように指示した。皇后はそのことを耳にすると、皇帝に次のように語った。「私は患《わずら》うことはありませんでした。いまこのように病を得て、立ち上がることができません。生死は天命です。祈禱したり名医をもとめて、なんの益がありましょう」（訳者――一説によると、治療の甲斐もなく死去すれば、医師が罪に問われることを恐れて、馬氏は治療を拒否したのだという）。

病は日に日に重くなった。皇帝が「言い残すことはないか」と尋ねると、皇后は「陛下と私とは、無位無官から身を起こし、今では陛下は億兆の民の主となり、私は億兆の民の母となっています。栄誉の極みです。もうこれ以上、何を言う必要があるのでしょうか。ただ天地と祖先に感謝し、無位無官であったときのことを想うだけです」。皇帝がさらに尋ねると、「陛下には賢者を求めて諫言を受け入れ、政治と教育を明らかにして、天下がよく治まり、上下の者がともにやわらぎ楽しむようにしてくださいね。子どもたちをしっかりと教えて、徳を進め業を修めるようにしてください」。皇帝「わかった、わかった。ただ、私が老いたとき、何を支えにしたらいいんだ」。皇后「生死は天命です。陛下には初心のままで最後まで慎み、子孫や家臣、人民に拠《よ》り所が得られるようにしてください。そうすれば私は死んだとしても、まだお側で生きているようなものです」。

ついに崩御《ほうぎょ》した。享年五一。皇帝は身もだえして慟哭《どうこく》し、立ち上がることもできなかった。朝議も行わず、宦官や女官が取り次ぎ続けた。皇帝は憔悴《しょうすい》して「皇后が身近にいたころ、朝議でうっとうしいことがあっただろうか。皇后が在りし日には、政務は一つも煩わしくなかった。すべてがうまく進んでいたのに。哀悼《あいとう》するしかないとは」。この年、洪武十五年の九月庚午《こうご》、孝陵《こうりょう》(訳者——南京に造営された朱元璋自身の陵墓)に埋葬し、「孝慈高皇后」と諡《おくりな》した。皇后の一周忌に、儀礼を司る礼部が天下に祭祀を行わせると上奏すると、皇帝は許可しなかった。「皇后が存命のときに、『天下の民は、平安でしょうか』と尋ねたことがあった。朕が『おまえの問うたことは良いが、おまえが気にかけることはない』というと、『陛下は天下の父、私はありがたいことに、天下の母となりました。天下の民はみな私の息子や娘です。どうしてその安否を知らないわけにいくでしょうか』。いまもその言葉が耳に残っている。一周忌をすれば、天下の民の財を費やすことになる。皇后の心に反することになる。ただ、年を過ごしていこう」。宮中の人々は、皇后の在りし日を想い、忘れないために歌を作った。

我後聖慈　我が皇后の慈愛は、
化行家邦　国の隅々に及び、
撫我育我　我を慈しみ育ててくれた。
懷德難忘　その徳を想えば忘れがたく、
於千萬年　千年、いや万年がたっても、
泌彼下泉　染みわたる。かの黄泉に、
悠悠蒼天　悠々たる蒼天に。

「俠」の死に場所・梁山泊に集った一〇八人

『水滸伝』にみる俠

…すいこでんにみるきょう…

荒木達雄

『水滸伝《すいこでん》』は明代《みんだい》中後期にまとめられた長篇小説である。舞台は北宋《ほくそう》末期の山東省、各地で騒動を起こしたり、事件にまきこまれたり、さまざまな理由で娑婆《しゃば》に身の置き所をなくした豪傑たちが天下に名だたる好漢宋江《そうこう》のもとに集い、義兄弟の契りを結ぶ。その数一〇八人。「天に替りて道を行う」をスローガンに権威と敵対する。その根拠地「梁山泊《りょうざんぱく》」は現代日本語でも無法者の巣食う地の代名詞として使われる。ここではいったん史実を離れ、虚構の物語を通じて「俠」について考えてみたい。

「俠」の要件

中国語の「俠」なる人とはどういったものか。代表的なものを挙げてみよう。

・信念とする倫理観や行動原則があり、これを守ることを名誉とする。
・侮辱を受けたら必ずや復讐《ふくしゅう》し、名誉を回復する。
・受けた恩は決して忘れず、機会があれば必ず恩返しする。
・自分を認めてくれる人や信念を同じくする人の信頼に応えることを重んじる。そのような人が害を受けたり侮辱《ぶじょく》されたりしたら、復讐に加勢したり仇《かたき》を討ったりする。

・己や同志の名誉を守るためならいかなる代償も厭《いと》わない。財産はおろか命すら惜しまない。

・その場の損得勘定で信念を曲げない。ひとたび同志と認めた人物は決して裏切らない。

・迫害されている人物を見たら助太刀する。特にそれが弱者であれば赤の他人であっても見過ごさない。

・必要とあらば腕力、財力、権力あらゆる力を行使していかなる障碍《しょうがい》をも乗り越える。法秩序を破ろうが、誰に迷惑をかけようがためらわない。

時代によって違いはあろうが、おおむねこのようなところだろう。『水滸伝』を読んだ方ならばその多くが、『水滸伝』はまさしく「侠」の活躍する物語だと思われるだろう。

『水滸伝』は、長期にわたって変化しながら伝えられてきた物語を軸に、さまざまな来歴《らいれき》を有するエピソードが集められたものである。とはいえ、現在の形になるときにひととおりの整理をした編《へん》纂者《さんしゃ》はいたはずであるから、『水滸伝』に「侠」であると書かれている人物は、材料の時点からそう称されていたのか編纂の際に書かれたのかによらず、編纂者が「侠」だと認めたものと考えてよい。さらに、編纂者と同じ文化、知識水準の同時代人の感覚に近いと言っても大過ないだろう。

「侠」なる振る舞い

それでは『水滸伝』に現れる「侠」を見ていこう。『水滸伝』は完成後も不断に改編されつづけているが、ここでは、現在完全な形で見られる最も古い『水滸伝』である百巻百回本を用いる。

さて、その本文で「俠」の使用例を探してみると、なんとたったの五例しかない。これは困った。『水滸伝』は実は「俠」の物語なんかではなかったということなのか。

しかしその判断は後でもよい。なにはともあれ、まずはその五か所を見よう。

ひとつめは引首《いんしゅ》という全体の前置きに当たる部分にある。その末尾に七言八句の詩があり、第五、六句に言う（以降も詩の引用は一部のみとする）。

水滸寨中屯節俠　　水辺のとりでに節俠こもり
梁山泊内聚英雄　　梁山のうみに英雄つどう

梁山という山地を湖水が取り囲んで天然の要害を形成し、そこに豪傑《ごうけつ》たちが砦《とりで》を構えている。これが「水滸寨《すいこさい》」（「水滸」は「水辺」の意）と「梁山泊」（「泊」は「湖」の意）の由来である。つまり梁山泊の豪傑たちは「節」であり「俠」であると物語冒頭で宣言しているのである。物語序盤は主に豪傑たちそれぞれの梁山泊入り以前の活躍が描かれ、徐々に梁山泊に人が増えていき、中盤には梁山泊が物語の中心となる。

第二の例は第十五回冒頭の詩にある。

一時豪俠欺黄屋　豪俠どもは帝を犯し
七宿光芒動紫微　七つの星座　紫宮を揺るがす
衆守梁山同聚義　梁山にこもり義に集う
幾多金帛盡俘歸　あまたの財宝すっかりその手に

皇帝の車を黄色の絹布《けんぷ》で覆ったことから「黄屋」は皇帝やその居所を意味する。「宿《しゅう》」は星座。「紫《し》微《び》」は北極星を中心とする天の一角で、天帝の住むところ。この世の宮廷をも暗示する。七人の「豪俠」が皇帝支配体制を脅かし梁山泊にのぼると歌っているわけだ。つづいて次のような事件が描かれる。

北京《ほくけい》大名府の留守《りゅうしゅ》で梁世傑《りょうせいけつ》という人がいた。北京はいまのペキンではない。北宋には東西南北四つの京があり、東京《とうけい》開封府が帝都である。残る三つは副帝都扱いで、皇帝不在ゆえ代理で治めるという意味で留守と称される。事実上副都の最高権力者である、梁世傑は岳父の蔡京《さいけい》の誕生日に財宝を贈る準備をしていた。蔡京は朝廷で位人臣を極め、太師と称されている。梁世傑の出世は蔡京の後押しなくして語れない。北京は北宋有数の大都市であり、そこで得た莫大《ばくだい》な財産の一部を付け届けとしようというのである。つまりは賄賂《わいろ》だが、当時このような贈答は一般的なことで、梁世傑が特別に腹黒いわけではない。また、地方官は規定の年貢を中央に納めさえすれば税の取り立ても用途もほぼ自由裁量で、裕福な都市の長官になれば蓄財できるのも常識であった。とはいえ民衆から搾《しぼ》り上げた財産を自らの栄達に用立てていることには違いなく、これを面白く思わぬ人もいた。

山東済州東渓村《さいしゅうとうけいそん》の豪農晁蓋《ちょうがい》もそうであった。晁蓋は仲間たちと語らい、梁世傑の財宝は「不義の財」だから取ってもかまわぬのだとして計画を練り、北京から蔡京のいる東京へ財宝を運ぶ道中で強奪に成功した。この「智取生辰綱」と呼ばれる一段は『水滸伝』の名場面のひとつである。手にした財宝は庶民に分け与えるでもなく仲間で山分けしていることから彼らは義賊と呼べるのか後世の読者の間で議論は絶えないが、晁蓋は金に不自由のない暮らしむきで、少なくとも私利のためではない。特権階級の振る舞いに不満があり、己の倫理観に反する行為を懲《こ》らしめてやろうとしたことを「侠」と称しているのだろう。事件後まもなく晁蓋らの犯行であることが露見《ろけん》するが、町の下級役人の宋江がまもなく手入れがあると知らせに来たため、晁蓋らは間一髪捕縛を免れることができた。宋江はもともと晁蓋と互いに人物を認め合い、義兄弟の契りを結んでいたのである。晁蓋らは梁山泊へ逃げ込む。この晁蓋が宋江の先代の梁山泊首領である。

三つめは第二十八回の冒頭の詩にある。

郷黨陸梁施小虎　　地元じゃ大将　施の若殿
江湖任俠武都頭　　天下の任俠　武の隊長
巨林雄寨俱侵奪　　シマもアジトもうばいとり
方把平生志願酬　　望みをかなえてやるだろう

「武都頭」、名は武松《ぶしょう》という。人喰い虎を素手で殴り殺し、その功で陽穀県《ようこくけん》の都頭《ととう》（宋朝には実在しない職だが、物語内では犯人追捕などを担う警察部隊の小隊長）に任じられた豪傑である。陽穀県には兄武大《ぶだい》が妻と暮らしていたが、兄嫁が色男のお大尽西門慶《だいじんせいもんけい》と不義密通したうえ武大を毒殺してしまう。武松は県に訴え出たが、多くの役人が西門慶の賄賂を受けていたため捜査は行われなかった。正規の手段では埒《らち》が明かぬと悟った武松は、自らの手で西門慶と兄嫁を殺し、首を兄の位牌《いはい》に供えて仇討ちを果たした。そして自首して法の裁きを受け、受刑者として二人の役人によって牢獄へ護送されることになる。

護送の途上、三人は居酒屋でひと休みすることにした。なんとその店は客を毒殺して身の回りの物を奪うことを生業《なりわい》としていた。三人の酒にも毒が盛られていたが、怪しい雰囲気を察知した武松は飲んで毒が当たったふりをし、始末しようと近づいてきた店の者をねじふせた。しかし店主夫婦が強盗となるに至った経緯を聞き、殺すことなく赦《ゆる》した。ここで第二十七回が終わる。天下の豪傑が獄につながれるのを惜しんだ店主夫婦は護送役人を殺して逃げるようすすめるが、武松は、この二人は自分になにも悪いことをしていないばかりかよく世話をしてくれているからと断り、再び牢獄への旅路についた（ちなみにこの店主夫婦ものちに梁山泊に加わる）。ここまでですでに武松の「俠」はよく表れているが、詩に詠まれたのはその次の事件である。

『水滸伝』で牢獄と言えば牢役人が好き勝手に囚人を折檻《せっかん》したり、袖の下をせびったりするところと相場が決まっている。ところが管営《かんえい》（監獄の長）の息子施恩《しおん》は武松に体罰を与えぬよう命じ、毎日酒食でもてなした。不思議に思った武松が訳を尋ねると、武松の豪傑ぶりを見込んで頼みがあるのだという。施恩は腕の立つ四人を使って近くの宿場を取り締まり、その上がりを得てきたが、近ごろ赴任してきた張団練《ちょうだんれん》（団練は軍の職名）が連れてきたやくざもの蔣忠《しょうちゅう》に宿場を奪われ、取り返しに行ったものの返り討ちにあって大ケガを負ってしまった。ぜひとも蔣忠から宿場を奪い返してほしいとのこと。要はやくざもの同士の縄張り争いにすぎないのだが、武松は世話になった恩返しと助太刀を請け負《うお》い、蔣忠を叩きのめして宿場から追い出すのである。

この後も武松は苦難に見舞われながら各地を巡り、ついに梁山泊に入る。『水滸伝』はかなりのページを梁山泊入り前の武松の物語に割いている。武松の活躍が強い支持をうけていたことを表していると言えよう。

第四の例は第五十八回にある。宋江は晁蓋の事件ののち、人を殺《あや》めたことからお尋ねものとなった。その逃亡生活にあったとき豪農の孔家に世話になっていたことがある。その後孔家は官と敵対し、当主の孔明《こうめい》（姓が孔、名が明）とその叔父孔賓《こうひん》が捕らえられてしまった。孔明の弟孔亮《こうりょう》は、晁蓋に招かれいまや梁山泊のナンバーツーとなっていた宋江に助けを求めにやって来た。宋江は二つ返事で引き受ける。そこに置かれた詩に次のように言う。

頼有宋江豪俠在　　豪俠宋江ありがたや
便將軍馬救危亡　　軍馬を率いて窮地を救う

かつての恩義を忘れず、危険も顧みずに戦に赴いたことを「俠」と称しているのだろう。
五つめの例は第八十三回、やはり詩である。

壮哉一百八英雄　百八の英雄たちや逞しく
任俠施仁聚山塢　俠を抱きて仁を施し集いし山中
……　……
盡歸廊廟佐清朝　みな馳せ参じ　聖朝支え
萬古千秋尚忠義　いついつまでも忠義を守らん

招安の詔勅《しょうちょく》を受けた梁山泊軍の威容《いよう》を述べ、朝廷を寿《ことほ》ぐ詩である。招安とは朝廷が特別に罪を赦《ゆる》し、臣下として呼びよせること。謀叛人《むほんにん》集団とみなされていた梁山泊軍はついに官軍になったのであるが、その梁山泊総員一〇八人を「俠」と称している。

第一、第五の例は具体性を欠くが、のこる三例は「俠」の特徴に符合していることがおわかりいただけよう。同様の行為は『水滸伝』にあふれている。豪農の若旦那史進《ししん》は山賊と知り合って互いに人物を認め合い、官憲から彼らを守るために先祖代々の屋敷に火をつけてともに逃亡した。魯達《ろたつ》は、偶然出会った父娘が借金の空証文を押し付けられて理不尽な取り立てに責められていると聞いて怒り、相手のもとへ乗り込み、勢い余って殴り殺す。のちに官憲の追捕《ついぶ》を逃れるため出家して魯智深《ろちしん》と名乗る。みな「俠」なる行為と言えよう。こうした行為を描写する際によく使われることばに「義」がある。いま「俠」と「義」との関係を分析する紙幅の余裕はないが、両者が表す思想や行為には重複するところが多い。そして「義」は『水滸伝』に四〇〇以上用例がある。『水滸伝』は「義」なる人物、「義」なる行為に満ちている。「俠」という語こそ使わないが、『水滸伝』はやはり「俠」の活躍する物語だったのである。

しかし、だからといって武松、魯智深、史進らをもってすんなり『水滸伝』の「俠」の代表とするのには二の足を踏まざるを得ない。なんとなれば、彼らは『水滸伝』という物語を担う人物ではないからである。

『水滸伝』にやってきた「俠」たち

先に『水滸伝』はさまざまな材料をとりこんでできたと述べた。武松、魯智深はその例である。『水滸伝』の代表的人物としてテレビドラマやマンガなどでも大活躍する彼らは、『水滸伝』ができる以前から個人で活躍する物語が伝えられていたと多くの研究者が考えている。『水滸伝』に入れるために手を加えられはしただろうが、人物像や武勇伝の主要なところは原材料から引き継いでいると思われる。もちろん『水滸伝』の編纂者は彼らを「俠」であると認めたからこそとりこんだのだろうが、あくまで「俠」を探してきて『水滸伝』に招き入れたのであり、『水滸伝』のために生み出された「俠」ではない。だから、というのもおかしいが、彼らは「梁山泊の侠」であることに対しては意外に冷淡なところがある。

梁山泊には自ら堅気《かたぎ》の世界を飛び出してきたものが数多いる。朝廷、役人、法の支配といったものとはたいへん折り合いが悪い。一方宋江は天下の豪傑と交際するのを楽しみとしながらも、自らは朝廷支配体制末端の小役人として生涯を全うすることを望んでいた。しかし、人を殺して指名手配となり、のちに捕縛され、さらには刑に服している間に酔って吟じた詩の内容が原因で国家に謀《む》叛《ほん》を企んだ罪が加わり、死罪が決まる。ところが彼を慕う豪傑たちによって処刑場から救い出され、晁蓋のいる梁山泊へ逃げ込むことができた。晁蓋の死後は堂々たる梁山泊の総大将である。ここまで罪を重ねてもなお宋江は、一時身を潜めているだけでいずれは赦しを得て皇帝の忠臣になるのだと公言している。一人でそうしたいというのではなく、招安を受けて梁山泊の全員でお仕えしたいというのである。梁山泊にはそんなことは望まぬもの、おもしろく思わぬものもいるのだが、みな宋江は義に厚い人格者と認めて敬意をささげ、首領として戴《いただ》いている。

さて、梁山泊に一〇八人の豪傑がそろい威容を誇っていたころ、全員集合しての宴の席で宋江は、招安を待ちわびているという歌を披露した。ここで武松の堪忍袋《かんにんぶくろ》の緒が切れた。「今日も招安がほしい、明日も招安がほしいと、俺たちをしらけさせる！」と公然と不満を爆発させる。魯智深も「招安なんてだめだ。それならおさらばだ。明日からそれぞれ生きる道を探そうや」と言い放つ。招安に反対するものは少なくないのだが、面前で痛罵《つうば》するものや、解散を訴えるものはそうはいない。

結局このときはなんとか分裂せずに収まった。朝廷内にも宋江らを毛嫌いする高官があり、招安はすんなりといかず、さまざまな悶着《もんちゃく》を経たのちようやく実現した。そして梁山泊軍は朝廷の命のまま北へ南へ転戦し、最後の遠征では一〇八人の三分の二を失いながら辛うじて勝利を収めた。

いざ都へ凱旋《がいせん》という帰途、一行は杭州の六和寺《りくわじ》に駐屯《ちゅうとん》した。ここで魯智深は豁然《かつぜん》として、かつて戒師《かいし》に授けられた偈《げ》がこの日ここで死ぬ運命を意味していたと悟る。そしてその夜、坐禅を組んだまま帰らぬ人となった。戦闘で片腕を失っていた武松も寺に残ることを望み、宋江のもとを辞した。この最期は読者に強い印象を残したと見え、虚構の人物であるにもかかわらず、現在、杭州六和塔には魯智深と武松の像が並んで立っている。

自らの意志で宋江に別れを告げた人物はほかにもいる。ひとつ例を挙げておこう。梁山泊水軍頭領の李俊《りしゅん》ら三名はもともと川で追剥《おいはぎ》をはたらいていたが、敬慕する宋江が殺されそうだと聞くや、ほかの豪傑たちと協力して処刑寸前の宋江を死の淵より救い、ともに梁山泊にのぼった。この三人も招安には反対で、計画が壊れるよう工作したこともある。そして南征が終わるや、奸臣《かんしん》に牛耳られた宋朝を見限り、新たな天地を求めて大海へ漕ぎ出して行った。

みなそれぞれに英雄の名にふさわしい潔《いさぎよ》い身の処し方ではある。しかし、このあと宋江が、彼を心よく思わぬ高官連中からどんな仕打ちを受けるかという時の離脱は、いかなるときも同志を見捨てないはずの「俠」の精神からすると少々いただけない。彼らは「個」の「俠」がかりそめに『水滸伝』の世界に身を置いていただけであり、その最期は「個」として選び取ったのである。

『水滸伝』のための「俠」

されば『水滸伝』ならではの「俠」はどこにあるのか。次のセリフをご覧いただきたい。物語中の人物が他のある人物を評している。

愚かで礼儀をわきまえぬとはいえ、すこしはよいところもございます。第一に、正直で人のものを奪いません。第二に、人におもねらず、そのひたむきな心は死すとも変わりません。第三に、淫欲な心も曲がった心もなく、利益のために義に背くことなく、勇敢にまっさきに飛び出していきます。
（第五十三回）

まさしく「俠」ではないか。この人物は李逵《りき》という。単純で直情的で、なんでも暴力にものを言わせて突き進む無法者である。その李逵を宋江は高く評価する。はじめて会ったとき宋江は「正直な男だ」とほめている。李逵も「宋の兄貴は評判通りほんとにいい人だ。すぐに俺の性格をわかってくれる。この

処刑場で暴れる李逵（『水滸伝』100巻、京都大学貴重資料デジタルアーカイブ、京都大学附属図書館蔵）

人と兄弟になれたのは間違いじゃなかった」と心酔する。その後宋江が処刑されそうになったときにはまっさきに刑場に飛び込み役人らをなぎ倒し、宋江を背負って走った。その後、他の豪傑たちとともに宋江を守って梁山泊へ上る。

李逵は社会のルールに縛られない梁山泊での生き方が好きである。正直な男であるから、招安の方針に真っ向から逆らい宋江に叱責される場面も多い。武松や魯智深が反発した先の場面、李逵もまた「招安招安、どんなクソ安を招くってんだ!」と激しく反抗し、机を蹴り飛ばして粉々にする。宋江は怒り、引っ立てて斬れと命じた。牢に押し込められる際李逵は「兄貴が俺を切り刻もうが殺そうが恨みゃあしねえ」と言う。方針に不満はあっても宋江に管理されることに不服はないのである。結局宋江は考え直し、李逵は赦《ゆる》された。招安後、梁山泊軍は北へ遠征し勝利を収めたが、彼らの出世を面白く思わぬ高官の妨害でさしたる行賞もない。これには国家に忠誠を誓う宋江もつい愚《ぐ》痴《ち》をこぼした。そこへ李逵が口をはさむ。「兄貴はほんとに考えなしだね。梁山泊にいたときにゃなんの悩みもなかったのに今日も招安、明日も招安。いざ招安されてみたら悩んでばかり。兄弟を連れてもういっぺん梁山泊へ行ったほうが愉快じゃないか」。宋江は一喝《いっかつ》したが、李逵はさらに「俺の言うことを聞かなきゃまたバカにされるぜ」と予言めいたことを言う。

つづく南方遠征から凱旋《がいせん》すると残ったわずかな面々はようやく官職を賜り、それぞれ任地についた。なお宋江を憎む高官は、宋江への恩賜《おんし》の酒に遅効性《ちこうせい》の毒を盛った。宋江は酒を飲んでからそのことに気づき、急いで李逵を、相談があると言って呼び寄せ、酒をすすめた。李逵は知らずに酒を飲みつつ、高官に命を狙われながら朝廷に仕えるより今一度旗揚げして梁山泊に戻ろうと言う。李逵の考えは終始変わることがなかった。一方で国家に背くまいという宋江の意志も変わらない。宋江は李逵に、すでに毒酒を飲ませていたことを明かし、自分の死後仇討ちの謀叛《むほん》を起こされては困るから二人ながらに死のうと告げる。見ようによってはなかなかにひどい。しかし李逵はこの一見理不尽な仕打ちを、暴れることもわめくこともなく受け入れ、涙を流して言う。「もういい。生きているとき兄貴につかえ、死んでもやっぱり兄貴の手下の亡霊になるだけだ」。そして任地へ戻り、宋江とひとつところに葬るよう部下に言いつけてから死んだ。「殺されたって恨みゃしない」が現実になったのである。李逵は結局好きな生き方もできず、大嫌いな朝廷のために死んだ。しかしそれがなんだというのか。「侠」らしく最期まで主張を変えることなく、また「侠」らしく、信じた人物に最後まで従うことができた。信念を貫き通した李逵に悔いはないのである。

呉用《ごよう》と花栄《かえい》も宋江に運命をあずけた梁山泊の頭領である。二人は宋江の死を知るや墓前に駆けつけ、自害して果てた。ここで少し物語外部の話をすると、李逵も呉用も花栄も、『水滸伝』完成前には個人の物語をもっていなかったようである。彼らは『水滸伝』ができるとき、その内容に合わせて人物像やエピソードが整えられたと多くの学者は考えている。つまり、編纂した人が、梁山泊の人物としての侠とはこういうものだ、と考えていた

李逵に毒入りの酒を飲ませる宋江（東京大学総合図書館蔵）

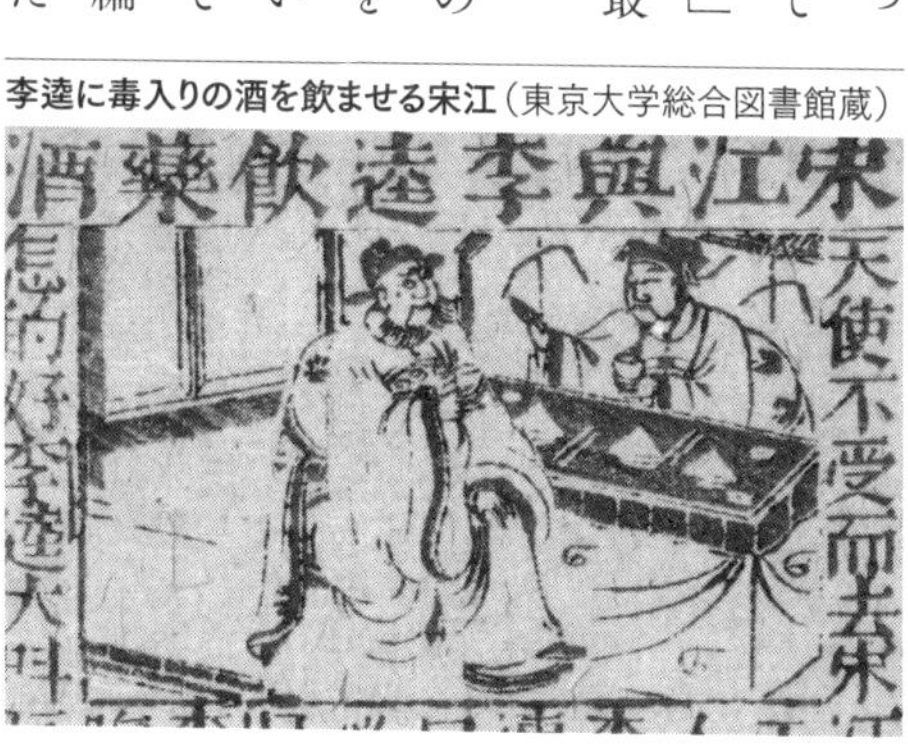

可能性が高い。なかでも李逵には多くの場面が与えられており、特に力を入れて描写されたと思《おぼ》しい。

「招安」は後世議論の激しいテーマである。「招安」は失敗だと難じる説も少なくない。豪傑たちが思いのまま活躍している部分は描写も生き生きしているのに、招安後は精彩を欠くと文章表現の面から批判する説、支配者の規則に縛られず暴れまわる爽快感が肝のはずが、一転朝廷に服属して唯々諾々《いいだくだく》と従い滅んでいくのは受け入れがたいと、物語のテーマや構成に矛盾があるとする説、腐敗した支配層を敵視し、手痛いしっぺ返しを喰《くら》わしてきた英雄たちを手なづけて朝廷に売り込み、活躍の場を奪った宋江は『水滸伝』を壊した悪人であるという説が唱えられたこともあった。「招安」以降をばっさり切り捨てた『水滸伝』が作られ、広く読まれた時期もあった。

もっともその気持ちはわからないでもない。信念さえあれば何物も恐れぬ豪傑の「寄らば斬る」とばかりの胸のすく活躍を楽しんでいた読者は、不満を抱えつつ宋江の導くままに従う終盤の展開に「なぜここでもうひと暴れしないのか?」と肩透かしを食った気分にもなろう。豪傑同士の友情も美しいが、納得いかぬことがあればきっぱり「俺は俺の道を行く!」と言ってほしい。武松や魯智深は本来そういう人物だったのであり、長く広く支持を受けてきた英雄は『水滸伝』に取り込まれようが梁山泊に入ろうが、最終的には編纂者のコントロールを脱して本来の我が道を行くことができた。

一方、李逵をはじめ『水滸伝』のために生を受けた豪傑は最期まで「梁山泊の侠」の理念のもとに生きた。型破りな豪傑が集まれば生き方にずれがあるのは当然である。集団で「侠」を全うするには己《おのれ》個人よりも同志に寄りそうことを優先する者がいなければならない。それはそれで信念を貫く行為である。むしろ一個の都合で仲間を見放すことこそ、俠の風上にも置けぬ行為とも言えよう。しかし「宋江に従い続ける信念」は、「個の俠」の信念と比べて傍からはわかりにくく、己の意志を捨てたようにも、節を曲げて国家に隷属《れいぞく》したようにも見えてしまう。集団を前提とした俠は時に権力の犬のようにもなり得るのである。

一匹狼の俠のほうがさっぱりして自由でよいという考えもあるだろう。事実、独行の俠の逸話は枚挙に暇なく、無数の人々に支持されてきた。

しかし『水滸伝』は「俠」に集団行動をさせんとした物語なのである。その意味では、権力の犬と呼ばれる恐れがあろうが、外野の声など意に介さず、かつての己を殺し、信じた人物への「俠」を貫いた李逵こそが『水滸伝』の「俠」の代表例ではないかと思うのだが、読者諸賢はいかがお感じだろうか。

⊙参考図書

高島俊男『水滸伝の世界』(大修館書店、一九八七年)
宮崎市定『水滸伝　虚構のなかの史実』(「中公文庫」、一九九三年)
高島俊男『水滸伝人物事典』(講談社、一九九九年)
小松謙『四大奇書の研究』(汲古書院、二〇一〇年)
松村昂、小松謙『図解雑学　水滸伝』(ナツメ社、二〇一六年)

小説の主人公となった
儒者提督

王陽明

…おうようめい…

林 文孝

王陽明《おうようめい》（一四七二―一五二八。日付ベースだと没年は一五二九）、名は守仁《しゅじん》、字《あざな》は伯安《はくあん》、浙江余姚《せっこうよよう》の人。明代の思想家・政治家。思想家としては、近世儒教《じゅきょう》思想史で「朱子学《しゅしがく》」と並び称される「陽明学」の開祖として知られ、その主張は「心即理《しんそくり》」、「知行合一《ちこうごういつ》」、「致良知《ちりょうち》」といった標語にまとめられる。政治家としても数々の功績を挙げ、とくに反乱鎮圧の軍功により「新建伯」の爵位《しゃくい》まで贈られた。しかし、存在感を増せば増すほどそれを快く思わない人々からの批判も強まり、その影響は後世にまで及ぶ。ここでは、そうした毀誉褒貶《きよほうへん》にもつながるような王陽明の行動原理を、その実像というよりは、人々の想像力を介して受容された人物像から読み取ってみたい。手掛かりは、馮夢龍《ふうぼうりょう》（一五七四―一六四六）作の小説『皇明大儒王陽明先生出身靖乱録《せいらんろく》』（以下『靖乱録』）である。

なぜ小説の主人公になれたのか

思想家は小説の主人公には向かない。とりわけ、「小説」の意味するものが内面に価値を置く近代的な「小説」ではなく、筋書きの面白さを重視する中国伝統文学としての「小説」であるならばなおさらだ。たとえば、王陽明が克服の対象とした朱子学の創始者、朱熹《しゅき》（一一三〇―一二〇〇）ならどうか。朱熹は科挙《かきょ》官僚だったが、その生涯のほとんどは教育と著述に費やされ、物語としての波乱万丈さは期待できない。

これに対して、王陽明も科挙官僚だが、その人生は物語的見せ場に事欠かない。華々しい軍功を挙げた点では、歴史上稀有《けう》の存在ですらある。そして、キャラクター的にも、中国伝統小説の主人公に適していた節がある。それが「侠」への親近性である。王陽明の思想的盟友、湛若水《たんじゃくすい》（一四六六―一五六〇、号は甘泉《かんせん》）は、「陽明先生墓誌銘」の中にこのような概括を記す。

> 最初は任侠の習に溺《おぼ》れ、次には騎射《きしゃ》の習に溺れ、三つ目には辞章（文学的修辞）の習に溺れ、四つ目には神仙《しんせん》の習に溺れ、五つ目には仏教の習に溺れ、正徳《せいとく》元年（一五〇六、陽明三五歳）になって、やっと聖賢《せいけん》の学という正道に立ち戻った。

いわゆる「五溺《でき》」の最初が「任侠」なのだ。任侠に惹かれる性向は、その後の王陽明の人生をも彩っているのではなかろうか。そうであれば、『水滸伝《すいこでん》』などで「侠」を描いてきた中国伝統小説にとって、王陽明という人物は主人公に収ま

王陽明の肖像（個人蔵）　Alamy提供

りやすいはずだ。

実際に王陽明を主人公として書かれたのが、既述の『靖乱録』である。馮夢龍は『喩世明言《ゆせいめいげん》』などの「三言《さんげん》」といわれる短編小説集を作るなど、文人・出版人として活躍した。『靖乱録』は『三教偶拈《さんきょうぐうねん》』という儒・仏・道三教それぞれの代表的人物を描いた作品集の第一巻であるが、仏教代表の済顛禅師《せいてんぜんじ》（道済《どうさい》）、道教代表の許旌陽《きょせいよう》の物語がほとんど先行作品のコピーであるのに対し、『靖乱録』は馮自身の作である。『三教偶拈』は日本に伝わった本だけが後世に残り、『靖乱録』だけが和刻本『王陽明出身靖乱録』として流行した。

馮が材料としたのは、銭徳洪《せんとくこう》（一四九六―一五八三）が完成させた『陽明先生年譜』（以下『年譜』）である。その編纂《へんさん》過程には銭以外にも多くの陽明門人がかかわった。ところが、近年の研究によれば、『年譜』にはかなりの誤脱や歪曲《わいきょく》があり、陽明自身の作り話までも含まれる（束景南《そくけいなん》『王陽明年譜長編』など）。つまり、門人たちの間で、あるいは王陽明自身の語りにおいて、その生涯の神話化は早くも始まっていた。本章の関心事は、そうした神話化・小説化のプリズムにより増幅された王陽明の精神のありようである。

『靖乱録』の構成

中田勝《なかたまさる》は和刻本『靖乱録』を次のように分段する（細目は略）。

一、陽明学は孔子学の正伝にして、「致良知」を家法とする

二、父の逸話《いつわ》と奇話、並びに王陽明の誕生と幼年時代の逸話
三、少年時代の王陽明の逸話と勉学の有様
四、王陽明の孝心と聖学に立ち返るまでの諸学考究の有様
五、王陽明、宦官劉瑾《かんがんりゅうきん》の逆鱗《げきりん》に触れて、龍場駅《りゅうじょうえき》へ流される
六、四六歳、横水《おうすい》・桶岡《とうこう》、浰頭《れんとう》の諸賊平定と治政
七、賊首池仲容《ぞくしゅちちゅうよう》を誅殺《ちゅうさつ》、その後の治政と講学
八、宸濠《しんごう》の乱平定における王陽明の知謀《ちぼう》と人々の忠心
九、王陽明、武宗《ぶそう》皇帝側近の策謀に苦しむも悠然《ゆうぜん》と講学
十、陽明学への嫉視《しっし》と王陽明主従の講学
十一、王陽明、最後の軍旅と長逝《ちょうせい》、没後の孔子廟《こうしびょう》への従祀《じゅうし》

『年譜』と比べると、「最後の軍旅」広西の諸賊平定がごく簡単に済まされている。ただ、その間、梧州《ごしゅう》にある漢の馬援《ばえん》(伏波《ふくは》将軍)の廟に参詣して詩を作ったことが特記され、「三」に記される十五歳時の夢との照応が小説を貫く軸となっている。すなわち、王陽明の軍事的・政治的閲歴《えつれき》を小説の経《たて》糸《いと》とし、その節々に「諸学考究」や「講学」といった思想的側面を織り込んで、孔子廟従祀という儒者最高の栄誉で締めくくるという全体構成である。後ほど、三つの山場に分けて簡単に紹介しよう。

王陽明の生い立ちと任侠

まずは王陽明の生い立ちおよび任侠とのかかわりについて触れておく。

王陽明の父、華《か》は科挙で首席合格し、南京吏部尚書に至った。父の任地の関係で、陽明は少年時代、郷里余姚以外にも転々としていた。任侠や騎射に溺れたのも十一歳の頃北京でのこととされる（東景南説）。父が任官し、北京の長安街に住んでいたのである。こうした惑溺《わくでき》は『靖乱録』でのその年頃の記述にはないが、そのかわり、当意即妙《とういそくみょう》の詩才を発揮したことや、戦争ごっこに熱中したエピソードなどがつづられる。機知に富み外向的・行動的な王陽明像は『靖乱録』に一貫しており、「五溺」は王陽明の実像と小説との連続面を示すものといえる。伏波将軍廟の夢を見た十五歳の頃も、北京北郊の居庸《きょよう》三関を実地に見、対外防衛への志をかきたてていた。こうした志向が、さらに後年の兵法研究にもつながっていくのであろう。

思想研究の世界では有名だが『靖乱録』が採らないエピソードとしては、竹の格物《かくぶつ》が挙げられる。聖人の道への志を立て、朱子学による「格物致知《かくぶつちち》」（物の理に窮《きわ》め至ること）を試み、庭の竹の理を把握しようと七日間心神をすり減らしたあげく挫折《ざせつ》した話だ。伝記研究では十五、六歳ごろの話とされる。これなど、読書を格物の手段とする朱子学からすれば無茶な話だが、小説の描く行動的性格との連続性が感じられるだろう。陽明の科挙合格は二八歳のときだが、道教や詩文などへの惑溺は続き、兵法には一貫して関心をもっていた。

なお、王華は王羲之《おうぎし》の末裔《まつえい》を自負し、そのゆかりの地、紹興《しょうこう》を愛した。陽明が二六歳のとき、一家ともども移り住んでいる。「陽明」という号は、紹興東南の会稽山《かいけいさん》にある陽明洞(『靖乱録』が余姚近傍の四明《しめい》山中とするのは誤り)にて修行や講学を行ったことに因《ちな》む。

劉瑾批判と龍場への左遷

王陽明が湛若水と出会い、後年「正道に立ち戻った」と評される時期、皇帝は孝宗《こうそう》から武宗《ぶそう》(朱厚照《しゅこうしょう》、在位一五〇五―二一)へと代替わりし、年号も弘治《こうち》から正徳となった。武宗は明の皇帝中有数の享楽家であり、皇太子時代以来の側近、宦官劉瑾(一四五一―一五一〇)に皇帝としての意思決定を丸投げした。この劉瑾がまた希代の権力欲の権化なのであった。

一五〇六(正徳元)年、内閣大学士劉健《りゅうけん》らが武宗に劉瑾ら八人の宦官(「八虎」と称された)の排除を求めたが、かえって劉瑾らの巻き返しが成功を収めた。位を去る劉健らの慰留《いりゅう》を求めて上疏《じょうそ》した人々は反劉瑾派と目されて逮捕され、宮中での私刑である廷杖《ていじょう》を加えられた。言論により政治をチェックする言官の一つ、南京戸科給事中の職にあった戴銑《たいせん》もその一人で、廷杖の傷がもとで死亡したという。同年十一月、王陽明は逮捕された戴銑、牧相《ぼくしょう》(王氏の姻戚《いんせき》)らを救うため、言官の言論は寛大に扱うべきことを上疏した。これがもとで王陽明も投獄され、やがて龍場駅(現、貴州省貴陽市修文県内)駅丞《えきじょう》としての赴任を命じられる。中央官僚から駅伝現場への降格であり、西南の絶境への流謫《るたく》であった。陽明の上疏は主に姻戚のためだったらしいが、『年譜』や『靖乱録』では正義を貫く陽明像が前面に出る。

このあと『靖乱録』はまことに小説的に展開する。龍場に赴く途次、杭州《こうしゅう》の寺で病を養っていたところ、劉瑾の放った刺客《しかく》二人に連れ出される。陽明は、その求めるままに入水《じゅすい》自殺をもって応じるが、それは見せかけで、小船に助けられてやがて福建《ふっけん》の北界に至った。兵士の尋問を受け、入水後に龍王から歓待を受けて送り届けられたと称しつつまた脱出。山中の寺で、二〇年前に陽明に養生術を授けた道者に再会する。彼から、このまま逃げることは親を窮地に陥れるとの戒めを受け、武夷山《ぶいさん》に遊び、南京で父との再会を果たして後、龍場に赴いた。

龍場は亜熱帯気候の山岳地帯にあり、習俗言語の異なる現地人（苗族《びょうぞく》）に囲まれた環境であったが、やがて現地人の信頼を得て書院を構えた。そして、この患難《かんなん》に古《いにしえ》の聖人ならばどう処するかと自省するうち、夢に孟子《もうし》が現れて「良知」（生まれながらにもつ道徳的判断力）の教えを説いたところ「豁然《かつぜん》として大悟《たいご》」した。思想史上有名な「龍場の大悟」である。一五〇九（正徳四）年、陽明三七歳のときのことである。

ただし、束景南の見解では、前段は大部分が虚構である。事実は、流謫を嫌って狂言自殺を試み、武夷山への隠居を図ったものの、断念して帰ってきただけであり、この遷延《せんえん》の口実として陽明自身が周囲の人に語っていたのが、刺客の話や、龍王からの歓待の話であった。

また、『靖乱録』では、龍場で早くも「致良知」説が悟られたことになるが、実際にここで悟られたのは「心即理」と「知行合一」である。前者は、「理は我が心に備わっている」とするもので、朱子学を（かつて試みた竹の格物のように）外物の理を探求するものとする理解を前提に、その格物説を批判した。

また、後者も、朱子学の教えを「知先行後」と捉《とら》えた上で、その克服を目指したものである。いずれも、朱子学理解としては問題があるが、思想界の定説を覆そうとするインパクトは十分であった。

横水等の諸賊平定

陽明は龍場駅に逼塞《ひっそく》していたわけではなく、貴州の中心都市貴陽《きよう》と行き来し、官僚らとの議論で自らの新説を説き始めた。一五一〇(正徳五)年、陽明は江西廬陵《ろりょう》県知県に起用される(『靖乱録』は劉瑾誅《ちゅう》殺《さつ》を受けての復権として描くが、知県昇任が先)。さらに南京、北京の官界に復帰していくのにともない、以前からの門人に加えて新たな入門者が急増し、これら両都や地元紹興でさかんに講学するようになった。

一五一六(正徳十一)年八月、陽明は「都察院左僉都《させんと》御史《ぎょし》、巡撫南贛汀漳等処《じゅんぶなんかんていしょうとうしょ》」に任命される。前半が監察官としての肩書、後半が職務内容である。明代の巡撫はまだ常設ではなく、指定された範囲に対する治安維持の役職であった。この場合、江西の南安府《なんあんふ》、贛州府《かんしゅうふ》、福建の汀州府《ていしゅうふ》、漳州府《しょうしゅうふ》等、「等」には広

王陽明の任地(上田信『中国の歴史09　海と帝国——明清時代』〔講談社、2005年〕より)

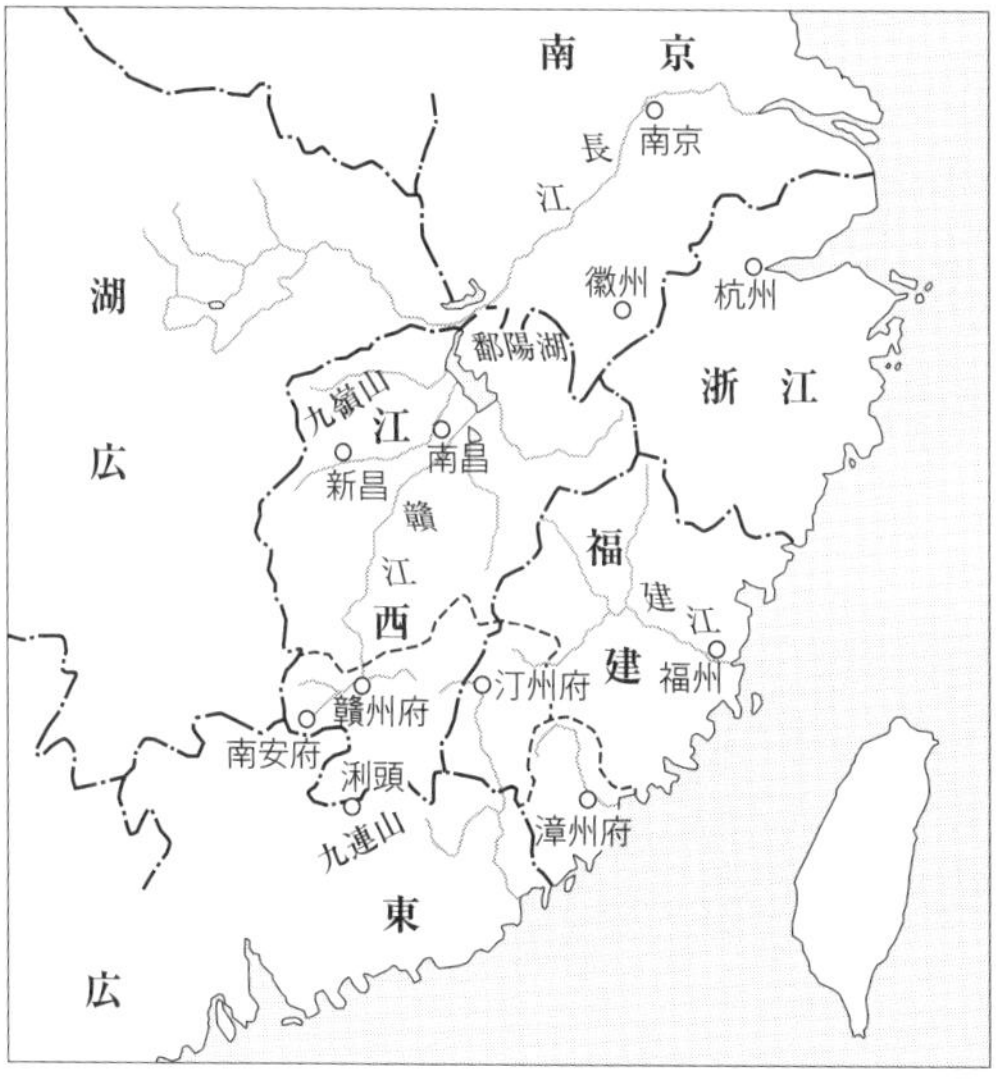

東の南雄府《なんゆうふ》や潮州府《ちょうしゅうふ》、湖広の郴州府《ちんしゅうふ》なども含まれる。つまり、四省が境界を接する山岳地帯となる。明代中期、戸を単位として税役を賦課《ふか》する里甲制《りこうせい》は崩壊し始め、流民が多発していた。官憲の手を逃れやすい省境山岳地帯に流入した人々は、旧来の住民との衝突をも引き起こし「盗賊」として問題視された。陽明の任地も、朝廷にとっては懸案の場所であった。

陽明は翌年正月に贛州に着任すると、まず、民と賊との内通を遮断《しゃだん》するため、住民の相互監視システムである十家牌法《じっかはいほう》（保甲法《ほこうほう》）を施行した。また、賊とならざるを得なかった苦衷に理解を示しつつ賊の帰順と住民の寛容を呼びかける告諭《こくゆ》をたびたび発し、民心の収攬《しゅうらん》に努めた。そして、たちまち福建方面の平定に成功すると、七月、巡撫から提督軍務に職務が改められ、現場裁量権を得た。

このあと、陽明の兵法はますます冴《さ》える。相互に連係する盗賊の諸拠点の代表が横水《おうすい》（江西）、桶岡《とうこう》（江西と湖広の境）と浰頭《れんとう》（広東）であったが、まず浰頭に告諭を発して関係を良好にしておき、桶岡を総攻撃すると見せて横水を急襲した。これで破竹の勢いを得、一ヶ月余りで横水、桶岡を平定する。そして、明くる一五一八（正徳十三）年、浰頭の賊首池仲容《ちちゅうよう》らを年賀の褒賞《ほうしょう》にかこつけて捕縛《ほばく》・誅殺してのち数日間で拠点を破り、三月までの間に残党をも平らげた。事後処理や秩序回復にも陽明は成果を上げた。一五一九（正徳十四）年に施行した郷約《きょうやく》（「南贛《なんかん》郷約」）は、住民が定例集会を開いて勧善懲悪の表彰を行うものであり、住民自身の道徳性発揮が秩序維持の鍵として期待されている。郷約や保甲への住民参加は、地域社会の秩序化の有効なモデルとして明末にかけて広まった。

軍務や民政のかたわら、講学等の思想的活動もたゆまず続けられた。在来の朱子学を朱子自身の旧説と見なす『朱子晩年定論』の出版、陽明の語録『伝習録』の初刻、いずれも一五一八(正徳十三)年のことである。また、束景南によれば翌一九(正徳十四)年には「致良知」説に到達したという(『年譜』にいう正徳十六年よりも早いのは確実)。

宸濠の乱平定

『靖乱録』の次の山場は、時間も場所も間を置かずに訪れる。一五一九(正徳十四)年、明の皇族の一人、寧王朱宸濠《ねいおうしゅしんごう》(?—一五二〇)が反乱を起こし、王陽明が鎮圧したという話である。

寧王府は江西の南昌《なんしょう》にあり、贛州への赴任の途次、陽明も年賀に訪れた。王家の初代は太祖《たいそ》洪《こう》武帝《ぶてい》(朱元璋《しゅげんしょう》)の第十七子権《けん》であり、成祖永楽帝《せいそえいらくてい》のときに南昌に移封された。『靖乱録』は宸濠の軽薄横暴ぶり、子のいない武宗のあとに我が子を帝位に据える野望を抱いて工作活動をしていたことなどを記す。宸濠は配下となる人材を求め、陽明にも白羽の矢を立てたが、陽明は危険を察知していたものと思われる。

一五一九(正徳十四)年六月十三日、宸濠は自らの陰謀《いんぼう》が武宗に露見したとの急報を受ける。折しも自身の誕生日で多くの地方官が祝賀に訪れていたため、急遽《きゅうきょ》彼らを監禁して服従を強いた。翌日挙兵して九江《きゅうこう》、南康を陥落させ、長江沿いの要衝安慶《ようしょうあんけい》を攻囲。七月一日には宸濠自身が安慶に進発した。王陽明は軍事出動中だったため王府への監禁を免れ、江西吉安《きっあん》で知府伍文定《ごぶんてい》らと討伐準備をするとともに、朝廷に寧王謀反《むほん》を報告した。この後『靖乱録』では、陽明が病(結核が持病だった)

を抱えながらも虚実自在な用兵で宸濠を追い詰めるさまが活写される。七月十三日に吉安を発した討伐軍は、安慶でなく南昌に向かう。急ぎ引き返した反乱軍と鄱陽湖《はようこ》で戦闘を繰り広げた末、二六日、火攻めにより相手艦隊を壊滅させた。宸濠をたびたび諫《いさ》めた賢妃婁氏《ろうし》は入水、死にきれず捕獲された宸濠は、婁氏の埋葬を陽明に託した。

平定は迅速《じんそく》だったが、事後処理は難物であった。『靖乱録』によって記せば、宸濠挙兵の報に接し、朝廷からは征討軍が派遣されたが、王陽明から早々に戦勝報告があったため、征討軍を率いる諸高官はその功績を奪おうと武宗の親征を唆《そそのか》した。軽薄な武宗は大喜びでその提案に乗る。賊徒を北京に護送する途上の陽明のもとに、宸濠を鄱陽湖に放ち皇帝の手で捕縛させよとの命令が届く。陽明はいったんは拒否するものの、征討軍で唯一の陽明の理解者であった宦官張永《ちょうえい》の説得に応じ、杭州で賊徒を引き渡した。諸高官は事あるごとに陽明を陥れようとしたが、そのつど張永の取りなしで事なきを得た。最終的には、南京滞在中の武宗に改めて戦勝報告を送ることとし、諸高官の名を列挙して功績を譲る度量を見せた(一五二〇〔正徳十五〕年七月)。武宗は賊徒を捕獲した格好で北に帰り、宸濠らを刑に処した。

これ以後、陽明の講学はますます盛んになるが、『靖乱録』では後日談的な扱いに止まる。最後の出征に赴く前夜、師説の解釈が相違する銭徳洪《せんとくこう》と王畿《おうき》(一四九八—一五八三、号は龍渓《りゅうけい》)の二人から解決を求められた陽明は、紹興の邸内の天泉橋《てんせんきょう》でこれに答えた(天泉橋問答)。「無善無悪」(既存の善悪観念にとらわれないこと)を心の本体の問題にとどめるのが銭、あらゆる実践を貫く基本とするのが王畿だが、陽明は両説を資質に応じた説き方とした。この答えの曖昧《あいまい》さにも起因して陽明学が分裂の様相を呈したのは思想史上有名だが、『靖乱録』は一切触れない。『靖乱録』の描く王陽明とは、乱を平定し民の苦難を救うという実功において儒教の真価を示し、それゆえに孔子廟に祀られるに至った存在なのである。

「万物一体の仁」と「侠」

民の苦難を救うとは、広い意味での「侠」の精神といえるだろう。陽明の思想のなかでは「万物一体の仁」と表現されるものにつながる。そしてそれは、朋友との信義関係を貫くという本来の「侠」の精神とも通底しているらしい。島田虔次《しまだけんじ》は、陽明後学に李卓吾《りたくご》(一五二七―一六〇二)などに至る「侠」の系譜が出現することを指摘し、その系譜を清末の譚嗣同《たんしどう》(本書「譚嗣同」参照)にまで及ぼす。陽明思想への共鳴のしかたにある種の同型性が認められるのはたしかだろう。

陽明の「万物一体の仁」を典型的に表現したものとしては、一五二六(嘉靖《かせい》五)年、聶豹《じょうひょう》(一四八七―一五六三)に宛てた手紙が有名である。彼はそこで、天下に狂を病む人がいる限り自分もまた狂を病まざるをえないことの先例を、周囲の無理解にもかかわらず道の実現に汲々《きゅうきゅう》とした孔子に求める。孔子はなぜそうだったのか。「それは、彼の、天地万物を一体と見る仁の心が、痛みとして身に迫り、やめたくともやめられない事情があったからなのです」。そして、良知の学を明らかにし、人々が平和に共存する「大同」の理想を実現するには、豪傑《ごうけつ》同志の士の助力が必要だとして、聶豹こそその人だと懇望するのである(『伝習録』中「答聶文蔚」)。
聶豹の学風は陽明学のなかでも静的なものだったが、心の活動性を強調する左派的立場を代表するのが王畿である。彼の入門事情について、のちに李卓吾が語った話が伝わる。

王龍渓《おうりゅうけい》は若いころ任侠で、毎日酒場や賭場《とば》に入り浸っていた。王陽明は偶然見かけて気になり、こいつは大した器量だとわかった。しかし、龍渓のほうでは良知を講ずるやつなんか大嫌いで、絶対に会おうとはしなかった。陽明はそこで毎日弟子たちと双六《すごろく》し投壺《とうこ》し酒を飲んだ。龍渓が笑って言った。「お前らは講学なんかしてるかったるい儒者だろ。どうしてこんなことをするんだ」。答えた弟子が言うには「私はここで毎日こうしてます。王先生がご在宅でもそうです。かったるいなんてことはありません」。龍渓は驚いて陽明に会見を求めた。陽明が会うや否や、龍渓は頭を下げて拝礼した。

(袁中道「柞林紀譚」)

明らかに誇張された話なのに、じつに興味深い。なぜなら、「任侠」王龍渓を誘うために計をめぐらす陽明の姿が、陽明自身が接した盗賊の態度と共通しているからだ。
一五一七(正徳十二)年、横水の賊巣《ぞくそう》を陥落させた後、首領謝志珊《しゃしさん》への尋問で陽明が「お前はどうしてこんなにたくさんの仲間を得られたのか」と問うと、謝の答え「ふだんから、立派な奴だと思ったら決してそのままに捨て置かず、あの手この手で誘い寄せ、酒を存分に飲ませたり、危急を救ってやったりして、こちらを慕ってくれるようになってから本当のところを打ち明けると、例外なく応じてくれた」。これを受けて陽明は門人に「我々儒者が生きていく中で朋友の裨益《ひえき》を求めるのも、これと何の違いもない」と語った(『年譜』。『靖乱録』もこれを敷衍《ふえん》して用いる)。盗賊にも儒者にも共通する人間関係の基本があるのだ。陽明学では、聖人とは無理な努力を要するものではなく、本来は誰もが聖人だとする。その観点から見れば、盗賊どうしを結び付ける侠の精神もまた聖人性の発露なのであった。

⦿参考文献
間野潜龍『朱子と王陽明――新儒学と大学の理念』(「新・人と歴史拡大版」清水書院、二〇一八年)
中田勝訳注『王陽明靖乱録』(「中国古典新書続編」明徳出版社、一九八八年)
束景南『王陽明年譜長編』(上海古籍出版社、二〇一七年)
島田虔次『中国思想史の研究』(京都大学学術出版会、二〇〇二年)

明朝と対峙した海の侠者

王直

…おうちょく…

上田 信

王直《おうちょく》(?—一五六〇)は、種子島《たねがしま》に鉄砲を伝えたとされる海商。本名は王鋥《おうとう》。明清時代の商人グループの出身地・徽州《きしゅう》で生まれ、民間貿易を認めない明朝の海禁《かいきん》を破り、中国と東南アジア・日本とを結ぶ交易を展開する。明朝の取り締まりに対抗するため、拠点を中国から日本の長崎県の平戸《ひらど》と福江島《ふくえじま》に移し、火薬の原料の硝石《しょうせき》などを扱い、西日本の領主層とも関係を結ぶ。明朝からは倭寇《わこう》の頭目《とうもく》と見なされ、懸賞金が掛かる。

明朝のなかにも海禁を解くべきだという意見もあり、王直もその可能性に賭《か》けて、倭寇対策に当たっていた胡宗憲《こそうけん》(一五一二—六五)の軍門に降《くだ》るが、裏切られて斬首される。しかし、時流は王直のヴィジョンに沿って進み、彼の死後七年後の一五六七年に海禁は緩和される。

世界史のなかの王直

王直は倭寇の頭目か、あるいは海商のリーダーか、議論がある。その評価について、中国史と日本史の枠組みのなかで論じていては、埒《らち》があかない。中国においては正史に海寇《かいこう》として記載されており、そのレッテルを拭い去ることは容易ではない。一方、日本においては、鉄砲を伝え、日中間の交易を開こうとした英傑《えいけつ》だという見方が一般化しつつある。高校教科書のなかで採択率の高い山川出版社『詳説世界史』にその名が登場するほど、その評価は高まっている。このように正と負との両極端に分かれる評価を止揚《しよう》するためには、東アジア史よりも広い枠組みのなかで論じる必要があるだろう。

ヨーロッパ史において、一六五〇年ごろから一七二〇年までの時期を「海賊の黄金時代」とする認識がある。このイメージは、アメリカ大陸で得た富を満載したスペイン艦船を標的としたバッカニアと呼ばれる海賊に由来する。ディズニー映画シリーズ『パイレーツ・オブ・カリビアン』が、そのイメージから派生していることは、いうまでもない。

海賊が華やかに活動した時代に先立つ十六世紀は、義賊《ぎぞく》（バンディト）の世紀であったとされる。これはイギリスの歴史家ホブズボームが提言した説で、十六世紀にロビンフッドが義賊として脚光を浴びるようになった理由を、農業から工業へと社会が移行する時代と関連付けて論じている。社会が激変するなかで、矛盾のしわ寄せを受けた民衆が、その怒りを権力者と戦うヒーローに仮託したものだという。さらに、アナール学派のブローデルは、その著作『地中海』において、盗賊による強奪行為は潜在的な農民暴動であり、窮乏《きゅうぼう》と人口過剰が生んだ息子である、と述べている。

また、近代世界システム論で歴史界を風靡《ふうび》したウォーラーステインは、ヨーロッパで近代的な領域国家に先立つ近世国家が形成されるなかで、国王の廷臣《ていしん》への道が塞がれた伝統的貴族層から義賊が生まれたとし、貧困層が義賊イメージを創出したというホブズボームなどの説を否定しつつ、近世国家が義賊を生み出したとする。

いずれにせよ十六世紀は、「海の義賊」の時代でもあった。その一例が地中海のアドリア海域で活動したウスコクと呼ばれる海賊で、現在はクロアティアに位置する港市セーニを拠点に、オスマン帝国やヴェネツィアの商船を襲ったり、アドリア海沿岸を荒らし回ったりした。また、大国間のオーストリアやクロアティアの軍勢に加わることもあった。ウスコクは海の義賊として、美化される。

十六世紀の海の義賊の時代から十七世紀の海賊の黄金時代への橋渡し役を担ったのが、私掠船《しりゃくせん》ということになる。私掠船とは、他国船拿捕《だほ》免許状を国家から与えられた民間の艦船を指す。エリザベス一世治下のイングランドと結びついたドレークの私掠船が、スペインの艦船やカリブ海沿岸のスペイン領を襲撃したことが、広く知られている。近世国家は海の義賊を私掠船として取り込むことで、海上の勢力を取り込むことができた。そこから漏《も》れ落ちた海の義賊たちは、十七世紀後半以降、ドレークのように海軍に編入されたり、近代国家が編制した海軍によって討伐《とうばつ》されたりして、歴史の表舞台からは姿を消すことになる。

ここであらためて焦点を東アジアに絞ってみよう。

王直はシナ海域で中国・日本と東南アジアとを結ぶ海上交易に従事し、中国のみならずポルトガルや日本を出身とする渡海者から信望を得ていた。義賊と評価できる条件を、十分に備えていたといえよう。明朝の官僚のなかでは、正規軍では取り締まることが困難な海上の警備に、王直の一派を充《あ》てようという動きも見られた。日本の大友宗麟《おおともそうりん》（一五三〇—八七）などの西国領主は、中国との交易を開始する糸口を得ようとして、王直との連携を深めていた。

義賊から国家の後ろ盾を得た「私掠船」の船主、さらに海軍の指揮官へと、転身する可能性を王直が帯びていたのである。王直自身も、その可能性を自覚していた。しかし、王直は明朝によって処刑され、東アジアはヨーロッパとは異なる経路をたどって、近世的国家を形成することになるのである。

禁令を犯す海商

王直の逮捕の状況を記した「擒獲《きんかく》王直」の一項は、次のような文章で始まる。

王直は〔徽州の〕歙県《きゅうけん》の人である。若い頃に落ちぶれたが、任侠の気概があり、壮健で知略に富み、よく施しをした。そのために人から信頼された。一時期、悪少（チンピラ）の葉宗満・徐惟学《じょいがく》・謝和・方廷助《ほうていじょ》などと付き合い、遊びまわっていたとき、相談して次のようにしようじゃないかと話がまとまった。

「中国は取り締まりが厳しく、うかうかしていると禁令に触れる。いっそのこと海外にでてのびのびとやってやろうじゃないか」と。

（『籌海《ちゅうかい》図編』巻九）

明朝は建国以来、民間人が貿易に従事することを厳禁していた。その理由は、政治的には朝貢《ちょうこう》メカニズムを維持するために、「互市《ごし》」と呼ばれる通商を、朝貢の枠組みに一元化しようとしたところに求められる。経済的には、元末《げんまつ》の混乱期に国内の遠隔地交易が瓦解したために、国家財政を貨幣に依らない現物の徴収と労働力の徴用を軸に編成したことが挙げられよう。この体制を維持するためには、外国との取り引きを制限する必要があったのである。

王直は徽州出身の青年の常として、商人としての路を歩み出したが失敗した。その性格はまさに任俠を体現し、野心を秘めた同郷の青年のあいだで一目置かれていた。そこで国家の禁令を犯して、海外との通商、明朝政権からみれば密貿易に従事することになった。「擒獲王直」は、続いて次のように記す。

嘉靖《かせい》十九年(一五四〇年)には海禁が緩んでいた。王直は葉宗満などと広東に赴き、巨艦を建造して、硝石・硫黄《いおう》・生糸《きいと》・綿織物などの輸出禁止物資を積んで、日本・シャム・西洋(インドシナ方面)などの国と往来して、互市をすること五・六年に及び、富を蓄えて大盤振る舞いするまでになった。島人(具体的には日本の五島などを指す)から大いに信服され、「五峰船主」と称するようになった。

亡命を集め、徐海・陳東・葉明などを将領とし、資産を傾けて倭酋《わしゅう》(日本の頭目)の門太郎次郎・四助・四郎などなどを引き寄せ、配下に置いた。また従弟の王汝賢《おうじょけん》、養子の王傲《おうごう》などを腹心とした。

(『籌海図編』巻九)

文中の「亡命」とは、戸籍から抜け出て世間を渡る人間という意味で、「無宿人」「渡世人《とせにん》」といったところ。

一五四〇年代には日本の石見《いわみ》銀山での銀の産出量が増大したことを背景にして、中国から日本への生糸・絹織物、さらに唐物《からもの》として珍重された諸物に対する需要が高まっていた。中国の海商たちは、寧波《ニンポー》の沖合に浮かぶ双嶼港《そうしょこう》に拠点を置き、ポルトガル商人も引き込みながら、取り引きを行っていた。

交易品のなかには、ポルトガル人がアジアに持ち込んだ鉄砲に使用する火薬の原料となる硝石・硫黄も含まれている。アジア海域における硝石の主要産地は、コウモリ洞窟《どうくつ》が点在するタイである。硝石は尿に含まれるアンモニアと塩が反応して、結晶化したもので、コウモリ洞窟が最適な条件を備えていたからである。硫黄の産地として、火山国の日本が注目された。王直が一五四三年に種子島に鉄砲をもたらしたとされる背景には、日本において火薬の需要を創出しようという、海商集団のしたたかな計算があったと想像される。

にわかに重要性が増した日本との交易ルートを開拓する役割を、王直は海商集団のなかで担った。この時期に寧波には、日本の使節が滞在していた。一五二三年に寧波で朝貢を巡り日本の大内氏と細川氏が乱闘するという事件が起きると、明朝の日本使節に対する制限は厳しくなっていた。寧波にいた使節は北京に赴くことができず、帰途につこうとしていたのである。王直はこの日本使節と接触し、一五四五年に日本に渡航したとされる。そしてこの年、博多《はかた》商人の日本人、名を「助才門」というものを含む三人が、王直に案内されて双嶼港を訪れる。これを契機に、中国と日本とのあいだの交易は、急速に発展することになった。

繁栄を遂げていた双嶼港に、突如、終焉《しゅうえん》が訪れる。一五四八年、浙江《せっこう》巡視都御史の朱紈《しゅかん》が軍隊を派遣し、双嶼港に拠る交易商人を掃討《そうとう》する挙に出たのである。この事件を契機に、海洋商人たちは明朝と敵対せざるを得なくなる。双嶼港を拠点としていた海商は王直のもとに結集し、舟山《しゅうざん》と大陸とのあいだに位置する烈港《れっこう》に新たな拠点をつくり、日本とのあいだの交易を続けた。王直は他の海洋の勢力を吸収しながら勢力を拡大し、東シナ海を制圧するにいたる。一五五三年に官軍により拠点の烈港を再び攻撃され、王直は中国沿海から退いた。

中国の沿岸を退いた王直は、どのように変化したのであろうか。

一つは海上活動の拠点を、中国の沿海部に置くことが危険であることを知り、明朝の官憲の手が届かない日本の沿海に居を定めたことである。五島の福江島および平戸が王直の根拠地となった。その地の領主も、王直配下の海商集団に交易の拠点を提供した。

もう一つの変化として、中国沿岸でにらみをきかせていた王直が退去したことで、交易よりも手っ取り早く略奪で富を得ようとする動きが激化したことが挙げられる。王直と袂《たもと》を分けた徐海の一派は、鹿児島に拠点を置き、日本の野武士を引き込んで、中国の浙江・江蘇《こうそ》を荒らし回った。これを中国の史書は、年号を冠して嘉靖大倭寇《かせいだいわこう》と呼ぶ。内陸の奥地まで、その被害は及んだ。王直にとって悲劇であったのは、こうした略奪の背後で、王直が糸を引いているとみなされたことであった。

胡宗憲の策略

明朝の官僚のなかに、王直を取り込むことで、倭寇を収束させようと考えていた人物がいた。王直と同郷の徽州出身の、胡宗憲である。彼は浙江と福建《ふっけん》の軍務を管轄する役職に就くと、有能な人材を幕友《ばくゆう》(顧問)に招き、情報を収集するとともに対策を練った。胡と王とは直接には面識がなかったとはいえ、同郷のよしみで徽州商人の気風を熟知しているため、王直が何を望んでいるか、見切ることができたと思われる。徽州出身者の人脈を介して、王直周辺の情報も伝わっていた可能性もあろう。

胡宗憲は王直を自らの軍門に招く方針を定めると、まず監獄に捕らえられていた王直の母親と息子を迎えて、丁重にもてなした。次いで、日本にいる王直のもとに、使節を派遣する準備を進めた。

日本派遣正使の白羽の矢があたったのは、寧波出身の蒋洲《しょうしゅう》という人物である。王直と親しかったため、疑いを掛けられて拘束されていたとされる。その人となりを記した黄宗羲《こうそうぎ》(一六一〇—九五)の「蒋洲伝」によれば、游侠《ゆうきょう》との付き合いを好み、管楽をたしなみ、平素から酒・歌を好み、投壺《とうこ》というギャンブルに余念がなかった。しかし、話し始めればその見識の高さ

倭寇討伐の軍船

明代に造られたもの。(『籌海図編』より)

がうかがわれ、終日人付き合いに飽きることがなかったため、各方面に広い人脈をもっていたという(『南雷文約』巻三)。

副使には、同じく寧波出身の陳可願《ちんかがん》が選ばれた。寧波は日本からの朝貢使節の指定地であり、朝貢の実情に通じているという観点から、彼らが選ばれたものと推定される。さらに胡宗憲は「海上の亡命」十人あまりに恩赦《おんしゃ》を与えて日本までの案内役にする。

胡宗憲は浙江の官府名義で、「日本国王」に対する檄文《げきぶん》を用意する。「檄文」の本来の意味は、相手側に罪状を宣告する文章のことで、決起を促す文章ということではない。敵対者の非を宣伝することが、結果として決起文となったにすぎない。その檄文には、倭寇が中国で略奪を働いていることを指弾《しだん》したあとに、次の一節が続く。

特に正使の蒋洲、副使の陳可願を派遣し、檄文を届けさせて報知させる。

王がもしよく祖宗の大法を守り、聖朝(明朝)の厚い恩義を想えば、配下の民が横行することに憤り、各地に人を派遣して取り締まり、勝手に海洋に出没して中国を侵犯することを許さないだろう。

(『籌海図編』巻二上)

訳文中の「檄文を届けさせて」の原文は、「移檄」である。中国の官僚用語で「移」とは、系統の異なる役場の同等の役職のあいだで、行政文書を交わすこと。この場合、明朝の皇帝が日本国王に下した上諭《じょうゆ》ではなく、中国の一地方の長官が日本国王と同等だと見なされたところから、「移檄」としたのである。胡宗憲はもとは皇帝から日本国王を諭す文章の発給を求めたが、その希望は叶わなかった。王直を取り込むという試みが失敗したとき、その責めはすべて胡宗憲が背負うことになる。

胡宗憲はさらに周到に手はずを整えた。王直の息子に父親宛の血書をしたためさせ、そのなかで「幕府の長官(胡宗憲)は、ただお父さんに一目でも会いたいと願い、朝廷にも上申しておりますので、ほかに心配事はありません」と記させた。その手紙には王直の母親の言葉も書き添えた。

一五五五年の農暦九月に日本に向けて出立した蒋洲らは、台風に遭ったうえに海賊に襲われ、いったん寧波に引き返し、十一月に再び出帆して五島にたどり着く。ここで接触した僧侶から、日本国王に指名されている室町将軍の威光はすでに衰え、実権を握っているのは豊後《ぶんご》の大友義鎮《よししげ》(宗麟)と周防《すおう》の大内義長《おおうちよしなが》(義鎮の弟)であると告げられる。

歴史をさかのぼると、十五世紀の初頭、足利義満《あしかがよしみつ》は源道義《みなもとのどうぎ》という名称で明朝に朝貢し、「日本国王」に封じられていた。明朝の朝貢制度では、国王の位は世襲《せしゅう》されなければならない。ところが蒋洲や陳可願が日本に派遣された当時、将軍の足利義輝《よしてる》は三好長慶《みよしながよし》に敗れ、近江《おうみ》に落ち延びていて、とても「日本国王」と呼べる状況ではなかった。また、直前の一五五一年に大内義隆《よしたか》が家臣の謀反で殺害され、義長が当主に擁立されている。大友義鎮が西日本で勢力を伸張しつつあるタイミングだったことになる。

帰順に向けて

蒋洲らは、五島で王直の養子であった毛烈と面会している。毛烈は仏狼機《ふらんき》と呼ばれる大砲の扱いに長け、その軍事能力を王直に見込まれて養子となり、王滶と名乗っていた。王傲は蒋洲に「日本で国王と謁見《えっけん》しても意味がない。その間には徽王《きおう》がおり、島夷《とうい》（日本人）から重く見られている」と告げる。この徽王こそ、王直そのひとであった。蒋洲はおそらく平戸に在住していた王直に連絡を取り、五島で面談を果たす。

仏狼機　ポルトガルから伝えられた大砲。当時、明の人々はポルトガル人をフランキと呼んでいた。（『籌海図編』より）

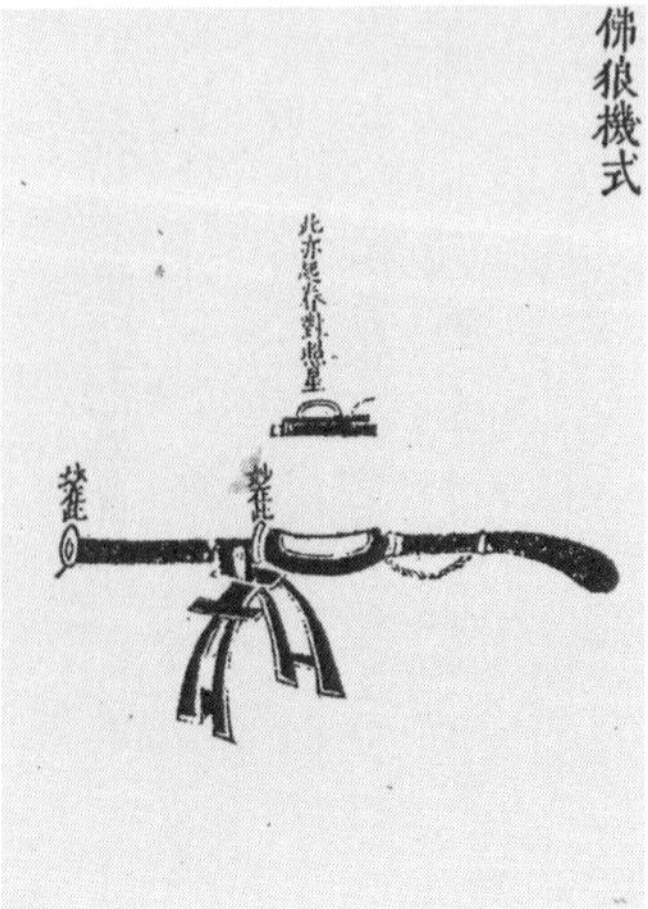

蒋洲たちの目の前に現れた王直の様子は、「旗や幟《のぼり》、服の色は王者に擬し、左右には多くの配下の者が控えていた」という。日本を拠点としていた王直は、徽王と称した。彼が自分の出身地・徽州を意識して、この称号を用いたということになる。当時の王直の様子は、朝鮮にも対馬《つしま》の宗氏《そうし》を経由して、次のように伝わっている。「平戸島でその様子を見たが、三百あまりもの人員を載せられる大船を率い、日頃から緞子《どんす》を着込み、二千人もの配下を擁していた」（『朝鮮王朝実録』明宗一一年四月己丑《きちゅう》朔日）。王直は一人の海商というよりは、王者の風格を備えていた。

胡宗憲が派遣した使節は王直に、日本国王あての檄文を携えてきていること、明朝に王直を招き入れる用意があることを告げた。母親のことばが添えられている息子からの私信を読み、王直はその申し出に賭けてみる決心をしたものと想像される。『明実録』に残された陳可願の報告によれば、王直は次のように語ったという。

> 日本は国が乱れ、国王とその宰相はいずれも死んでおり、もろもろの島夷（日本人）は統率が取れていない。各地をめぐって諭せば、侵攻を終息させることができるだろう。薩摩《さつま》州の賊船（徐海の一派）はこの上諭を奉じる前に、海を渡って略奪を行っている。
> 我らはむかし密貿易の禁令に触れて窮地に陥っているが、これは本心ではない。中国がこれまでの罪を許し、〔日本の領主の〕朝貢と互市を認めてくれるのであれば、賊を殺すことに貢献したい。
> （『明実録』嘉靖三五年四月甲午）

こうして話がまとまると、使節は二手に分かれる。正使の蒋洲は日本に残り、王直とともに九州・西日本の領主のもとを訪ねてまわり、胡宗憲が用意した檄文の内容を諭す。副使の陳可願は王傲、王直と若いときからの付き合いがある葉宗満、通商に携わっていた夏正《かしょう》などを伴って、一五五六年の春に帰国し、胡宗憲に復命する。

中国に戻った王傲らは、中国沿海における倭寇の討伐で活躍する。特筆されることは、徐海グループに対する離間策である。徐海と陳東とは、長江デルタの突端に位置する柘林《しゃりん》と乍浦《さほ》に基地を置き、一五五六年に一万あまりの軍勢を結集して、三方面から江南一帯を荒らし回っていた。王傲は王直が明朝への帰順を決めたという書簡をしたため、ともに帰国した夏正に徐海の軍営に届けさせたのである。夏正は徐海に「陳東はすでに胡宗憲と密約を交わしている。あなたが孤立するのでないかと心配している」と耳打ちする。徐海はその計略に気づかず、陳東の身柄を胡宗憲に差し出して投降。胡宗憲は陳東の残党に徐海を襲わせ、投身自殺に追い込み、次いで陳東などを斬首した。こうして徐海の軍勢は瓦解《がかい》するのである。

胡宗憲が王傲に褒美《ほうび》を与えると、王傲は「こんなもんでは褒美にはなりません。我が父(王直)が来たときには、一斗樽《いっとだる》ほどの金印をいただきましょう」(『籌海図編』巻九)と啖呵《たんか》を切った。王傲が率いる軍勢は、胡宗憲の配下に入ったと見ることができる。翌一五五七年に王傲と葉宗満らは王直のもとに戻り、明朝側が迎え入れるという申し出に偽りはないと報告する。

王直の最期とその後

一五五七年十月下旬、ついに王直が動く。船団を組み、豊州《ほうしゅう》王からの朝貢使節と称して、大友と大内が派遣した朝貢使節を伴い、一〇〇〇名あまりの軍勢を擁して舟山《しゅうざん》島西北に位置する岑港《しんこう》に停泊した。豊州王とは、大友義鎮を指す。

ここで王直は、「王直上訴」として知られている明朝に対する要望書を作成した。そこには王直が通商を目的に活動したのであって、けっして倭寇ではないこと、逆に倭寇の取り締まりに尽力してきたことを訴え、胡宗憲からの使節を迎えてからのちの経緯を次のように述べる。

> 〔蒋洲と私は〕海に面する九州十有二島をもって、ともに渡り歩いて教え諭し、おおかたの領主に〔倭寇との〕関係を絶つようにさせました。使臣（蒋洲）が日本に到着し今にいたるあいだに、すでに五島・松浦《まつら》・対馬・博多などの処に赴き、三・四割がた禁令を行き渡らせました。そのために今年は、日本からの船は激減しています。
>
> しかし、薩摩は倭寇との関係を絶たないため、賊はまた浙江・直隷《ちょくれい》（江蘇）をまた襲おうとしています。そこで養子の毛海峯（王傲）に命じて、使節の副使である陳可願を船で送り届けることとし、国に帰って報告し、予防策を講じさせようと思います。

そして、彼のヴィジョンが示される。

> もし皇帝の恩義によって罪が許されれば、浙江の沿海地域で海上の取り締まりを行うとともに、交易を管理して通関税の徴収をにない、朝貢の時期を守らせるとともに、日本の各島々の領主に倭寇の取り締まりを行わせて、ふたたび跋扈《ばっこ》しないようにさせます。これこそが戦わずして相手を屈服させる兵法です。もし怠ることがあれば、万死をもって償う罪となるでしょう。

つまり、シナ海域における通商権と警察権とを自分が掌握する、といっているのである。

しかし、事態は王直の期待を裏切る。倭寇の大頭目が戻ってきたというニュースは、倭寇の被害を受けていた江南をパニックに陥れた。地方の官僚たちが、中央に社会の反応を伝えると、官界では王直を招き入れることに反対する意見が強くなる。

風行きが怪しくなっていくことを感知した王直は、胡宗憲にその真意を確かめた。胡宗憲は王傲らに、他意はないことを伝えさせ、その疑念を解こうとした。さらに王直の母親と息子の手紙を葉宗満に託し、帰順を促した。王直はついに投降する決意を固め、留守を王傲に託して、胡宗憲の軍門に降るのである。胡宗憲は祝宴を開いて接待し、豪華な輿《こし》や召使い、宿所を用意してもてなした。

一方政界では、王直を指弾《しだん》する声が、次第に強くなる。この時期に朝廷では、中国史上でももっとも有名な佞臣《ねいしん》の一人とされる厳嵩《げんすう》が勢力をもっていた。おそらく胡宗憲はこの厳嵩に働きかけ、王直を明朝に招き入れ、互市を公認するように努力したと思われる。しかし、胡宗憲の政界工作は、効果を発揮しなかった。そればかりか、胡が王直から莫大な賄賂《わいろ》を受け取っているという噂が立ち始め、彼自身の立場も怪しくなってくる。

一五五八年二月、王直はついに収監《しゅうかん》されることになった。王直下獄の知らせを受け、岑港で留守を任されていた王傲は、まず裏切り者として夏正を血祭りに上げてから、蜂起し山に立てこもった。

一五五九年十二月、明朝は王直の処刑を決定した。胡宗憲は王直の処刑を受け入れざるを得なかったが、それでも帰順し戦功を立てた葉宗満などは、死を免じるように懇願している。

およそ一年後の嘉靖三八年十二月二五日(西暦一五六〇年一月二二日)、王直は杭州の官巷口の刑場で斬首された。

本稿の登場人物のその後を、簡単に記す。王傲らは蜂起したが、しだいに追い詰められ一五五八年末に王傲は福建方面に出帆して落ちのび、同行していた日本の使節は日本に帰国した。王直処刑後、葉宗満などは辺境の軍に兵卒として送られ、王直の母と息子は、奴婢《ぬひ》の身分に落とされた。

日本に赴いて王直を帰順させた蔣洲は、保身に走った胡宗憲からトカゲの尻尾切りのような仕打ちをうける。日本国王に会わずに勝手に行動したとして、死刑の判決をうけるのであるが、擁護する官僚もあり赦免《しゃめん》された。北辺防衛の指揮官から軍務管理に協力してほしいと招かれるが、蔣洲は「書生の身でありながら万里の海を渡ったのは、ただ国家にわずかなりとも貢献したいと願ったからです。功績を挙げたにもかかわらず、そしりを受けました。命を投げ出した功績が後世に記されるのであれば、贖罪《しょくざい》となるというものです。ほかに何を望むでしょうか」と述べて申し出を断った。その後、旅先で病死した。

王直の悲劇は、明朝皇帝の朱厚熜《しゅこうそう》(嘉靖帝、在位一五二一―六六)の朝令暮改が招いたものである。一度は王直を招いて日本の朝貢を認め、互市を許すという胡宗憲の提案を裁可したにもかかわらず、官界の原則論に押されて取り消した。佞臣の厳嵩が失脚すると、後ろ盾を失った胡宗憲も、王直と結託していたと糾弾され、秘密警察の錦衣衛《きんいえい》に拘束され査問を受けるなかで自尽する。丹薬《たんやく》による中毒で嘉靖帝が死去し、新帝が即位した一五六七年、王直が求めていた海禁緩和が認められる。ただし、日本と直接に往来することは禁止されたままであった。

胡宗憲は一五七二年に名誉回復される。王直を招き、海軍を創建するという胡宗憲の構想は、ついに日の目をみることはなかった。王直を世界史に位置づける作業は、本書「鄭芝龍」の項目で継続することにしたい。

⦿参考文献

山崎岳「船主王直功罪考(前編)――『海寇議』とその周辺」(『東方学報』八五、二〇一〇年)
山崎岳「船主王直功罪考(後編)――胡宗憲の日本招諭を中心に」(『東方学報』九〇、二〇一五年)
上田信『シナ海域蜃気楼王国の興亡』(講談社、二〇一三年)
越村勲編『十六・十七世紀の海商・海賊――アドリア海のウスコクと東シナ海の倭寇』(彩流社、二〇一六年)

朝鮮の救国の英雄、「東洋のネルソン」の素顔

李舜臣

…りしゅんしん・イスンシン…

鈴木 開

韓国・朝鮮が生んだ救国の英雄李舜臣《りしゅんしん》《イスンシン》(一五四五―九八)。軍事だけでなく民政にも優れた手腕を発揮した彼には、幼馴染《おさななじみ》で宰相にのぼりつめた柳成龍《りゅうせいりゅう》(一五四二―一六〇七)というよき理解者がいた。英雄の生きた時代は、士禍《しか》から党争、女真《じょしん》《ジュシェン》と日本の軍事的台頭と、変革を目指す力が内外に渦巻いていた。

英雄の素顔

李舜臣――、それは「東洋のネルソン」にして「日本のネルソン」東郷平八郎からも尊敬を受けた朝鮮海軍の英雄。

李舜臣――、それはソウルの世宗路《セジョンノ》に鎮座する高さ六メートルあまりの銅像。

李舜臣――、それは一〇〇ウォン硬貨に刻まれた韓国国民にはお馴染みの肖像。

李舜臣――、それは二〇〇二年進水の韓国海軍の駆逐艦《くちくかん》。同型の駆逐艦は一番艦である本艦の名前をとって李舜臣級と呼ばれる。

李舜臣が英雄であることに異論の余地はない。しかし英雄李舜臣を生んだ当時の社会的背景は何

か、そう問われることは驚くほど少ない。

李舜臣、字は汝諧《じょかい》、本貫《ほんがん》は徳水（開城《ケソン》特別市開豊郡）、父は李貞《りてい》、母は草渓（慶尚南道《キョンサンナムド》陜川郡）の卞守琳《べんしゅりん》の娘である。李舜臣は四人兄弟の三番目として生まれた。

この時代、地方開発や貿易発展にともなう経済的成長を背景に、各地で朱子学を熱心に学ぶ集団がいくつも出現した。やがて中央政界に進出し、改革を訴えた彼らは士林派《しりんは》と呼ばれる。一五一九年、急進的な改革を展開した士林派の代表格であった趙光祖《ちょうこうそ》が疑獄によって死を賜ると、多くの人士が下野を余儀なくされた。代わって権力を握ったのは、国王中宗の外戚《がいせき》勢力であった。これを己卯士禍《きぼうしか》という。

李舜臣が生まれた一五四五年は、中宗の後を継いだ仁宗《じんそう》が即位後八ヶ月で逝去、異母弟の明宗《めいそう》（在位一五四五―六七）が十二歳で即位した年である。明宗即位後、中宗妃の弟の尹元衡《いんげんこう》らは、仁宗の外戚勢力および仁宗が登用した士林派官僚を弾圧する乙巳《いっし》士禍を起こす。士禍の時代は父の境遇をも不遇なものとした。名門士族の子弟であった彼が武官として生きた理由は、この辺にありそうである。

なお以下では、全羅《ぜんら》左道《さどう》水軍節度使《せつどし》→全羅左水使、咸鏡南道《かんきょうなんどう》兵馬

ソウルの世宗路に建つ忠武公李舜臣像　Alamy提供

節度使→咸鏡南兵使、満浦鎮兵馬僉節制使《まんほちんへいばせん》→満浦僉使のように略称を用いる。

周囲となじめなかった少年時代

李舜臣は朝鮮王朝の都ソウルの乾川洞で育った。幼馴染には後に領議政《りょうぎせい》となる柳成龍がいた。柳成龍は幼い時の李舜臣を次のように描写している。

幼い時から颯爽《さっそう》として非凡、多くの子供たちと遊ぶ時も、木を削って弓矢を作り、村の路傍で遊びながら、意にそまぬ人に遇うと、その目を射ようとした。長老たちの中には、これを憚《はばか》って、敢えてその門前を通らない人もいた。

（『懲毖録』朴鐘鳴訳より）

気に入らない人の目を射ようとしていたというのだから、なんとも物騒である。少年時代の李舜臣は、どうも周りから浮いていたらしい。長じてからも無口で、むやみに笑わないとくれば、かなりとっつきにくい人物である。

李舜臣は二八歳で初めて武科に応試、この時は落第した。登第は一五七六年で、これは代々儒学《じゅがく》を業《なりわい》とした家門にあっては初めてのことであった。三水（両江道《リャンガンド》三水郡）の董仇非堡《とうきゅうひほ》（小農堡）の権管《けんかん》（従九品）となる。ここは鴨緑江《おうりょくこう》の最上流地域、ソウルからみればまさに最果て、どん底からの出発であった。

癸未の変

一五八〇年、李舜臣は一転して興陽《こうよう》（全羅南道《チョルラナムド》高興郡）の鉢浦鎮《はっぽちん》の水軍万戸（従四品）となる。が、事に柔軟に対処しないとして全羅左水使李戩《りよう》から憎まれてしまう。単純に反りが合わなかったのかもしれない。翌年正月には軍器の不備を指摘され罷免《ひめん》された。しかし李戩はこの一件を悔やみ、咸鏡南道兵使に転任する際に軍官として李舜臣を連れて行った。大小の軍務を必ず相談したというから、彼の能力自体は高く評価していたとみえる。李舜臣はこのことが機縁となり、一五八三年、慶源《けいげん》（咸鏡北道《ハムギョンブクド》慶源郡）の乾元堡権管《けんげんほけんかん》となった。

この年は正月からワルカの藩胡《はんこ》が相次いで反乱を起こした。これを癸未《きび》の変という。豆満江《とうまんこう》流域に居住する女真のワルカは、防寒用の耳掩《じえん》に用いるテンの毛皮をもたらし、朝鮮と良好な関係を築いていた。藩胡とは辺境にあって商取引などを通じて朝鮮人と共存する女真のことである。同じ一五八三年に清《しん》の太祖ヌルハチを挙兵に向かわせた女真情勢と、成立まもない士林派政権によるこの地方への介入が、藩胡の反乱の背景にあったと考えられる。

癸未の変に対処したのが、穏城府使申砬《おんじょうふししんりつ》（一五四六―九二）、会寧府使李鎰《かいねいふしりいつ》（一五三八―一六〇二）といった倭乱《わらん》でも名の知られる猛将たちであったが、李舜臣もここに加えなければならない。慶源に赴いた李舜臣は「都酋長」といわれたワルカの大物、亐乙只乃《うおつしだい》の捕縛《ほばく》に成功しているからである。ところが北兵使金禹瑞《きんうずい》は李舜臣独りの功とすることを快く思わず、李舜臣の独断専行を責める報告を朝廷にあげた。李舜臣は十一月に父が死去し、喪のために慶源を離れる。この時、咸鏡道を巡察していた鄭彦信《ていげんしん》（一五二七―九一）は、李舜臣の牙山《がさん》（忠清《チュンチョン》南道《ナムド》牙山《アサン》市）への道中を手厚く保護した。鄭彦信は李舜臣はじめ申砬、金時敏《きんじびん》、李億祺《りおくき》（一五六一―九七）などの武将を見出し、後に右議政にのぼる。

三年喪があけた一五八六年、李舜臣は慶興《けいこう》（咸鏡北道慶興郡）の造山万戸として改めて前線に赴く。慶興は慶源から豆満江をさらに下ったところにある。翌年、李舜臣は豆満江の河口に浮かぶ鹿屯島《ろくとんとう》の屯田官《とんでんかん》を兼務する。

咸鏡北兵使となった李鎰が一五八八年に刊行した『制勝方略』によれば、鹿屯島の屯田は癸未の変以後、兵糧確保の目的で鄭彦信が実施したものである。慶興府使元豪に開墾させたが、人手不足で耕すところが甚だ少なく、朝廷は一五八六年に宣伝官金景訥《きんけいとつ》を屯田官として派遣した。金景訥は柵を設けて本格的な開墾を実施したが、この年は不作に終わり、これに代わったのが李舜臣であった。ところが九月、慶興府使李景禄らとともに島に入り、収穫にとりかかったところ、楸島《しゅうとう》藩胡の亇尼応介《まじおうかい》と沙送阿《しゃそうあ》が周辺の女真と協力してこの島を襲撃した。

虚を突かれた朝鮮軍は死者十名、捕虜一六〇名の被害を出し、李舜臣も左の股を負傷した。柵を越えようとする亇尼応介が射殺されたことで女真兵は引き上げていき、追撃に出た李景禄と李舜臣は農民五〇名余りを奪還したが、李鎰は敗戦の責任を二人に負わせた。李舜臣が再三にわたって兵力の増強を要請したが応じず、自身が責任を問われることを恐れたのである。二人はソウルに呼び戻されて尋問を受けたが、李舜臣は特にこの点を主張し、宣祖《せんそ》（在位一五六七―一六〇八）から「李舜臣は敗軍の類ではない」との回答を引き出した。李鎰は十一月、楸島部落を報復攻撃し、三三人を斬獲して引き上げた。

柳成龍は李舜臣が武科にのぼってから、一五八九年に井邑《せいゆう》（全羅北道《チョルラブクド》井邑《チョンウプ》市）の県監に任じられるまで、十年余り登用されなかったと記している。能力は誰もが認めるところであったが、清廉潔白、直言を旨とするために上司との衝突が絶えなかった。誰しも李舜臣の登用には慎重にならざるをえなかったのではないか。

党争の幕開け

明宗の子が早逝《そうせい》し、宣祖が傍系から即位したことで、士林派を弾圧してきた戚臣《せきしん》の専横に終止符が打たれた。士林派の内部における路線対立と、それをめぐって政局が繰り返される党争の時代が始まる。

士林派内における対立は、まず戚臣の排除か許容かを争点とするものとして表れた。そもそも、士林派は先代の戚臣と妥協して命脈を保っていた側面があり、そうした人士の徹底排除は現実的ではない。士林派政権は当初から解決困難な課題に直面していたといえる。

一五七五年に士林派は分裂する。戚臣として批判された先輩で西人の沈義謙《しんぎけん》は明宗妃の弟、戚臣を批判した後輩で東人の金孝元《きんこうげん》は戚臣の代表格である尹元衡に養われていたという過去の傷によって吏曹郎官への就任を阻止された。

東人と西人という区分は当時にあって絶対的ではなかったが、東人で曺植《そうしょく》の学統に連なる鄭仁《ていじん》弘《こう》（一五三五―一六二三）が、沈義謙と親しいという理由で鄭澈《ていてつ》、李珥《りじ》、成渾《せいこん》との絶交を宣言するなどして、次第にその輪郭を結ぶようになっていった。癸未の変と同じ一五八三年八月には宣祖が主導して、李珥を弾劾《だんがい》した宋応漑《そうおうがい》、朴謹元《ぼくきんげん》、許篈を流配《るはい》した。こちらは癸未三竄《きびさんざん》と呼ばれ、宣祖が介入して対立を深化させたものといえる。このうち許篈の流配地の鍾城（咸鏡北道会寧《ホエリョン》市）はまさに女真の侵略を受けているとして甲山（両江道甲山郡）に変更となった。

翌年、李珥が死去し、東人の攻勢が強まると、西人は東人の鄭汝立《ていじょりつ》の謀反を告発して反撃に出る。右議政鄭彦信も鄭汝立の遠戚として批判を受け、南海（慶尚南道南海郡）に流配された。これは一五八九年十二月のことであり、李舜臣は流配前、ソウルの獄中に彼を尋ねている。約一年前の一五八九年正月、鄭彦信は左議政李山海《りさんかい》とともに、武官の登用すべき者として李舜臣を推薦した。彼は全羅巡察使李洸《りこう》の軍官となり、さらに井邑県監となる。

李山海は叔父にして孤高の学者であった李之菡《りしかん》に学び、鄭仁弘と異なり徐敬徳の学統に連なる東人であったが、政治家としては鄭仁弘の立場に近い。一五七八年に西人の尹斗寿《いんとうじゅ》、尹根寿《いんこんじゅ》、尹晛《いんけん》（いわゆる三尹）の弾劾を主導し、一五九一年に国王の跡継ぎの問題で鄭澈《ていてつ》に宣祖の不興を買わせて流配処分に追い込み、東人政権を成立させる。

李山海と鄭彦信の推薦、鄭汝立が自決に追い込まれた高山（全羅北道完州郡）、鄭澈が師事した湖南士林として名高い金麟厚《きんりんこう》が暮らした長城（全羅南道長城郡）に程近い井邑への赴任は、政治的には極めて複雑なものであった。とはいえ、屯田や軍事で発揮された彼の手腕が評価されたことは間違いなく、この点で李舜臣は実力本位の東人系人士と親和性があったといえるのかもしれない。二番目の兄が早逝《そうせい》し、李舜臣は幼い子女を引き取り、ともに井邑に向かった。ある人が職務の邪魔になるといったが、李舜臣は涙をはらはら流しながら「この身寄りのない子たちを棄てるのは忍びない」といったという。家族への愛に溢れる李舜臣の一面をよく伝えている。

鄭汝立の謀反の少し前、東人が攻勢を強めるなかで、東人内部にも路線対立が現れつつあった。後に北人と南人の分裂を生む対立である。金孝元にも行き過ぎたところがあり、鄭汝立の謀反も疑獄ではなく事実と認めていた柳成龍は西人に対し融和路線をとる南人の代表格であり、鄭仁弘や李山海ら北人系と西人の橋渡しを期待されたものとみられる。李舜臣は柳成龍の推薦により一五九〇年に高山里鎮、満浦鎮（ともに慈江道満浦市《チャガンドマンポ》）の僉使に相次いで任命されるが、いずれも台諫の反対で阻止される。特に満浦はヌルハチとの交渉窓口である。柳成龍は、李舜臣に女真対策の指揮をとらせようと考えていたのではないか。そしてそれが阻止されたことは、柳成龍、ひいては南人の権力基盤が脆弱《ぜいじゃく》であったことを示すものである。李舜臣はそのまま井邑にとどまった。

鄭澈《ていてつ》が下野し、柳成龍は一五九一年に左議政にのぼると、李舜臣を全羅左水使に就ける。豊臣秀《とよとみひで》吉《よし》（一五三七—九八）のもとに赴いた通信使黄允吉《こういんきつ》一行の報告を受けた上での抜擢《ばってき》人事であった。柳成龍はあわせて、倭乱時に幸州山城で劇的勝利をおさめることになる権慄《ごんりつ》（一五三七—九九）も義州（平《ピョン》安北道《アンブクド》義州郡）牧使に抜擢した。李舜臣を起用して対日本防衛にあてる体制整備はぎりぎり間に合った。李舜臣は四十七歳になっていた。

ライバル元均との関係

明の征服を目的とする豊臣秀吉の第一次朝鮮侵略（壬辰倭乱《じんしんわらん》）は、小西行長《こにしゆきなが》が朝鮮半島西北の平安道、加藤清正《かとうきよまさ》が東北の咸鏡道まで攻め上がり、当初こそ日本軍が優勢であったが、明軍の参戦、朝鮮義兵の抵抗により、一年余りで膠着《こうちゃく》状態に陥る。日本軍は明との講和交渉に応じつつ、一五九二年六月には頑強な抵抗をみせた晋州城《しんしゅうじょう》（慶尚南道晋州《チンジュ》市）に総攻撃をかけるなど、侵略目的を朝鮮南部支配へと後退させていった。その要因の一つに、李舜臣率いる朝鮮水軍の奮闘があったことはいうまでもない。

開戦時、日本軍の防衛に当たるはずの慶尚左水使朴泓《ぼくおう》、慶尚右水使元均《げんきん》（一五四〇―九七）は逃亡、そこに朝鮮水軍の救世主として現れたのが李舜臣であった。全羅左水営（全羅南道麗水《ヨス》市）で陣容を整えた李舜臣は元均からの救援要請を受け、全羅右水使李億祺とともに慶尚右水営がある巨済島に赴き、東岸の玉浦で藤堂高虎《とうどうたかとら》の水軍を破った。この玉浦海戦を皮切りに李舜臣率いる朝鮮水軍は連戦連勝を重ねる。李舜臣考案の亀船（亀甲船）が活躍した泗川海戦、脇坂安治《わきさかやすはる》を巨済島西南の閑山島沖に誘い出して勝利した閑山島海戦はあまりにも有名である。泗川海戦では左肩に銃弾を受けながら平然と指揮し、周囲にそれを

全羅左水営所在の鎮南館

李舜臣が本営としていた場所に1599年に建てられた。清水書院編集部撮影

悟らせなかった。こうした武勇が李舜臣の名望をますます高めたと思われる。

元均の前半生はよく分からない。造山万戸や、富寧府使（咸鏡北道富寧郡）を歴任したというから、李舜臣と同じく李鎰の指揮を受けていたことが分かる。慶尚右水使への赴任も壬辰倭乱の直前といわれるから、李舜臣とよく似ている。緒戦の襲撃をもろに受けて戦意を喪失したところに、後からやってきて大きな顔をしている（ようにみえる）五歳年下の李舜臣は何かと鼻につく存在であった。

閑山島海戦では固城半島と巨済島

李舜臣関係地図（韓国教員大学歴史教育科〔吉田光男訳〕『韓国歴史地図』〔平凡社、2006年〕などより、編集部作成）

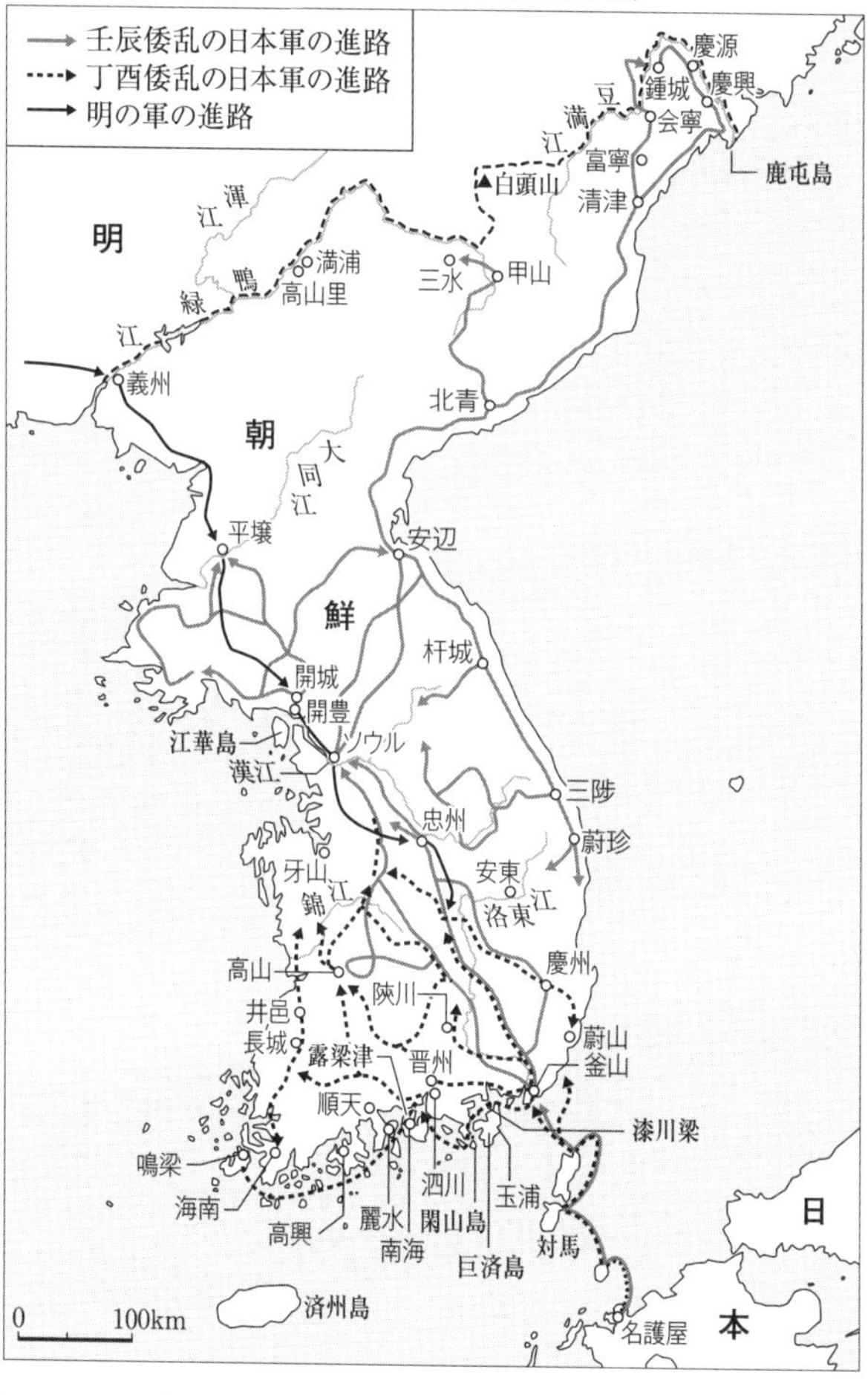

の海峡で迎撃するという元均の案は採用されず、李舜臣に「公は兵法を知らない」と言われる始末。一五九三年八月には、朝廷から李舜臣を全羅、忠清、慶尚の三道水軍統制使とするという命令が下りてくる。李舜臣は元均の上司となったわけであるが、元均は自分が「先進」(学問・官職などが勝っている)であるとして指揮を受けることを恥とした。李舜臣はそんな元均をいつもなだめ、寛容な態度で接していたという。

そういう態度も元均は気に入らない。ますます態度を硬化させ、扱いに困った朝廷は一五九五年二月には忠清兵使に、さらに一五九六年八月には全羅兵使に転任させた。しかし十一月になると宣祖はじめ尹斗寿、尹根寿による元均の水使再任論が浮上する。南人、北人の専権を心配する宣祖と、政治的劣勢を挽回しようとする西人の思惑をそこにみてとることができる。

そんななか、一五九七年正月に李舜臣は統制使および全羅左水使を解任される。日明講和の破綻《はたん》を受けて、小西行長が慶尚右兵使金応瑞《きんおうずい》に加藤清正の動きをリーク、宣祖は閑山島にいた李舜臣に清正襲撃を指示したが、李舜臣は動かなかった。日本軍側の策略とみたのである。都元帥権慄の説得にも応じなかったというから李舜臣も頑《かたく》なであった。結果的に清正を多大浦(釜山《プサン》広域市沙下区)前洋から西生浦(蔚山《ウルサン》広域市蔚州郡)へと進軍させてしまう。李舜臣は死罪を免れ、権慄の預かりとなった。李舜臣を弁護したのは前右議政鄭琢《ていたく》である。鄭琢は南人であるが、曺植と李滉《りこう》の双方に学び、なおかつ柳成龍に同調したために南人とみなされた人士である。ここでも、背後から李舜臣を救ったのは柳成龍であった。

統制使にまんまと収まった格好の元均であったが、日本水軍を襲撃して返り討ちに遭い、藤堂高虎、脇坂安治、加藤嘉明《よしあき》の追撃を受け、巨済島とその北側の温羅島《おんらとう》（七川島）との海峡である漆川梁《しつせんりょう》で敗れる。一五九七年七月の漆川梁海戦は朝鮮水軍唯一の敗戦でもあった。元均は陸地に逃れたところを島津義弘《しまづよしひろ》の軍勢に討ちとられた。この戦いでは李億祺と忠清水使崔湖《さいこ》も戦死している。崔湖は李舜臣以上に対女真防衛で功績をあげ、咸鏡南兵使として清正と対峙した人物である。

慶林君金命元《きんめいげん》、兵曹判書李恒福《りこうふく》は悠然と「これは元均の罪である」と言い放ち、李舜臣を統制使に再任させた。両名とも南人であるが、李恒福は党色を必ずしも鮮明にせず、後に西人の大物と目されるようになる。

二八歳という若さで早逝した尹継善《いんけいぜん》が一六〇〇年に記した『達川夢游録』では、申砬が背水の陣を敷いた忠州の弾琴台を主人公の坡潭子《はたんし》が訪れる。彼はそこで夢をみる。右に李舜臣、左に高敬命を筆頭とした武官や義兵将が列座する宴会、李舜臣らは酒を酌み交わしながら思い思いに志を語るが、元均の姿は見えない。退席した坡潭子は長川（達川江の支流か）のほとりに鬼が集まり、手をたたき笑い合っているのに遭遇する。聞けば腹は突きでて口は歪み、土のように血の気のない顔色をした元均が地を這っている。宴会に参席できず、腕を強く握りしめ、大声を出して悔しがっている。坡潭子も大笑いし、一緒になってからかっているとあくびが出て目覚める（以上、趙慶男『乱中雑録』四所引）。

元均は戦死したため、李舜臣、権慄らとともに宣武功臣一等に封じられた。しかし、彼に対する評価は誰の目にも明らかであった。

英雄となった李舜臣

李舜臣は一五九七年八月に母が亡くなり、草渓にいたところで元均敗死の報を受けた。十月には全羅右水営（全羅南道海南郡）にて末子の李葂《りめん》が牙山で倭人に斬られ亡くなったとの知らせを受ける。日本軍との戦いにかける思いはより一層、強まった。

李舜臣にとって痛手だったのは、漆川梁海戦で彼が育てた艦隊も壊滅してしまったことである。一五九七年九月、全羅右水営の管内では唯一の戦いとなった鳴梁の海戦では、藤堂高虎を筆頭に日本水軍が兵船一三三艘を擁していたのに対して、朝鮮水軍はわずか十三艘、漁民の船を兵船に偽装する苦肉の策をとっている。それでも、結果は海流を熟知した朝鮮水軍の勝利であった。来島通総《くるしまみちふさ》はこの戦いで討ち取られた。

この後、明《みん》からは総督と経略を兼ねた邢玠《けいかい》が赴任し、四万という大軍が朝鮮に入る。一五九七年末から加藤清正、浅野幸長《あさのよしなが》らを島山の倭城（蔚山広域市中区）に囲んだのは、おもにこの軍隊である。この蔚山の戦いは凄惨な籠城戦《ろうじょうせん》となり、双方に甚大な被害をもたらした。一五九八年八月には秀吉が死去し、戦乱は終結に向かうが、蔚山の戦いは意外なところに影響をおよぼす。柳成龍が失脚したのである。

きっかけは邢玠の幕下にいた丁応泰《ていおうたい》が蔚山の戦いにおける邢玠らの戦勝報告の虚偽を万暦帝《ばんれきてい》に報告し、関係者が処分されたことにある。丁応泰は前線の中下級兵士の厭戦《えんせん》気分を代弁し、さらに明朝中央で専権を振るう内閣をも批判して辞職に追い込んだ。朝鮮では丁応泰の変という。批判の矛先は朝鮮にも向けられ、宣祖らは密かに日本と通じているとされた。この点に関して政府首脳を北京に派遣し、速やかに弁明しなかったという理由で、柳成龍は弾劾されたのである。口火を切ったのは、後に成立する北人政権の中心人物、李爾瞻《りじせん》であった。積もり積もった南人政権への不満が、ここにきて表出したのであった。

柳成龍はこれを機に一族が暮らす河回(慶尚北道安東《アンドン》市)に引退した。ある意味、このおかげで、『懲毖録《ちょうひろく》』という一級の戦争回顧録が生まれたといえる。

友にして後ろ盾であった柳成龍を失った李舜臣が対峙したのは、順天の倭城(全羅南道順天《スンチョン》市)にいた小西行長である。李舜臣は明の水軍都督陳璘《ちんりん》と協力して、順天倭城を攻めたが、連携がうまくいかず退却した。

小西行長を救おうと泗川からきた島津義弘らの水軍と戦闘になったのが、李舜臣の最後の戦い、一五九八年十一月の露梁海戦である。露梁津は南海島と昆陽(慶尚南道泗川西部および河東郡南部)の間にある海峡である。夜通し続いた激戦のなか、李舜臣は左脇に銃弾を受けて倒れた。司令官でありながら負傷を厭わず、常に最前列に飛

現在に残る順天倭城天守閣の石垣　清水書院編集部撮影

び込んで戦った彼の死に場所は、やはり戦場であった。

ともに戦った陳璘も李舜臣の死を聞くと号哭《ごうこく》、牙山に李舜臣の遺子たちを尋ね、宣祖に任官を進言すると言い残して去った。徳水李氏忠武公派は武官の名門の一つとなる。

李舜臣の遺体は錦山に葬られ、後に於羅山（いずれも忠清南道牙山市）に移された。牙山の顕忠祠をはじめ各地に祀られている。

李舜臣が満浦僉使に赴任し、ヌルハチと対峙していたら、日本の鉄砲を戦術に導入し、倭乱後にも活躍していたら、李舜臣の生きた時代、彼のような武官たちは、多くの可能性とともにあった。

⊙参考文献

中村栄孝『日鮮関係史の研究』中（吉川弘文館、一九六九年）
柳成龍（朴鐘鳴訳注）『懲毖録』（「東洋文庫」、平凡社、一九七九年）
崔異敦『朝鮮中期士林政治構造研究』（一潮閣、一九九四年、韓国語）
北島万次『豊臣秀吉の朝鮮侵略』（吉川弘文館、一九九五年）
李舜臣（北島万次訳注）『乱中日記』一〜三（「東洋文庫」平凡社、二〇〇〇〜二〇〇一年）
薛錫圭『朝鮮時代儒生上疏と公論政治』（先人、二〇〇二年、韓国語）
張弼基『朝鮮後期武班閥族家門研究』（集文堂、二〇〇四年、韓国語）
李熙煥『朝鮮政治史』（慧眼、二〇一五年、韓国語）

日中国交回復に命を賭けた侠士

沈惟敬
…しんいけい…

上田信

沈惟敬《しんいけい》(一五三七?—九九)は民間人でありながら、一五九二年に勃発《ぼっぱつ》した「万暦《ばんれき》朝鮮役《えき》」(日本「文禄《ぶんろく》の役」、朝鮮「壬《じん》辰倭乱《しんわらん》」)を終結させるために、日本側の小西行長《こにしゆきなが》(?—一六〇〇)と協力して政治工作を行った。しかし、その目論見《もくろみ》は、豊臣秀吉《とよとみひでよし》(一五三七—九八)が朝鮮南部の領有にこだわったために破綻《はたん》、慶長《けいちょう》の役(丁酉《ていゆう》倭乱)へと事態は進む。工作失敗の責任を負わされ、沈は処刑される。中国や朝鮮の史書は、沈を稀代《きだい》のペテン師・無頼《ぶらい》とする。だが、その行動を丹念に追っていくと、日中の通交を開くために命を賭けた一人の侠士の姿が浮かび上がる。

侠士という生き方

十六世紀後半の約五〇年間、明朝統治下の中国では、「侠士」が社会を風靡《ふうび》する。中国の年号では、嘉靖《かせい》・隆慶《りゅうけい》・万暦《ばんれき》と続く時代、三代にわたる皇帝は傍流《ぼうりゅう》の出であったためであろうか、プライドに拘泥《こうでい》して猜疑心《さいぎしん》が強く、政務に精勤せず朝令暮改《ちょうれいぼかい》、佞臣《ねいしん》や宦官《かんがん》を重用した。官界は党争を繰り返し、些細《ささい》な失敗でも糾弾《きゅうだん》されて処刑される危険に官僚は日々さらされていた。

科挙《かきょ》に合格して登用されて世のため民のために尽くすという士大夫《したいふ》に求められる道を踏み外し、官僚となることに早々に見切りを付けて、遊興にうつつを抜かしながらも、いざその才覚を求められれば生命を擲《なげう》つことも辞さない、そうした生き方が世に広まったのである。彼らの思想的傾向は、官学に堕《だ》した朱子学を批判する陽明学《ようめいがく》の流れを汲む。詩画・文学に功績を残した人物は「山人」と讃えられ、政治や軍事に名をとどめた人々は「侠士」と呼ばれる。遊郭《ゆうかく》では「侠妓《きょうぎ》」と呼ばれる女性たちが、山人・侠士と交わりをもった。

明末期に括《くく》られる時代の雰囲気は、士大夫が身の回りにおいた家具・調度品の前に立つと、伝わってくる。不必要なものはそぎ落としたその風情は、あすは死ぬかも知れないという緊張感を発し、日本刀の切っ先を想起させる。実際に、密貿易で中国にもたらされた日本刀は、侠士たちに愛用されていた。「侠」なる生き方の手本として、『三国志演義《さんごくしえんぎ》』・『水滸伝《すいこでん》』が出版されて世に広まるのも、まさにこの時代である。

遅れて来た侠士の一人が、明末清初の陽明学者であった黄宗羲《こうそうぎ》(一六一〇—九五)である。北京が農民叛乱軍《はんらんぐん》に攻め落とされ、清軍が南下してくると、黄は侠気を奮って義勇軍を編制して抵抗、さらに明朝の亡命政権の一つであった監国《らんこく》の使節として日本に渡り、援軍の発出を要請している。そうした経歴から、日本に渡った先人に、黄宗羲は関心をもったようである。

国交が結ばれていないために、明朝は公人である官僚を日本に送ることはできない。情報収集と交渉のために、少なからざる人員が日本に送り込まれていたが、そのすべてが民間人であった。交渉が成功すれば、その功績はスカウトした官僚の手柄《てがら》とされ、失敗すれば国禁《こっきん》を犯して日本に渡ったという罪を着せられ、獄に降《くだ》る。保身を図る官僚に見捨てられれば、処刑される怖れもあった。こうした割の合わない任務をあえて引き受けたのは、彼らが侠の気概をもっていたからであろう。

たとえば胡宗憲《こそうけん》の前任の浙江《せっこう》総督が日本の状況を調査するために派遣した鄭舜功《ていしゅんこう》(生没年不詳)は、帰国後に流刑の憂《う》き目にあう。彼は「布衣鄭舜功」と名乗り、侠士であることに誇りをもった市井《しせい》の知識人であった。流刑地で鄭舜功は、異文化にほとんど興味を示さない中国にあっては希有《けう》な日本誌『日本一鑑』を著す。胡宗憲が日本に送り込んだ蒋洲《しょうしゅう》もまた、王直を投降させるという難事業を成し遂げたにもかかわらず、帰国後に投獄されている。こうした渡海者を突き動かしたものは、日中間の国交と通商が開かれることで、倭寇《わこう》が収まり、日中が互いに欠けているものを補い合い、利益を享受するという夢に一身を擲つという侠気であろう。

黄宗羲はこの蒋洲(字は宗信)の生き様に共感し、彼とその子・孫の三代の略伝を「蒋氏三世伝」という一文にまとめている。蒋洲の事績に対する評語のなかに、次のような一節が見られる。

その後、沈惟敬が関白(豊臣秀吉)に対する使節として〔日本に〕赴き、成功する直前に敗れ、処刑された。たった一言のために事を成就できなかった者に、罪をなすり付けるようなものではないか。成功すれば宗信となり、失敗すれば惟敬となる。天下の安楽がなかなか訪れないのも、無理はない。

本編の主人公は、この沈惟敬である。彼もまた、侠士とすべきであろう。

嘉靖大倭寇から万暦朝鮮戦争へ

一五五三年夏、中国の伝統的な暦では四月、浙江省海塩県の沖に和船が姿を現すと、物珍しさに見物人が集まった。和船が演武場に接岸するや、下船した武装集団は刃先の長い日本刀を振りかざし襲撃を開始した。泰平の世が続き、まったく備えはなく、多くの住民が命を落とした。この一件から、中国の年号にちなんで「嘉靖大倭寇《かせいだいわこう》」と呼ばれる戦乱が、江南地域で続くことになる。

この倭寇の首謀者は、海商の王直《おうちょく》と見なされたが、実際に江南を荒らし回ったのは、直と袂《たもと》を分かった徐海《じょかい》である。それから三年後の一五五六年、明朝の海防を統括していた胡宗憲は、投降してきた直の協力を得て、江南の港町乍浦にほど近い平湖県の沈家荘《ちんかそう》に陣営を張っていた徐海を謀略を用いて討伐した。これをもって、嘉靖大倭寇は終息へと向かう。

沈惟敬はこの大倭寇の時期に、手柄を立てたと吹聴《ふいちょう》していたようである。

惟敬は平湖の出身で、もともと名家の傍流に属し、若いときに軍に加わり、「甲寅《こういん》倭事」すなわち一五五四年の倭寇の戦乱に見参したという（沈徳符『万暦野獲編』巻十七「兵部」沈惟敬）。惟敬が日本との交渉のために渡海したとき、『万暦野獲編』の著者の沈徳符《しんとくふ》の家僕《かぼく》が同行したという。おそらくその家僕から惟敬自身が語る経歴を聴き取り、情報源としたものであろう。

近年、万暦朝鮮戦争（壬辰戦争）をめぐる交渉史を、丹念で広範な史料収集によって跡づけた鄭潔《ていけつ》西《さい》氏は、ここに「名家」とあるのは沈家荘に邸宅を構えていた清渓《せいけい》沈氏だ、という仮説を提示している。この一族の来歴を記す族譜『清渓沈氏六修家乗』（一八八六年の刊本）にその名が見える沈坤《しんこん》が、惟敬の父であった可能性があるという。

惟敬が若くして軍に加わり、倭寇と戦闘に加わったという徳符の記載に対応する記述は、地方志『平湖県志』に見ることができる。そこにも沈坤の名が見られる。

沈坤は平湖の西麓に住み、その家はすこぶる豊かであった。地主経営に専念するでもなく、学問の路にも就くでもなく、武術を学んでいた。嘉靖年間に徴税《ちょうぜい》の当番となり銀や米を徴収する役が割り当てられた。飢饉《ききん》の年に餓死者《がししゃ》が枕を並べる事態となると、資産をことごとく配り、さらに徴収した銀米を使って、飢民の救済にあたった。官が税金納付の督促をしても応ずることができず、罪に甘んじて獄に降った。

〔平湖県内の〕鵡湖《むこ》で倭寇の兵卒《へいそつ》と明軍とが対峙したとき、総督の胡宗憲は勇敢な士を求め、沈坤の名を聞いて出獄させて幕下に留めた。坤の議論は胡の意にかなうものであった。

ある日のこと、王江徑《おうこうけい》で行われた倭寇との戦闘で、官軍は劣勢に立たされ、胡も包囲されてしまった。そのとき沈坤の子の惟敬、そのとき弱冠（二〇歳）であったが、単騎で囲みを突き破り、胡宗憲を抱えて脱出した。この一件で胡宗憲は坤をますます重用し、千総という武官に取り立て、兵三千の部下を配した。

沈坤・惟敬の父子は計略を立て、軍官をねぎらうふりをして毒酒を舟に満載して手には公文を持ち、倭寇の陣営の前を通り過ぎた。倭が追撃して迫ってくると、父子は舟を捨てて水路を渡って逃げたのである。倭寇は酒を得たと喜び、争って飲んだところ、毒に当り命を落とす者が少なくなかった。

（天啓『平湖県志』巻十九、外志之四、叢記）

鄭潔西氏はこの沈坤が、沈荘の名族・沈氏の族譜に名の見える沈坤と同一人物だと考え、王江徑の戦いがあった一五五五年に惟敬が弱冠、すなわち数えで二〇歳だとあるところから、惟敬の生年を一五三七年だとする。しかし族譜をチェックした城地孝氏は、族譜中の沈坤は嘉靖大倭寇がはじまる前、一五四四年にすでに死去していたことを指摘する。また、族譜には沈惟敬の名は、記されていないところから、結論を性急に求めるべきではないと、指摘する。

『万暦野獲編』によれば、惟敬は日本との交渉役に任じられたときには、すでに七〇歳に近い歳であったという。一五三七年生まれとすると、万暦朝鮮戦争の時点では五五歳となり、齟齬《そご》がある。『平湖県志』は沈惟敬が刑死してから、約二五年後に出版されている。沈坤・惟敬父子の活躍は、出身地で流布していた伝承を下敷きにしたものであったと思われる。

『万暦野獲編』によって、惟敬が日本との交渉役に抜擢《ばってき》されるまでの経歴をたどっておこう。倭寇が終息後、惟敬は零落《れいらく》して郷里を離れ、北京に寄寓《きぐう》した。都では練丹をよく行い、方士《ほうし》（道教を修め、仙人への道を歩むもの）や無頼の輩と交流した。兵部尚書の石星《せきせい》の妾《しょう》の父親で袁《えん》という姓のものが、練丹術にこっていたことが縁となり、沈は石と交際するようになった。

あるとき嘉旺《かよう》という名の人物が、沈のもとにその身を売って家僕となり、沈の姓を名のり沈嘉《か》旺《おう》と称するようになる。この嘉旺は浙江《せっこう》省沿海部の温州、あるいは福建《ふっけん》省沿海部の漳州《しょうしゅう》の出身で、日本に投降して倭寇の一員となったところを捕縛されたが、脱獄してきたという人物である。嘉旺は日本の事情に通じ、関白(豊臣秀吉)には他意はなく、ただ中国に朝貢することを求めたのであるが、朝鮮がそれを阻止したために挙兵したのだと惟敬に告げた。

惟敬は嘉旺の話を信じ、これを石星に伝える。このとき明朝は東北からのヌルハチへの対応に手を焼いており、軍事全般を担う石は日本との和平工作を惟敬に委ねることとし、惟敬には神機三営遊撃将軍の肩書きを与えて朝鮮半島に派遣した。他方、嘉旺は指揮の肩書きを得て、十数名の部下を伴って日本に入った。

朝鮮から日本へ

万暦朝鮮戦争が継続するなかで、沈惟敬がどのように立ち回ったか、限られた紙幅で詳説することは難しい。なにしろ、中国・朝鮮側では明朝官界の路線対立、朝鮮国王の逃走劇、李舜臣《りしゅんしん》率いる朝鮮水軍の活躍、日本側では豊臣秀吉の変転する指示、後方基地となった九州の名護屋《なごや》での武将の出入り、戦地においては小西行長《こにしゆきなが》と加藤清正《かとうきよまさ》(一五六二―一六一一)の対立、明軍の迷走など、さまざまな動きが同時に進行し、しかも各地のあいだでは情報伝達や人の移動に日数を要するために、事態への対応にタイムラグが生じている。しかも惟敬の動きは、いずれの動向にも影響を与えているのである。ここでは、惟敬の侠士ぶりが発揮される場面だけを紹介することにしよう。日中間で暦が異なるため、西暦で記すことにする。

一五九二年九月一一日、惟敬は朝鮮国王に謁見《えっけん》、国王から「聖恩（明朝皇帝の恩）にきわまりなし」との謝辞を受けると、惟敬はみずから平壌《ピョンヤン》に赴き、日本軍の状況を探索すると豪語する。その数日後、平壌の城外にたどり着いた惟敬は、黄色い袱紗《ふくさ》で包んだ書状を下僕《げぼく》に背負わせ、城内の日本軍に届けさせる。書状を読んだ行長は、面談して協議する旨の返書を出し、惟敬と行長の会談が行われる運びとなった。その日、平壌の北方数キロメートルのところにある降福山《こうふくさん》には、日本軍の剣戟《けんげき》が白雪のように並んでいた。周りのものが危険だというなかを、沈惟敬は数名の配下を伴い、会談に臨んだ。夕暮れどきになり、日本の軍勢が丁重に見送るなか、惟敬は戻ってくる（『懲毖録《ちょうひろく》』・『朝鮮王朝実録』宣祖修正実録二五年九月一日）。

行長から朝鮮を侵略した理由を聞いた惟敬は、「ここは中国の土地であり、まずは立ち退いてからのちに、明朝からの命を待つべきであろう」と答える。これに対して行長は地図を開いて、大同《だいどう》《テドン》江《こう》《ガン》を境にその東南を日本が領有、北西を朝鮮とするという要求を出した。惟敬は冊封《さくほう》・通貢《つうこう》のことは北京に伺いを立てるのに時間を要するとして、停戦を申し出る。

義州《ウィジュ》にもどった沈惟敬のもとに、行長の書翰《しょかん》が届く。文面には会談の場に火縄銃《ひなわじゅう》などの武器を並べて威圧したことをわびるとともに、北虜《ほくりょ》として明朝と敵対関係あったアルタンが一五七一年に明朝から順義王《じゅんぎおう》に封じられ通貢を許された事例に触れながら、「日本と朝貢の路を開くことも、難事ではない」と、日中間の直接の交易について念を押している(『朝鮮王朝実録』宣祖二五年九月八日)。

一五九三年四月十六日、行長と惟敬との会談が漢城《ハンソン》で行われ、事態は秀吉の日本国王への冊封《さくほう》へ向けて動き出す。ただしこの講和工作は、明朝の皇帝も日本の秀吉もあずかり知らないところで、中国側の朝鮮方面軍総司令官というべき朝鮮軍務経略・宋応昌《そうおうしょう》と惟敬、日本側の石田三成《いしだみつなり》と行長という出先のあいだで勝手に進められた。行長が偽の降伏使節を立て、北京に送ることが決まった。

五月十八日、惟敬と行長の合意にもとづき、日本軍は漢城を撤退して釜山《プサン》に向かう。惟敬は行長とともに、釜山の西に位置する熊川《ウンチョン》に築かれた砦に入る。八月四日、降伏使節として選ばれた行長の家臣・内藤忠俊《ないとうただとし》(洗礼名に基づき「如安《じょあん》」と称する)を伴い、沈惟敬は漢城に到着。ここで明の提督などから詰問され、二ヶ月ほど後の七月上旬に平壌に向けて出発し、九月下旬に遼東《りょうとう》に到着。明軍の宋応昌は、秀吉が冊封されるためには、秀吉が明朝に謝罪して冊封を求める「降表《こうひょう》」が必要だとした。惟敬は来た道を引き返し、「関白降表」を用意させるために熊川に向かった。忠俊は遼東に留め置かれた。

一五九四年一月、惟敬が熊川にその姿を現す。秀吉が降表を作成するとは考えられないことから、行長と惟敬とは降表を偽作《ぎさく》する作業をこのときに行ったと考えられる。このとき、熊川の行長のもとにいたセスペデス神父と惟敬とが出会っている。そのときのやりとりを、セスペデス神父自身の書翰《しょかん》に基づいて一五九四年三月の日付を有する日本副管区長ペドロ＝ゴメスからイエズス会総会長あて報告書が記録している。

神父のいるところ（熊川）に一人の中国人（惟敬）が着き、中国皇帝の使いとして日本国王との和平交渉に当たっている。……神父が「……中国でも神の教えを自由に伝える許しを皇帝から与えられるならば、そこでも（日本と）同じように布教したい」というと、その武将は「そのことは私が取り次いであげる。皇帝の側近からも勧めてもらうように取りはかろう」と答えた。アウグスチノ（行長の洗礼名）もぜひそうして欲しいと願い、「もし中国の皇帝の許しが出るようなことになれば、それは私自身の大きな喜びであるばかりでなく、神に対しても特別な奉仕である」と述べた。……

（Arcadio Schwade S.J.「朝鮮における日明和平交渉について」『キリシタン研究』一一、一九六六年）

惟敬が宣教師に大見得《おおみえ》を切るものの、実際に明朝の高官に対して、宣教師の布教を認めることを求めた形跡は、どこにも存在しない。二月になると惟敬は熊川を出発、遼東へと向かった。行長と惟敬とが偽作した秀吉名義の降表は、一五九四年四月に明朝政府のもとに届く。『朝鮮王朝実録』には、おそらく朝鮮に同情する中国官僚が伝えたものであろう、降表の原文と思われる文章が記載されている（『朝鮮王朝実録』宣祖二七年五月辛丑《しんちゅう》）。それには、「日本は渺茫《びょうぼう》とはしているものの、みな天朝（明朝）の赤子《せきし》となろうとしている。しばしば朝鮮に託して伝達しようとしたが、朝鮮はそれを秘匿《ひとく》して伝えなかった。訴え出るにも訴えようがなく、恨みを飲むこと日を重ねた。恨みの種

を朝鮮に撒《ま》いたこともやむを得ないことであり、兵を用いたことも不当とはいえない」と、秀吉が中国を攻略しようとしたことなど微塵《みじん》も出さずに、日本が中国に朝貢することを朝鮮が邪魔《じゃま》したのだとして、戦争の責任を朝鮮に押しつけている。さらに降表の末尾で「これからは代々、藩籬《はんり》の臣下となり、永く海邦の貢物を捧げたい」と冊封と通貢の要求を掲げている。

秀吉を日本国王として冊封するか否か、万暦帝（本名は朱翊鈞《しゅよくきん》、在位一五七二―一六二〇）の判断は、揺れ動いた。しかし、このときマンチュリアではヌルハチが勢力を増し、朝鮮で日本と戦っている隙を突いて中国を攻める恐れがあった。そのため皇帝は冊封を進めるという判断を下し、先に遼東で待機していた忠俊を北京に召喚《しょうかん》し、日本側の真意を探らせることとした。

一五九五年一月十六日、一年半にもおよぶ歳月を費やして、惟敬に伴われて忠俊は北京に到着。二〇日に紫禁城《しきんじょう》午門《ごもん》東南に位置する闕左門《けっさもん》において拝謁《はいえつ》の儀式が行われた。しかし皇帝自身は、本人が風邪気味でしかも母の体調も悪いということを口実に、忠俊の前に姿を現すことはなかった。

一五九五年二月十五日、礼部は秀吉の冊封を要請した。『明実録』によれば、「豊臣平《たいらの》秀吉に皮弁冠服、紵絲《ちょし》などの項、および誥命《こうめい》・詔勅《しょうちょく》・印章を与えるように。先に小西飛は日本にはすでに国王がおらず、そのために秀吉の要請に基づき、礼部は封じて順化王とするように提案します」とある。皇帝はこの要請を認め、「平秀吉を日本国王に封じた」のである。なお小西飛とは、忠俊のこと。彼は小西姓を名乗ることを許され、飛騨守《ひだのかみ》の称号をもっていた。

秀吉を日本国王に封じる勅使《ちょくし》は、正月のうちに惟敬とともに北京を出立《しゅったつ》、四月に漢城に到達した。

惟敬は勅使に先行して、熊川の行長のもとに向かう。

勅使がまだ釜山に到着する前、惟敬は万暦二三年十月十六日の日付(一五九五年十一月十七日)を有する文書を、行長あてに出している。その文書には、一五九二年に両者が平壌郊外で初めて会談してからのちに重ね来た苦労を回顧《かいこ》したのちに、「大典(冊封を受けること)を賜わることは、まことに世にないことで、千載《せんざい》一時に奇しくも逢うのであり、全《まっと》うさせよう。本府(惟敬)と先鋒(行長)とが出会った交わりは、三生(前世・現世・来世)の交わりである」とのべ、まずは陣営を撤収して帰国し、冊封を行うために派遣された勅使を迎えることを要請している。もし間違いがあれば、「汝《なんじ》の罪といえども本府の罪である」とも述べ、惟敬と行長とが、それぞれ明朝皇帝と秀吉とに実情を秘匿《ひとく》するなかで講和を進めた共犯者であることを明言しているのである。

一五九五年十二月下旬に、勅使はようやく釜山に到着する。一五九六年二月十三日、惟敬は行長とともに、名護屋を目指して釜山を出立する。いよいよ敵国に乗り込もうとする沈は錦衣《きんい》をまとい、「調戢《ちょうしょう》両国」(両国の関係を調停する)と大書した旗が、船首にはためいていた。

沈惟敬と豊臣秀吉の会談

釜山で滞留していた勅使は、日本軍が完全には撤兵せず、朝鮮半島南部を依然として占領しようとしていることを知る。講和が虚偽のなかで進んでいることを知った正使の李宗城《りそうじょう》は、日本への渡海を拒み、ついに一五九六年四月三〇日の夜に、釜山から逃亡した。この正使逃亡という情報は、十日ほどのちに北京にもたらされる。朝議は紛糾《ふんきゅう》するものの、副使であった楊方亨《ようほうこう》を正使に格上げし、惟敬を副使として、秀吉を冊封するという上諭《じょうゆ》が、最終的に下された。すべてが惟敬の双肩に掛かることになる。

惟敬を日本にまで送り届けた小西行長は、釜山にもどる途上、壱岐《いき》沖で正使逃亡の報を受け、名護屋に引き返して惟敬と協議したあと、事態を収拾するために釜山へと出帆した。惟敬は秀吉に説明するために近畿に向かい、五月三〇日に堺に到着する。

六月十七日に堺から大坂を経由して伏見《ふしみ》に向かう沈の一行は、日本の陪従《ばいじゅう》を含めて約三〇〇名もの隊列を組んでいた。二〇人もの幡《のぼり》持《も》ちを先頭に、宝物を担ぐ者、管弦楽器を携える者が続き、馬上の惟敬は、明礼《みんれい》に則《のっと》った冠を頭に載せ、赤い唐織物に身をまとっていた。後には日傘を差した者が続き、金襴《きんらん》に帽子を被った明人が従っていたという(三木晴男氏が引用する『義演准后日記』より)。

惟敬が伏見に到着したのは六月二〇日。二二日に伏見城に秀吉を表敬訪問する。秀吉は大いに喜び饗宴《きょうえん》を催し、伏見城の七層の楼上に惟敬を案内したという。その眼下には当時は満々と水をたたえる巨椋池《おぐらいけ》が広がっていたはずである。一五九四年に着工された伏見城は、そもそも明からの使節を迎えるために建てられたもので、謁見用の千畳敷の広間が設けられ、金粉で飾られていた。

すべては順調に進んでいるようではあったが、まさにその日に不吉な前兆もあった。関西の広範囲に、灰が降ってきたのである。浅間山《あさまやま》の噴火と関連付けられることもあるが、当時の気象状況からそれはあり得ないともいう。

惟敬が伏見城で秀吉に面会しているころ、行長は正使に指名された楊方亨を伴い海上を名護屋に向かっており、六月二三日に名護屋に到着している。使節が行長らに伴われて堺に到着したのは、八月二七日である。そこで惟敬と合流する。ちょうどその日に、朝鮮の使節が釜山を出港していた。

明の使節が大坂に宿泊していた西暦九月四日から五日にかけての深夜、大地が激しく揺れた。伏見大地震である。神戸と京都のあいだに潜んでいた活断層が動いたもので、マグニチュード七の直下型地震、堺・大坂・伏見の震度は七程度であったと推定される。地震学者の三木晴男氏は、この大地震が惟敬の運命を変えた可能性があるとしている。

この夜、秀吉が滞在していた伏見城は倒壊、城内で六〇〇人ほどが圧死したとされる。秀吉のもとに軍勢を率いてはせ参じたのが、加藤清正であった。多くの敵を抱えた秀吉が、震災直後の混乱のなかで殺害されることを怖《おそ》れての処置であるが、子飼いの武将でなければ許されない行為でもあった。この一件で清正は秀吉に信任されることになったのである。行長をライバル視していた清正は、朝鮮の罪状を述べ立て、その使節を謁見することを拒否するように秀吉に進言したという。

十月九日、朝鮮の使節が堺に到着する。

十月二一日夕方、明の使節は堺を後にして、秀吉に謁見するために大坂に向かった。一行の隊列は、明朝からの下賜品《かしひん》を運ぶ隊伍《たいご》、二列に並んだ騎馬隊・歩兵隊と続き、管弦の吹奏楽隊などの楽隊が続く。

白く長いひげを伸ばし深紅の衣をまとった惟敬は、天蓋《てんがい》の開いた御輿《みこし》に乗って通過した。警護の日本人騎馬のあと、しばらく間をおいて、欧風の御輿に乗せられた明朝からの国書が進み、鮮黄色の旗のあとに「汝を日本国王に封じる」と大書した板が運ばれ、歩行の武者と騎馬、明朝の旗が続く。正使の楊方亨は、天蓋のない虎の皮で飾られた御輿に乗っていた。その後にも、大集団が付き従っていた(『十六・七世紀イエズス会日本報告集』第一期第二巻)。明の正使を引き連れた侠士・惟敬、その人生最高の見せ場であった。

翌二二日、大坂城で秀吉は明朝皇帝の詔諭《しょうゆ》を受け、日本国王に封じられた。秀吉は大いに喜び、翌日には宴会が催され、秀吉は下賜された明の衣冠を身につけて現れた。惟敬と行長が仕組んだ秀吉冊封は、成功したかにみえたが、実はそこに陥穽《かんせい》が口を開いていたのである。堺まで来ている朝鮮使節にも謁見の機会を与えるようにと、明の使節は求めたが、秀吉は認めようとはしなかったのである。

朝鮮使節の処遇をめぐり、惟敬が秀吉側と交渉するなかで、朝鮮と明朝が日本の陣営の撤去、日本軍の全面的撤退を求めていることを、秀吉が知ることになる。すでに清正から朝鮮の罪状を聴かされていた秀吉は激怒、すぐさま清正に朝鮮への出陣を命じたのである。一五九六年十月二六日、交渉は破綻《はたん》した。いわゆる慶長の役、丁酉倭乱がはじまる。

秀吉が明皇帝から下賜された衣冠（妙法院蔵）
京都国立博物館写真提供

「惟敬、秀吉毒殺」説

時代が下り十八世紀なかば、朝鮮の史家・李肯翊《りこうよく》が野史を集大成して著した歴史書『燃藜室記述《ねんれいしつきじゅつ》』に、「秀吉が薬で死す」とあるところから、画策が破れた惟敬が、秀吉を毒殺したという憶測が生まれた。この説は、秀吉が死去した一五九八年九月当時、惟敬が失策の責任を問われて獄中にあり、手出しできる状況ではなかったことを考えると、事実であったとは考えられない。

しかし、惟敬が伏見と大坂で秀吉と面談した際に、回春の薬をと乞われ、自作の丹薬《たんやく》を渡した可能性はある。当時の丹薬には、水銀などの劇物が含まれており、惟敬から得た薬を常用するうちに、秀吉が死去したという説も、歴史小説の題材としては面白いかも知れない。

万暦二七年九月二五日(西暦一五九九年十一月十二日)、皇帝の批准が出され、沈惟敬は斬首《ざんしゅ》、妻子は功臣の奴婢《ぬひ》に落とされ、親族は流刑となった。日本と中国とのあいだの国交は、ついに開かれることはなかった。

⊙参考文献

三木晴男『小西行長と沈惟敬――文禄の役、伏見地震、そして慶長の役』(日本図書刊行会、一九九七年)

上田信『シナ海域蜃気楼王国の興亡』(講談社、二〇一三年)

城地孝「沈惟敬再論」(『文化学年報』六六、二〇一七年)

鄭潔西『跨境人員、情報網絡、封貢危機――万暦朝鮮戦争与十六世紀末的東亜』(上海交通大学出版社、二〇一七年)

「流賊」前の李自成と張献忠

…りじせいとちょうけんちゅう…

吉尾　寛

十六世紀、十七世紀の明末清初期の史料において、「游民《ゆうみん》」、「無頼《ぶらい》」という言葉はいわゆるアウトローを意味する。この時代、経済先進地区の長江下流デルタ地帯では、無頼が、奴僕《ぬぼく》とともに王朝交替下の郷紳《きょうしん》（官僚経験者、現職官僚および学生の郷里における呼称）を軸とする地域社会の秩序を揺さぶる一方、その郷紳の威勢に依りつつ運送業などを行い、州・県・市鎮《しちん》等に根付いて独自に生活の場を築いていく。

ここに取り上げる李自成《りじせい》、張献忠《ちょうけんちゅう》もまた「游民」と称された。彼らは西北の辺境の地、陝西《せんせい》北部延安府《えんあんふ》で同じ年（明・万暦《ばんれき》三四〔一六〇六〕年）に生まれ、その後も共に、華北を中心に「流賊《りゅうぞく》」（広域的流動戦闘を展開した反乱集団）として十数年に渉《わた》って悪徳郷紳、さらに明朝そのものに怒りの一撃を加えた。かかる二人の行動は、古典的な游民の姿にもみえるが、しかしながら紛れもなく明末の遊民の「俠」（果敢に為政者や権威者の腐敗や悪行にたち向かい、貧しき者や弱き者を救済する）の表現であった。

ところで、李自成は「迎闖王《ちんおう》、不納粮《のうりょう》（李自成を迎えれば税は収める必要なし）」等のスローガンを掲げ、一六四四年三月、明朝中央を倒壊させたのに対し、張献忠は大胆な偽投降も辞せず、また四川《しせん》の政権を放棄する際に士紳《しんし》数千人を含む大量殺戮《さつりく》を行った。つまり、二人の行動の差異も多く、これまで主にその差異に眼が向けられてきた。

本稿では、誕生年、出世地を同じくする李自成と張献忠がまだ流賊《りゅうぞく》でなかった頃の二人の行動、環境に焦点をあてて具体的に紹介し、そこに共通に見られる彼らの游民としての個性を手がかりに明末の「侠」がいかなる時代的原基を具えていたものなのか、大きくとらえてみたいと思う。末尾に関係略年表を掲載した。以下、必ずしも時系列に則《のっと》って述べていないので適宜ご参照いただきたい。

農民と兵士が交わり暮らす誕生の地——延安

李自成と張献忠の郷里(米脂《べいし》県と膚施《ふし》県)を管轄する陝西延安府の地は、明末十七世紀、黄土《こうど》高原の痩土《そうど》に干暑《かんしょ》、極寒の悪天候が次々と重くのしかかり、農民は屢々《たびたび》深刻な旱魃《かんばつ》にみまわれた。人間の生活を拒むかに見えるこの地方は、一方で延綏鎮《えんすいちん》等々辺境の防衛地帯に接していたため、兵餉《へいしょう》用の米糧《べいりょう》を隣の山西省より運びこむ商人が、同時に農民の生活物資をもたらす活動が見られた。かかる状況の下で、延安府北部の農民は交易の場等で兵士との交わりを深めていった。彼らの生活は自然災害もさることながら、軍事・政治の悪化を受けていよいよ不安定になり、天啓《てんけい》年間(一六二一〜二七年)には兵餉の滞りによって兵変が頻発《ひんぱつ》するとともに、兵士率いる農民の打ちこわし事件が頻発する。

強靱な肉体と武芸への憧憬

李自成は、一六〇六(万暦三四)年八月二一日に延安府米脂県李継遷寨《りけいせんさい》(現在の楡林《ゆりん》市横山《おうざん》区)に生まれ、幼名を鴻基《こうき》といい、自成は成人の後自ら付けた名前と言われている(晁中辰著『李自成』『歴史争議人物』〔五〕台湾・文津出版社、一九九四年。なお本稿では便宜上、李自成、張献忠ともに幼名を用いない)。史料の多くは、その誕生(万暦三四年八月二一日)の次に私塾《しじゅく》への入学について記している。例えば、計六奇《けいろくき》撰『明季北略《みんきほくりゃく》』巻五「崇禎《すうてい》二年己巳李自成起」によれば、八歳で村の私塾に通い始めた鴻基(自成)は、聡明さはあったものの静かに勉強することを嫌い、機会があれば塾の門を出て友達と力較べや拳闘《けんとう》に夢中になる子供であった。父親も塾の教師もその行動を次第に止められなくなる。

十六歳の時、李自成は家出を決行し、延安府の退役軍官羅《ら》嚢《のう》に師事して本格的に武芸を習い始める。厳しい修業に励む彼であったが、まもなく父親に連れ戻される。しかし、息子の意志の堅さに折れ、父親は羅嚢を自ら米脂県の家に招き、修業が再開される。李自成は、兄鴻名《こうめい》の子で同年の李過《りか》らとともに、嚢の忍耐強い指導の下めきめきと武芸の腕を

李自成行宮と李自成の銅像　四川省米脂県。　Alamy提供

上げていった。実際、李自成は立派な体格をそなえ、腕力も強く、馬を追えるほどの脚力をもつ青年に成長する。姿形は古画の鍾馗《しょうき》。低い鼻、高い頬骨、顔の奥から放たれる眼光は稲妻の様と伝えられている。

李自成が生まれて一月も立たたぬ同年九月十八日、張献忠が延安府膚施県柳樹澗《りゅうじゅかん》(現在の楡林市定《てい》辺《へん》県)で生まれる。実は、彼の流賊に投身する前の行状について記す史料は多くなく、日本でもあまり知られていない。その中で、日本で公蔵されていない史料も用い実証的に書かれた余同元著『張献忠』(『歴史争議人物』(六)台湾・文津出版社、一九九四年)は、紹介する史実も多く示唆に富む。余氏によれば、献忠は、五歳で(万暦三九年)父親によって膚施県金明駅《きんめいえき》東土橋《とうどきょう》に送られ林姓の先生に就いて勉強を始める。献忠というのはこの時教師が付けた名前であった。そして、張献忠もまた成長すると、身体頑丈堂々たるもので、顔は面長、土色に痩《や》け、声は雷のように響き、動きは素早く力強く、このことから彼は、軍隊に入り将領になるまで屡々「黄虎」と呼ばれた。

社会悪への憎悪

武芸の真似事《まねごと》に興じていた頃から李自成には、世の中の社会悪に対する挑戦的な姿勢がそなわっていた。ある日、彼はこう豪語した。

この世の中、賄賂《わいろ》が公然と行われているが、賄賂に関わる文官、武官皆学問を積んだ者だ。我らはろくに勉強もしていないが、賄賂を贈ろうなどとは思わない、どうしてそんな人生を望む必要があろう！

（『明季北略』「李自成起」）

張献忠像
（四川省梓潼県の張献忠家廟）
ユニフォトプレス提供

この傾向は、家の没落を懸命にくいとめようとする彼の行動によって愈々《ますます》強まっていった。

養馬戸《ようばこ》とも里長戸とも伝えられる李自成の家は、元々は徭役《ようえき》負担に責任を負う富農であった（佐藤文俊著『李自成』（「世界史リブレット」人　〇四一（山川出版社、二〇一五年）に詳しい）。明末、国家の日増しに激しくなる苛斂誅求《かれんちゅうきゅう》は、彼の家を父の代で大きく傾かせた。李自成は十歳を過ぎた頃、家計を助けるため郷里の艾家《がいけ》の牧童となる。艾家は、主人が科挙《かきょ》の挙人《きょじん》の資格をもち、「郷曲《きょうきょく》に武断せる」郷紳の一族であった。時に自成は羊泥棒の嫌疑をかけられ、艾家の者に全身鱗《うろこ》になるまで打ち据えられる。

兄は自成が三歳の時既に病死し、十三歳の時母親が、十八歳の時に武芸修得への道を開いてくれた父親も他界する。父親が亡くなり生活がいよいよ逼迫《ひっぱく》すると、彼は高利と知りながらついに艾家より金を借りる。ある日厳しい取り立てに耐えかねた自成は、返済の遅延を求めるべく艾家に赴くが、逆に柱に縛られて何日も物を食べられないリンチにあう。

張献忠についても、十一歳(一六一六〔万暦四四〕年)の頃に、ある土地の有力者を憎悪する鮮烈な記憶が刻まれる。余同元氏は顧公燮《ここうしょう》撰『消夏閑記摘抄《しょうかかんきてきしょう》』、彭遵泗《ほうじゅんし》撰『蜀碧《しょくへき》』等にもとづいて次のように述べている。

張献忠は社学《しゃがく》(村の学校)に上がってから、父親張快《ちょうかい》に付いて四川省の内江《ないこう》県まで棗《なつめ》を売りに行くことがあった。陝西の延安から四川の内江まで行くには、渭水《いすい》を渡り、秦嶺《しんれい》を越え、漢中の山々を抜け、さらに漢水を渡り、巴山《はざん》を越え、また嘉陵江《かりょうこう》を渡る。それから成都、資陽と南下しやっと内江にたどり着くことができる。

ある日、張献忠と父親張快はラバを走らせて内江のある金持ちの門前に至った。道中の疲れが出て休息する必要があったのであろう、彼らは急いでラバを門前の石坊の柱に繋《つな》ぐと、すぐに休める場所を探しに行った。この時、事もあろうにラバが、所構わず大小の便をする習性から、門前の石柱の上に排便をしてしまった。金持ちの家の者は烈火の如く怒り、張快を引っ張り出して酷《ひど》く叩いただけでなく、大声で脅して張快に柱についたラバの糞を両手で拭きとらせたのである。張献忠は傍らで怒りで全身を震わせ、相手をにらみつけ、歯を咬みしめ、拳を握りしめていた。自分一人だったので復讐の炎を押し殺してその場を離れざるを得なかったが、心でこう誓いを立てたのだった。

この次来た時は必ずおまえたちのような、勢いに任せて人をいじめる犬コロは全員殺してやる!

（一説に、彼は後年四川に兵を進めた時内江で報復したと。余書）

犯罪者としての影

自成は二一歳を過ぎた頃から銀川駅《ぎんせん》（米脂県）の馬夫の仕事にも従事するようになる。一年余りたった時、世話をする騎馬《きば》が立て続けに死んでその弁償を迫られ、かつ送るべき公文書を紛失してしまう。不幸は重なり、李自成は衙役《がやく》（役人）に強姦された妻を逆上して殺害してしまい、ついに投獄される。艾家の主人はこの時とばかり米脂県の知県を唆《そそのか》し獄中で自成を殺害しようと図る。だが、衙役には李自成に同情する者が多く、逆に自成は彼らの助けを得て脱獄に成功。李自成は、真っ先に艾家の主人を殺し、甥の李過とともに郷里から逃亡したのである。時に一六二八（崇禎《すうてい》元）年、李自成二三歳のことであった。

片や張献忠は、父が四川内江で屈辱を受けた前後、凡そ六歳から十六歳にかけて社学で勉強する。『明季北略』巻七「崇禎四年辛未《しんび》　張献忠起」によれば、張献忠は二度学校に上がっている。一回目の時、学友と喧嘩《けんか》となり、彼は「子どもながら驚くべき力をもち」、また性格が粗暴であったため、全く手加減せず拳一発で相手を死なせてしまう。父親張快は非常に怒って彼を家から追い出し、学校を辞めさせた。家を追い出され、ほどなくして、張献忠は、「文を知りて勇」を理由に人の養子となり、養父の助けで再び学校に入る。だが、二度目の学校においても、張献忠は依然武闘を好む性格を改めることができず、かつ前後して二人の級友を殴り殺す惨劇を引き起こす。これにより、彼は再び学校を辞めさせられる。

献忠が勉強を放棄せざるを得なくなった理由には、家庭の崩壊もあったとみられる。家業については諸説あるが、一説に、張献忠が学校で同舎の学友を殴って死なせ、家の財産は全て賠償金に当てられ、家はこれにより破産していき、もはや学校に上がるお金も無くなったと(『明季北略』「張献忠起」)。また一説に、張献忠の父親張快と母親沈氏《ちんし》は屠殺業《とさつぎょう》と酒売りを営んで破産したことにより、世を怨《うら》み急事に悩んだ末、揃って病気になり、そのままこの世を後にした。このことによって張献忠は寄る辺なき孤児となり、学校に上がるなど夢のまた夢となったと(余書)。

子供同士の喧嘩とは言え、三人を殺《あや》めた張献忠には、この頃から罪を犯した者の後戻りできない影が付いていったと思われる。十七歳の時であった。

辺境に望みをつなぐ

一六七三(康熙《こうき》十二)年刊『延綏鎮志《えんすいちんし》』巻五によれば、両親を失っていよいよ自力で生活の道を開かねばならなくなった張献忠は、延安府で捕快手《ほかいしゅ》になる。捕快とは元々府県の役所の佐雑官で、主な任務は罪人の逮捕を助け地方の治安を守ることであった。しかしながら、当時の陝西北部は災害が毎年続き、悪事を為し法を犯す者はいくら捕まえても後を絶たず、役所の仕事とはいえ捕快手の生活は、危険に満ち溢れる上、決して一般の人々より良くはなかった。

張献忠が延安府で捕快手であった時間は長くなかった。文も武もある豪傑と日頃から自負していた彼においては、ほどなく志と違うことに気づき、ある時独り太股《ふともも》を叩いてこう嘆いた。

ああ、りっぱな男が長く人の下に居られるか?!

日常的に上司から圧迫を受け、同僚からも除け者扱いされるようになると(余書)、きっぱりとそこを去り、自ら延綏鎮に向かい、辺兵としての生活を始める。一六二三(天啓《てんけい》三)年、十八歳の時である。

その六年後の一六二九(崇禎二)年、郷里で艾家の主人を殺した李自成も甥の過とともに、より辺境の甘粛省《かんしゅくしょう》に至って辺防を担う傭兵《ようへい》となる。

そして流賊へ

一六二九(崇禎二)年十月、東北の満洲族《まんしゅうぞく》が北京に迫るという大事件が起こる。明朝中央は全国の官軍に北京への結集(「勤兵《きんぺい》」)を命じ、西北の各辺鎮もこれに応ぜざるを得なくなる。『明季北略』「李自成起」によれば、この年十二月、李自成も甘粛鎮巡撫《じゅんぶ》梅之煥《ばいのかん》配下の部将の行軍に参加する。しかし、途中甘粛金県で、受け入れを拒否した知事に自分の部下を含む兵士らが腹を立て、騒ぎとなる。この時部下が処罰されたことに激怒した自成は、兼ねてから配下の略奪を黙認する自分の上司を殺害してしまう。元々兵餉欠配の問題を抱えていた部隊はこれがきっかけとなって兵変を起こし、ついに李自成は、一六三〇(崇禎三)年初頭、二三歳の頃、王嘉胤《おうかいん》を中心に結集しようとしていた流賊に身を投じていく。

『平寇志《へいこうし》』巻十二は、張献忠の辺兵としての行状を詳しく述べている。彼は先ず、延綏鎮総兵官の王威《おうい》の部隊に入る。気が盛んで何ものも眼中になく、上下、周りの者は、猛々《たけだけ》しさと傲慢《ごうまん》さがにじみ出るその本性を恐れ、また嫉《ねた》み恨《うら》んだという。ただ同書はこのようにも記している。辺兵になった初めの頃の張献忠は「自ら軍隊に入り、果敢《かかん》に戦い、辺境で手柄《てがら》を立てれば、多く金を得て、産を畜《たくわ》うるを以て自ら豪たり」という状況であった。この事がたちまち隣人の欲の眼に留まり、少なからぬ人が彼から金を借り、県衙門の下役人までも多く彼を脅して強請《ゆす》りとり、少しでも処罰されればたちまち逆に献忠を官府に訴えて脅迫した。

時に彼の「同族が盗賊になった」という知らせが入る。借金を申し込んで断られた小者の中からこそとばかりに訴える者がでて、処罰された県衙門の下役人もこれを口実に報復しようとして、ついに張献忠は取り押さえられ、自供を迫られる。

献忠にとっては、財富と権勢がかくも人を冷酷無情なものに変えるとは想いもよらず、以前の傲慢さや猛々しさは全て憤《いきどお》りに変わり、屈辱の怒りの炎が訳も無く彼の胸の中から衝《つ》き上がった。骨の髄《ずい》までしみこんだ恨みは、支離滅裂《しりめつれつ》になりながらも次のような叫び声となった。

――財富は自分が戦場で血と汗を引き換えに得たものだ、おまえたち如き畜生にどうしておれが捕《つか》まえられねばならない！　族人が強盗になったことは自分と何の関係もない、なぜ自分に罪を科そうとするのか！　おまえたちのように拷問にかけて冤罪《えんざい》に陥れるのは、おれさまに盗賊になれと迫るようなものだ、そのことだけは明らかだ！

この罵《ののし》りの一言によって、県官は彼の行為を淫掠罪《いんりょうざい》と決し、死刑判決を下した。張献忠と一緒に死刑に処されるものは十八人いたが、無慈悲にも上司王威は全員の衣類を剥《は》ぎ刑の執行を命じた。この決定的な時に副将陳《ちん》洪範《こうはん》が馬を飛ばしてやってきた、献忠は自分がこのようなことで命が絶たれることに納得できず、冤罪《えんざい》を叫んだ。陳洪範はざっと死刑囚を見るや、最後に縛られていた献忠に眼を止めた。献忠の若いが逞しい容姿が並ではないと見て、その場で王威に彼を釈放するよう願った。結果同犯十七人は全て処刑されたが、一人献忠だけは鞭《むち》百回で釈放された。張献忠は、その後上等の楠木《くすのき》で陳洪範の木像を彫らせ長く身につけ、その恩を忘れなかったという。

李自成・張献忠の割拠範囲

（1644〔崇禎17〕年）（李文治『晩明民変』より、筆者作成）

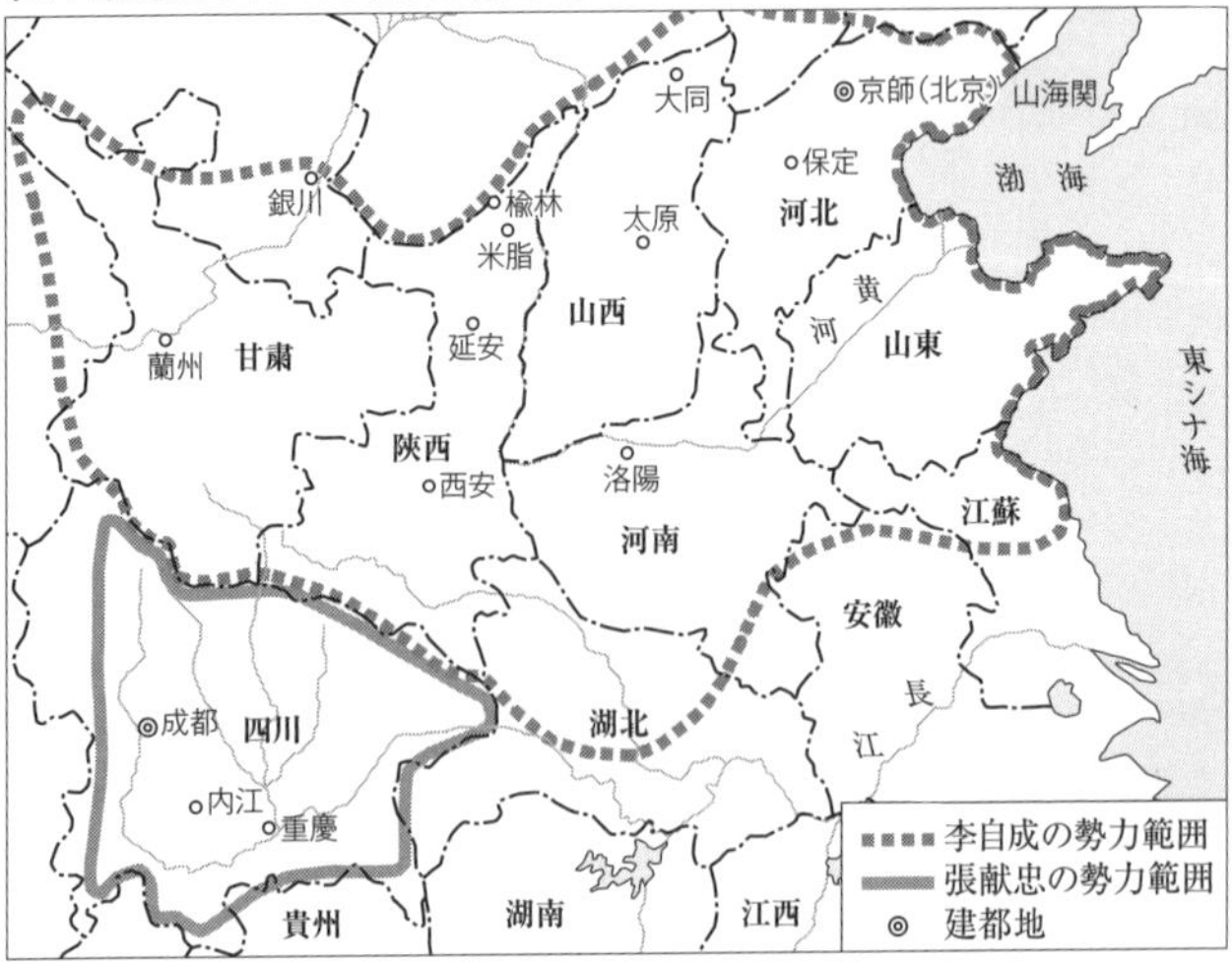

結局、張献忠は王威の軍から逃亡し、一時延綏巡撫洪承疇《こうしょうちゅう》の軍に入り頭角を現すが、密かに独自に勢力を張るようになり、兵変を起こした後、流賊に加わる。二二歳の頃である。

一六三一（崇禎四）年、流賊集団は「三十六営」と号して陝西省から山西省にかけて勢力を拡大する。その時「三十六営」の中の「闖王《ちんおう》」高迎祥《こうげいしょう》の部将「闖将」として李自成は活動していた。他方、張献忠は既に「西営八大王」と称して自軍を率い、「三十六営」において高迎祥とともに「大将」と称して領袖《りょうしゅう》の一角を担っていた。ともに二五歳の時である。

明末の游民の個性と「俠」

李自成、張献忠は、農民と兵士が日常的に交わって暮らし、生き抜くための〈武〉（強靱な身体、武芸）に強く共鳴する環境のなかで生まれ育った。しかし、そのことは、彼らが共に郷里で、そして辺境の軍営において――たとえ過失の行為であれ、また社会的に非道をなす者が己を傷つけたことへの報復であれ――、犯罪者となる道をも開くことになった。筆者は、二人がいずれも犯罪者の〈影〉をもち、かつそれを自らの〈武〉に依って振り切って生きようとする姿に、彼らのこの時代の游民の個性、また「俠」の原基が見えるように思う。

その背景には、辺境の攻防に明けくれる特殊な生活環境とともに、中国の民間武装と、いわば民の〈武〉の文化の当代における拡がりがあると考える。当時の地域社会においては、さまざまな反乱集団（「土賊《どぞく》」等）が活動する一方で、それに対抗しようとする「郷兵《きょうへい》」「義軍《ぎぐん》」等の自主防衛組織も全国で多数出現した。そして、広域的に動く李自成や張献忠ら流賊の下に集まる各地の領袖《りょうしゅう》は、「一《いち》条青《じょうせい》」、「曹操《そうそう》」等々当時説書《せっしょ》（講談）等で民間に流布していた『水滸伝《すいこでん》』『三国志』などの英雄たちの呼称を自らの綽名《あだな》に用いていた（末尾「年表」を参照されたい）。

こうした〈武〉を媒介《ばいかい》にして流賊には早くから互いに兄弟と呼ぶ習慣が根付いていく。『明季北略』「李自成起」には、自成が辺兵の頃、「膂力《りょりょく》人を絶し騎射を善く」すると評判の馬賊《ばぞく》「闖王」「高如岳《こうじょがく》」（高迎祥のことか）と遭遇。時に「昔から好漢は好漢と知り合うもの、見ればおまえは並の風格ではない」、「これからは艱難《かんなん》あれば互いに助け合い、富貴を共にしよう」と兄弟の契りを結び、朝まで酒を酌み交わした、とある。実際、流賊の中では戦利品の分配、集団の領袖の綽名の継承等々について「衆議」が重んじられた。そして、張献忠の集団においてはその兄弟的関係を、各地で吸収した文人本来の資質をそなえる郷紳との間にも築こうとした（拙書『明末の流賊反乱と地域社会』汲古書院　二〇〇一年）。

総じて、明末の民衆は、李自成、張献忠の游民としての個性――自分の〈武〉に依って生き、悪も憎むが人も危めるネガティブな犯罪者の側面を承知した上で、彼らが同時に〈武〉を媒介に兄弟的対等的人間関係を社会的指導層にまで及んで拡大し、そこに「俠」の全面発現――王朝権力への反抗と人民救済の志向をとらえたが故に、李自成、張献忠に時代の閉塞状況の突破を託したのではないであろうか。

❖李自成・張献忠関係略年表（起義参加前を中心に）

※年齢は一部推定のものもある。本文を参照されたい。

元号年	西暦年	年齢	李自成	張献忠
万暦三四	一六〇六	一歳	八月二一日、中国西北の陝西延安府米脂県の山村（李継遷寨）に生まれる	九月十八日、延安府膚施県柳樹澗（現在の陝西省定辺県柳樹澗張荘）に生まれる
	一六〇八	三歳	兄、病死	
万暦三八	一六一一	六歳		父張快に膚施県金明駅東土橋に送られ林姓の先生に付いて読み書きを始める。この時「献忠」の名を付けられる
	一六一二	七歳		村の社学に通いはじめる
万暦四〇	一六一三	八歳	村の私塾に通いはじめる	
万暦四一	一六一四	九歳		父に付いて棗を売るため四川内江県に屢々行く。ある日当地の富家から父親が暴行、侮辱されるのを目の当たりにする
	一六一五	十歳	家計を助けるため郷紳（挙人）艾某の家の牧童となる	
	一六一七	十一歳		学友を殴って死なせ、社学をやめさせられる。父、家から追い出す
	一六一八	十三歳	母石氏（金氏、呂氏の説あり）、他界	
	一六一九	十四歳		別の家の養子となり、養父の助けで再び社学に通う
	一六二〇	十五歳		家、益々貧窮す
天啓元	一六二一	十六歳	延安府の退役軍官羅曩に師事し、武芸を習いはじめる	父・母、破産を思い悩んだ末病死。献忠、身内を全て失う。献忠、再度社学の学友を殴って死なせる
	一六二二	十七歳		社学を退学した後、延安府の「捕快手」に雇われる

天啓三	一六二三	十八歳	父李守忠、他界。自成、身内を全て失う	捕快手の仕事をやめて延綏鎮に赴き、総兵王威の下で辺兵となる
天啓四	一六二四	十九歳		冤罪を科せられて死刑に処されるところ、同鎮参将陳洪範に救われる
	一六二五	二〇歳		王威の部隊から逃亡し、延綏巡撫洪承疇の標兵となる
	一六二六	二一歳	米脂県の銀川駅の馬夫の仕事に従事	辺防で度々手柄を立て、洪承疇より旗手に抜擢される
	一六二七	二二歳		軍中で仲間を集めて密かに勢力を拡げ、兵変を起こす
崇禎元	一六二八	二三歳	誤って妻を死なせた罪で投獄される。獄中で殺されるところを脱獄し、謀主艾某を殺害する	辺兵を率いて反乱軍最強の領袖、王嘉胤の下に入り、「八大王」と呼ばれる
			さらに甥の李過と郷里から逃亡し、甘粛に至り傭兵となる	
崇禎三	一六三〇	二五歳	「流賊」に身を投ず	「西営八大王」と称して、自軍を率いる
崇禎四	一六三一	二六歳	流賊「闖王」高迎祥の配下に入って「闖将」を名乗り、勢力を拡大する	王嘉胤の官署(山西河曲県)設置にあたり、高迎祥と共に「大将」と称して、その後「三十六営」※の一角を担う ※「闖王」「闖将(李自成)」「老回回」「曹操」「八大王(張献忠)」「過天星」「九条龍」「掃地王」「張妙手」「四天王」「射場天」「闖場天」等

〈以下は、陝西北部を離れてからの主な活動〉

崇禎八	一六三五	三一歳	流賊「十三家七十二営二三十万」※、河南の滎陽に結集(「滎陽大会」)。直後に安徽鳳陽の皇陵を焼く ※「闖王」「李自成」「老回回」「革里眼」「左金王」「曹操」「八大王(張献忠)」「過天星」「九条龍」「射場天」「混十萬」「改世王」「順天王」等

崇禎十	一六三七	三二歳	流賊「十五家」※を結集 ※「李自成」「老回回」「革里眼」「左金王」「曹操」「一丈青」「一条龍」「八大王（張献忠）」「過天星」「九条龍」「射塌天」「改世王」「順天王」等	
	一六三八	三三歳	明軍に大敗し、側近「十八騎」と陝南山中に逃れる	献忠、明朝の招撫策に応じ、湖北襄陽穀城で偽投降する
崇禎十二	一六三九	三四歳	河南で地方の反乱集団を糾合するとともに、「均田免糧」等のスローガンを掲げて勢力を回復、拡大	再度蜂起し、四川にかけて大流動作戦を敢行。明朝の実質最後の反撃網（「四正六隅」）を破る
崇禎十四	一六四一	三六歳	一月、河南洛陽を陥れ、皇族福王を殺す	湖北襄陽を陥れ、襄王を殺す
崇禎十六	一六四三	三八歳	五月、湖北襄陽で新順王を名乗り、政権を樹立	五月、湖北武昌で大西王を名乗り、政権を樹立
崇禎十七 （甲申）	一六四四	三九歳	一月、西安で皇帝を称し、大順政権を樹立 三月、北京を陥れて明朝中央を倒壊させる 五月、満州族清軍の長城突破を許し、皇帝として即位後西安に撤退	八月、四川成都で大西皇帝として即位 十二月、大西政権の下、科挙を実施
順治二 （乙酉）	一六四五	四〇歳	四月（或は閏六月）、湖北九宮山（武昌府通山県）で殺される	清軍の南下が続く中、北上して清に対抗することを決め、その際科挙実施を掲げ（「特科」）、成都に集まった多数の士紳を殺害
順治三	一六四六	四一歳		十二月、四川鳳凰山（順慶府西充県）で殺される

海の軍閥を創始した梟雄

鄭芝龍

…ていしりゅう…

上田 信

鄭芝龍《ていしりゅう》(一六〇四―六一)は、シナ海域の軍閥《ぐんばつ》の頭目。王直《おうちょく》(?―一五六〇)から約一世紀後、福建で生まれた。十八歳のときにマカオに赴き、海商の路に進む。一六二三年に朱印船《しゅいんせん》貿易の拠点であった平戸に渡り、そこで日本人女性とのあいだに子をもうけた。のちの鄭成功《ていせいこう》(一六二四―六二)である。

芝龍は、中国系海商の頭目となって船団を組織化し、台湾の拠点を拡充する。一六二八年に明朝の遊撃《ゆうげき》という官職に任命されると、中国沿岸で海賊を続けていたかつての仲間を討伐し、中国における立場を強固なものとした。オランダ東インド会社を軍事力で圧倒する。

一六四四年に明朝から清朝《しんちょう》に交替すると、明朝の亡命政権を擁立《ようりつ》した。一六四六年に子の成功らと別れ、清朝に投降。芝龍は清朝から子の懐柔《かいじゅう》を命じられるが、成功がこれに応じなかったため北京で処刑された。

世界史のなかの鄭芝龍

国姓爺《こくせんや》・鄭成功の父として、鄭芝龍は記憶される。成功が明朝復興を目指して清朝と戦った忠義の英雄、台湾からオランダ勢力を駆逐《くちく》した民族の英雄として讃えられるのに対し、父の芝龍は清朝に寝返った不忠な海賊と評価されることが多い。しかし、子に父を対比させず、芝龍の一生を世界史のなかで俯瞰《ふかん》してみると、十六世紀なかばに王直が確立したシナ海域の秩序を再構築し、西欧の侵攻に対抗しうる海上の軍閥を創始したと評価することが可能であろう。

王直の死後、明朝の海禁《かいきん》は緩和されたものの、日本との直接の交易は依然として厳禁されていた。戦国時代の日本では、西国の大名が火薬の原料となる硝石《しょうせき》を入手するため、また中国の物産を輸入するために、マカオに拠点を置いたポルトガル人、マニラを植民地としたスペイン人との関係を深めた。いわゆる「南蛮人《なんばんじん》」と信頼関係を構築するために、洗礼《せんれい》を受けてカトリックに帰依《きえ》する者も少なくなかった。その代表として、王直を介して明朝との朝貢関係を確立し、互市《ごし》を行おうとして失敗した大友義鎮《おおともよししげ》（宗麟《そうりん》、一五三〇―八七）が挙げられよう。中国と交易するという計画が、王直が逮捕・処刑されたことで頓挫《とんざ》すると、東南アジアに目を向ける。一五七〇年代にはカンボジアとの国交を開き、貿易を展開しようと試みている。さらに一五七八年には、みずから洗礼を受けている。

十六世紀末から十七世紀前半にかけて、東アジア最大の政治的課題は、国力が衰えて朝貢体制を維持することが困難になったにもかかわらず、朝貢の枠内に互市を押しとどめようとする明朝の対外政策であった。豊臣秀吉《とよとみひでよし》（一五三七―九八）は日本国内の統一を成し遂げると、石見《いわみ》銀山を所有していた毛利氏を五大老の筆頭として厚遇《こうぐう》し、石見銀山から生産される銀を手に入れる。その経済力を背景に、明朝の門戸《もんこ》をこじ開けることを目的に、朝鮮に対する侵略戦争を一五九二年に始めた。

秀吉が仕掛けた戦争が休戦に入り、朝貢と互市をめぐる交渉が行われていた一五九五年、オランダのアムステルダムから四隻の帆船《はんせん》が、シナ海域を目指して出港、十五ヶ月を要してジャワ島西部のバンテンに到着した。乗組員の多くを失い、一隻を捨てた艦隊は、一五九七年にオランダに戻る。持ち帰った物産を売却したところ、出資者に利益をもたらした。

北海沿岸各地の都市に拠点を置くオランダの複数の貿易会社は、アジアとの交易を持続的に経営するために、世界初の株式会社である連合東インド会社(略称VOC、通称はオランダ東インド会社)を、一六〇二年に成立させる。一六〇三年十二月に十二隻の船隊が、オランダを出帆した。ポルトガルとスペインが独占していたシナ海域における交易に、新たな勢力が参入してきたのである。

秀吉の侵略戦争は、結局、日中間の交易に路を開くことはなかった。日本の銀と中国の生糸を大宗《たいそう》とするアジアの国際貿易は、東南アジアの諸港と日本とのあいだを行き交う商船が担うことになった。徳川家康《とくがわいえやす》(一五四二―一六一六)は関ヶ原の合戦に勝利すると、すぐさま石見銀山を毛利家から接収し直轄領とする。銀を掌握した家康は、日中間の中継貿易に従事していた長崎・京都・堺などの商人、平戸に拠点を置いていた福建《ふっけん》系海商、新たに参入してきたオランダ人に、海外渡航許可証である朱印状《しゅいんじょう》を発給し、海外貿易を統制した。

日本国内では中国船ジャンクの本体に、西欧船の擬装《ぎそう》を備え、さらに和船の櫓《ろ》を加えた折衷型《せっちゅうがた》の朱印船が建造され、東南アジア各地で交易を行った。海外に住む日本人も多く、ヴェトナムのホイアンやアユタヤなどに日本人町が生まれている。そこで中国から赴いた海商と、取り引きを行ったのである。

鄭芝龍が生まれた年は、ちょうどこうしたアジア海域史の転換期であった。

海商／海賊の頭目

一六〇四年、鄭芝龍は福建省泉州府南安県の石井鎮《せきせいちん》で生まれた。長男であったので、福建の慣習に従い、「一官」と呼ばれていた。この地は山が海へと迫り、棚田《たなだ》が丘陵から海岸にまで広がっている。丘の上から見下ろすと、沖合には多くの船が行き交っていた。農業だけでは生計を立てることは難しい。商業に活路を見いだす進取の気風は、そうした風土に根ざす。

野史《やし》の一つ『東南紀事』によると、芝龍の父、鄭紹祖《ていしょうそ》は泉州府の「庫吏《こり》」すなわち倉庫の管理を司る小役人を務めていたという。倉庫は府の長官の宿舎の近くにあり、芝龍が十歳のときに父の職場の近くで石を投げて遊んでいたら、府知事の蔡善継《さいぜんけい》の額に当たってしまった。その犯人を捕まえてみると、面構えが凡庸《ぼんよう》ではない。蔡は「この小わっぱ、なかなか大物だわい」といって、釈放した。この知府とは、のちに芝龍の人生に関わりをもつことになる。

華中・華南では、宗族《そうぞく》とよばれる父系の親族集団が地域社会の単位となっている。父方の親族は子弟を科挙《かきょ》に合格させて、宗族を引き立ててもらうために、子弟の教育を支援する。一方、母方の親族は、子どもを個人的にサポートすることが多い。科挙に向けた勉学に身の入らなかった芝龍は、一六二一年、狭い石井鎮を飛び出した。海商として成功していた母方の舅父《おじ》黄程《こうてい》を頼って、広東の香山澳《こうざんおう》に向かう。「澳」とは船舶が係留《けいりゅう》できる天然の入り江を意味し、華中・華南の沿海地域の地名に多く見られる。香山澳はマカオ近郊の入り江の一つである。

王直が処刑されたあと、シナ海域の勢力図に大きな変化が見られた。十六世紀前半期にポルトガル人も訪れていた貿易港・月港を管理するため、一五六六年に海澄《かいちょう》県が新設された。一五六七年にこの海澄での通商（互市）が公認されると、中国海商は徽州《きしゅう》グループから、福建南部出身の商人によって構成される安平《あんぺい》グループへと交替した。安平商人の商圏は、江南の南京《ナンキン》や蘇州《そしゅう》・杭州《こうしゅう》、さらには大運河の要衝である臨清《りんせい》に及んでいた。また、日本の長崎・平戸、東南アジアの諸港にもネットワークを張り巡らせていたのである。中国の拠点が、芝龍が赴いたマカオであった。

マカオにはポルトガルの居留地が置かれており、当時はポルトガル人のほかにスペイン人も来航していた。芝龍はそこで一年ほど海商としての手ほどきを受け、交易に必要なポルトガル語を習得し、西欧人と信頼関係を築くためにキリスト教に改宗した。洗礼名はニコラス＝ガスパルドという。一六二三年におそらく舅父《おじ》が仕立てた交易船に乗り組み、平戸に渡った。

当時の平戸で華人系商人を束ねていたのは、福建南部出身の李旦《りたん》という名の海商かつ海賊であった。李はマニラで財を築いたとされる。スペイン当局が勢力をもちすぎた中国人を警戒し、一六〇三年にマニラで大虐殺《だいぎゃくさつ》を行った際に、別天地を求めて日本に渡った。江戸幕府から発行される朱印状を獲得し、日本を拠点に東南アジアとの交易に従事する。マニラで洗礼を受けていたのであろう、洗礼名はアンドレア＝ティティスという。ヨーロッパ人のあいだでは、カピタン＝チナ（英訳すればキャプテン・チャイナ）という名で知られていた。鄭芝龍は李旦にかわいがれ、義子《ぎし》となった。一説では、ゴッド＝ファーザー（洗礼を受けるときの代父）であったともいう。

平戸で芝龍は、田川マツを娶《めと》る。鄭成功の母である。田川氏の出自については、松浦《まつら》の足軽であった中国人で日本に帰化した翁氏《おうし》とも伝えられ、またマツの父はキリシタン大名・小西行長《こにしゆきなが》にゆかりのある家柄であったが、徳川の世になって身分を隠して平戸に移ったのだ、ともいう。歴史小説として描くならば、最後の俗説が魅力があろう。キリスト教を身近に感じていたマツは、洗礼を受けていた芝龍と結ばれた、そのような話を用意するならば、母の訓育を受けた鄭成功が、のちに顧問《こもん》として宣教師を招き、性的モラルに当時の中国人としては異常に厳格であることの伏線《ふくせん》となる。

李旦の配下には、鄭芝龍のほかに、顔思斉《がんしさい》という男がいた。顔もまた福建南部の漳州《しょうしゅう》府海澄県の出身。武芸に秀で、故あって官僚の下僕《げぼく》を殺し、日本に逃亡していた。長崎に来港した同郷人の引きがあって、李旦の配下に加わったとされる。やはり洗礼を受けており、日本語で「かしら」、福建南部の閩語《びんご》で「甲螺《カアレエ》」と呼ばれていた。李旦のもとでは、台湾での拠点づくりを担う。三〇〇〇人ほどの福建人を引き連れて台湾北部の北港に入り、首狩の風習をもつ先住民の襲来を恐れて砦《とりで》を築いた。渡台した中国人としては、最初期に属する。一六二五年に李旦が死去すると、李の右腕と目されていた顔が地位を引き継いだ。顔の配下には、芝龍のほかに陳衷紀《ちんちゅうき》などが並んでいた。

同じ年のこと、台湾で山に分け入って狩を終えた顔は、酒を痛飲した直後にマラリアと思われる病に斃《たお》れる。同じ年にあいついで頭目《とうもく》を失った面々は、次の頭目

鄭芝龍の肖像
（カリフォルニア大学図書館蔵）
Alamy提供

を決めかねていた。死後一〇〇日目の卒哭《そっこく》の日に血をすすり合って盟約を結び、顔が形見として米《こめ》櫃《びつ》に挿して残した剣を一人一人が拝むことになった。鄭芝龍の番になったとき、突然、剣が飛び出した。こうして衆人は、芝龍を頭目とすることになったという（『台湾通史』巻二九「顔・鄭列伝」）。この野史の記載が事実かどうかは、不明である。経歴が似通った李旦と顔思斉が、同年に死去したとされるところから、同一人物だったという説もある。しかし、いずれにせよ鄭芝龍は弱冠二〇歳ほどで、海商・海賊連合の一翼を担う頭目となったことは、歴史的な事実である。連合を統括したのは、陳衷紀であった。陳もまた福建の海澄の出身、傲慢《ごうまん》かつ屈強な漢《おとこ》であった。芝龍は表向きは、この陳の顔を立てることにした。

　翌二六年に台湾での基盤が整ったとして、鄭芝龍は陳に「十隻の艦船を率いて大陸の金門島・厦門《アモイ》を攻め取り、台湾の出先にしようではないか」と提案する。陳も提案を受け入れ、陣容を整えて芝龍に委ね、金門と厦門を攻略した。官軍はまったく対抗することもできなかった。

　朝廷では鄭芝龍を官側に取り込み、台湾の陳を孤立させようという議論が起き、少年時代の芝龍との縁のあった蔡善継が申し入れた。芝龍は官に降《くだ》ることを考えたが、芝龍の弟たちが異を唱えたため、このときに軍門に降ることはしなかった（『台湾通史』巻二九「顔・鄭列伝」）。芝龍の弟や手下はこのとき、王直の二の舞になると主張したに違いない。

　いったん台湾に戻ったあと、芝龍は台湾海峡を航行する商船を襲い、福建・広東の海域で制海権を握った。その年の秋、福建が凶作で飢饉《ききん》に見舞われそうだという情報を得ると、芝龍はその船団を率いて穀物の海上輸送路を押さえた。食を求める者が芝龍のもとに集まったので、その勢力は一気に数万にも膨《ふく》れ上がったという。

海の義賊・鄭芝龍の表舞台への登場である。

明朝の官憲から海賊の頭目とみなされた芝龍は、派遣されてきた官軍を破ったが、追撃はしなかった。いずれ明朝の政権に食い込もうという下心が、芝龍にはあった。一六二八年に陳衷紀が他の海賊に敗れて殺されると、海商・海賊連合の統領となった芝龍は他の海賊を吸収しながら、配下の艦船の数を増していく。もはや官憲に侮《あなど》られないという自信を得た芝龍は、官が用意した海軍司令官というべき海防遊撃というポストに就く。

鄭芝龍関係地図（上田信『中国の歴史09　海と帝国——明清時代』〔講談社、2005年〕より、編集部作成）

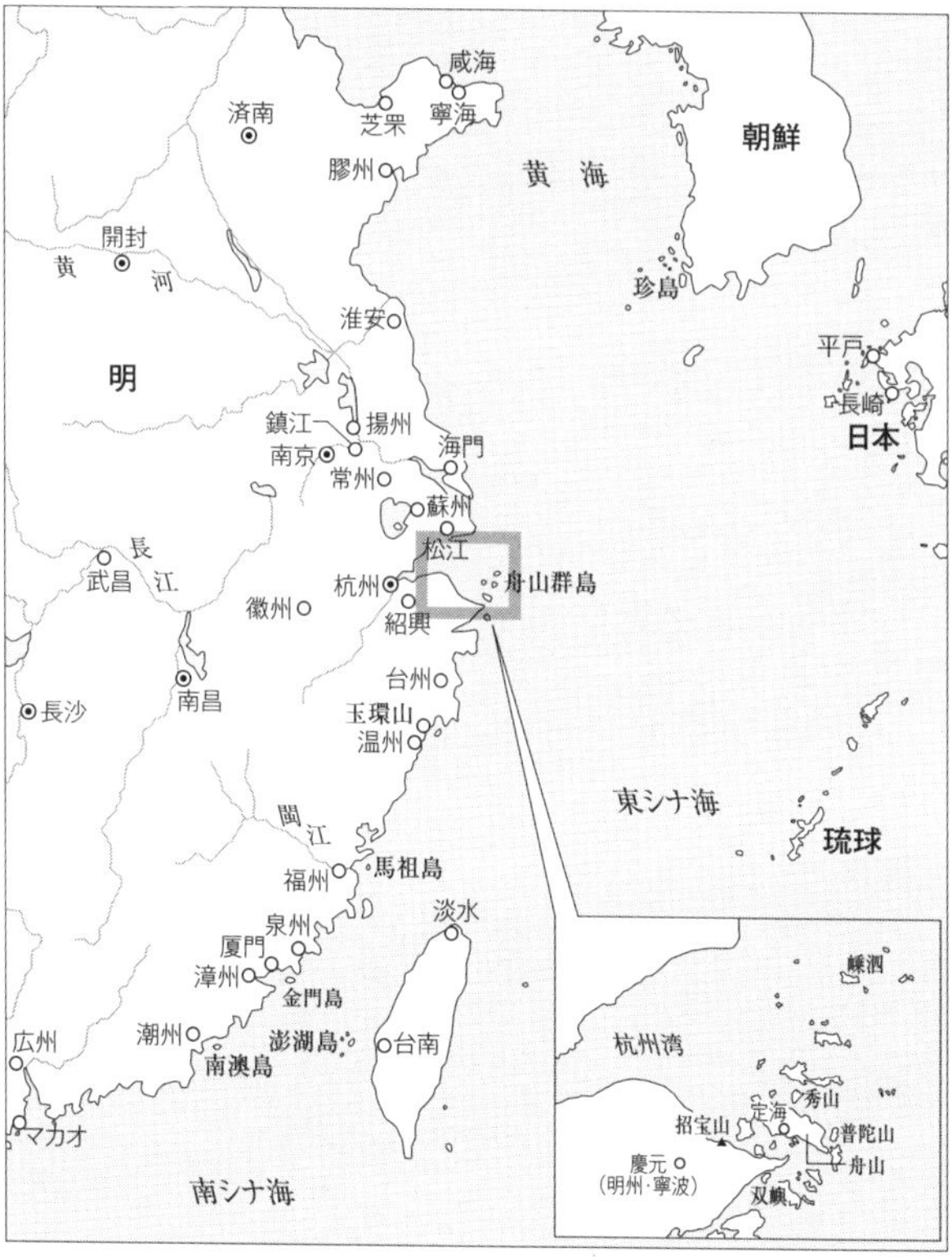

最後まで抵抗していた鍾斌《しょうびん》という名の海賊が芝龍に攻められ、海に身を投じて死ぬと、福建の海寇《かいこう》はことごとく平らげられた。これはみな芝龍の功績であった(『明史』二二〇巻、列伝「熊文燦」)。

海上の軍閥

時を少し巻きもどす。オランダ東インド会社は、中国との交易の拠点を設けようとして、一六二二年にマカオを攻撃するが、ポルトガル人によって撃退される。そこで、台湾と大陸とのあいだに位置する澎湖島《ポンフー》に上陸し、要塞《ようさい》を築く。さらに台湾の南西部に位置する砂州にも砦を置いた。このころ、李旦から派遣された鄭芝龍は、中国語・ポルトガル語さらにオランダ語との通訳として、オランダ人と接触する。

一六二四年に澎湖島のオランダ人は、明朝の艦隊に包囲されて撤退せざるを得ず、台湾に拠点を移した。現在の台湾台南《タイナン》市で、先住民の言葉でタイオワン、漢字では「大員」と表記される土地である。オランダ東インド会社は、李旦と顔思斉の死後にその船団を引き継いだ鄭芝龍を重用し、シナ海域を航行するポルトガル船・スペイン船を襲わせた。つまり芝龍配下の船団は、東インド会社の私掠《しりゃく》船《せん》となったのである。しかし、しだいに両者の立場は逆転してくる。

明朝は朝貢していないオランダ船が中国に寄港することを認めなかったため、オランダは中国から生糸を入手するためには、鄭芝龍の船団に頼らざるを得なくなる。一六二八年に芝龍が明朝の海防遊撃に任命されると、彼の中国沿岸の制海権は公認され、いっそう強固となる。東シナ海を航行する船舶は、鄭芝龍の旗を立てなければ安全に航海することはできない。この旗を立てるために、海洋商人たちは一隻当たり銀二〇〇〇両を納める必要があった。

この制度は鄭成功にも引き継がれる。鄭成功が日本の同母弟である七左衛門に宛てた信書は、牌餉《はいしょう》と呼ばれる海上通行税について具体的な情報を伝えてくれる。それによれば、大型船舶は二一〇〇両、小型船舶は五〇〇両を納めて照牌《しょうはい》を受け取る、この照牌の有効期限は一年間。照牌を掲げた船舶は安全に航行できるが、照牌がなかったり、あるいは期限を過ぎていたりした場合は、拿捕《だほ》され貨物と船舶は没収、船主と船員は逮捕されたという。

こうした制度を運用することで、鄭氏海上勢力は財政的な裏付けを得て、海上を警備する船団を強化することが可能となる。そしてその武力を背景に、海上を航行する船舶の安全を保障し、商人から通行税を徴収したのである。鄭芝龍が創始し鄭成功が発展させたこの制度は、もはや私的な海商の域を越え、公的な権力として機能する。倭寇《わこう》とは異質な政治勢力として、中国・日本・オランダなどの権力と並び立つものであった。「海の軍閥」と呼ぶことが許されよう。

おりしもオランダは日本との交易で、大きな障害に直面していた。一六二八年に起きたタイオワン事件である。日本がいわゆる「鎖国《さこく》」へと向かう重要なターニングポイントになった事件ではある。その概略だけ記す。オランダ東インド会社がタイオワンに入港する外国船に課した関税をめぐり、朱印船貿易を行っていた長崎代官とオランダ東インド会社の台湾長官とのあいだで紛争が起きる。すったもんだの結果、平戸のオランダ商館は一六三二年まで閉鎖されてしまうのである。

オランダ東インド会社が日本との貿易から排除されている隙を突いて、対日貿易の主導権をうばったのが、鄭芝龍であった。芝龍は一六三一年にはオランダの台湾長官に対し、明朝から台湾に渡航する正式の許可証を得たと連絡している。中国の物産を運ぶ役割を、鄭配下の船舶が独占したという、東インド会社に対する宣言であった。さらに鄭芝龍の商取引は、安平商人が中国内地に張り巡らせていた商業ネットワークにも接合され、江南から生糸などを仕入れることもできたと考えられる。現在、平戸の松浦史料博物館には、ゾウの持ち手の「鄭氏」の印が収蔵されているが、おそらくこの時期にもたらされたものであろう。

シナ海域の交易で劣勢に立たされたオランダ東インド会社は、挽回《ばんかい》を図る。厦門に置かれた鄭芝龍の拠点を、一六三三年に奇襲したのである。厦門には芝龍が建造した新型ジャンクが係留されていた。そのジャンクは西欧の艦船の長所を取り入れ、新式の大砲を装備していたが、不意を突かれ焼失してしまった。

続いてオランダの艦船は、明朝の門戸《もんこ》を開かせるために、福建の沿岸で船舶を捕獲し、略奪をおこなった。二〇〇年後のアヘン戦争に先立つ植民地戦争ではあるが、決定的に異なっていたことは、中国側が海軍力をもっていたということである。オランダの海賊行為は、明朝の官憲と鄭芝龍を団結させたのである。芝龍は艦隊を再建し、福建巡撫《じゅんぶ》の鄒維璉《すういれん》は兵員を徴集した。オランダ側も海賊の頭目を、みずからの陣営に引き込んだ。

鄭氏の印（松浦史料博物館蔵）

（印影）

オランダ艦船八隻と寄せ集めた海賊船五〇隻は、金門島の料羅湾《りょうらわん》に停泊していた。西暦一六三三年十月二二日、鄭芝龍と官軍との連合艦隊約一五〇隻は、このオランダ艦隊を急襲したのである。明軍の艦船ではオランダ船に対抗できないことを知っていた芝龍は、海賊船を無視してオランダ艦船に攻撃を集中した。オランダの艦船は碇《いかり》を引き上げるいとまもなく、次々と無力化され、多くの海賊船は散るように逃げ出した。オランダ側の大敗であった。

戦後、鄭維璉は明朝の原則に従って、外国船の来航を禁止しようとする。鄭芝龍は官界に裏から手を回し、鄭を福建巡撫から解任させ、オランダが中国と交易できる途《みち》を残した。東インド会社は鄭芝龍と手を組むことで、安定した交易を行えるようになったのである。芝龍はシナ海域のヘゲモニーを確立した。彼が手にした年間の収入は、オランダ東インド会社の全収入の三倍から四倍に上っていたと見積もられている。

父と子

平戸で一六二四年に生まれた鄭芝龍の子の本名は鄭森《ていしん》、日本では福松と呼ばれ、七歳まで母親のもとで育つ。一六三〇年に芝龍の弟の鄭芝燕《ていしえん》に従って福建の石井鎮に渡り、家庭教師の指導の下で科挙《かきょ》試験合格を目指して勉学に励む。一六三八年には科挙の最初の関門を通過し、南安県学の生員《せいいん》となり、さらに勉学を極めるために一六四四年には南京に移り、国立学校というべき国子監《こくしかん》の学生となった。軍閥頭目の御曹司《おんぞうし》として、恵まれた環境のなかで育ったといえよう。

一方、父の鄭芝龍は一六四〇年には福建総兵へと昇進し、四三年には福建都督《ととく》という地方軍総司令官というべきポストに就く。芝龍の腹づもりとしては、息子を官界に送り込むことで朝廷に対する影響力を強め、配下の軍閥を明朝の海軍に模様替えしようとしていたのだろう。しかし、その目算は大きく狂う。

一六四四年四月（崇禎《すうてい》十七年三月）に李自成《りじせい》が率いる叛乱軍が明朝の首都・北京を落とし、皇帝は紫《し》禁城《きんじょう》の裏山で首をくくる。その直後に北東アジアで勢力を拡張していた清朝《しんちょう》の軍勢が北京に入って反乱軍を追い落とし、中国統一を目指して南下してきたのである。南京で即位した明朝の皇族から、鄭芝龍は南安伯の爵位《しゃくい》が与えられた。

一六四五年六月には清軍が南京の亡命政権を壊滅させたため、鄭森はやむなく福建に戻る。鄭芝龍は福建にいた皇族の唐王朱聿鍵《しゅいつけん》を擁立して隆武帝《りゅうぶてい》（在位一六四五—四六）とした。隆武帝は、鄭森に明朝の皇室と同じ「朱《しゅ》」姓を与え、名を「成功」と改めさせた。国姓爺《こくせんや》の誕生である。「鄭成功」は清朝側の呼称であって、本人が用いたことはない。

この皇帝が一六四六年に清軍に捕らえられて死去したあと、父の鄭芝龍は清朝に投降した。父と袂《たもと》を分かった鄭森は、あくまでも忠を貫く決意を固め、広東省の肇慶《ちょうけい》で皇帝に擁立《ようりつ》された朱由榔《しゅゆうろう》（帝号はないが、日本では永暦帝《えいれきてい》と呼ばれる）を支持する姿勢を取った。生涯一度もまみえることのなかった皇帝から、一六五五年に鄭森は延平王《えいへいおう》という爵位を与えられている。

鄭芝龍は鄭森の懐柔を命じられるが、息子はこれに応じなかった。芝龍は謀反の罪を問われて、一六六一年に北京で処刑された。享年五六。芝龍が築いた海の軍閥は鄭森の子孫に引き継がれ、台湾を拠点として東南アジアと交易を継続し、一六八三年に清朝に投降するまで存続する。

あらためて十六世紀から十七世紀の海域史を振り返ると、王直が描いたプラン、すなわち「海商／海賊」から海上の秩序を守る「海の義賊」へ、そして陸の政権とわたりをつけて「海の軍閥」を公認させるというプランを、鄭芝龍が実現したといえる。世界史としてみたばあい、イングランドが私掠船を海軍に編入し、十八世紀に大英帝国へと飛躍を遂げようとしていた事態と、王直から鄭芝龍への流れは軌《き》を一《いつ》にしていた。しかし、王朝が交替したとき、父の「侠」よりも子の「忠」の方が、勝っていたということになるのだろうか。以後二〇〇年間、シナ海域で海軍が創設されることはなかったのである。

⦿参考文献

奈良修一『鄭成功──南海を支配した一族』（『世界史リブレット　人』山川出版社、二〇一六年）

翁佳音「十七世紀福佬海商」（『中国海洋発展史論文集第七輯上冊』（台北）（中央研究院中山人文社会科学研究所、一九九九年）

Andrade, Tonio. *Lost colony : the untold story of China's first great victory over the West*. Princeton, NJ: Princeton University Press.2011

Andrade, Tonio. *The Gunpowder Age: China, Military Innovation, and the Rise of the West in World History*. Princeton, NJ: Princeton University Press.2016

モンゴルから来た大清帝国の〝国母〟

孝荘文皇后

…こうそうぶんこうごう…

杉山清彦

孝荘《こうそう》文皇后（一六一三―八七／八八）は、大清《だいしん》帝国（清朝《しん》）の第二代君主ホンタイジ（太宗、在位一六二六―四三）の妃で、第三代皇帝フリン（順治《じゅんち》帝、在位一六四三―六一）の生母である。モンゴル・ホルチン部から嫁《とつ》ぎ、夫ホンタイジの死後、皇太后として、さらに孫の第四代康熙《こうき》帝（在位一六六一―一七二二）にとって太皇太后《たいこうたいごう》として、四〇年以上にわたって宮中に君臨した。清がまだマンチュリア（満洲）の小国家であった時代に一王子に嫁ぎ、皇帝の生母となって北京に入り、中国大陸を制覇《せいは》していく激動期に年若い皇帝たちを支え、三藩《さんぱん》の乱（一六七三～八一年）の鎮圧《ちんあつ》を見届けて、数え七五歳の生涯を閉じた。モンゴルの草原に生まれ、紫禁城《しきんじょう》で王朝の覇業《はぎょう》を見守り続けた〝女侠〟であった。

モンゴルから来た皇后

〝侠〟の歴史に清代の女性が登場するとなれば、半世紀近くにわたって権力をふるった王朝末期の女傑・西太后《せいたいこう》（一八三五―一九〇八）を思い浮かべる方も多いだろう。しかし、いま一人、王朝創業の困難な時代に、三代にわたって皇帝を支えたのが孝荘文皇后である。

本名はブムブタイ、その名が示す通り、漢人（中国人）ではない。モンゴル・ホルチン部の王女で、清の第二代皇帝とされるホンタイジの妻となり、生家の姓でボルジギン（ボルジギト）氏とも呼ばれる。ただし、後でふれるように、妃の一人ではあったものの皇后ではなく、生子フリンが次代皇帝となったために、夫の死後に皇太后と称されるようになったのである。孝荘とは彼女の没後の諡《おくりな》で、皇后には夫の諡号《しごう》が冠されるので、亡夫ホンタイジの諡号・文皇帝にそろえて、孝荘文皇后と呼ばれる。

このように皇帝・皇后の本名がいずれも漢字名ではないことが示す通り、ほんらい清という王朝は、一般に思われているような中国王朝ではなく、マンジュ（満洲）人とモンゴル人の連合政権から出発したものであった。マンジュ人とは、マンチュリアに散居するツングース系の農牧・狩猟民で、かつて十二世紀に金《きん》王朝を建てたジュシェン（女真《じょしん》、女直《じょちょく》）人の後身である。金の滅亡後はモンゴル、ついで明《みん》に臣属《しんぞく》しており、彼らにとってモンゴルは、主筋であり手本であった。そこから来嫁《らいか》したのが、モンゴル王女ブムブタイであった。

マンジュの勃興とモンゴルとの連盟

孝荘文皇后ブムブタイは、一六一三年、モンゴル・ホルチン部の首長の一人であるジャイサンの娘として生まれた。ホルチン部はチンギス・カンの弟カサルの後裔《こうえい》で、モンゴル東部の大興安嶺《だいこうあんれい》方面に展開した集団である。モンゴル大元《だいげん》帝国は、一三六八年に明に逐《お》われて北遷《ほくせん》したものの、滅んだわけではなく、モンゴル高原で勢力を維持していた（北元《ほくげん》）。当時の北元は、チャハル部を直率する大ハーン(皇帝)のもと、多くの支派に分れており、ホルチン部はその中で最も東方に位置していた。すなわち、マンジュ人にとっては隣りあうモンゴル集団だった。

ブムブタイが生まれた当時は、新興のマンジュ国が急速に台頭して、勢力地図を塗り替えつつあった。その建国者ヌルハチ(一五五九―一六二六、清の太祖)が、彼女の夫となるホンタイジの父である。ヌルハチが若くしてマンジュの諸勢力(建州《けんしゅう》女直)を統一して国主となると、近隣のイェへ、ウラなどフルン四国(海西《かいせい》女直)は、その勢いを脅威とみて、一五九三年にホルチン部とともに来攻した。これを迎え撃って大勝したヌルハチは、以後フルン四国を次々と滅ぼし、一六一六年にハン位につくに至る(後金《こうきん》国)。

ホルチン部は隣接するフルンと連携していたが、この勢いの前に、ホルチン左翼(南に向って左・右といい、左翼は東部の集団)の首長であるマングス、ミンガンの兄弟はヌルハチとの修好に転じ、一六一二年にミンガンの娘をヌルハチに、一四年にはマングスの娘をホンタイジに、妻として送ってきた。このマングスが、ブムブタイの祖父である。モンゴルから妻を迎えることは、婚姻を通じた同盟関係を意味するだけでなく、本来格下のマンジュ人にとって、君主の権威を高めることであった。

他方、ホルチン側にとってマンジュとの提携は、宗家《そうけ》であるチャハル・ハーン家の脅威に備える

マンジュ勃興期のマンチュリア(筆者作成)

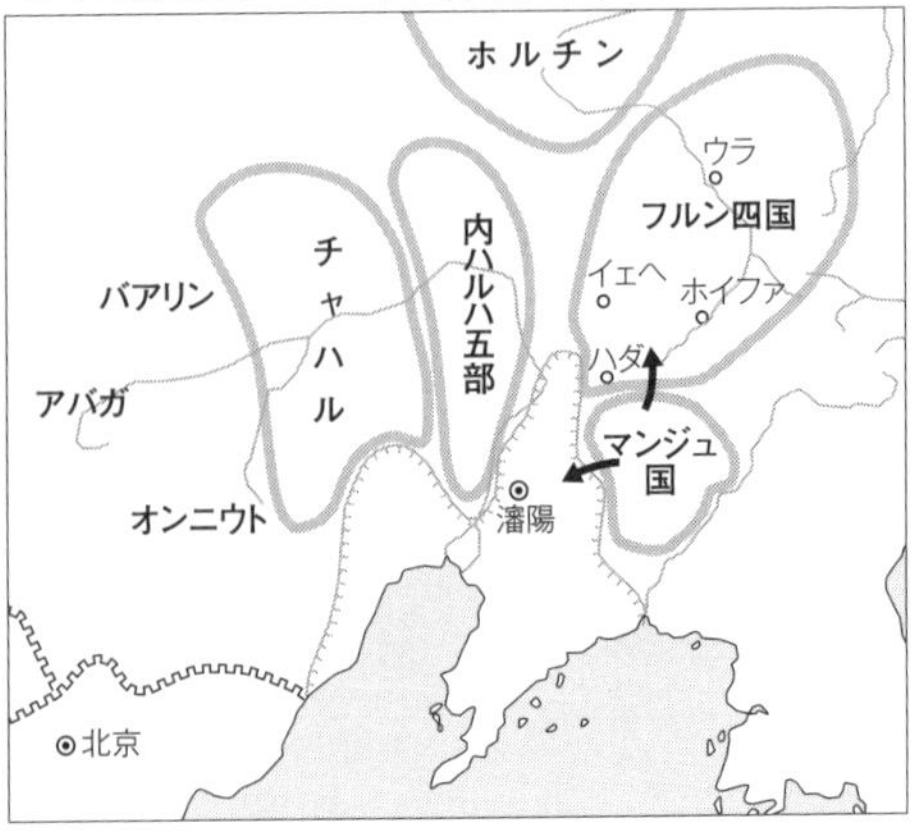

意味があった。当時、リンダン・ハーン（在位一六〇四―三四）がモンゴルの再統合をはかって同族の討伐を進めており、ホルチンをはじめとする多くの集団が、かえってマンジュ国に接近していたのである。こうして始まったマンジュとモンゴルの通婚による同盟関係（満蒙連姻《まんもうれんいん》）は、清一代を通じて堅持されることになる。

ブムブタイがホンタイジに嫁いだのも、一六二四年にマンジュ国とホルチン部の間で、チャハルに対抗する攻守同盟が結ばれたことを受けてのものであった。一六二五年陰暦二月、ブムブタイは兄ウクシャンに伴われて輿入《こしい》れした。婿のホンタイジは三四歳の働き盛り、ブムブタイはまだ十三歳であった。

マンジュ人の社会は一夫多妻で、妻の一人を正妻（正妃《せいひ》）に立てたが、他がみな側妾《そくしょう》というわけではなく、嫡室《ちゃくしつ》が複数いてその中に序列がある、というものだった。妻についても子についても嫡庶の別が厳しかったが、それには門地が大きな意味をもち、とりわけフルン王家との縁組みが尊ばれた。ヌルハチには前後四人の正妃があったが、最初の二人がマンジュの豪族出身であるのに対し、後で娶《めと》った二人はフルンのイェへ、ウラの王女であった。このイェへの妃から生まれたのがホンタイジであった。

ホンタイジの后妃も同様で、最初に娶ったのはマンジュ譜代《ふだい》の出であったが、次いでフルンのウラ王家から妃を迎え、そこから長子ホーゲが生まれた。そしてマンジュ国の勢威の高まりとともに、念願のモンゴルからの入輿が実現したのである。一六一四年にまず嫁いだマングスの娘は名をジェ

❖孝荘文皇后関係系図

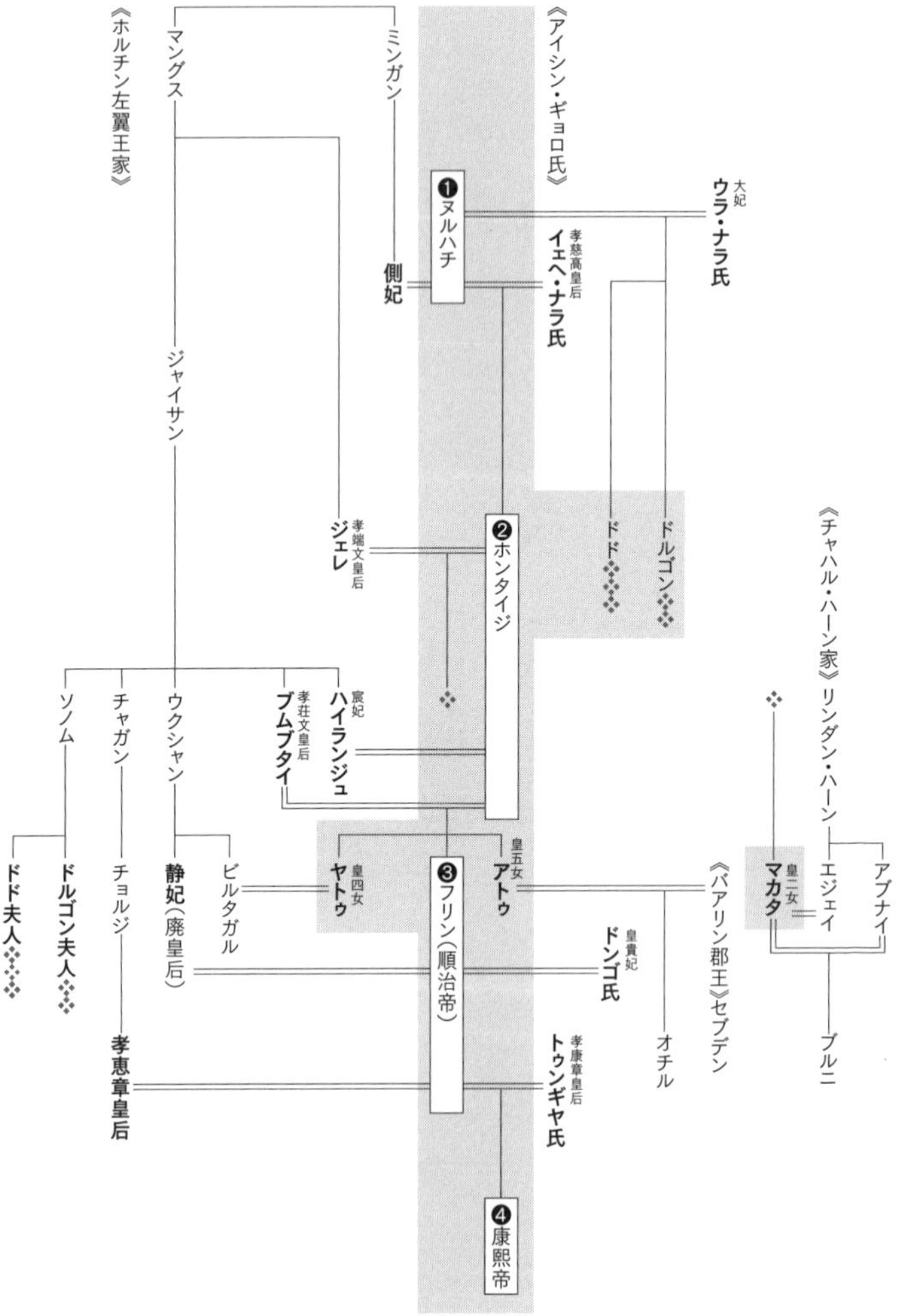

□は皇帝、数字はその代数
太字は女性
══は婚姻関係、縦線は親子関係、横線は兄弟姉妹関係

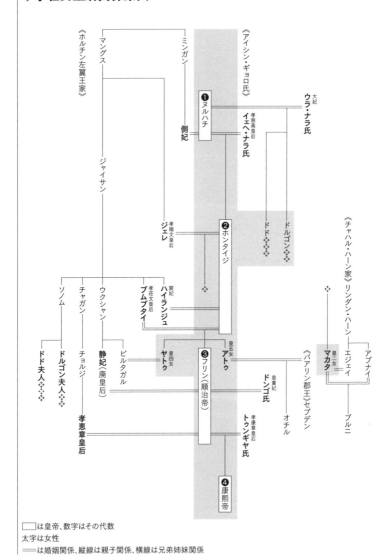

レといい、先の二人をおさえて正妃として迎えられて、後に孝端文皇后《こうたん》と呼ばれることになる。その姪に当るブムブタイも、輿入れすると次妃におさまった。

ホンタイジの妃の一人として

一六二六年八月、ヌルハチが六八歳で病没すると、王族会議が開かれてホンタイジが第二代ハンに選出された。ブムブタイは、結婚からわずか一年半で国君の妃となったのである。

とはいえ、これはあらかじめ約束されていたことではない。厳しい環境下で暮すマンジュ人やモンゴル人には、集団の命運を託すに足るリーダーを選ぶため、指導者の交代時に適任者を有力者の合議で選出する慣習があった。有資格者は嫡出《ちゃくしゅつ》の近親男子であり、このときは、イェへの王女から生まれモンゴル語・漢語を解する知性派であったホンタイジが、話し合いによって選出されたのである。ヌルハチの諸子はモンゴル諸部と通婚していたが、その中でホルチン左翼王家と縁組みしていたホンタイジが帝位についたことは、以後ホルチンが清一代を通して最高位の姻族《いんぞく》として遇される端緒となった。

ブムブタイは、一六二九年に第一子の皇四女ヤトゥを出産し、これを皮切りに一男三女を授かることとなる。ヤトゥは、早くも一六三三年に母の兄ウクシャンの息子と婚約し、同時に、正妃ジェレの娘もウクシャンの甥と婚約した。さらに翌年には、ブムブタイの四歳年上の姉ハイランジュが新たにホンタイジに嫁ぎ、ホルチン左翼王家とホンタイジの関係は、いっそう緊密なものになる。

このころ、モンゴル情勢が急変していた。チベット方面へ兵を進めていたリンダン・ハーンが遠征途上で急死し、南モンゴルに突如権力の空白が生じたのである。ホンタイジはただちに遠征軍を送り出し、リンダンの遺子エジェイはイェへ出身の母后に伴われて降伏した。ここに大元ハーンの地位が、マンジュ人のハンであるホンタイジに移ったのである。これを受けて、ホンタイジは一六三六年に都瀋陽《しんよう》で皇帝位につき、国号を大清(ダイチン)と定めた。大清帝国の始まりである。

皇帝即位にともなって、一人の皇后と四人の妃が嫡室として立てられたが、全員がモンゴル王女であったことは特筆に値しよう。すなわち、皇后は叔母のジェレ、次席の東の大妃には姉ハイランジュが座った(宸妃《しんひ》)。第三・四位は、アバガ部出身でリンダンの妃だったナム・ジュンとバトマ・ゾーが、それぞれ西の大妃と東の側妃に封《ほう》じられた。皇帝の嫡室が再婚というのは奇異に感じられるかもしれないが、モンゴル大ハーンの未亡人を引き取って再婚することは、正統性と資産を手に入れることを意味するのである。ブムブタイは西の側妃である永福宮荘妃《そうひ》に封じられ、第五夫人におさまった。

このうちとりわけ鍾愛《しょうあい》されていたのは、姉の宸妃ハイランジュであった。一六三七年に待望の男子が産まれると、ホンタイジは大いに喜んで、大赦《たいしゃ》を発するなどあたかも世子《せいし》のごとく扱った。ところがこの皇子は、命名さえされないままに、一六三八年一月二八日にわずか一歳半で早世してしまう。それればかりか、ハイランジュ自身も一六四一年に三三歳の若さで亡くなってしまい、ホンタイジの落胆と悲嘆は尋常ではなかった。

だが、薄幸の皇子とあたかも入れ替るかのように、皇子の死の二日後の一月三〇日、ブムブタイに男子が生まれた。これが皇九子フリンである。皇后ジェレには男子はおらず、荘妃ブムブタイ母子の存在が、にわかに宮廷内で浮上してきた。

順治帝の母として

一六四三年、ブムブタイの運命が転回した。

八月九日、かねて体調を崩しがちであったホンタイジが急死した。王族会議の席上、有力な後継候補はホンタイジの長子ホーゲと弟ドルゴンだったが、いずれが立ってもおさまりそうになかった。当時の国家は、全ての家臣・領民を八つの集団（旗《き》）に分けた八旗《はっき》という組織を核として、これに外《がい》藩《はん》と呼ばれるモンゴル諸部と、明から降った孔有徳《こうゆうとく》・尚可喜《しょうかき》らの漢人藩王が連合して成り立っていた。このとき、皇帝直率の正黄旗《せいこうき》と鑲黄旗《じょうこうき》の軍勢が会議場を取り囲み、その将領のソニン、オボイらが剣を佩《お》びて進み出た。「我らは亡き帝に禄を喰《は》んでまいり、御恩の大きさは天にも等しい。もし帝の御子が後継とならないのであれば、死して泉下の帝にお供するまでです」。

ホーゲがいるにもかかわらず「帝の御子」というからには、意味するところは、モンゴルの血を引く皇子フリンのことにほかならない。かくてホーゲ、ドルゴンがともに辞退し、わずか六歳のフリンが推戴《すいたい》されることに決した。第五夫人だった荘妃ブムブタイは、三一歳にして、ここに皇帝の母として躍り出ることとなったのである。皇太后となったジェレとともに、ブムブタイも皇帝の生母として皇太后の称を受けることとなった。

このときブムブタイ自身がどのような役割を果したかはわからない。しかし、フリン推戴を首唱したソニンは、モンゴル語・漢語を解するフルン出身の重臣で、ホルチン本国に遣使した経験もあった。また、ドルゴンは帝位争いから下りる代りに摂政王《せっしょうおう》の座に就いたが、彼とその同母弟ドドはブムブタイの兄ソノムの二人の娘をそれぞれ正室に迎えていたので、彼女にとってはホルチンの縁者でもあった。幼帝を奉じるホンタイジの直参と、幼帝になりかわって実権を握ったドルゴンとを、ホルチン閥がつないだ船出であったといえよう。

半年後の一六四四(順治元)年三月、李自成《りじせい》の乱で北京が陥《お》ち明が内部から崩壊した。敏腕《びんわん》の摂政王ドルゴンはこの機を逃さず、降伏した明の武将呉三桂《ごさんけい》に先導させて、李自成を逐って北京に入った(清の入関《にゅうかん》)。九月、順治帝は両皇太后とともに北京に遷り、ここにマンジュ人皇帝とモンゴル人皇太后が紫禁城の主となったのである。

摂政王として専権を振るったドルゴンは、マンジュ社会では伯叔父《おじ》・甥の間柄も父《アマ》・子ということから「父なる王《アマ・ワン》」と呼ばれ、「皇父摂政王《こうふ》」と敬称された。皇帝の叔父のはずが「皇父」と称されたことから、漢人の間では、皇帝の母である皇太后ブムブタイがドルゴンに再嫁したのだとする風説(「太后下嫁」)が流れたが、これはマンジュ人やモンゴル人の再婚の風習を曲解してでっち上げられた差別的な中傷にすぎず、根拠はない。

だが、それほどの力を振るったドルゴンが一六五〇(順治七)年末に急死すると、政界の構図は一気に転換した。翌五一年二月、復権した反ドルゴン派の主導で、ドルゴンは生前に簒奪《さんだつ》の意ありと断じられ、影響力は一挙に除かれた。かわって、皇太后ブムブタイの後見のもと、ホンタイジ以来の旧臣が中心となって少年皇帝を支える体制が出現した。一六四九(順治六)年に皇太后ジェレが没してホルチン閥の女棟梁《とうりょう》となっていたブムブタイは、親政を開始した愛息のため、五一年八月に兄ウクシャンの娘を迎えて皇后に立てた(静妃《せいひ》)。後宮にホルチン・モンゴル王女が君臨する状態を継続させようとしたのである。

もっとも、事は思惑通りには運ばなかった。フリンは母の差配した皇后と気質が合わず、彼の強い意向で二年後に廃后してしまう。ブムブタイはあきらめず、一六五四(順治十一)年にもう一人の兄チャガンの孫娘を立て、ホルチンとの通婚を継続させた。彼女はかろうじて皇后の座を守って、後に孝恵章《こうけい》皇后と呼ばれることになるが、子供は授からなかった。フリンが寵愛したのは、マンジュ譜代の出である皇貴妃《こうきひ》ドンゴ氏であった。

ところが、父ホンタイジと宸妃の悲劇をくり返すかのように、愛妃ドンゴ氏は一六五七(順治十四)年に待望の男子を産んだものの、皇子はわずか三ヶ月で夭逝《ようせい》してしまい、彼女自身も一六六〇(順治十七)年八月に病没した。悲嘆に暮れたフリンもほどなく天然痘《てんねんとう》に斃れ、翌年正月七日、二四歳の若さで愛妃の後を追うようにして世を去った。悲運にも、ブムブタイはもう一度皇帝の選出に立ち会うことになった。

康熙帝の祖母として

順治帝フリンが遺《のこ》した男子のうち、物心ついていたのは三人にすぎず、モンゴルの血を引く皇子はいなかった。イエズス会の宣教師グレロンの伝えるところによると、皇太后ブムブタイは、わが子が死の床に就いたことを悟ると、天文・暦法担当として宮廷に仕えていた宣教師アダム・シャルを通じて、三男の玄燁《げんよう》を指名するよう働きかけさせたという。フリンは、この異国の僧侶を「じいや」と呼んで重用していたからである。そのせいかどうかはわからないが、フリンが遺詔《いしょう》で指名したのは玄燁であった。これが名君・康熙帝である。

わずか八歳の幼帝なので、ソニン、エビルン、オボイ、スクサハの四大臣が輔政《ほせい》大臣として補佐に当り、太皇太后となった祖母ブムブタイと順治帝の皇后だった皇太后(孝恵章皇后)、生母として皇太后の称を得た妃トゥンギヤ氏(孝康《こうこう》章皇后)が宮中で後見した。しかも、生母トゥンギヤ氏は一六六三(康熙二)年に亡帝と同じく二四歳で早世してしまい、祖母のブムブタイが孫の養育に当ることとなった。康熙帝自身、後に「早くに両親を亡くして記憶もあまりなく、祖母に育てられた」と回顧している。教育には、モンゴル人の侍女スマラをつけて満文を手ずから教えさせたという。

輔政大臣はかつてフリン推戴を首唱した直参の重臣たちだが、その執政は反動的で、しかも争いが絶えなかった。このため、太皇太后が御前会議を開かせるなど、要所要所で舵取りに目を光らせた。その一つが、暦法をめぐる問題である。西洋暦法の採用と宣教師の重用に反感をもつ天文官らの一派が、その排除をはかって訴え出ると、保守的なスクサハらはそれを容れ、アダム・シャルらを逮捕して処刑しようとしたのである。折から一六六五（康熙四）年三月、西洋暦法関係者の処罰を決定しようとした御前会議の最中に、北京で大地震が発生した。ブムブタイは、亡きフリンが信任していたことから宣教師らに好意的で、天変地異を理由として大赦《たいしゃ》を行なうよう求め、アダム・シャル以外の宣教師は赦免《しゃめん》されることになった。スクサハらは、なおアダム・シャルを死刑にしようとしたが、ブムブタイは「先帝の信任の厚かったことを忘れて、この者を殺そうとするのか」といって退けたという。そのスクサハは、長老ソニンが没すると、対立するオボイに殺された。

このような一部始終を幼い目で見続けていた康熙帝は、一六六九（康熙八）年、果断にオボイを退けて親政を開始することになる。帝は、親政後も三日にあげず太皇太后・皇太后を訪ね、孝養を欠かさなかった。

太皇太后のモンゴル・ネットワーク

太皇太后ブムブタイは老境に入っていたが、楽隠居するわけに

正装した皇太后時代の孝荘文皇后
（北京、故宮博物院蔵） Alamy提供

はいかなかった。王朝最大の危機・三藩の乱の勃発である。

三藩とは、旧明領平定後、そのまま華南に駐留して強大な権限をふるっていた平西《へいせい》王呉三桂(雲南)、平南王尚可喜(広東《かんとん》)、靖南王耿精忠《こうせいちゅう》(福建《ふっけん》)の三つの漢人藩王家で、その廃止が重大な政治課題となっていた。緊張の高まりつつあった一六七二(康熙十一)年末、ブムブタイは、ご機嫌伺いに参上した康熙帝に対し、「自分は、宮中にいながら太宗(ホンタイジ)のまつりごとを見てきた。当時は騎射《きしゃ》をはなはだ重んじていたが、太平になった今も、危うきを忘れてはならない」と訓を垂れている。

果せるかな、翌年、ちょうど二〇歳に達した康熙帝が断乎三藩の廃止を下令すると、呉三桂はこれに反発して叛旗《はんき》を翻《ひるがえ》し、三藩の大乱が始まった。しかも一六七五(康熙十四)年三月には、かつてホンタイジに服属したエジェイの甥で、モンゴル正統のチャハル王家の当主ブルニが南モンゴルで挙兵した。

この危機に、陰に陽に康熙帝を助けたのが太皇太后ブムブタイであった。これより先、ブルニの不穏な動きを察知した康熙帝は、ブムブタイと相談して一計を案じ、モンゴルのバアリン、オンニウト、チャハル各部に近侍を遣わして来京を促した。バアリンにはブムブタイの次女に当るホンタイジの皇五女アトゥが嫁いでおり、康熙帝も伯母として親しくしていた。当主のオチルはその息子、つまりブムブタイの外孫であった。また、オンニウトには彼女のまたいとこが嫁いでおり、当主ビリグンダライはその息子であった。彼らはただちに入京したが、ブルニは呼び出しに応じず、兵を起こすに至ったのである。

ブルニ挙兵の報が入るや、ブムブタイは「トゥハイの才略は頭抜けていて適任です」と正黄旗人トゥハイを推薦し、討伐軍の副将軍に起用させたという。主将は王族なので、実質上の指揮官である。バアリン王オチルとオンニウト王ビリグンダライも出陣し、八旗と外藩モンゴルによる討伐軍の前に反乱軍は潰滅、ブルニはあえなく討ち取られ、チャハル王家は断絶した。

彼女の人脈が生かされたのは、モンゴル方面にとどまらない。ブムブタイは、康熙帝だけでなく他の孫たちや、養女とした一族の女子も宮中で育て、婚姻戦略の武器にしていた。三藩には、尚可喜の子之隆《しりゅう》と耿精忠の弟聚忠《しゅうちゅう》にフリンの養女が嫁いでいたが、いずれも彼女が育てた姫宮であった。尚之隆や耿聚忠は清の高官としてとどまり、反乱に与《くみ》することはなかった。

康熙帝の精力的な戦争指導で戦局は次第に逆転し、ついに一六八一（康熙二〇）年、乱は平定された。この間、ブムブタイは南征に出陣する将兵に対して銀・絹を賜与するなど、士気の鼓舞に努めた。このように、ホルチンを結び目とする人脈が王朝を支えたのであり、その要《かなめ》が太皇太后ブムブタイであった。

内と外とに君臨した〝女俠〟

注目すべきは、清初の宮廷のモンゴル色の強さである。皇太后をはじめ先帝の后妃は、内廷の一角にある慈寧宮《じねいきゅう》を住まいとしていたが、ブムブタイは、紫禁城にあっても自分用のゲル（モンゴルの組立式円形天幕）を備えさせていたという。また、モンゴル人が信奉するチベット仏教に彼女も帰依しており、晩年に中風に倒れたときは、チベット仏教僧の治療を受けていた。彼女の生きた世界は、中国王朝の後宮の深窓ではなく、草原の匂いが漂う、マンジュ語・モンゴル語の飛び交う空間だったのである。

しかもマンジュ・モンゴル的な政治組織の特徴は内と外の区別のゆるさにあり、内廷もまた政治の場であった。太皇太后が自ら王族・大臣を引見するなど、内廷と外朝はつながっていたし、彼女自身のネットワークは、モンゴルにも三藩にも広がっていた。三藩の乱での対応からも察せられる通り、康熙帝が頻繁に慈寧宮を訪れていたのも、ただのご機嫌伺いばかりではなかったであろう。

孝荘文皇后ブムブタイは、帝国が盤石《ばんじゃく》となったことを見届けて、一六八七(康熙二六)年十二月(陽暦では一六八八年一月)に息を引き取るが、康熙帝は、「祖母の膝下《しっか》にいて以来三十余年、つねに教えを賜り、祖母がいなければ今日の自分はない」と悼《いた》んでいる。彼女こそは、まぎれもなく大清帝国創業の陰の功労者であったといえよう。

⊙参考文献

上田信『中国の歴史 九 海と帝国』(講談社、二〇〇五年)
岡田英弘『モンゴル帝国から大清帝国へ』(藤原書店、二〇一〇年)
楠木賢道『清初対モンゴル政策史の研究』(汲古書院、二〇〇九年)
松村潤『明清史論考』(山川出版社、二〇〇八年)

矢沢利彦『西洋人の見た中国皇帝』(東方書店、一九九二年)
杜家驥『清朝満蒙聯姻研究』(人民出版社、二〇〇三年。二〇一三年、故宮出版社再版)
万依・王樹卿・劉潞『清代宮廷史』(百花文芸出版社、二〇〇四年)
孟森『明清史論著集刊』(孟森著作集)』(中華書局、二〇〇六年)
楊珍『清朝皇位継承制度』(学苑出版社、二〇〇一年)
グレロン(矢沢利彦訳)『東西暦法の対立――清朝初期中国史』(平河出版社、一九八六年)

君主に遠ざけられた義王

石達開

…せきたっかい…

菊池秀明

石達開《せきたっかい》(一八三一―六三)は太平天国《たいへいてんごく》で人々の信頼を最も集めた翼王《よくおう》である。民族間の抗争のなかからリーダーとして頭角をあらわし、太平天国が南京《ナンキン》に都を置くと、現実的な政策で太平天国の支配を安定させた。また大胆な作戦で湘軍《しょうぐん》の首領である曽国藩《そうこくはん》(一八一一―七二)を窮地《きゅうち》に追い込んだ。

一八五六年に天王洪秀全《こうしゅうぜん》(一八一四―六四)と東王楊秀清《ようしゅうせい》(一八二一―五六)が対立して天京《てんきん》事変が発生すると、石達開は急ぎ南京へ戻って事態を収拾しようとした。事変の終結後、石達開が楊秀清に代わって中央の政治を担うと、洪秀全は自分が脅かされるのではないかと恐れて石達開に圧力を加えた。これにいたたまれなくなった石達開は、一八五七年に部下を率いて南京を去った。

洪秀全と決別した石達開は、主戦場だった長江流域を離れて中国南部を転戦した。やがて彼の軍は故郷である広西へ戻ったが、そこに安住の地はなかった。部下たちも次第に離反し、勢いの衰えた石達開軍は四川《しせん》の大渡河にたどり着いたところで壊滅した。石達開自身も捕らえられて殺された。

敗北の直前、石達開は自分の命とひきかえに部下を助けてほしいと願ったと言われる。彼の足跡は伝説化され、一九三〇年代に同じく四川を転戦した長征《ちょうせい》中の共産党軍と重ね合わせて語られた。狭量《きょうりょう》な君主と袂《たもと》を分かった石達開に同情する声はいまも根強い。

民族対立のなかから生まれた若き指導者

石達開は広西貴県那幇村《きけんなほう》の客家人《はっかじん》である。客家とは漢族の後発移民で、彼の祖先は広東から移住し、金田《きんでん》蜂起の舞台となった桂平県《けいへい》を経て貴県に定着した。太平天国の文献には彼が「富厚の家」の出身だったとあり、ここから科挙《かきょ》の合格者といった憶測も生まれた。

だが石達開自身は「幼い頃から読書したが成功せず、田を耕して業《なりわい》とした」と述べている。また那幇村は龍山と呼ばれる山地の奥深くにあり、可耕地も限られていた。加えて石達開は十歳前後に両親を失い、早くから自立して妹たちを養っていた。他の多くの太平天国参加者のように極貧ではなかったものの、決して富豪の生まれとは言えないだろう。

若き石達開について考える場合、重要なのは家族をめぐる民族関係の複雑さであった。石達開の父親は客家であったが、彼の母親である周氏、妻の熊《ゆう》氏は広西に多く住む少数民族であるチワン族の出身だった。これは決して偶然ではない。貴県では十八世紀に広東の有力商人が開墾を進め、収穫した米を広東へ売って財産を築いた。また彼らは多くの科挙合格者を生んで政治的発言力を独占した。だがチワン族や「土白話《トゥーバイホワ》」と呼ばれる広東語系の方言を話す漢族の早期移民、十九世紀になって入植を始めた客家に残された土地は少なかった。彼らは有力移民の小作人となるか、山肌や荒地の開墾を進めて自作農になるのが精一杯だった。

中国では結婚の時、相手の家柄が自分に釣り合うかどうかを重視する。後発移民だった石達開の父親は自分と境遇の近い少数民族を結婚相手に選んだのである。むしろ石達開の母方の実家はこの地域では豊かな家で、早く両親を亡くした彼はチワン族の親戚に支えられて暮らしていた。

このように漢族と少数民族の境界線で成長した石達開が直面したのは深刻な民族対立だった。一八五〇年に略奪婚のトラブルをきっかけに客家とチワン族がそれぞれ集団となり、武器を手に取って抗争を始めた。これを「来土械闘《らいどかいとう》」という。「来」とは「来人《らいじん》」即ち客家であり、「土」とは先住のチワン族および「土白話」の漢族早期移民を指す。有力移民が富を独占するなか、貧困に苦しんだこれらの人々は、残された僅かな利益をめぐって衝突したのである。客家とチワン族の間で始まった抗争は、やがて「土白話」の人々をも巻き込んで拡大し、三つどもえの激しい抗争が長く続いた。

石達開が上帝会《じょうていかい》に入ったのは、龍山の鉱山で働く下層移民の間に布教が行われた時と見られる。彼が太平天国の文献に登場するのは一八四九年のことで、貴県に「真の道を信じない」者がいるため、石達開の家に滞在していた洪秀全らを金田まで送り届けるように命じられた。すでに彼が上帝会の主要メンバーとなっていたことがわかる。

石達開の肖像（『石達開全集』より）

一八五〇年初め、貴県の上帝会は来土械闘の影響を受けて「六屈軍務《りっくつぐんむ》」と呼ばれる武力抗争を経験した。抗争の相手は六屈村のチワン族である周鳳鳴《しゅうほうめい》で、石達開の母親の一族だった。上帝会は周鳳鳴の家を攻撃したが、逆に上帝会に入っていた周一族のメンバーはチワン族の自警団に襲われた。民族対立が漢族と少数民族の境界線上にいた石達開とその家族を引き裂いたのである。

この時シャーマンに降臨《こうりん》した天兄イエス・キリストは、金田村から救援にかけつけた上帝会員を撤退させるように命じた。だが石達開は「軍を引くべきではない」と主張し、食糧は自分たちが負担すると訴えた。上帝会で天父ヤハウエ、天兄キリストの命令は絶対的であったが、自分の意見を堂々と述べたところに石達開らしさが出ている。この時彼は十九歳、その後械闘に敗れて上帝会に加わった客家を率いて金田へ入った石達開は、一八五〇年末に上帝会が蜂起すると、最年少のリーダーとして左軍主将に任じられた。

かくして石達開の十数年にわたる戦いが始まった。

長江流域に新王朝の基礎を築いた翼王

一八五一年九月に永安州を占領した太平天国は、ここで新王朝のひな型を整えた。石達開は「天朝を補佐する」翼王に封じられ、他の四名の王とともに天王である洪秀全を支えることになった。

広西から南京へ至る道のりで石達開がめざましい活躍をしたのは、湖南省の省都である長沙《ちょうさ》の戦いであった。初めのうち敗北を装い、清軍を充分に引きつけた石達開は、後方に味方の伏兵が姿を見せると突如軍を返し、清軍を挟み撃ちにした。この戦法を「回馬槍《かいばそう》」という。不意を突かれた清軍は大敗し、太平軍が長沙を撤退して北上した時も追撃しようとはしなかった。長江流域に進出した太平軍は交通の要衝である武昌《ぶしょう》を占領し、南京へ攻め下ったのである。

南京に首都を構えた後、南京を離れようとしなかった洪秀全らとは対照的に、石達開はひんぱんに外地へ出征して新王朝の基礎を整えた。一八五三年秋、石達開は安徽省《あんきしょう》で郷官《きょうかん》と呼ばれる地元出身の地方官を設置して本格的な地域支配に乗り出した。

それまで太平天国は占領地で資産家の財産を没収し、これを聖庫《せいこ》と呼ばれる公有の倉庫に保管して財政の基盤とした。食糧についても有力者から徴発するか、聖庫の金銀財宝を使って郊外で購入していた。だが聖庫の備蓄は二〇万人を超えた

石達開の進路（筆者作成）

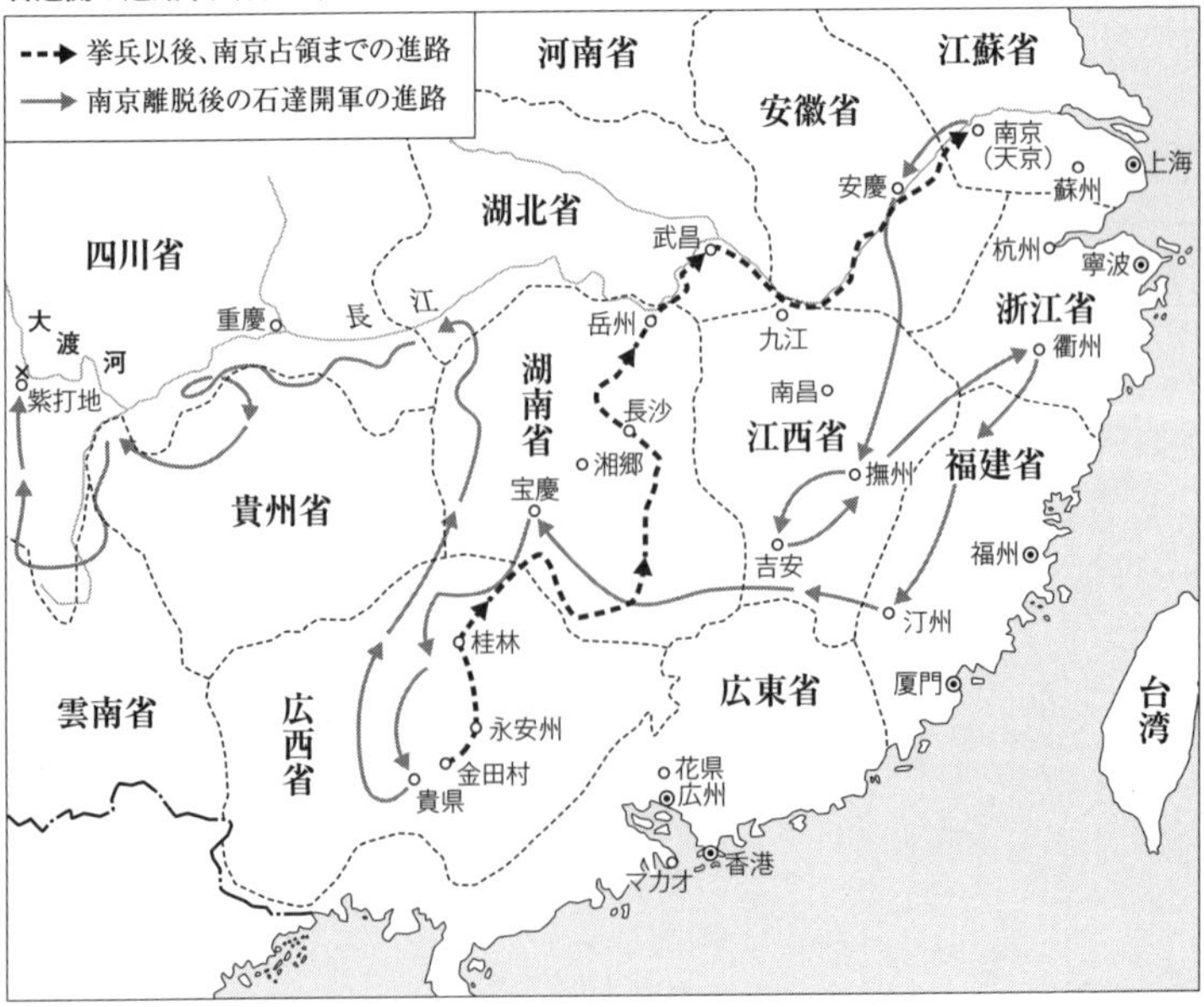

南京の人口を支えるには足りず、諸王や物資の管理、分配を担当する蜂起以来の老幹部による独占も進んだ。一般の人々は粥《かゆ》を食うことを余儀なくされ、空腹に苦しんだ。

そこで石達開は郷官を通じて旧来通りの土地税を徴収する政策を始めた。それ以前、アヘン交易と戦争によって財政難に苦しんだ清朝は、豊かな長江流域で規定の数倍におよぶ税を取り立て、これに不満な人々が集団で納税を拒否する動きが起こった。これに対して石達開が徴収させた土地税は本来の規定額とそれほど変わらなかった。この他に軍事行動の負担や洪秀全の息子の誕生祝い、宗教関係の書籍の出版費用など、さまざまな名目の雑税が徴収されたが、全体でも太平天国の税額は清朝のそれに比べて軽かったという。

石達開はこうして徴収した税のうち、一定額(三分の二という)を南京へ送り、残りを郷官の給与や地方行政の経費に充てた。そして太平天国が軍事的優位を確保した地域では、「乱世であることを忘れる」ほどに安定した支配が行われた。石達開に対する人々の評判も高かった。ある宣教師は太平軍の少年兵士が実家に一人残された母の様子を見るために帰郷したいと申し出たところ、石達開はこれを許し、彼の母親に多くの贈り物を与えた。また石達開は兵士が略奪したり、農作業に必要な耕牛を屠殺《とさつ》することを禁じ、違反者を厳しく処罰したため、人々は石達開の善政を讃えたと記している。

こうしたエピソードに誇張があることは言うまでもない。石達開も太平天国に対する支持をとりつけるために、人々の期待に応えるように振る舞った部分もあるだろう。だが南京で宮殿深く閉じこもり、民生に関心をもたなかった洪秀全や、シャーマニズムを用いて強権をふるった東王楊秀清と比べた場合、人々にとって石達開こそは自分を庇護《ひご》してくれる存在と映ったことは間違いない。清朝側も石達開について「仁義にかりて人心を結ぼうとした」と評している。

曽国藩を窮地に追い込んだ奇策

長江流域に新王朝の基盤をうち立てようとした石達開にとって、最大のライバルが湘軍の首領である曽国藩《そうこくはん》（一八一一—七二）だった。曽国藩は湖南湘郷《しょうきょう》県出身の学者官僚で、太平天国を鎮圧するための義勇軍の結成に取り組んだ。これが湘軍で、湖南へ進出してきた太平軍を打ち破って勢いに乗り、湖北省の省都である武昌を奪回して、さらに長江を東へ下って戦略上の要所である田家鎮《でんかちん》で大勝利を収めた。

この長江上流からの脅威に立ち向かったのが石達開だった。彼は部下たちに伏兵戦術で粘り強く抵抗するように命じ、鹵獲《ろかく》した湘軍の船を参考に建造した軍船を戦場に投入した。また江西省へ入った湘軍の水軍が長江につながる鄱陽湖《はようこ》に進出すると、その入り口を封鎖して敵を分断した。この作戦は功を奏し、長江に残った湘軍の主力は大敗を喫して、自分の乗船を奪われた曽国藩は自殺を図ったところをかろうじて救われた。それまで湘軍優位で進んでいた戦局は一変し、勢いづいた太平軍は再び湖北へ進出した。

これら一連の勝利は、「電師《でんし》」を名乗った石達開の軍事的才覚に負うところが大きかったことは間違いない。また彼の将兵に対する統率力も見逃せない要因だった。湘軍が長江の上流から攻め寄せた時に、石達開は拠点の死守にこだわらず、「城を守ることが難しいなら、君たちは下流に退いて堅く陣地を構築してもよい」と柔軟な指示を送った。また彼は上帝信仰に基づいて勝利への信念を語り、「この道理を兵士たちに説いて聞かせよ」と述べて将兵を教育することを忘れなかった。相次ぐ敗戦に意気消沈していた兵士たちが再び勇敢に戦えたのは、「もとより群賊の心を得た」石達開であればこそ可能だった。

一八五五年後半、江西で鄱陽湖に閉じ込められた水軍の再編に努めていた曽国藩は、精鋭である羅沢南《らたくなん》(一八〇七—五六)の部隊を湖北の救援に向かわせた。羅沢南らは湖北の太平軍および安徽から出撃した石達開の軍と激しくぶつかった。

すると石達開は突然軍を分け、江西の西部へ兵を進めた。湘軍の留守部隊は敗北し、曽国藩は省都である南昌《なんしょう》一帯で太平軍に包囲されてしまった。石達開は江西でも郷官を設置して地域支配を進め、東部にも進出して湘軍が財源にしていた塩の販売ルートを遮断《しゃだん》した。南昌と首都北京との連絡もほぼ絶たれ、そのまま石達開が兵糧攻めを続けていたら曽国藩は敗北していたに違いない。

一八五六年四月、楊秀清は石達開に急ぎ南京へ戻り、付近の清軍を一掃するように命じた。石達開は留守部隊を残して軍を引き、曽国藩は九死に一生を得た。南京周辺の清軍陣地が太平軍の攻撃で崩壊すると、石達開は再び湖北へ向かったが、九月に突然武昌郊外にいた石達開軍が撤退を始めた。南京で楊秀清が殺害される天京《てんきん》事変が発生したのである。

天京事変と石達開の太平天国離脱

太平天国は天王である洪秀全を他の五人の王が支える一種の共同統治体制をとっていた。政治・軍事を取りしきったのは「軍師《ぐんし》」であった東王楊秀清で、南京到達時まで生き残った石達開と北王韋《い》昌輝《しょうき》（一八二四―五六）は楊秀清の命令を受けて行動した。だが「東王の命令は厳しく、軍民は畏れた」とあるように、天父ヤハウエを降臨させるシャーマニズムを用いた楊秀清の政治は強権的かつ恣意《しい》的《てき》だった。石達開の義理の父はささいな理由で楊秀清に処罰され、いとこは敗戦の責任を追及されて殺された。石達開も「心に怒りが積もり、口では従っていても心は安まらなかった」という。

楊秀清と他の王たちの亀裂を決定的にしたのは、人々の不満に不安を覚えた楊秀清が洪秀全と対等な政治・宗教的地位を求めたことだった。一八五六年八月に楊秀清が天父のお告げを通じて彼を「万歳《ばんざい》」に封じるように洪秀全に迫ると、怒った洪秀全は他の王たちに急ぎ南京へ戻り、楊秀清を殺すように極秘の命令を出した。

これより先、石達開は韋昌輝らと楊秀清の殺害について密議を交わした。この時石達開は楊秀清とその一族数人を殺すだけに止めるように主張した。だが洪秀全の命令を受けて南京へ戻った韋昌輝らは楊秀清を殺しただけでなく、東王麾下《きか》の将兵とその家族まで片端から殺し始めた。湖北の前線から急ぎ南京へ戻った石達開は、「一緒に戦ってきた長髪の兄弟をなぜこんなに殺したのか?」と韋昌輝を批判した。激しい言い争いの後、韋昌輝に殺されることを察知した石達開は秘かに南京を脱出した。だが逃げられなかった彼の家族は韋昌輝に殺された。

その後安徽へ戻った石達開は韋昌輝討伐の軍を興し、洪秀全に対して「韋昌輝を殺さないなら、天京（南京）を攻撃する」と迫った。やがて韋昌輝の塩漬けにされた首が石達開の陣営に届き、事変に関与した他の幹部も殺されると、石達開は南京へ戻った。

石達開が「通軍主将」に任命されて政務を統轄することになると、虐殺に怯《おび》えていた人々はこれを喜び、石達開に「義王（中国語で「義」の発音は「翼」と同じ）」の称号を贈った。だが石達開が人々の信頼を集めたことは、洪秀全を不安に陥れた。彼は石達開がかつての楊秀清のように自分の権威を脅かすのではないかと恐れたのである。このため洪秀全は無能な二人の兄を王に封じ、彼らを通じて石達開にさまざまな掣肘《せいちゅう》を加えた。

一八五七年六月、洪秀全らの猜疑心《さいぎしん》と圧力に耐えかねた石達開は、軍を率いて南京を離れた。途中彼が発した告示には、その心情が次のように告白されている。

昨年争乱に遭い、狼狽《ろうばい》して南京へ戻った。みずからは愚かな忠義と言いながら、定めし君主の明察を蒙《こうむ》ることが出来ると思っていた。だが事はそのようにならなかった。詔《みことのり》がしきりに降り、重苦しい疑いと妬《ねた》みが生まれた。それは筆舌に尽くしがたいものだった。疑念の多くは殺害に関わるもので、真偽を区別できない話があふれた。そこで一心に努力して、出征して再び真心を示すことにした。つとめて上帝の徳に応え、主君の恩に報いたい。

続いて石達開は事が成った後に自分は引退するつもりであり、皆は天国のために尽くせと述べている。この時彼に従った将兵は数万人いたという。慌てた洪秀全と南京の幹部たちは、石達開に「義王」と刻んだ金印を贈って帰還を促した。だが石達開はこれを受け取らず、南京へ戻ることを拒否した。また石達開に苦しめられた曽国藩も、部下に手紙を書かせて投降を促したが、石達開はこれを受け容れようとはしなかった。

元々石達開は長江上流の四川を根拠地とすることを構想していたと言われる。『三国志』や『水滸《すいこ》伝《でん》』の英雄たちに倣《なら》ったのであろう。また南京と袂《たもと》を分かってしばらくの間は、かつて自分が統治した安徽や江西で活動した。冷静に見るなら、彼はこの地で勢力基盤を固め、南京の中央政府の統制を受けず、また湘軍に対峙する第三勢力として影響力を行使するべきだっただろう。だが江西南部で敗北すると、石達開は軍を東へ向けて浙江、福建へ入り、結果として江西の九江《きゅうこう》で孤立していた友軍を見殺しにしてしまった。

大渡河の悲劇

その後、華南各地を転戦した石達開軍は次第に精彩を欠いていった。一八五九年に湖南西部で湘軍と七〇日間戦って敗れた石達開は、故郷である広西へ軍を向けた。ここは太平天国の蜂起前から天地会と呼ばれる秘密結社が蜂起をくり返していた。石達開は腹心の部下を派遣して彼らとの連合を図ったが、天地会の首領はその部下を殺して協力を拒否した。

相次ぐ敗北は軍内に亀裂を生んだ。一八六〇年に広西北部にいた部隊は石達開の指揮から離れ、江西で友軍と合流して南京へ帰還した。彼らが提出した報告書によると、石達開の出身地である貴県で兵を募り、南京へ戻るように勧めたが、石達開が「帰林」つまり隠遁《いんとん》するという噂が立ち、彼を見限ったと述べている。また当時は部隊内で不和から衝突が起こり、清朝側の反撃を受けて痛手を負う事件も発生した。

一八六二年に石達開の軍はようやく四川に入ったが、ここに彼らが根を下ろす場所はなく、それを可能にする軍事力もなかった。南部の山岳地帯を転戦した石達開は、一八六三年五月に七〇〇〇名余りを率いて大渡河の南岸にある紫打地《しだち》に到達した。この一帯は彝族《いぞく》と呼ばれる少数民族の居住地で、土着の官吏である土司《どし》が支配していた。石達開は道を譲ってほしいと土司に話を持ちかけ、良馬と白銀を贈って承諾を取りつけた。

この時、石達開が土司に送った手紙を見ると、かつての上帝信仰は陰をひそめ、代わりに「大夏《たいか》の恢復《かいふく》」即ち漢人王朝の復興を主張していた。だがこの地の彝族は鉱山開発のために流入した漢族移民とのトラブルに苦しみ、漢人に対する不信感を強くもっていた。自らも激しい民族対立のなかで上帝会へ参加した石達開であったが、彝族の漢人に対する感情に思い至るだけの余裕を失っていたというべきかも知れない。

はたして石達開が渡河作戦を始めると、土司は清軍と協力して石達開の背後を襲い、その食糧を奪った。怒った石達開は道案内をしていた彝族を殺し、川向こうにいた別の土司に道を譲るように矢文を送った。彼はさらに土司に食糧の供給を求めたが、土司側は応じなかった。

万策尽きた石達開は、六月に息子と数名の側近を連れ、かつて湖南の長沙で戦った地方長官の駱《らく》秉章《へいしょう》(一七九三—一八六七)に降伏を申し出た。石達開は、「命を捨てて三軍を全くする」つまり自分の命とひきかえに部下を救って欲しいと求めた。だが駱秉章は最後まで残った二〇〇〇名余りの将兵を全て殺した。まもなく石達開も処刑された。享年は三三だった。

おわりに

石達開は民族対立のなかで太平天国に投じ、多く前線や地方にあって人々の信頼を集めた。凄惨《せいさん》な内部分裂の後、彼に対する人々の期待は高まったが、逆に自分の権威が脅かされることを恐れた洪秀全によって圧力を受けた。南京を去り、各地を転戦した石達開の心中は「逼《せま》られて梁山《りょうざん》に登る」であっただろう。

石達開の最期の地となった四川では、源《みなもとの》義経《よしつね》を思わせる石達開の「不死伝説」が伝わっている。後に中国革命の指導者となる人々の中にも、小さい頃に石達開の伝説を聞かされて育った者がいた。長征の途中、共産党軍は石達開軍が壊滅した大渡河に至り、ここで彝族の説得に成功して革命の勝利を導いたとされてきた。

だがその後の少数民族の歴史を見れば、石達開も苦しんだ民族問題がいまだ解決していないことは明らかである。内部に激しい権力闘争をともなう抑圧的な中央政府のもとで、地方の「自立」がどのように可能なのかという問いは、石達開も答えを見つけられなかった中国社会の課題なのだと言えよう。

◉参考文献

簡又文『太平天国全史』(香港猛進書屋、一九六二年)
王慶成『石達開』(生活・読書・新知)(三聯書店、一九八〇年)
鍾文典『太平天国人物』(広西人民出版社、一九八四年)
菊池秀明「太平天国前夜の広西における移住と民族——貴県の場合」(神奈川大学中国語学科編『中国民衆史の視座』〔新・シノロジー、歴史篇〕東方書店、一九九八年)
菊池秀明『金田から南京へ・太平天国初期史研究』(汲古書院、二〇一四年)
菊池秀明『北伐と西征・太平天国前期史研究』(汲古書院、二〇一七年)

「大逆不道」か、悲運の改革者か

金玉均

…キムオッキュン…

須川英徳

郵征総局

鍾閣《チョンガク》の十字路から北に五分ほど歩き、賑《にぎ》やかに飾られた曹渓寺《チョゲサ》の大門をすぎたところに郵征総局の建物がある。現在は復元されたものが建っており、内部にはおもに郵便制度発足当時にかんする展示品が並んでいる。瓦葺《かわらぶき》で意外なほどにこじんまりした朝鮮式の家屋である。いつ訪れても展示に変わり映えはなく、校外活動の小学生一行に出くわすこともない。元郵便職員らしい初老のアジョシ(おじさん)が暇そうに管理人席に座っている。

対日、さらに対欧米開港後の朝鮮が、近代的郵便制度を導入して開港場や地方との郵便事業を開始するため、事業全体を統括する目的で、一八八四年陰暦《いんれき》三月末に郵征総局の設置が決定された。責任者である郵征総弁には兵曹参判《へいそうさんぱん》洪英植《ホンヨンシク》(一八五五―八四)が任じられた。陰暦十月からは京城内および開港場仁川《インチョン》との郵便事業を開始する運びとなった。事業本部である郵征総局もまた建築工事が終わり、陰暦十月十七日(陽暦十二月四日。以下、甲申政変《こうしんせいへん》進行過程の記事は朝鮮側史料が用いる陰暦で記す)、夕方七時から落成を祝う宴会が催されていた。

宴席にはアメリカ公使フートと書記官、イギリス領事アストン、協弁統理交渉通商事務メレンドルフ（一八四七―一九〇一、李鴻章《りこうしょう》〔一八二三―一九〇一〕の推薦《すいせん》で朝鮮に雇用されていたドイツ人）、清国領事陳《ちん》樹棠《じゅえい》と書記官、日本公使館書記官島村久らの外国人のほか、朝鮮側からは主催者である郵征総弁洪英植、錦陵尉《きんりょうい》朴泳孝《パクヨンヒョ》（一八六一―一九三九、前王哲宗《チョルジョン》の女壻《じょせい》）、督弁統理交渉通商事務金弘集《キムホンジプ》（一八四二―九六）、工曹判書前営使《こうそうはんしょぜんえいし》韓圭稷《ハンキュジク》（一八四五―八四）、右営使閔泳翊《ミンヨンイク》（一八六〇―一九一四）、左営使李祖淵《イジョヨン》（一八四三―八四）、副承旨徐光範《ソクワンボム》（一八五九―九七）、主事尹致昊《ユンチホ》（一八六五―一九四五）、開拓使金玉均《キムオッキュン》（一八五一―九四）らが出席した。日本公使竹添進一郎《たけぞえしんいちろう》（一八四二―一九一七）は病を理由に欠席だった。日本公使館の料理人に依頼して、西洋式のコース料理と洋酒が振舞われた。

内外の要人を集めた祝賀の宴席と同時に、ただならぬ密謀《みつぼう》が進められていた。宴席に集った朝鮮側の官員たちは、殺されようとする一団と、殺そうとする一団だった。金玉均を中心とした朴泳孝、洪英植、徐光範らは、韓圭稷、閔泳翊、李祖淵ら、首都の警備にあたる前後左右の四営（各営は五〇〇名の朝鮮兵士からなり、清国軍事教官に訓練されていた）の指揮官たちをまとめて殺害するために、この席に招いていた（後営使尹泰駿《ユンテジュン》〔一八三九―八四〕は宮中に宿直のため欠席）。

復元された郵征総局（網本善光氏撮影、提供）

金玉均らは、首都の中心部で変事を起こし、王宮に馳せ参じる指揮官たちを確実に除去し、首都警備軍の指揮権を奪うのである。同時に日本公使館警備兵力の支援を受けて王宮を占拠するとともに国王の身柄《みがら》を押さえ、対立派の要人も殺害して自らの望む国政改革を断行しようと企てていた。変事の口火を切るため、別宮への放火成功の報を金玉均は待ちかねていた。

七時から宴は始まった。食前酒が回った頃、金玉均の配下の者が、別宮への放火は失敗した、と戸外に呼び出した玉均に告げた。彼は、他の家に放火するよう指示して席にもどった。料理の皿はゆっくりと進み、開始から三〇分ほどでデザートが運ばれてきたとき、戸外から「火事だ」との声がした。鄭征総局のすぐ北隣から火の手が上がっていた。騒然となった宴会場に、血まみれになった閔泳翊が入ってきて倒れ伏した（重傷だったが、応急手当ののちメレンドルフ宅に移り、一命をとりとめた）。様子を見るために外に出たところを、潜んでいた刺客《しかく》に斬りつけられたのである。政変が勃発《ぼっぱつ》した。

甲申政変

慌ただしく総局を出た金玉均らはいったん日本公使館に立ち寄ったのち、国王高宗《コジョン》（一八五二―一九一九、在位一八六三―一九〇七）の居所である昌徳宮《チャンドックン》に向かった。就寝していた国王を起こし、変事の勃発を告げ、日本公使の来援を求めさせた。昌徳宮仁政殿に仕掛けた爆薬が二度にわたって炸裂《さくれつ》して国王夫妻の不安をさらに煽《あお》った。玉均は隣接する景祐宮《キョンウグン》への移御を促した。すでに意を通じていた前営兵士たちや徐載弼《ソジェピル》（一八六四―一九五一）の指導する士官生徒たち、日本刀を手挟《たばさ》む朝鮮人と日本人の壮士《そうし》たちに加え、国王からの依頼をうけた竹添進一郎日本公使が、公使館警備の日本兵を引率して来援し、景祐宮を警護したと伝える(金玉均『甲申日録』による)。

国王が景祐宮に移御したと聞いて政府高官たちが駆けつけてきたが、彼らを一人ずつ確認し、尹泰駿、韓圭稷、李祖淵に加えて、兵曹判書海防総管閔泳穆《ミンヨンモク》、督弁統理軍国機務衙門《とくべんとうりぐんこくきむがもん》趙寧夏《チョヨンハ》(一八四五―八四)、督弁統理軍国機務典圜局《てんえんきょく》管理事務閔台鎬《ミンテホ》が相次いで斬殺された。いずれも閔氏政権の一党であり、金玉均らによれば清国を頼りとする「支那党《しなとう》」(史料上の呼称)の中心人物であった。金玉均らは「日本党」と見做されていた。さらに宮中に勢威を有する宦官《かんがん》の柳在賢《ユジェヒョン》が、宮女・宦官への見せしめとして誅殺《ちゅうさつ》された(彼は袁世凱《えんせいがい》(一八五九―一九一六)と意を通じていた)。

しかし、国王夫妻と趙大王大妃《チョデワンデビ》の扱いは面倒だった。景祐宮は手狭であるから昌徳宮に戻りたいと訴えたため、いったん南隣にある李載元《イジェウォン》(高宗の従兄弟)の屋敷である桂洞宮《ケドングン》へと移った。竹添公使が国王親筆の警護依頼をうけ、公使館警備兵力を帯同して国王の御前に現われたのは、夜十一時頃だったという(井上角五郎『遭難記事』による。逆に、袁世凱の報告書では、景祐宮に移御した時点で、すでに日本兵が景祐宮の警備に就いていたとする)。

夜が明けて陰暦十八日、新政権の人事が行われた。誰がどの地位に就いたのか、文献によって違いがある。それでも、王族の李載元をトップに据え(領議政または左議政)、洪英植を議政にして国政全般を、朴泳孝が前後営を掌握して軍事を、金玉均は戸曹参判として財政改革を、それぞれ担当する予定だったと見られる。この日の午後になって、国王夫妻は昌徳宮に戻ることを強く要求したため、やむなく広くて守りにくい昌徳宮へ移御した。

『甲申日録』では、この日、十四ヶ条の政綱を発表して改革の内容を明らかにした、と記すが、他の史料では確認できない。『甲申日録』は金玉均が日本に亡命した後、政変から半年以上過ぎたころに書いたものであり、面談の日時や内容について錯誤《さくご》があることはすでに指摘されている。のみならず、国王夫妻との関係についても、信頼関係と一定の了解があったように記すが、その点はまったく信が措《お》けないと指摘されている。また、政変以前から福沢諭吉《ふくざわゆきち》(一八三五―一九〇一)と深く関係し、門下生の井上角五郎を連絡役としていたが(日本亡命後もしばらくは福沢宅に身を寄せていた)、その辺りにはほとんど触れていない。また、竹添公使が全面的に金玉均らの計画を信用していたかのように記すが、実際の連絡は書記官の島村を通じたものが多く、その場合でも閔氏一党を殺害する政変断行には慎重を期すよう求めており、その成功には疑問を呈していたようである。そのため、竹添公使は国王からの親筆による救援要請という確かな理由を得てから出動している。

十九日、袁世凱の李鴻章への報告書では、このとき、国王の幼い庶子(貴人張氏所生の義和君。王妃を憚《はばか》って宮外で養育されていた)を擁《よう》して王を廃立し、高宗は日本に送る計画があるとの情報を得たと記す。洪英植がひそかに進めていたという。ありえない話ではないだろう。壬午《じんご》軍乱の鎮定《ちんてい》以来、清国を頼りにする国王夫妻がそのままの地位にあったなら、いつ何時、政変の結果がひっくり返されるか、分かったものではないからである。また、朝鮮王朝での過去の政変、すなわち中宗反正、仁祖反正のように臣下が主導した政変では、別の国王候補が用意されており、大妃などの王室最年長者(王の即位順に従い、実年齢ではない)の決定で王の廃立が行われるのが前例だった。

また、この日の午前中には、右議政沈舜澤《シムスンテク》から袁世凱らに宛てて、兵を動かして国王を救出してくれるよう、依頼する書簡が届けられている。この功績のおかげか、二〇日に左議政、二一日には領議政へと昇進している(左議政は金弘集、右議政は金炳始《キムビョンシ》)。なお、高宗自身から李鴻章宛てで、救出を依頼する書簡が残っているが、二〇日付のものであり、袁世凱らによる兵力使用と武力鎮圧を正当化するため、鎮圧後に作らせたものであろう。

十九日の午後には漢城《かんじょう》の東大門外に駐留していた清国軍一五〇〇名(清仏戦争のため半数帰国)が、国王のいる昌徳宮に向かって攻め寄せてきた。左右営の朝鮮兵も攻撃に参加した。朴泳孝らが掌握していた前後営の兵士たちは、錆びついていた小銃を分解掃除していて反撃できなかったと『甲申日録』は記す。戦闘に関わった朝鮮兵への後難を気遣った記述かもしれない。袁世凱による報告書では、前後営の朝鮮兵は追い散らされ撃ち倒されて降伏し、前営五〇人余り、後営一一〇名余りが残ったにすぎず、事実上、日本兵と清国兵の戦闘になった。

東と南から王宮内に侵入され、国王一行は、しだいに北へと追い詰められていった。日が落ちて真っ暗になったなか、昌徳宮の北門付近では攻めたてる清国兵と数に劣る日本兵との銃撃戦が続いた(日本の死者は、陸軍語学生徒・曹長・兵の三名)。王の傍《かたわ》らにも銃弾が飛来し、内侍二名が王の盾となって倒れた。ついに竹添公使は日本兵の撤退を決め、金玉均・朴泳孝・徐光範・徐載弼らは暗闇に紛れて日本人とともに北門から脱出し、公使館に戻った。洪英植・朴泳教《パクヨンギョ》(朴泳孝の兄で都承旨)と士官生徒七名（日本の戸山学校の留学生、卒業生）は国王の下に残っていた。洪英植が強く引き留めたにもかかわらず、国王は清国軍の用意した輿《こし》に乗って清国軍の営舎に移った。国王に見捨てられ、取り残された洪英植らは惨殺された。

二〇日、竹添公使とその一行約二五〇人（兵士約一四〇名、公使館職員と民間人が一〇〇名余り）は、午後三時半に校洞に位置する公使館を脱出した。鍾路《チョンノ》を西に進み西大門から麻浦に抜け、薄氷の張った漢江《ハンガン》を小舟で渡り、吹雪の夜道を歩きつづけ、翌日の朝、仁川に着いた。一行には洋装に着替えた金玉均らも随行していた。混乱のなか、城内では逃げそびれて木石で殺害された日本商民も三〇名余りにのぼった。博文局（『漢城旬報』を発行して内外情勢などを啓蒙《けいもう》、報道していた官立の印刷所）など、日本に関係すると目された施設や商店・家屋は焼き討ちされた。一行は日本汽船千歳丸に便乗して日本に帰着する。国王は二三日になって袁世凱の宿舎から、清国兵の警備する昌徳宮に還御した。

変乱を首謀した金玉均、朴泳孝、洪英植、徐光範、徐載弼は、六人の高官を殺害し、国王を拘禁《こうきん》し、宮闕《きゅうけつ》を戦場にした罪により、大逆不道《たいぎゃくふどう》の五賊《ごぞく》となった。

朝鮮の開港

甲申政変を引き起こした直接的な原因は、一八八二年に勃発した壬午軍乱とその後の政治状況にあった。それを理解するために話は高宗即位まで遡る。哲宗三四年十二月（陽暦では一八六四年一月になる）、国王哲宗（在位一八四九―六三）が死去し、興宣君《フンソングン》の次男が王位を継いだ。第二六代国王高宗《コジョン》である。彼が幼少であったため、宮中の最年長者である趙大王大妃の決定で、父親である興宣大院君李昰応《イハウン》（一八二一—九八）が政務を掌握した（大院君《テウォングン》政権）。この時期、欧米の船舶や軍艦が朝鮮沿海に出没して異様船と呼ばれており、上陸して食料・薪水《しんすい》を求めるならば与えて立ち退かせる方針を採っていた。他方、国内では天主教（カトリック、西学）だけでなく、それに対抗すると称して創始された東学もまた教勢を拡大していた。大院君は内外の困難を打開するために、国内の思想統制を強化し、天主教や東学に弾圧を加えた。

一八六六年には米船ジェネラル＝シャーマン号が大同江《テドンガン》を溯上《そじょう》して発砲したため、朝鮮軍民の火攻めにより沈没した事件、フランス艦隊が来航し天主教徒弾圧に抗議するとともに江華島《カンファド》に上陸して朝鮮軍と戦闘になった事件が相次いで発生し、海防強化が進められた。さらに七一年にはアメリカ艦隊が来航して江華島砲台と戦う事件が発生し、大院君は各地に斥和碑《せきわひ》（「洋夷侵犯、非戦則和、主和売国」〔洋夷の侵犯に戦わず和睦《わぼく》を主張することは売国である〕）を立てさせ、「衛正斥邪《えいせいせきじゃ》」のスローガンの下に徹底して戦う方針を示した。

しかし、一八七三年に国王の成人と親政開始を理由に大院君は斥けられた。大院君の強権的な国内政策（景福宮再建のための願納銭徴収、書院の撤廃、当百銭発行、海防費用調達のための商税賦課など）は不評であったため、親政とともに

大院君が各地に建てた斥和碑
（朝鮮史研究会編『朝鮮の歴史』〔三省堂、1974年〕より）

撤回された。そこに飛び込んだのが七四年の日本による台湾出兵の知らせだった。明治新政府と朝鮮の関係は、対馬《つしま》に代わり新政府による外交を通知した書契《しょけい》の文と書式をめぐり、すでに膠着《こうちゃく》状態になっていたからである。征韓《せいかん》が現実になる惧《おそ》れが高まった。

一八七五年には日本軍艦雲揚《うんよう》と江華島草芝鎮《チョジジン》砲台、ついで永宗島《ヨンジョンド》砲台が砲火を交え、永宗島で住民の食料なども略奪された。釜山《プサン》沖での日本艦隊の示威を経て、翌年には江華島における事後処理の会談がそのまま日朝修好条規締結へとつながった。

条約締結当初における朝鮮側の認識では、以前からの日本との国交や貿易の延長であって、これ以上、事を荒立てないために日本側の要求を容れて条約を結んだというものであった。

一八八〇年、第二回修信使として渡日した金弘集一行は東京を訪れた。そして、駐日清国公使何如璋《かじょしょう》から、今後の朝鮮が採るべき外交方針を説いた黄遵憲《こうじゅんけん》の『朝鮮策略』を渡されて持ち帰った。そこには、ロシアへの警戒を説くとともに、清国との連携強化（親中国）、日本との関係改善（結日本）、米国との修好（連美国）、が説かれていた。その内容や片言節句について朝鮮の儒林《じゅりん》は過敏に反応し、持ち帰った金弘集の処罰を求めた。しかし、金弘集が上啓した日本国内の変化にたいし、高宗はおおいに興味をかき立てられていた。これにより高宗は米国との条約締結を決定した。それと同時に朝鮮は急速に西洋式の文物や兵制を取り入れることで自強策を図る方向へと舵を切った。儒生たちによる洋夷との通交反対上疏《じょうそ》は、逆に厳しく処罰されることになった。

一八八一年には外国との交際と文物・機械の導入を管轄する統理機務衙門が設置された。また、日本から軍事教官を招き、洋式訓練を施す別技軍《べつぎぐん》が新設される。さらに日本の新制度を調査する目的で視察団を送り、中央官庁の編制や運用などについて調査した。このとき、はじめての留学生である兪吉濬《ユギルジュン》は慶応義塾に、尹致昊《ユンチホ》は同人社に入学した（なお、徐載弼は八三年に陸軍戸山学校〔士官学校〕に入学し、翌年帰国して操錬局士官長に任じられ士官養成教育に携わる）。

他方、八一年末には天津機器局への技術研修留学生を引率するとの名目で清国に渡った領選使金《キム》允植《ユンシク》（一八三五―一九二二）は、李鴻章と接触して米国との条約締結について意見を交わし、条約の骨子を作成した。ここで李鴻章が清国側を代表したのは、彼が北洋大臣であり、日本・朝鮮との交渉もまた管轄事項とみなされたからである。かくして李鴻章の仲介を得て翌八二年には仁川で調印の運びとなった。このとき、属国条項（朝鮮は清国の属国であるが、内政外交は朝鮮の自主である）の挿入に米国側が反対し、条約とは別途の照会文を送ることになった。属国条項についても、朝鮮側と清国側では理解に相違があった。金允植は、弱小国である朝鮮が列強の侮りをうけずに自主と自強を進めるためには清国の後ろ盾が必要である、と考えていたのにたいし、李鴻章は、同じく清国の冊封《さくふう》をうける属国だった琉球《りゅうきゅう》が日本に吸収されて滅亡したことから、北京に近いという地理的な関係も加わり、なんとしても朝鮮だけは清国側に留めておかねばならない、という考えだったからである。

また、これまでの清国は冊封や朝貢《ちょうこう》なしでの貿易関係（互市《ごし》）を認めていたため、冊封する藩属国は、朝鮮・越南《ベトナム》・琉球・暹羅《シャム》の四つであった。ところが、越南は国内では自ら元号を定め皇帝と称しており、琉球は薩摩藩《さつまはん》に服属していた。暹羅が儒教的な中華世界観を受け入れて遣使したとは考えがたい。それゆえ、正朔《せいさく》(中国皇帝が定める暦)を用い、清国皇帝を天子と奉ずる国は、実際のところ朝鮮だけだったのである。その朝鮮でさえも、清国は異類の国であるとして密かに明元号崇禎《すうてい》を用い、明滅亡後のまことの中華は朝鮮であると自負していた。

ここで属国というのは、小が大に事(つか)え(事大)、大が小を字(いつくし)む(字小)、すなわち中国と周辺に位置する諸侯国(藩属国)とのあいだの、君臣関係でありながらも父と子の関係になぞらえ得るような、儒教的な仁慈と義理による情誼《じょうぎ》的かつ礼的な関係であって、相互の権利や義務を具体的に定めたものではなかった。むしろ、その時々の中国側の都合によって一方的かつ伸縮自在に適用できる曖昧模糊《あいまいもこ》たる関係でもある。対等な主体である主権国家どうしが、相互の権利と義務を交渉と言葉によって厳密に定め、互いに履行する責任を負うという欧米式の外交や条約とは、大きく異なる関係であった。洋式の軍艦と兵器を操り洋服を着用して現われた日本人は、その意味でも「脱亜《だつあ》」した存在だった。

壬午軍乱

開国自強の方向へと進み始めた朝鮮を、大きく揺るがしたのは一八八二年七月に漢城で突発した壬午《じんご》軍乱である。現物給与(米)の遅配に怒った旧式軍隊(訓錬都監所属)の兵士たちが蜂起し、衛正斥邪の巨頭である大院君の指図により王妃閔氏を中心とした政権を転覆《てんぷく》させた事件である。このとき、大院君の実兄である興寅君李最応《イチェウン》、宣恵庁堂上閔謙鎬《ミンギョムホ》が殺害された。漢城内は反乱兵とそれに乗ずる乱民の巷《ちまた》となり、国王はもはや無力であった。また、身の危険を感じた王妃は、昌徳宮《チャンドックン》を脱出して地方に潜伏したが、乗輿が破壊されたことから、王妃は逝去《せいきょ》したと発表された。

これが内政上の問題では終わらなかったのは、西大門外にあった日本公使館も襲撃され、花房義《はなぶさよし》質《もと》(一八四二―一九一七)日本公使一行が公使館を焼いて脱出し、別技軍教官をはじめとする日本人が殺害されたためである。開国とさまざまな新施策の実施は、いっそうの米価上昇と都市下層民の生活苦、閔氏一派による政権掌握と腐敗の深まり(売位売官にくわえ科挙合格さえも売買された)により、広い階層から怨嗟《えんさ》の的だったのだ。

日本政府は漢城に戻る花房公使に軍艦四隻と一個大隊(四個中隊、約四〇〇名)の護衛兵を帯同させ(日本滞在中の兪吉濬・尹致昊は日本政府に派兵を要請した)、謝罪と賠償などを強く要求した。他方、清国滞在中の金允植と魚允中《オユンジュン》は、変乱鎮圧のために派兵することを清国政府に請うた。李鴻章幕下の馬《ば》建忠《けんちゅう》(朝米条約締結などにも関わり、朝鮮通とされた。なお、李鴻章は母の喪《も》に服して帰郷中だった)はただちに清国軍二〇〇〇名を海上輸送した。陽暦八月二六日に馬建忠は大院君を拘束して天津《テンシン》に護送し、決起した旧式軍隊の朝鮮兵を武力弾圧した。この大院君拘束は、武力行使も辞さない様子の日本との交渉を可能にするため、国王が唯一残った側近である趙寧夏《チョヨンハ》を密かに送って馬建忠に勧めた策であり、日本との交渉についても具体的に指示を仰いでいた。大院君の拘束と中国への護送については、かつて元が高麗《こうらい》の忠宣王《ちゅうせんおう》・忠恵王《ちゅうけいおう》を拘束して流配に処した例が挙げられていた。

三〇日には朝鮮側全権李裕元《イユウォン》、副使金弘集が記名調印して事後処理にかんする済物浦《さいもっぽ》条約が結ばれた。このとき、金玉均は三月から日本に滞在しており帰国途中の下関で変事の報に接したという。彼は八月に花房公使とともに仁川に戻っている。まだ、歴史の大舞台に出てくるほどの地位ではなかった。

清国が速やかに動いた理由は、日本が朝鮮への介入を深めることへの危惧からである。日本が強硬に事後の処理を迫った場合、大院君以下の朝鮮側もまた強硬な対決姿勢を示し、その結果、戦闘となって朝鮮側はたちまちに瓦解し、日本が朝鮮の国事に深く関与することになる、と予想された。清国としては、朝鮮が日本の影響下に置かれることを予防したかったのである。

漢城に派遣された清国軍（呉長慶《ごちょうけい》が指揮）の威力を背景にして閔氏政権が再建され、済物浦条約により日本公使館警備兵力として一個中隊（一五〇名程度）の駐屯が認められた。清国は朝清商民水陸貿易章程を朝鮮に認めさせ、関税率低下、内地通商、漢城への出店、朝鮮人が被告人の場合にも清国商務委員（領事）が同席する領事裁判権など、多くの特典を獲得した。これは清国と朝鮮の特別な関係によるもので他国に均霑《きんてん》するものではないと明記されたが、日本を含む諸外国もまた朝鮮政府に強く要求して、漢城出店などの権利を獲得した。

清国は、朝鮮との儒教理念的な関係にとどまらず、外交と内政にも干渉しはじめた。漢城の東大門外に駐留する呉長慶提督指揮下の清国軍三〇〇〇名は、外交官署と居留民の保護というには多すぎ、漢城守備にあたる朝鮮軍隊の総数をも上回るもので、朝鮮への露骨な威嚇《いかく》に他ならなかった。さらに、再建された朝鮮軍二〇〇〇名は、清国軍教官による訓練と指導下におかれた。装備銃器も清国から供給された。また、李鴻章の幕客であったドイツ人メレンドルフは、大学で東洋言語を専攻し、天津のドイツ領事代理も務めたことがあり、清国海関での実務経験も豊富な人物であったが、李鴻章の推薦で朝鮮の外交顧問かつ新設される海関（税関）総税務司として着任した（ここで付記すれば、メレンドルフは必ずしも李鴻章の言いなりではなく、八五年には清国を牽制《けんせい》する目的でロシアとの密約を結び、袁世凱の察知するところとなって辞職し朝鮮を去った）。

金玉均と同志たち

一八八二年九月、壬午軍乱への謝罪を兼ねた修信使朴泳孝とともに金玉均は再来日した（翌八三年三月に帰国）。金玉均は日本事情に通じていると見られていたのである。さらに吏曹参議《りそうさんぎ》に任じられて八三年六月にも日本を訪れ、鬱陵島《ウルルンド》の森林伐採権と捕鯨権を担保として三〇〇万円の借款《しゃっかん》交渉にあたるが、これは失敗した。その間に戸曹参判に昇進し、八四年五月に帰国している。財政再建の方針をめぐってメレンドルフと対立し、朝鮮政府は銀の正貨をほとんど発行できないまま、当五銭の大量発行という安直な財政補填策《ほてんさく》を選んだこと

「常平通報」当五銭（右、戸曹発行）**と当一銭**（開城府発行）　いずれも実物大。　筆者提供

で、物流までもが混乱する状態に落ち込んでいく。当五銭は「常平通宝」一文銭の二倍程度の重量であったが、それを額面で民間に受け取らせることで、鋳造差益が中央政府と王室の財政収入となった。しかし、物価は急上昇した。

壬午軍乱勃発以前から日本に滞在していた金玉均は、甲申政変までの期間、朝鮮にいるよりも日本滞在のほうが長かった。壬午軍乱後、宮中や政府部内に色濃くなった清国への依存と、かつての開国自強の方針がもはや消え去りかかっている自国の現状が、いっそう腹立たしく見えたに違いない。清国に対抗するため、金玉均らは急速に日本公使館に接近する。政治の主導権を握り、自強の方針を貫くには、もはや非常の手段を取るしかない、と覚悟を決めつつあった。相談を受けた日本公使館側としては、彼らの企図に危惧を抱きつつも、自らが列強の非難を浴びることなく、あくまでも朝鮮内部の政変劇によって清国の影響力を取り除けるならば、という都合の良い期待がなかったはずがない。

一八五一年生まれの金玉均は、一八七二(高宗九)年の謁聖文武科で、二二歳の若さで五名の及第者の状元《じょうげん》となり、順調に清要の官を歴任し、昇進している。彼が安東金《アンドンキム》氏という名門の出身であったことも無視できないだろう。甲申政変当時は三三歳だった。

洪英植は一八五五年生まれと金玉均よりも若く、一八七二(高宗九)年に、科挙の途中段階を免除されて幼学の身分からいきなり最終試験である殿試《でんし》に直赴することが認められ、十七歳で官途に就いている。政変当時は三〇歳だった。朴泳孝は一八六一年生まれで十二歳にして前王哲宗の一粒種の娘と結婚、金玉均らとともに朴珪寿《パクキュス》（ジェネラル＝シャーマン号事件のとき平安道観察使。右議政に昇った）の下に学んだ。八二年には修信使として金玉均・閔泳翊らとともに渡日した。帰国後は漢城府判尹に任じられ、道路改良や新聞発行事業（『漢城旬報』）に尽力する。政変当時は二四歳である。徐光範は一八五九年生まれで、八三年には駐米全権大使閔泳翊とともに従事官として渡米し（副使は洪英植）、帰国後は副承旨《ふくしょうし》に任じられた。政変時には二六歳である。徐載弼は一八六四年生まれ、十九歳で文科及第。日本に派遣されて戸山学校で学び、朝鮮軍の士官養成にあたっていた。甲申政変に参加したときは二一歳だった。

他方、政敵と目されて重傷を負った閔泳翊は一八六〇年生まれで、王妃閔氏の甥にあたる。七七年に幼学の身で殿試に直赴が許され、翌年には都承旨《としょうし》に昇進し、全権大使として渡米したときには弱冠二三歳、政変当時に二五歳だった。

いずれも名門の出であって、才智に恵まれ将来を嘱望《しょくぼう》された若者たちだった。ここにいたるまでは挫折を知らず、順調に官途を歩んできている。閔泳翊と洪英植の場合、彼らを官途に昇らせるために特別の殿試が催され、当然のように及第した人々だった。エリー

金玉均

トの中のエリートだったのである。それゆえ、自分たちは特別であり、国王からも深く信頼されていると感じていたとしてもおかしくない。

最年長で甲申政変の中心人物となった金玉均の場合、はじめて大きな挫折を経験したのが、借款交渉の失敗だった。これについて、『甲申日録』では、諸閔の輩とメレンドルフの妨害、竹添公使の画策によると記す。しかし、朝鮮王朝一年間の財政収入にも匹敵する金額を、たやすく借り入れられると考えたことや、邪魔さえ入らなければ実現できたはずと考えたのは、自信過剰の表われではないか。

また、甲申政変にさいして、現政権の中心人物たちを除去すれば、たやすく政権を奪うことが可能で、国王夫妻もまた自分たちを信任するだろうと考えたことも、過剰な自負のなせる業であろう。とはいえ、才気煥発《さいきかんぱつ》で、彼の弁舌は人を魅了するものだった。日本滞在中につねに彼の支持者・支援者のいたことがそれを物語る。

金玉均が自信過剰気味の人物だったことは、亡命後の行動にも現われる。一八九二年一月の「大阪毎日新聞」の報道では、大院君の密旨なるものを日本人が金玉均に伝え、彼が朴泳孝に相談したところ反対され、渡航費用が工面できず、あらためて朴泳孝の居所を訪ね、「時機の到るを俟《ま》ちて本国政治の改良を企て国弊を洗浄せん」と申し入れたが、「朴氏と志を同《おなじ》ふする鄭蘭教、李圭完」らは「金氏の近状に満たざる所ありとて大に金氏に勧告する所ありしも、金氏は更に之を聞き容《い》れず」、鄭・蘭両氏ばかりか朴氏までもが金氏と絶交したと伝えている。衛正斥邪を持論としていた大院君が、金玉均のような開化党・日本党と見做《みはな》される人物と手を組むはずがなかった。自信家の彼には、そんな怪しげな筋書も見抜けなかったか。

日本亡命後の金玉均は、しばらくは福沢邸に匿《かくま》われていた。福沢邸を出てからは日本人有志の支援を受けていた。八六年には横浜で三井の別荘（福沢の周旋か？）に暮らしていたが国外退去措置を伝えられた。米国への渡航を希望したが旅費がなく、小笠原に移送されている。八八年からは札幌に移され、一時は帰京したが、九一年まで札幌で過ごした。日本政府の彼にたいする処遇は、厄介者扱いであり冷たかった。朝鮮政府が彼を大逆罪の罪人として引き渡しを求めている以上、表向きは彼に生活上の便宜をはかることはできなかったからであり、東京に置いておけば動向監視もまた手間がかかったに違いない。日本人有志たちの支援によって暮らすしかなかった。先の報道は、帰京後の金玉均についてのものであったが、そのころも彼の朝鮮政治改革への情熱は衰えることがなく、あちこちに働き掛けをしていたようであり、大アジア主義で知られる頭山満《とおやまみつる》や宮崎滔天《みやざきとうてん》とも交際があったと伝える。

エピローグ

一八九四年三月、金玉均は上海《シャンハイ》にいた。そして、国王の密命を帯びた刺客として彼に接近し、信頼を得てともに上海に渡航していた洪鍾宇《ホンジョンウ》の銃弾に倒れた。彼が上海に渡ったのは、李鴻章と会談できるとの話を信じてのことだった。彼を誘き出すためのワナであったことは言うまでもない。だが、流浪の一亡命政客を、多忙を極める北洋大臣李鴻章がわざわざ上海に呼び寄せるだろうか。それに賭けたのは自らの存在と政論へのよほどの自負があったからであろう。最後まで、朝鮮の自主独立にかけた志は高かった。彼の遺体は朝鮮に送られて切断され、「大逆不道玉均」として各地で晒《さら》された。また、投獄されていた父親も絞首された。

金玉均、洪英植、朴泳教ら、悲運に倒れた甲申政変の関係者たちが朝鮮国王の名において名誉回復されるのは、一八九四（高宗三一）年陰暦十二月末のことである。その年の夏に勃発した日清戦争は陸海ともに日本軍の優勢で推移し、ほぼ同時に始められた日本の指導による甲午改革が進められている時だった。

金玉均の墓は東京青山霊園の外国人墓地と文京区の真浄寺にある。日本寄寓《きぐう》中の揮毫《きごう》も残されている。韓国では忠清南道《チュンチョンナムド》牙山《アサン》に墓地がある。

⊙参考文献

もっと知りたい方の参考とすべき文献
月脚達彦訳注『朝鮮開化派選集　金玉均・朴泳孝・兪吉濬・徐載弼』（「東洋文庫」、平凡社、二〇一四年）
岡本隆司『属国と自主のあいだ——近代清韓関係と東アジアの命運』（名古屋大学出版会、二〇〇四年）
田保橋潔『近代日鮮関係の研究』（朝鮮総督府中枢院、一九四〇年）

すべては民と国のために

全琫準

…チョンボンジュン…

趙 景達

民衆的知識人

甲午《こうご》農民戦争の指導者全琫準《チョンボンジュン》(一八五五—九五)は、韓国で最も有名な民衆英雄である。短躯《たんく》であったことから緑豆《ノクトゥ》と字《あざな》されたが、その為した業は朝鮮全土を揺るがせるほどの巨大なものであった。しかも、民と国のために何らの見返りも求めようとしなかった点において、人物としても抜きん出た風貌《ふうぼう》をもっている。西郷《さいごう》隆盛《たかもり》の言葉に「命もいらず、名もいらず、官位も金もいらぬ人は、仕末に困るもの也。此《こ》の仕末に困る人ならでは、艱難《かんなん》を共にして国家の大業を成し得られるなり」(『西郷南洲遺訓』)というのがあるが、この言葉にぴたりと当てはまるような人物であったと言えよう。

本書で取り上げる朝鮮人の侠に生きた人物に、もう一人義兵将の崔益鉉《チェイッキョン》がいるが、両者は同じく儒教《じゅきょう》を奉じ、真に士=ソンビたろうとしたにもかかわらず、生き方としては対照的である。ソンビとは何かということについては、詳しくは「崔益鉉」の項を一読願いたいが、行論の都合から簡単に述べておくと、両班《ヤンバン》=士族という概念から離れ、民本主義の立場から天下国家について言動する知識人のことである。崔益鉉はあくまでも、官人の立場から国王への忠心をもって政治のあり方を批判して日本と戦ったのに対して、全琫準は在野の郷村知識人として一君万民の理想の下に民と国のために身を捧《ささ》げた人物である。しかも、崔益鉉の場合は「名もいらず」という点では、必ずしも当てはまらない。もとより義に生きる忠臣としての自負は当然にあったし、それを官界や社会に示すことが、かえって公論を喚起《かんき》することにつながるがゆえに、意図せざる結果であったかもしれないが、名声を博すことは消極的であるにせよ、それなりに求められた節がある。全琫準の場合には、そうした名声を博そうとすることさえ封印した点が際立っており、民衆的知識人というに相応しい。

全琫準の出生地は全羅道高敞《チョンラドコチャン》とされているが、甲午《こうご》農民戦争までの生涯は謎に包まれた部分が多い。崔益鉉以上に零落《れいらく》した家門の出身であり、かつて薬売りや風水師などを業《なりわい》とし、甲午農民戦争の数年前に父の彰赫《チャンヒョク》とともに、泰仁《テーイン》から古阜《コブ》に移住してきた。その頃には、わずかばかりの土地を所有しながら書堂（日本の寺子屋）の教師を務め、一家六人が赤貧洗うが如くに暮らしていた。全琫準は公判（「全琫準供草」『東学農民革命史料叢書』十八）では「士を業としている」と証言しているが、判決宣告書には「農業平民」と記されている。士というのはあくまでも自称であって、少なくとも両班＝士族出身ではなかったことは明らかである。当時、中央では両班扱いされなくても、地方では両班扱いされた者を郷班とよんだが、真に郷班であったかどうかさえ疑わしい。甲午農民戦争の有力指導者には、郷班出身者が多かったが、家門的には全琫準は同輩間においても劣っていた。だが、その徳望ゆえに最高指導者となり得たのであろう。その人となりについては、全琫準を知る古老を訪ね、かつて古阜に取材した朝鮮通のジャーナリスト菊池謙譲《きくちけんじょう》が、次のような証言を得ている(『近代朝鮮史』下巻、一九三七年)。

父老曰く。彼は短躯なれども色白く眼光炯々《けいけい》として人を射る。平生家にあっては村里の少年に童蒙《どうもう》を読ましめ、千字文《せんじもん》を習はせ、父老至れば古賢の事跡を物語り、未だ嘗《かつ》て世間話しをなさず。人無ければ終日黙々として起臥《きが》す。父母に事《つか》へて奉養至らざるなく家貧困なれども農事を解せず。時々遠来の客来訪して数日滞留することあり。村人と交らず、偶村《ぐうそん》に慶弔《けいちょう》あれば彼は先づ拝して祝し、参じて弔《とむら》ふ。村人皆な其の人物の尋常漢ならざるを知り深く之を敬重した。

家貧であるが、農事には携わらず、古典に通じて謹厳寡黙《きんげんかもく》に書道教師を勤め、遠来の客をもてなすことはあっても、村人とは積極的には交際しない。しかし、それでいて孝養を尽くして近隣に礼を欠くことはなく、非凡な人物として村人の尊敬を集めている。ここからは民に距離を置きつつも、知識と礼をもって交わり、士としての自負をもって孤高に生き抜こうとした者の峻厳《しゅんげん》な姿を彷彿《ほうふつ》と思い描くことができる。儒教的民本主義者というのは民への憐れみはもっても、民の上にいる自身は政治主体である士であって、単に政治を享受するだけの民とは違うという意識をもつのが一般だが、全琫準もまたそうであったと言えよう。しかし、士たる自らが指導者となって民衆と力を合わせ、政治変革を成し遂げようとした点において、全琫準は民衆的知識人であった。

東学と全琫準

甲午農民戦争の背後にある東学は「天心乃人心」を謳《うた》い、人間平等を主張する宗教だが、しかしそれは無条件にではなかった。一八六〇年五月に東学を創始した崔済愚《チェジェウ》(一八二四―六四)は、当初は呪《じゅ》文《もん》と仙薬《せんやく》を通じて、誰もが容易に、仙人にも真人にも、君子にも聖人にもなれるとしたが、のちには「守心正気」という、絶えざる内省主義の方法を通じて、天人合一をなすことができると主張するようになった。第二代教祖の崔時亨《チェシヒョン》(一八二七―九八)は、こうした崔済愚晩年の教理を純化して正統教理を作り上げた人物である。ところが、それに対して異議を唱える異端勢力が現れるようになる。のちに彼らは、北接といわれた崔時亨の教門勢力に対して南接といわれ、その代表的人士には、徐《ソ》璋玉《ジャンオク》(?―一九〇〇)を筆頭に全琫準・金開南《キムゲナム》(一八五三―九五)・孫化中《ソンファジュン》(一八六一―九五)などがいた。徐璋玉は甲午農民戦争当時、逮捕されて瀕死《ひんし》の拷問《ごうもん》を受けていたため、指導的役割を果たすことができなかった。彼に代わって最高指導者として農民戦争を終始指導したのが全琫準である。

異端南接の教理では、崔済愚が当初唱えていた通り、呪文と仙薬、とりわけ呪文を重視した。それは神秘主義的な行為であり、簡便な方法で真人化・君子化=天人合一することを念願する民衆に圧倒的な支持を得るようになった。仙人化、真人化するとは不死身な存在になるということであり、君子化、聖人化するとは自らが正義の実体=変革主体になるということである。民衆はこうした異端の東学教理に導かれて、自らを不死身にして絶対的な存在と信じて勇敢に戦うことができた。

南接が一躍教団の指導権を握ろうとするようになるのは、一八九二年夏頃から始まるいわゆる教祖伸冤《しんえん》運動からである。これは「左道惑民」の罪で処刑された教祖崔済愚の罪を晴らして東学を合法化しようとする運動である。崔時亨はこれを時期尚早として止めようとしたが、南接の動きを許容せざるを得なくなり、ついに教団あげての運動として展開されるに至る。運動は九三年五月まで断続的に行われたが、この過程で南接勢力が大きく台頭し、全琫準も有力指導者として頭角を現していく。

民乱から大蜂起へ

運動は失敗に終わったが、全琫準が住む古阜では、その頃郡守の趙秉甲《チョビョンガプ》が目に余る苛斂誅求《かれんちゅうきゅう》を行っていた。全琫準の父彰赫はそれに抗したが、逮捕され杖殺《じょうさつ》されてしまう。伸冤運動が始まる直前のことだと思われ、全琫準が東学に入教するのはこの事件を契機にしてのようであるが、彼も父の志を継いで、一八九三年秋に二度にわたって趙秉甲の暴政に対して抗議行動を行った。そして、ついに聞き入れられないことが分かり、九四年二月に決起することになる。趙秉甲は父の敵でもある。しかしそれは、彼にとってはあくまでも個人的なことであった。公判で彼は、「一身の害のために起包(東学用語で起事の意)するのが、どうして男子のなすべき事と言えようか。衆民が冤《うらみ》を歎くゆえに、民のために害を除こうとしたのである」とか、「世事は日に非となるがゆえに、慨然《がいぜん》として一つ済世《さいせい》の意見を述べようとしたのである」と述べている(前掲「全琫準供草」)。

全琫準の蜂起は確信に満ちたものであり、彼に率いられた五〇〇名ほどの農民は郡庁を襲い、趙秉甲は逃走した。しかし、この蜂起は政府が派遣した新郡守の巧みな収拾策で結局は失敗に終わってしまう。全琫準は仕方なく東学の同士とともに古阜を後にするが、それは敗北ではなかった。彼の胸には大蜂起が秘められていた。すなわち、彼は各地の南接指導者に呼びかけ、四月には孫化中が東学勢力を築いている茂長《ムジャン》に四〇〇〇名の東学農民軍を終結させ、第一次農民戦争を起こした。この時発せられた檄文《げきぶん》は、一般に「布告文」といい、全羅道の有識者に広く伝播され、全琫準自らが書いたものといわれ、次のように訴えている（「聚語」『東学農民革命史料叢書』二）。

今わが聖上は、仁孝慈愛にして神明聖叡《せいえい》であらせられる。賢良正直の臣がよく翼賛してその明を佐《たす》けるならば、尭舜《ぎょうしゅん》の化や文景の治を、日を指して望むことができよう。ところが、今の臣たる者は報国を思わず、徒《いたずら》に禄位を盗み、聡明を掩蔽《えんぺい》して、阿意苟容《あいこうよう》している。忠諫《ちゅうかん》の士はこれを妖言《ようげん》といい、正直の人はこれを非徒という。内には輔国《ほこく》の才ある者なく、外には虐民《ぎゃくみん》の官が多い。（中略）民は国の本である。本が削られれば国は亡びる。輔民《ママ》（国）安民の方策を思わず、外に郷第を設け、ただ独全の方を謀り、みだりに禄位を盗むことがどうして理にかなっているといえるであろうか。わが徒は草野の遺民ではあるが、君の土を食《は》み、君の衣を服しており、国家の危うきを座視することができない。八路（八道）が心を同じくして億兆が詢議《じゅんぎ》し、今義旗を挙げるに及んで、輔国安民をもって死生の誓いをなさんとす。

全琫準らの目的は、王朝打倒などではない。中央・地方を問わず苛斂誅求を事とし、腐敗堕落した官僚を駆除して、本来聡明であるはずの国王高宗《コジョン》（在位一八六三—一九〇七）による賢君政治を実現することである。朝鮮では建国以来、公論が重視され、官僚や儒生《じゅせい》による上疏《じょうそ》のみならず、一般民衆の国王への上訴も許されていたが、十九世紀に入ると、勢道《せどう》政治といわれる権力的な戚族《せきぞく》（外戚《がいせき》）政治が行われ、そうした直訴や公論が封殺されるようになった。時の閔《ミン》氏政権もまたしかりである。全琫準らはそうした仲介勢力を排除して、本来ありうべき一君万民の政治を取り戻そうとした。従って全琫準らは、軍事的に仲介勢力を打倒すべく漢城《ハンソン》（ソウル）を目指し、国王の前にひざまずいて自身らの衷情を披瀝《ひれき》し、弊政《へいせい》改革を嘆願しようとしたのである。

東学農民軍は、まずは最初の蜂起地である古阜に入り、そこで全琫準が正式に大将となった。当初は地方軍と戦い戦果を挙げたが、やがて全羅道の首府全州《チョンジュ》で政府軍と攻防戦を繰り広げるも、日清両軍の朝鮮派兵を知り、六月十日、弊政改革案の国王への伝達を条件に退散する。いわゆる全州和約である。しかしその後、全琫準らは全羅道一円に民衆コミューンを敷き、独自な弊政改革を推進するようになる。

民衆コミューンと義兵戦争

東学農民軍の自治組織は都所《としょ》といい、全羅道の各郡県に設置された。全琫準は大都所という資格をもって各地を巡行して自治を指導した。都所とは組織名であると同時にその代表者にも用いられた用語である。全琫準は、しばらくは全羅道に自治体制を敷きながら、日清両軍と政府の交渉を観望しようと考えた。そして、東学農民軍が目指したのは、平均主義と平等主義である。地方官がなお存在した郡県もあれば、すでに逃亡した郡県もあったが、各地では農民軍幹部が民衆の訴えを受理し、独自に地方の弊政改革を進めた。朝鮮史上最初で最後の民衆コミューンである。

平均主義と平等主義を推進していくためには、勢い対富民闘争と両班懲罰《ちょうばつ》が必要なのだが、これは次第に過激化していった。しかしそれは、全琫準の本意ではなかった。全琫準は、農民軍に厳正な軍律《ぐんりつ》を課していたが、にわかに東学徒が急増し、その中に無頼《ぶらい》の輩《やから》が入り込んでくると、次第に軍律は緩んでいった。全琫準はこれに大変苦慮し、全羅道観察使の金鶴鎮《キムハクチン》と会談を開いて、都所とは別に治安機構として執綱所を設置した。全羅道一円の総責任者には、先妻の親族である宋憙玉《ソンヒオク》を都執綱として任じた。しかしそれでも、軍律の緩みは監察しきれない状況となっていく。民衆は過激化しても、なお民衆なりに殺害は行わないとか、両班を廃絶するなどの自律的な道義観や理想をもっていたが、士を自任して一君万民の秩序ある王朝秩序の復興を自らの使命とする全琫準からすれば、国家の法典を無視するような暴力的な自治はあってはならないことであった。全琫準は、金鶴鎮に対して「不恒無頼の輩」が現れ、富民を侵虐するような事態を招き、「安民の策はかえって害民となってしまいました」と吐露《とろ》している（「隋録」『東学農民革命史料叢書』五）。また、「徳に反して善を害する類」の取り締まりを各地の東学幹部に通達している（同上）。全琫準が目指した弊政改革の進め方は、あくまでも「官民相和」によるものであった。彼は単なる反乱者ではなかった。

以上のように急進化を招いたという意味で、全琫準の地方における弊政改革は挫折《ざせつ》したといえるのだが、そうしたなかにあって彼を最も悩ませたのは、自らの蜂起によって日清両軍の干渉を招いたことである。農民軍であるがゆえに、秋収後でなくては再蜂起は難しいのであるが、再蜂起の要請は思わぬところからやってきた。高宗の父大院君《テウォングン》(一八二〇―九八)の密使である。中央では、七月二三日に日本軍の攻撃を受けて閔氏政権が打倒されると、傀儡的《かいらいてき》な開化派政権が樹立されていた。守旧派の大院君はお飾り的にこの政権の上に座らせられていたに過ぎず、不満を抱いていた。そこで彼は、表面的には東学農民軍を解散させる暁諭《ぎょうゆ》を発する一方で、裏面では農民軍を再起させる指令を発していた。金開南などはそれに応じようとしていたが、全琫準は冷静にそれを止めた。全琫準と大院君との関係は分からない点が多くあるが、大院君が東学農民軍に日本軍撃退を期待していたのは間違いない。

しかし、全琫準は秋収後には再蜂起を決断する。それを後押ししたのは、これもまた大院君が発した高宗の偽密旨であった。大院君は自らの密旨に容易に答えない全琫準に対して、国王の密旨を偽造して再蜂起を呼びかけたのである。全琫準としては予定通りの再蜂起であるが、蜂起の正当性を確保できたと考えたかもしれない。それゆえ、今回の蜂起は「義兵」であるという認識である。蜂起に先立ち全琫準は、「東徒倡義所《とうとしょうぎしょ》」の名義で「義兵」への参陣を政府軍と地方軍に呼びかけている。朝鮮人であるならば、互いに争ってはならず、日本軍に対してともに戦おうというのである。これは成功しなかったが、再蜂起では数十万の民衆が参加し、数千名程度の第一次農民戦争をはるかに上回る規模となった。近代朝鮮最初の義兵は、一八九六年の断髪令《だんぱつれい》を契機に起きた義兵運動であるといわれているが、実は、第二次農民戦争こそが近代朝鮮最初の義兵であった。しかし、東学農民軍は全琫準部隊だけではなく、他の部隊も各地で力戦したが、日本軍・朝鮮軍の連合軍の圧倒的軍事力の前に、ほぼ年内には敗北を余儀なくされてしまう。東学農民軍は少なくとも三~五万名の犠牲者を出している。これは、近代日本が海外で初めて行った集団虐殺であったといえる。全琫準は再起をあきらめなかったが、ついに年末に逮捕されて漢城に護送され、翌年四月に処刑された。

忠誠と反逆の狭間で

全琫準は、死刑判決の宣告を受けた際、「正道の為めに死する毫《いささか》も怨なし。唯逆賊の名を受けて死する切に遺憾《いかん》なり」と述べた。全琫準の朝鮮王朝に対する反逆行為は、まさに忠誠の証しとしてあったのであって、彼はどこまでも、「正道」への回帰を求めたに過ぎなかった。漢城に護送されて日本公使の井上馨《いのうえかおる》(一八三五―一九一五)とまみえた際にも、全琫準は「君辱《はずかし》めらるれば臣死す、斃《たお》れて後《のち》止むの決心を以て起て

捕らえられた全琫準　中央が全。

り」(『東京朝日新聞』一八九五年三月五日付「東学党大巨魁生擒《きょかいいけどり》」)と述べ、公判でも「草野の士民らは忠君愛国の心をもって慷慨《こうがい》に絶えず義旅を糾合した」(前掲「全琫準供草」)と述べた。

全琫準の国王への忠誠心は、その父大院君への配慮にも具体的に表れている。自身と大院君の関係が疑われると、両者の間を仲介していた、親族にして腹心で最も信頼する宋憙玉に対してさえ、「宋というのは本来浮荒の類である」(同上)として、その人格を貶《おとし》める発言をしている。「逆賊」の汚名を着せられようとしてもなお、すべての責任を一身に被ろうとする覚悟である。

一方で、全琫準は民衆指導者ではあったが、必ずしも愚民観から自由ではなかった。都所体制期に軍律が乱れたことに対する慚愧《ざんき》の思いがあったからかもしれないが、しかし公判で古阜蜂起の際の民衆に対して「皆これ愚蠢《ぐしゅん》の農民」(同上)と言っており、それは本質的なものである。民を政治主体ではなく、あくまでも善政を享受すべき政治客体でしかないと考える儒教的民本主義にあっては、それは何ら不思議なことではない。しかし異議申し立ての成就は、郷村知識人の力だけで成し得ず、民衆の力がなければならないと考えた点で、彼はやはりまぎれもなく民衆的知識人であり、民衆指導者であった。彼がそのように確信できたのは、呪文と仙薬だけで容易に真人や君子になれるという異端東学の教説があったためかもしれないが、勢道政治下において民衆が、なお愚かさを纏《まと》いながらも、大きく成長していっている姿もまた、目の当たりにしていたからだと思われる。全琫準は愚民観を抱きながらも、国家の変革は民によるしかないという民衆観をもっていた点で先駆的である。全琫準は民衆に士としての覚悟を求め、ついにそれに失敗した。しかし朝鮮史において、以前にも以後にも、甲午農民戦争ほどの大民衆抗争は存在しない。その意味で、全琫準はたぐいまれな る民衆組織者であったのは間違いない。

そして民衆もまた、そうした全琫準を深く敬愛した。全琫準が漢城に護送されて日本領事館に移される際、「満城相伝へて騒立ち珍しき偉人物を見物せんと陸続《りくぞく》出掛くるもの一時は日本領事館門前に黒山を築きぬ」(『東京朝日新聞』一八九五年三月五日付「東学党大巨魁と其口供」)というほどの騒ぎになった。彼は当時すでに、偉人扱いされていた。彼と出会った日本人なども、みな一様にその人柄を褒《ほ》め称えている。陸軍参謀本部筋の密命を受けて全琫準と面会を果たしたある日本人は、「我ガ政府ノ周旋《しゅうせん》ニ依リテ之ヲ登用セバ韓人ノ幸福ナルベシ。要スルニ韓人中ニハ珍ラシキ男ニ御座候」とまで述べている(防衛研究所図書館所蔵『戦史編纂準備書類東学党暴民』「東学党余聞」)。日本人の間では、減刑運動が起きたほどである。井上馨も減刑運動に一役買っている。しかし全琫準は、そうした動きを察知すると、「此期《このご》に及んで如何ぞ。左《さ》る卑劣心をか有すべき。吾は死を俟《ま》つこと久し」(『東京朝日新聞』一八九五年三月十二日付「東学党大巨魁」)と憤然として拒絶した。また開化派政府としても、どれほど井上馨に圧力をかけられたとはいえ、それに応ずることはできなかった。東学徒は、崔時亨と全琫準だけはいかなる弾丸や刀剣でも傷つけ得ないと信じており、そうした民衆の信仰を断ち切る必要があったからである。

それでも、全琫準を直接に裁いた開化派の法務参議張博《チャンバク》さえも、全琫準に同情的であった。張博は、「汝《なんじ》の死は以て今日の公明なる政事を促したるものといふべし」と言い、さらに「此宣告は逆名を蒙《こう》らしたる宣告に非ず。誤解する勿《なか》れ」とまで述べている(『東京朝日新聞』一八九五年五月八日付「東学党巨魁宣告余聞」)。全琫準が宿敵とした開化派政治家も、全琫準の「反逆」が実は「忠誠」の証しであったことを知っていたのである。

全琫準の死後、全羅道にはある童謡が流行った。「鳥よ　鳥よ　青鳥よ　緑豆の畠に　下り立つな　緑豆の花が　ホロホロ散れば　青餔《チョンポ》(豆のお菓子)売り婆さん　泣いて行く」(金素雲訳編『朝鮮童謡選』〔「岩波文庫」、一九七二年改版〕)というものだが、これはその短躯ゆえに緑豆将軍と慕われた全琫準を偲《しの》んで歌われたものだと伝えられる。

⊙参考文献

『東学農民革命史料叢書』(史芸研究所〔ソウル〕、一九九六年)

趙景達『異端の民衆反乱——東学と甲午農民戦争』(岩波書店、一九九八年)

「全北日報」東学農民革命特別取材チーム(信長昌義訳)『東学農民革命一〇〇年——革命の野火、その黄土の道の歴史を尋ねて』(つぶて書房、二〇〇七年)

趙景達『近代朝鮮と日本』(「岩波新書」、二〇一二年)

誇り高きソンビ＝士の精神

崔益鉉

…チェイッキョン…

趙 景達

崔益鉉とは誰か

政治文化史的な観点から見たとき、朝鮮における理想的な人物像とはソンビ（선비）である。ソンビとは朝鮮の固有語で、士を意味する。朝鮮では、士とは読書人として儒教《じゅきょう》的な教養を修得し、民本の立場から天下国家のために尽力すべき存在であるとされる。朝鮮の支配者は、原則的に科挙《かきょ》官僚である両班《ヤンバン》（文官の東班と武官の西班を総称した朝鮮漢語）＝士族であり、またその血統に連なる経済力ある名門出身者たちである。ソンビとは、そうした実力者たちが自らの責務である政治的社会的な実践を蔑《ないがし》ろにし、その地位に安穏として堕落《だらく》しているという社会的批判のなかから、十八世紀頃より両班＝士族の意味と切り離されて、朝鮮独自に鍛えられた概念である。それゆえソンビとは、本来身分や階級に関わりなく、学徳を備えた人格者を指すのであり、自ずから徳望を有した存在であった。また、それは単に教養人であるだけでなく、優れて高邁《こうまい》な政治的見識をもつ存在でなければならなかった。

大韓帝国滅亡の直前、儒学者でありながら愛国啓蒙運動家となった申采浩《シンチェホ》（一八八〇―一九三六）は、ソンビについて次のように述べている（「大韓毎日申報」一九〇八年一月十六日付「警告 儒林同胞」）。

士《ソンビ》は四民（士農工商）の首であり、国家の元気だという。儒林の中でも丈席《じょうせき》（学徳優れた者）とされれば、君主もあえては招くことができず、宰相もあえては友とすることができない。勢族は驕《おご》ることができず、豪吏《ごうり》は較べるべくもない。国を挙げて、人心はその風下になびき先生と呼んだ。成均館《ソンギュングァン》（首都漢城《ハンソン》にある国立の最高学府）の儒生が肩に襤褸《らんる》の礼服を掛け、寒々とした冬の月夜に寂しげにも奮い立たんとするその気概は、見るもまことに可憐である。彼らには何らの権力もないが、時に学舎を出て抗議の示威《じい》のため崇礼門（南大門）に進み出れば、主上《しゅじょう》におかれては御座に坐られ待ちかまえられたという美談もある。これらのことから、朝廷で儒者を殊更《ことさら》に遇した礼節が分かろうというものである。しかも儒者は、これらの厚遇をただ卑しく受けたのではない。そもそも国家思想を深く持ち、平時には道徳と学問によって王政を補佐し、乱世には白衣従軍して寇賊《こうぞく》を撃退した。

権力者や国王といえども、真にソンビたる者には礼節を尽くしてその見識に耳を傾け、またソンビ自らも、実利を求めず阿諛《あゆ》もしない孤絶した精神をもって国王に堂々と諫言《かんげん》し、国難には身命を賭《と》することを厭《いと》わない存在であった。まだ官僚となっていない成均館儒生であっても、国王に対して諫言し、国王もまたそれを無視するどころか、むしろ彼らが来るのを待ち構えて話を聞こうとした。ソンビとはまことに、権力にこびることなく自らの儒教的教養と道義的確信においてのみ、民や国のために一身を抛《なげう》とうとする剛直な精神の持ち主であった。申采浩は、実はこうした存在が韓末にはいなくなっていることを嘆いているのだが、当時において義兵を起こして日本軍に立ち向かった人々こそは、ソンビというに相応しい儒教的教養人たちであった。そうした義兵の代表といえる存在が、崔益鉉《チェイッキョン》（一八三三―一九〇七）である。王朝衰亡期にあって、彼ほど不撓《ふとう》不屈の精神をもって国王へ忌憚《きたん》のない上疏《じょうそ》を繰り返し、救国の叫びをあげた者はいない。彼は基本的に官僚ではあったが、朱子学や自己の正義に対する確信と愛国の情熱から政治のあり方を批判し、生命を賭して国王への直言を行った。そして、そのことによってかえって国王から信頼を獲得し、また世人からも広く尊敬され、悲劇的に世を去った。その生涯はまさにソンビというだけでなく、広く儒侠というに相応しい。

崔益鉉　Alamy提供

大院君との対決

崔益鉉は勉庵《ミョンアム》と号し、京畿道抱川県《キョンキドポチョン》に生まれた。家は裕かではなく、三歳の時に家勢が傾いた。十三歳の時に当代の大儒で峻烈《しゅんれつ》な衛正斥邪《えいせいせきじゃ》思想をもつ李恒老《イハンノ》に師事し、その門下の俊才となるが、長兄が叔父の家に養子に出て以降、ひとり農事にたずさわりながら両親の孝養に努めた。しかし家計は苦しく、農事で孝養を尽くすのは困難であり、周囲の勧めもあって科挙《かきょ》に応試し、一八五五年、二二歳の時に明経科《めいけい》に及第した。以後、権知承文院副正字という外交文書の作成に携わる下級職を皮切りに、成均館典籍・司憲府《しけんぷ》持平・司諫院《しかんいん》正言・吏曹《りそう》正郎・新昌県官・礼曹《れいそう》佐郎・司憲府掌令などの官職を歴任した。その中で注目されるのは、政治を論駁《ろんばく》して官僚を監察する司憲府や、国王への諫諍《かんそう》を専務とする司諫院の官職を複数回経験していることである。両者は言官といわれ、宮中図書の管理や教書の作成、経筵《けいえん》(国王と行う経書研究)などを担当する弘文館と併せて三司とも通称され、非常に重んじられた。国王への直言は言官の職務であり、意見を控えて国王に媚《こ》びるような言官は、時に国王から叱責《しっせき》された。勉庵は直言の士として若くして認められていたということである。

しかし最初の上疏《じょうそ》を行ったのは、一八六六年、二度目に司憲府持平に就任したときのことである。この上疏では、国王として高宗《コジョン》(在位一八六三―一九〇七)は、①言路を開き、②心身を鍛え、③学問に勤しみ、④倹約に務め、⑤皇廟《こうびょう》(万東廟《マンドンミョ》)を復設し、⑥洋気を打ち払え、などの六条を訴えている。当時、高宗の父大院君《テウォングン》(一八二〇―九八)は国太公として権勢を振るい、鎖国攘夷策《さこくじょういさく》をとるとともに、士族の力を弱めて王権の強化に努めようとしていた。この上疏は、前三条では国王の心構えを一般的に説いたものに過ぎないが、後三条は大院君の政策に対する批判と同調である。第四条は、大院君が王権強化策のシンボルとして壬辰倭乱《じんしんわらん》(文禄・慶長《ぶんろくけいちょう》の役《えき》、一五九二~九八年)の際に焼却した景福宮《キョンボックン》の再建工事に対する批判である。第五条は大院君が在地士族の勢力拠点となっている各地の書院を廃止したことに対する批判とともに、最も著名な万東廟を復設せよという要求である。そして第六条は、大院君の攘夷政策への賛同となっている。

この上疏には、当時の両班官僚の平均的な思いが反映されている。また、大院君に対して是々非々の関係であることが読み取れる。激烈な直言は、まだ芽を吹き出したばかりである。勉庵の上疏後、師の李恒老も、官職に叙せられるも激烈な上疏を行い、かえって大院君政治を批判して官職に就かなかった。二年後の一八六八年に死去したが、間もなくして、その死を継ぐように、勉庵は司憲府掌令の任にあって時務四条を説く上疏を再度呈した。ここで彼は、急務の策として、①土木工事をやめ、②苛税《かぜい》をやめ、③当百銭（悪貨）を廃し、④首都漢城《ハンソン》の四門の通行税を廃せよ、と迫った。いずれも莫大な資金調達を民人に強いる景福宮再建への批判であり、大院君の政治を単に悪政というに等しい言辞である。そして、彼はこの上疏を、「乞い願わくは、殿下におかれては、くれぐれも留意して〔政策を〕選択して下さいますように。臣は、君を愛し民を愛する、激しくも不安に思う一心から、謹んで死を覚悟して申し上げます」と結んだ。大院君の強権政治の下、公論が閉ざされたなかにあって、勉庵の上疏はそれを突き破るものであった。勉庵の文集にある「年譜」では「先生の名が一国に満ちるようになったのは、この時に始まる」と伝えている。

以後、勉庵の大院君に対する対決姿勢は強まっていく。すなわち一八七三年、承政院同副承旨に任命されると、かえって辞職上疏を行い、政府批判を行った。官職に叙されても、政権のあり方に対する不満がある場合には、それを辞するというのがソンビたる者の矜持《きょうじ》であり、李恒老の行動がやはりその範となったであろう。勉庵は大院君政権の中枢《ちゅうすう》がろくな建白《けんぱく》も諫言もしないことを批判し、「生民が魚肉のようになり、法律と倫理が喪失しております」と叫んだ。この上疏は、大院君とその一派から大変な批判を浴びたが、勉庵は屈せず、さらに再疏してなお一層の批判を強め、ついには「極めて親しい列にある者は、ただその位を尊び、禄を重んじて好悪を同じくしてあげるだけでよく、国政に関与させてはなりません」とまで述べた。臣下の分《ぶ》を踏み外しているという批判が挙がるのも当然であり、ここに勉庵は囚《とら》われの身となったが、逮捕の日には「満城の人民は天を仰いで無実を叫び、先生が逮捕されていくのを見て、多くの人々が街頭で痛哭《つうこく》した」という。

大院君は両班の勢力をそぎ、租税負担も一般平民と同じくして、身分制度を解消しようとする、ポピュリスト的姿勢をみせていたため、当初は民衆から絶大な人気を博した。しかし、景福宮再建工事にともなう財政政策が士民の反感を買うようになり、民心が離れていった。それゆえ、勉庵の生命を賭した上疏は士族にのみ評判を得たのではなく、一般民衆の心も大きくつかんだのである。しかも、勉庵は逮捕後の尋問でも、なお大院君を糾弾して止まず、済州島《チェジュド》への流配《るはい》が決まった。出獄して流配されようとするとき、官人両班たちは禍を避けて門を固く閉ざしたが、「都下の民人は踊躍歓喜《ゆやくかんき》し、老少男女を問わず先生の顔を一目見ようと願わない者はなかった」という。また、士民ともに「崔忠臣が甦《よみがえ》った」と言い、祭り騒ぎとなった（黄玹《ファンヒョン》『梅泉野録』）。

実は、大院君とその一派は勉庵の処刑を図っていたのだが、大院君を却《しりぞ》けて国王親政の下に戚族《せきぞく》政治を行おうと、機を窺っていた閔妃《ミンビ》（一八五一—九五）とその一族の力は、すでに大院君の力を上回っていた。閔氏一族は勉庵の上疏に期待してもいた。済州島流配というのは、比較的軽い処罰であり、閔氏一族が大院君に勝利した証しでもあった。勉庵は決して閔氏一族に使嗾《しそう》されたわけではなかったが、結果的にはその期待に応えることとなった。

頑迷な華夷思想家

こうして勉庵は流配の身となったが、大院君もまた、間もなくして政権から排除されるに至る。そして、勉庵は一八七五年に流配を解かれて帰京したが、翌年になると漢城は大騒動となった。一月に黒田清隆《くろだきよたか》を全権大使とする日本軍艦が江華島《カンファド》に現れ、修好条約の締結を迫ったからである。政府は開港論に傾いていたが、勉庵はすかさず五〇名ほどの有志を従えて景福宮光化門に現れ、伏閤《ふくこう》上疏に及んだ。洋装に身を包み、洋砲を用い、洋船に乗る日本人は、もやは信を置けず「倭洋《わよう》一体」であり、西欧の先導役となっている。日本と修好すれば、すぐにも西欧と修好するようになり、「必ずや乱亡を招来することになる」から、「主和売国」の輩を排斥せよというのである。故事に倣《なら》って斧《おの》を持ち、わが上流を受け入れないなら首をはねよという覚悟である。死は免れたが拘禁され、罪籍にあるにもかかわらず、かような激烈な上疏に及んだのは許し難いということで、黒山島《フクサンド》への再びの流配となった。

勉庵が流配を解かれたのは一八七九年のことであるが、郷里抱川への放逐《ほうちく》という命であり、以後十五年に及ぶ退隠《たいいん》生活を余儀なくされた。再び動き始めるのは、一八九四年のことである。甲午《こうご》農民戦争を機として日本の傀儡的《かいらいてき》な開化派政権が成立すると、人望ある勉庵は高官として迎え入れられようとしたが、もとより「倭洋一体」論を唱える彼が開化派と相容れられるはずはない。勉庵はこのことを官報で知ることになるが、「偽爵《ぎしゃく》に違いない」として病を口実に謝絶した。それどころかおよそ一年後には、反甲午改革政権を標榜《ひょうぼう》する上疏「請討逆復衣制疏」を行った。ここでは、「万国公法」＝国際法の観点から日本を「隣逆」として非難し、その「富強」策は「経年の労費」によって必ずや自滅するとした。そして、その援助を受けている開化派が標榜する「富強」策も、「児童の戯《たわむ》れ」のようなものでしかなく、長久遠大な政策たり得ない」とした。さらには、政治や規範の復古さえ主張している。守旧派の面目躍如《めんもくやくじょ》といった感がある。「万国公法」への関心が出てきていることは不思議にみえるかもしれないが、中国でマーチン（丁韙良）がホイートンの書を翻訳した『万国公法』は中国人の協力を得て、朱子学的文脈で理解できるように自然法的状況を「天理」とか「性法」という言葉で表現していた。従って当初、頑迷《がんめい》な朱子学者たちはそれを西欧の書として排斥したが、いざ読んでみると、自分たちの文脈で理解できたために、次第に好意的に受容し、かえってそれを逆手にとって日本を批判するようになっていく。勉庵の「万国公法」受容は決して朝鮮思想史上において異なことではない。むしろ重要な点は、「富強」批判を行っていることである。儒教国家の朝鮮では、王道的な「自強」は肯定するが、覇道的《はどうてき》な「富強」を肯定的に捉えることは、一般にはない。「自強」とは本来、精神的な強さを意味し、国家的には民本主義に基づいて国王の徳治の下、一致団結した堅固さをもつことを意味する。軍事・物量の強大さを意味する富国強兵の概念とはおよそ違っている。ここでは、日本はもとより開化派も覇道的な道を進んでおり、その政策は必ずや自滅すると言おうとしているのである。この上疏が却下《きゃっか》されたのは言うまでもない。

その後、日本は一八九五年十月閔妃を殺害し、開化派政権は十二月に断髪令《だんぱつれい》を公布した。断髪令が出ると、何をするか分からない勉庵は、逮捕され漢城に連れ戻された。漢城に監禁中、断髪令と王妃虐殺に抗議する義兵運動が全国に起きるが、勉庵の監禁はそれを危惧《きぐ》した開化派の予防拘禁《こうきん》という意味合いがあった。翌年二月に郷里に戻されると、今度は義兵を解散させるための「各府郡宣諭大員」に就任せよという命が下る。本来なら勉庵こそが義兵になったかもしれないがゆえに、義兵を解散させるには守旧派の彼こそが最も相応しいと考えられたのであろう。もちろん、義兵に同情的な勉庵はこれを拒否した。

六〇歳を過ぎて勉庵の剛直ぶりは、何ら変わらないどころか磨きがかかったとさえ言える。一八九六年は、義兵運動にやや遅れて朝鮮最初の市民運動である独立協会運動が漢城に起きるが、これに対しても批判的であったのは言うまでもない。甲午改革政権の後、独立協会と相対峙して守旧派的な政権ができ、一八九八年勉庵も大官に任命されるが、もはや官につく考えは勉庵にはなかった。ソンビとしてのプライドであろう。二度にわたって「辞議政府賛政疏」を呈し、その再疏において「時務十二条」を提案するに止めた。その内容はいずれも守旧的なものであるが、中でも注目されるのが、第七条に掲げられた独立協会批判である。勉庵は独立協会を君父や大臣に逆らう「市井《しせい》無識の輩」「烏合《うごう》の衆」と呼び、西欧由来の「民権の党」であるとして断固認めることはなかった。

実は、勉庵はもとより愚民思想のもち主である。儒教的民本主義というのは、民を政治の主体と認める民主主義とはおよそ違い、政治の主体はあくまでも士であり、民は善政を享受する客体でしかないという愚民観に立っている。民への憐れみの情はあっても、それは愚民観の裏返しであり、また士たる者の権威主義も併せもっている。従って、甲午農民戦争を引き起こした東学に対しては、勉庵は「東匪《とうひ》」「盗賊東学」と呼んで叛徒《はんと》扱いした。ただし東学＝叛徒観は、当時は儒者だけがもっていたのではなく、開化勢力も同じであり、独立協会もまたそうであった。しかし、勉庵にはその独立協会さえも叛徒同然に映っていたのである。

義兵への旅立ち

その後、勉庵の退穏生活はもうしばらく続く。しかし、日露戦争(一九〇四〜〇五年)の勃発《ぼっぱつ》が勉庵を再び慌ただしくさせた。戦争の最中、高宗は勉庵を高官に就任させようとしたのである。勉庵は何度も辞職上疏を呈し、就任することはなかったが、ついに一九〇五年一月、高宗と直接面会することになった。この時彼は、①賢才の任用、②人民保護、③人材登用のための学校の振興、④信義外交の推進、⑤邦礼を正すことによる危機への対応、という五条の献策を呈している。いずれも伝統的な時務策を出ておらず、凡庸《ぼんよう》な儒者の献策のようにみえる。だが、第四条として信義外交の推進を説いているのは、注目される。これは、時々刻々と侵略を強めている日本にも適用されるべきものとして考えられており、「いやしくも我が信義を以てするなら、彼もまた信義を以て報おうとするものです」と述べている。内容は伝統的な王道論でしかないが、亡国寸前のこの時期にあってもなお、信義外交を唱えるというのは、原理主義的な儒者の立場を表明したものとみることができる。

勉庵は高官への就任は固辞したが、これ以降再三にわたって上疏を繰り返し、かえって高宗の不興を買った。郷里への退穏を迫られるが、それでも彼は屈しない。また、彼の行動は、他の儒者たちにも影響を及ぼし、反日上疏が伝播《でんぱ》した。すると日本は、勉庵を捕らえて、二度にわたって郷里に強制帰還させるに至る。勢い、郷里から上疏運動をするしかなくなるが、同年十一月、伊藤博《いとうひろ》文《ふみ》によって保護条約が強要締結されると、勉庵はすかさず「請討五賊疏」を呈して強要に屈した五人の大臣を弾劾し、国王と大臣首班の参政大臣韓圭卨《ハンギュソル》の認可を得ていない条約は無効であると訴えた。翌月にも再疏したが、日本の妨害にあって上京はかなわない。信義に反した日本に対して、ついに軍事的抵抗を決意するに至る所以《ゆえん》である。ここに勉庵は、「布告八道士民」を書いて各地に檄《げき》を飛ばし、「万人の心を一つの心とすることができれば、死中にも生を求めることができる」として「愛国の性」を発揮することを求めた。しかし、彼の名声をもってしても、現職官僚や有名儒生などには応ずる者がなかった。そうしたなか、元楽安郡守で全羅道泰仁《テイン》の人林炳瓚《イムビョンチャン》（一八五一―一九一六）は俠の精神を発揮して応じた。勉庵は彼のことをよく知らなかったが、ある弟子から、彼はかつて東学と戦い、忠義の人だと諭されてのことである。軍事をよく知らない勉庵は、林炳瓚に軍事上のことをすべて託し、自らは盟主となって決起した。

決起するに当たって、「寄日本政府」という文書を書いたのは有名である。これには日本の「棄信背義」の罪が十六条にわたって列挙され、「ああ、忠国愛人というのは性であり、守信明義というのは道である。人にこの性がなければ、人は必ず死に、国にこの道がなければ、国は必ず亡びる。これは単に頑固な老人がいう話ではなく、そもそも開化競争の列国であっても、これを捨てれば、おそらくは世界に自立することができない。(中略)貴国が信を棄てて義に背いた罪は、いずれ貴国を滅亡に導くであろう」と述べられている。勉庵は、人間と国家の普遍的原理としてそれぞれ「忠愛」と「信義」をあげ、帝国主義列強にもそれをもつべきことを求めるとともに、「信義」を廃棄した日本を厳しく批判し、その滅亡さえ予言している。これは当時流行していた社会進化論に対する儒教的普遍主義からする痛烈な批判であった。

義軍に参じてきたのは四五〇名ほどである。一九〇六年五月、ついに林炳瓚が住む泰仁で兵を挙げた。初戦は日本軍や韓国軍を慌てさせたものの、勝つ見込みなどない戦いである。挙兵に際して勝つことができるかという部下の質問に対して勉庵は、「国家が士を養うこと五〇〇年である。ただ一人も気力を出して討伐に起ち上がり義をなす者がいなかったとすれば、何という恥さらしなことであろうか。私は齢八〇に近いが、臣子の職を尽さんとするのみであり、死生など関係ない」と述べている。まさにソンビの気概である。そして、いよいよ六月淳昌《スンチャン》において征討部隊と対峙したが、それに先だって光州《クワンジュ》観察使李道宰《イドジェ》が皇勅《こうちょく》を持ってやって来て解散を命じた。勉庵は当然にそれを「偽命」として却けた。皮肉にも李道宰は、義兵を呼びかけた高官の一人であった。こうして征討部隊との戦いが始められようとしたが、遺憾《いかん》なことにその部隊は、日本軍ではなく韓国の鎮衛《ちんえい》隊《たい》であった。勉庵は、「同胞同士が殺し合うというのは忍びがたいことであるから、すぐに退去せよ」と説得したが、聴くわけもなく、やがて攻撃を受けた。交戦は半日続き、義軍は散り散りとなった。

勉庵はここを死に場所と決め、全員に退散を命じたが、二一名の者が去ることを肯《がえ》んじない。仕方なく戦いをやめ、全員捕らわれるか、死するかの覚悟である。勉庵は儒者らしく、「古人は城を囲まれても冠礼を疎《おろそ》かにしなかった」と言って、全員に衣冠を整えさせ、各人の姓名を記した壁の前に座らせ、死後誰が誰なのかを明示させることにした。そうしたなかにあっても弾丸は降り注いでくる。みなは隊列を乱して勉庵に弾丸が当たらないように取り囲んだが、彼はそれを拒否した。麗しい涙の師弟愛である。やがて暴風雨と稲妻に襲われ、それが止んだ後に残った者は勉庵を含めて十三名であった。

ソンビの死を悼む人々

その後、捕らわれた勉庵らは日本軍に引き渡され、漢城に護送された。その報を聴くと、勉庵の妻は服毒自殺した。勉庵は獄にあっても護送中にあっても、諳《そら》んじている『大学』『尚書』『出師表《すいしひょう》』などのさまざまな古典を誦《とな》え続けた。日本軍が勉庵らの衣冠を解こうとすると、彼は一喝《いっかつ》してそれを拒否し、そのままとなった。先に捕らわれて断髪されそうになった他の義兵部隊は、そのおかげで断髪を免れた。また勉庵は、「倭《わ》の食」は食べないとして断食をしたが、長子たちが差し出す食事でようやく食を摂った。逮捕後勉庵以外は、みな残酷な拷問《ごうもん》を受けたが、一人も屈する者はいなかった。そしてやがて、勉庵と林炳瓚にはそれぞれ監禁三年と二年の刑が下り、八月に他の者たち共々に対馬《つしま》に抑留《よくりゅう》された。

中央政府への政策提案は、上奏文《じょうそうぶん》の提出を通じて行われる。皇帝と軍機大臣を中心とした中央政府は、上奏を通じて行われた提言や報告について、まだ日も昇らない早朝からの会議で検討する。また、上奏が許されるのは一部の高級官僚のみであり、上奏を提出する権利のない下級官僚や庶民は、権利のある高級官僚や役所に、上奏の代行(代奏《だいそう》)を依頼する必要があった。これに対し、変法運動のリーダー格であった康有為《こうゆうい》(一八五八—一九二七)は、改革案の最重要点として、全国のあらゆる人々に上奏を認めることに加え、「制度局《せいどきょく》」を設立し、提出された上奏の是非について検討する役割を制度局に与えるよう主張していた。当然、自らがその成員として招聘《しょうへい》される腹積もりであった。

一八九八年、光緒帝が変法開始を宣言するも、さしたる進展を見ないまま二ヶ月が経過しようとした頃、下級官僚、さらには官職をもたない民、あらゆる人々の上奏を代奏するよう命が下された。しかし、高級官僚の中には、変法派に与《くみ》する下級官僚の上奏の内容を精査し、代奏しないまましばらく留め置く者がいた。光緒帝は、上奏は開封することなく代奏するよう命じるとともに、そうした高級官僚六名を追放した。さらに、譚嗣同ら四名を軍機章京《ぐんきしょうけい》(軍機処書記官)に任命した。

光緒帝は変法の実施策を命じる際、必ず事前に西太后に相談し、その承認を得ていた。しかし、この高級官僚六名の追放と、譚嗣同らの軍機章京への抜擢《ばってき》は、光緒帝が独断で行った人事であった。それだけ、これらの人事決定が改革を断行するにあたって重要な意味をもっていたことになる。保守派官僚の追放ならまだしも、書記官への抜擢がどのような意味があるのかは、一見した限りでは理解し難い。

譚嗣同ら新任の軍機章京は、ある重要任務を抱えていた。これまで上奏の権利をもたなかった者による上奏、すなわち代奏の処理を担当したのである。その処理とは、保管用に上奏の写しを作成するといった、従来の軍機章京の役割に止まらなかった。譚嗣同らは、代奏に自らの政策意見を書き足し、それを光緒帝に送り届けたのである。

康有為が上奏の是非《ぜひ》を検討する部署としてその設立を訴えた、制度局と同様の役割を、譚嗣同らが担っていたことになる。つまり、早朝の会議で皇帝とともに上奏について検討する軍機大臣らと同等の権限を得たのである。いや、会議の場と異なり、他の官僚の目や意見を窺う必要がないのだから、それ以上の権限と言っていいのかもしれない。しかし、譚嗣同らは、その役割を充分に果たすことができなかった。

理想と現実

軍機処は、早朝の会議の概要をその日のうちに西太后に報告する。そこには会議で検討された上奏のリストも記されているが、言わば簡略版である(**図版①**)。また、光緒帝が重要だと判断した上奏は、全文がその日のうちに西太后に届けられた。翌日には、これもまた簡略ではあるが、当日のものに比較すれば詳細な会議概要が提出され、そこにも上奏のリストが含まれる。便宜上、これを詳細版とする(**図版②**)。西太后に翌日届けられる詳細版は提出された上奏のリストであり、当日の簡略版は光緒帝が検討を加えた上奏のリストということになる。リストの性格の違いはあれども、当然ながら記載される上奏は一致する。
譚嗣同らが軍機章京に任命されたのは一八九八年九月五日である。四日、五日には、十件を超える代奏があった。これまでそれを処理していた既存の章京とは異なり、譚嗣同らは政策意見を検討し、自らの見解を書き足したうえで光緒帝に送り届けなければならない。任務に就いた六日には六件の代奏があり、譚嗣同らは無事その任務をこなした。七日には十件の代奏があり、全てを処理し終えることができなかった。翌八日には代奏がなかったため、前日残したものを処理し終えることができた。九日、四八件の代奏があった。譚嗣同らの処理は追い付かなくなっていく。その日の西太后への報

図版①:9月13日(光緒24年7月28日)の簡易版報告
(中国第一歴史檔案館編『光緒宣統両朝上諭檔』〔広西師範大学出版社、1996年〕より)

これで全文である。
あらゆる上奏を代奏するよう命じられた結果、
議題とされる上奏が増えたために、これ以前のものよりも長文になっている。
この13日の西太后への報告には、
10日(25日)の代奏に対して光緒帝が下した指示と、11日(26日)と12日(27日)の代奏のうち、
全文を西太后に届けると光緒帝が判断した代奏のリストが記されている。
これらは本来、全て当日の報告に記載されているべきものである。
さらに、本来はこの日に光緒帝が目を通して指示を下す、
或いは全文を届けるなどと判断されているはずの20件あまりの代奏については、
未だ検討中であると報告されている。

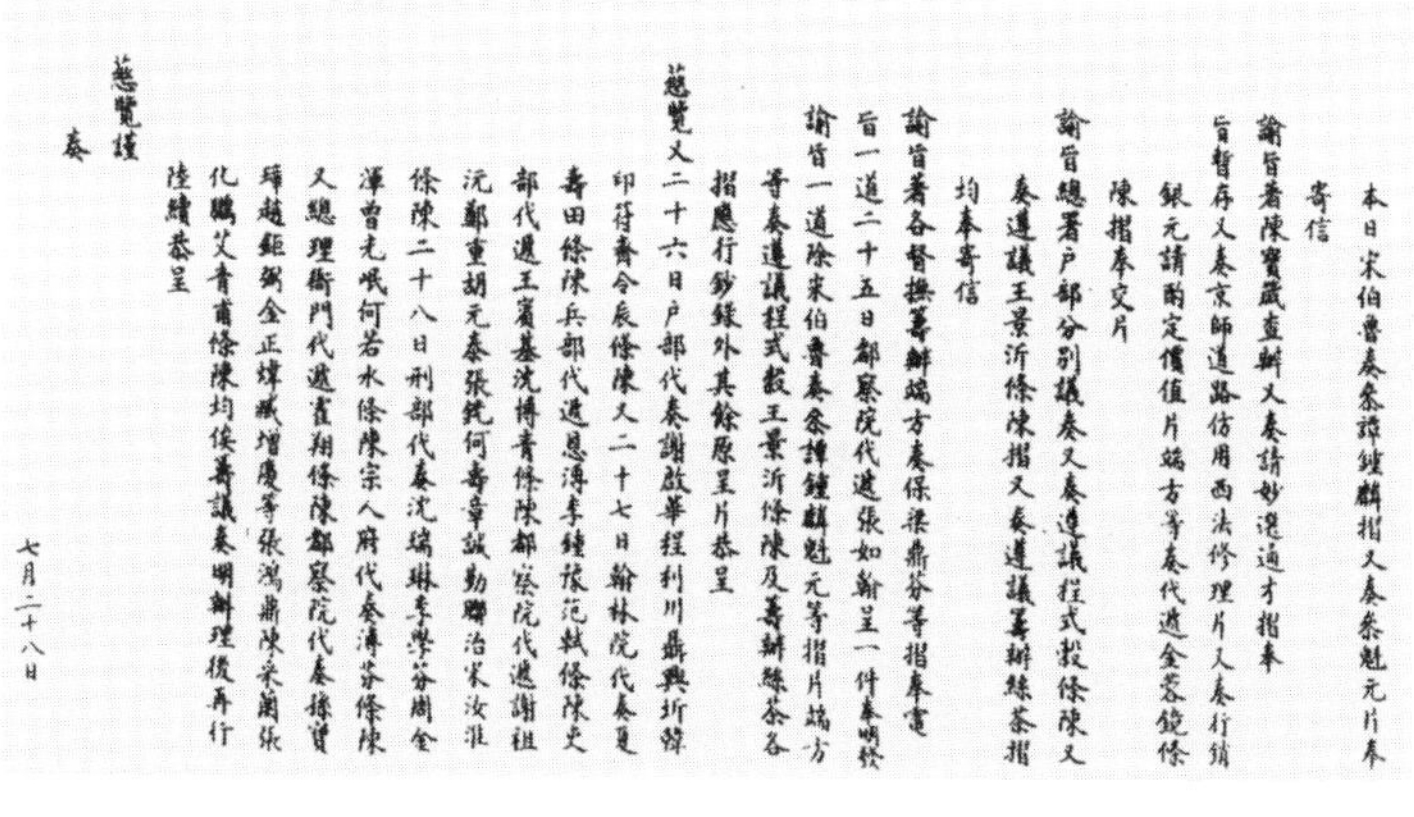
本日宋伯魯奏參譚鍾麟摺又奏參魁元片奉
寄信
諭旨著陳寶箴查辦又奏請妙選通才摺奉
旨暫存又奏京師道路仿用西法修理片又奏行銷
銀元請酌定價值片端方等奏代遞金蓉鏡條
陳摺奉交片
諭旨總署戶部分別議奏又奏遵議程式穀條陳又
奏遵議王景沂條陳摺又奏遵議籌辦絲茶摺
均奉寄信
諭旨著各督撫籌辦端方奏保梁鼎芬等摺奉電
旨一道二十五日都察院代遞張如翰呈一件奉明發
諭旨一道除宋伯魯奏參譚鍾麟魁元等摺片端方
等奏遵議程式穀王景沂條陳及籌辦絲茶各
摺應行鈔錄外其餘原呈片恭呈
慈覽又二十六日戶部代奏謝啟華程利川聶興圻辯
印符齊令辰條陳又二十七日翰林院代奏夏
壽田條陳兵部代遞恩溥李鍾豫范軾條陳吏
部代遞王賓基沈博青條陳都察院代遞謝祖
沅鄭重胡元泰張銳何壽章誠勳聯治米汝淮
條陳二十八日刑部代奏沈瑞琳李學裕劉全
渾曾光岷何若水條陳宗人府代奏溥芬條陳
又總理衙門代遞賓翔條陳都察院代奏孫寶
璋趙鉅鋆全正煒臧增慶等張鴻鼎陳永闓張
化職艾青甫條陳均俟籌議奏明辦理後再行
陸續恭呈
慈覽謹
奏
七月二十八日

告には、四〇件以上の代奏が明日以降に光緒帝の指示を仰ぐものとして記されていた。

上奏文には、一〇〇〇字に及ぶものもある。日本語に訳したならば二〇〇〇字程度、本書三頁程度の情報量だろうか。もちろん、行政文書であるからその内容は難解きわまる。本来の章京の業務においても、政策の是非を検討する任務においても、素人同然の譚嗣同ら四名が、一人当たり一日十件以上の上奏文に太刀打ちするのは至難の業《わざ》であった。

十日以降、当日西太后に届けられる簡略版の会議概要と、翌日届けられる詳細版に記載された代奏の数は一致しなくなっていく。十日の簡略版には二件の代奏しか記載されていないのに、詳細版には五件が記載されている。十一日の簡略版には五件、詳細版には十二件の代奏が記載されていた。この差分は、光緒帝にすらまだ届けられていない代奏ということになる。これ以降の一週間で、計一三〇件ほどの代奏があったが、その日のうちに処理されたものは五件程度であった。光緒帝が重要性を認めた代奏は、提出された当日に西太后に届くことはなく、三日後や四日後になることが通常となった。それどころか、そもそもこの一週間で処理し終えた代奏が三〇件程度しかない。十八日には、譚嗣同らが政策意見を書き加えた代奏は、光緒帝の前に西

図版②：9月19日（光緒24年8月4日）の詳細版報告
（中国第一歴史檔案館編『清代軍機処随手登記檔』〔国家図書館出版社、2013年〕より）

代奏の部分だけを抜き出しているため、全文だとさらに長さがある。
空白部分には通常、代奏を申し入れた者の氏名が並ぶ。
この前日、代奏は西太后に届けられた後に光緒帝に送られる形式に変更された。
この日以降の代奏には記録すらされなかったものが存在した。

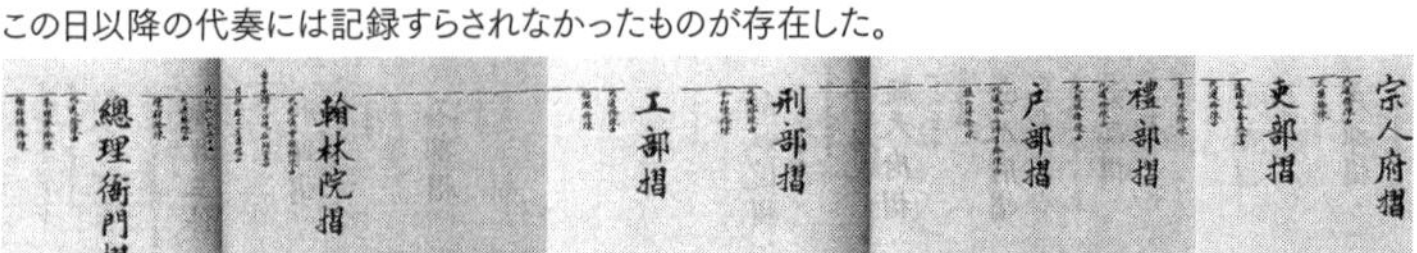

太后に届けるよう命じられた。

翌十九日以降は、もはや職務放棄とも言うべき事態も起きている。当時の上奏文などを集めて公刊された史料集がある（『戊戌変法檔案史料』〔中華書局、一九五八年〕）。そこには詳細版、すなわち提出された上奏のリストにすら記載されていない代奏が収録されている。つまり、譚嗣同らさえも目を通すことなく、リストに掲載されることすらなく、うずもれていた代奏が史料集編纂《へんさん》の際に発見され、そうした事情は考慮されないまま収録されたのだろう。詳細版からは、代奏があった形跡は窺えるが、誰からの上奏であったのかは記載されていない（**図版②**）。

明らかな業務遅滞が見られ、光緒帝を経由して届くはずの重要な代奏も何日も届かないのだから、まずは西太后に代奏を届けるよう命じられたのも無理はない。光緒帝が独断で抜擢した譚嗣同ら新任の軍機章京であるから、彼らに甘いのではないかとも考えられただろう。以上のようにさまざまな理由が窺えるのであるが、結果的に、書記官である軍機章京の肩書を隠蓑《かくれみの》に、上奏の是非を検討する、すなわち譚嗣同らが制度局と同様の役割を担う策略は失敗したのである。いや、ここまで見てきたように、それ以前から無理が生じていたことも否めない。譚嗣同らは、新たな方策を練り始めていた。

代奏の処理が滞り始めてから五日目の九月十三日、光緒帝は懋勤殿《ぼうきんでん》の開設を決断し、翌十四日、西太后にそれを直訴《じきそ》した。懋勤殿とは、皇帝が住む紫禁城《しきんじょう》内の宮殿の名である。皇帝がそこに官僚を集めて政策議論をしたという故事《こじ》を口実として、制度局と同様の役割の部署を設立しようとしたのである。康有為の筆頭弟子であり、変法運動において中心的役割を担った梁啓超《りょうけいちょう》（一八七三―一九二九）によると、懋勤殿の開設が認められた際に下す予定であった命令文、すなわち光緒帝が西太后に示したであろう文章は、譚嗣同が起草したものであった。譚嗣同は、軍機章京としての業務遅滞の裏で、こうした需要任務をも抱えていたのである。

しかし、西太后は光緒帝の訴えを斥け、これ以上勝手な真似をしたら皇帝の位も危ういとまで激《げき》昂《こう》した。そして前述の通り、十八日には譚嗣同らが政策意見を書き加えた代奏は、まず光緒帝ではなく西太后に届けられるよう命が下った。政策議論の場を新たに設ける訴えが退けられたばかりか、代奏の処理を通じて行われていた譚嗣同らと光緒帝の政策議論すら、間に西太后が入る形となったのである。

無謀な計画

もう一つの計画も進んでいた。十二日、譚嗣同の友人、畢永年《ひつえいねん》（一八六九―一九〇二）が北京を訪れ、譚嗣同や康有為らと宿舎をともにした。畢永年は後に、それからのことを次のように振り返っている。十四日、康有為は畢永年にこう述べた。「君は今まさに目の前に迫っている危機を知っているか？太后さまが陛下を殺そうとしている。どうすればいい？　陛下の手の中にはいささかの兵もいない。そこで私は、袁世凱《えんせいがい》に上手い話をもちかけて手なずけるよう、陛下に進言したんだ」。袁世凱（一八五九―一九一六）は当時最新の軍隊を率いていたが、西太后に近い官僚の配下にあった。畢永年は、そんなことは無理だろうと苦言を呈したが、康有為は、「待っていてくれ、君には重要な役割がある」と言って聞かなかった。

十六日、譚嗣同と畢永年はこの件について話し合った。譚嗣同は次のようにその心中を吐露《とろ》した。「これは絶対できないな。でも康先生はきっとやりたがるよ。しかも陛下に直接指示させるだろう。私はどうすればよいか。決心したんだ。君が私を助けることができるなら、こんなによいことはないよ。でも、康先生がどのように君を利用しようとしているのか知らないだろう？」。病魔に冒《おか》されていた譚嗣同は、もう長く話すこともできなくなっていた。この日、光緒帝は袁世凱の昇進を命じた。康有為は畢永年を呼び出し、どうするべきか尋ねた。

畢：「ここまできたならば、計画を立ててやるのみです。しかし、私はやはり袁を利用することはできないのではないかと疑っています。」
康：「袁が利用できることは間違いない、私には実際に根拠がある。」
畢：「袁を利用できるとするならば、先生は私に何をさせたいのです？」
康：「私はね、君に袁の陣営に入ってもらい、参謀として袁を監督してもらいたいのだよ。どうかね？」
畢：「私が一人、袁の陣営に入ったところで何になるのです？　しかも、もし袁に別の思惑があったとして、私一人で制することなどできないのではないですか。」

康：「君に一〇〇人を預ける。それを率いていたならばどうだ？　袁が兵を束ねて頤和園《いわえん》（西太后が隠居していた庭園）を包囲したなら、君は一〇〇人を率い、陛下の命を受けて西太后を捕えに行く。廃したっていい。」
畢：「それなら私はいつ袁に会いに行くべきですか？」
康：「それはまた相談しよう。」

そこに梁啓超と康広仁《こうこうじん》（一八六七—九八、康有為の弟）が入ってきた。

梁：「このことはあなたが疑うようなことではないですよ。ただ努めて任務にあたるのでしょう？　それならあなたはこれを恐れずにやればいいだけじゃないですか？」
畢：「なぜ恐れずにやらないのかだと！　その通り、私はまさに熟慮してこのことを処理しようとしているのだ。しかもまだ袁に会ってすらいない。私はとうとうどんな人物か知らないままなのだぞ。」
梁：「袁は好人物です。あなたはただこのことを認めるのみです。違いますか？」
畢：「これはやはり私一人で請け負うことはできない。なぜ急いで唐君（唐才常《とうさいじょう》）に北京に来るよう催促《さいそく》して、一緒にこれを計画しないのだ？」
梁：「それはよいです！　素晴らしいです！　ただ、我々としては数日内に始めたいのです。もしも唐君を待っていたならばまた多くの時間が必要となります。どうしましょうか？」

唐才常(一八六七―一九〇〇)は、譚嗣同十三歳の頃からの旧友である。譚嗣同も議論に加わり、「少し時間が遅くなっても問題ないだろう。もしも唐君に来るように促すことができるならば、なお完璧だ」と述べると、梁啓超もこれに賛同した。康有為は、「これはすでに決まったことなのだ、君たちは速やかに兵を手配するのがよいだろう」と述べた。

翌十七日、畢永年は、ついにこのことに応じる気がなくなった。康有為がどのように自らを袁に会わせようとしているのか分からないし、時間は迫ってきている。このことを康広仁に相談すると、康広仁は、「貴様らは皆、書生気分だ！　いつも勝手気ままなことを言いやがる！　ようやく仕事をするにしてもだらだらと！」と激怒した。それに対し、畢永年は次のように応答した。「だらだらしているのではありません。先生が私を使いたいならば、私にはっきりとやり方を述べるべきでしょう。私の命など取るに足らないものですが、それでもはっきりとさせないわけにはいかないのが、死というものでしょう。しかも、ことは詳細を詰めて熟慮するもので、先生はすでに私ともに計画するよう命じているのです。私が一言の言い訳もできないなどということがどうしてありますか？　しかも先生は私に一〇〇人を引き連れるよう命じました。このことはもっとも軽率にはできないことです。そのうえ私は南方の人間で、北の軍は初めてです。率いるのはあれもこれもが私が知らない兵ですよ。十数日もしないなかで私が腹心を集めることができますか。死力を尽くすことができますか」。康広仁は、畢永年の訴えを鼻で笑いながら部屋を出ていった。

その日の夜、畢永年は、昼間に康広仁に話したのと同じことを康有為に訴えた。康有為はもの凄い剣幕《けんまく》で畢永年に迫った。「貴様のような科挙《かきょ》受験生ごときが兵を率いるのだぞ！　甚《はなは》だ名誉ではないか！　できないなどということがあるか！　しかもこのことはまだ決まったわけではないのだ。その前からお前が気にすることなどない！」。また畢永年は、康広仁が、「あいつは欲深く意地汚い輩《やから》なんじゃないか、どうせ官職が欲しいのだろう」と、自らを中傷していることを知った。笑うしかなかった。

十八日、畢永年とともに北京入りしていた友人に尋ねられた。「康先生が太后さまを殺そうとしているというが、どうすればいい？」。畢永年が、「君はその何を知っている？」と問い返すと、友人はこう言った。「さっき梁君が僕にこんなことを言ったんだが。『先生の意向は、陛下に申し上げた時には、ただ廃すとしたのみでしたが、頤和園を包囲しに向かった際には、捕えて殺しても良いということです。畢君がこの任を果たすことに同意したことを知らないのですか？　あなたはどうして聞いてないのですか？』と。そうだとするならば、このことが確かなことならば、どうすればいい？」。畢永年は、「僕は前から知っているよ。彼は私に助けてほしいのだ。君は待っているといいよ」と答えた。この日、譚嗣同は宿舎に戻ってこなかった。

翌十九日、畢永年は、帰ってきた譚嗣同を訪れ、事情を問いただした。

譚：「袁はまだ承諾していないよ、だが断ると決まったわけでもない。ゆっくりやりたいそうだよ。」
畢：「結局、袁は利用できるのか？」
譚：「このことは僕と康とでも何度も争った。康はどうしてもこの人を利用したい、本当にどうしようもない！」
畢：「夕べは全ての密謀《みつぼう》を袁に話してしまったのか？」
譚：「康が全て話したよ。」
畢：「もう駄目《だめ》だ！　おしまいだ！　なんてことだ、口から出たら止めることができるか？　今に皆の目に触れたならば一族皆殺しだ！　僕はともにそんな災難に遭いたくない。すぐにここを出て他の場所に移らせてもらうよ。でも君は自分で考えるといい。全てをともにすることはできない。無益だよ。」

畢永年は譚嗣同らと別れ、宿舎を別にした。翌二〇日、畢永年が元いた宿舎を訪ねると、康有為はすでに北京を離れていた。譚嗣同を探したが、彼もまた宿舎を出たようだった。梁啓超と康広仁がやって来て畢永年の手を握り、「君が来てくれて本当に良かったよ」と、イギリス人宣教師への手紙を託そうとした。畢永年は激昂した。「私は食い扶持《ぶち》を求めて上京したのではありませんよ。先生が私に北京に留まって彼を助けるよう命じたから、ここに長期間滞在したのです。今先生はもう

北京を出たじゃないですか。これまでのことはもうなかったことになりました。私が飯の種を探しに上京したなどということがありますか！」畢永年は、梁啓超らの要請を断り立ち去った。夜、畢永年は譚嗣同に手紙をしたため、急いで今後のことを考えるように、無駄死にすることのないように、と求めた。

二一日からは、早朝の会議に西太后が同席するようになった(戊戌政変《ぼじゅつせいへん》)。この日、康有為と康広仁の逮捕命令が下された。梁啓超は日本公館に逃げ込んだ。中国に滞在していた日本人らは、譚嗣同にも逃亡を勧めたが、譚嗣同は応じなかった。二三日、康有為が画策していた暗殺計画が西太后の耳に入る。翌二四日、譚嗣同ら新任の軍機章京四名を含む六名に逮捕命令が下され、二八日には、譚嗣同、康広仁ら六名が処刑された。康有為、梁啓超らは日本に亡命した。畢永年もまた日本へと向かった。

理性と狂気と

譚嗣同は捕えられる前、畢永年に返事を出していた。

届いた手紙を読んで胸が痛い。何度も声をあげて思いきり泣いた。だけれども何も言えることはない。首を差し出すだけで、何の役にも立てない。行ってくる。我らのために残せるものを何か見付けることはできるだろうか。体調が悪く体が重い。見送りは必要ない。それに顔を見たらただただ悲しくなるだけだ。やめておこう。康に問いただして言った。袁は絶対に頼りにはできないと。しかも後悔も口にしていた。失敗したくなかったら、お前の言う通りにすべきだっただろうか、どうして他の展望をもたなかったのだろうか、と。この手紙を書いているということは、別れを意味している。それが悲しい。何某《なにがし》より。

畢永年はこれを手に、日本の新聞社を回った。譚嗣同の悲壮なる決意と最期、そして彼を死に至らしめた稚拙《ちせつ》な計画が報じられるとともに、おめおめと日本に逃亡していたテロ計画の首謀者康有為は立場を失っていく。康有為にとって畢永年は都合の悪い存在であった。そこで康有為は、中国本国での武装蜂起計画のデマを流し、それへの参加を望んだ畢永年を帰国させるとともに、その殺害を画策した。畢永年は中国に渡った後に、その計略に気付くこととなる。

前述の畢永年の回想は、その時、畢永年とともに中国に渡っていた日本人が、畢永年の証言を基に記したものである。畢永年はほぼ同内容を、政変直後、日本に渡る前にも述べているから、おおよその内容は真実であるのだろう。ただし、この回想には誇張《こちょう》や誤認、あるいは虚偽《きょぎ》の内容すら含まれているかもしれない。例えば、袁世凱のもとに交渉に向かったのは譚嗣同のみであり、康有為は同席していない。友、譚嗣

譚嗣同 Alamy提供

同を死に追いやり、自らをも殺害しようとした康有為を、貶《おとし》める思惑を孕《はら》んでいることは否《いな》めない。

譚嗣同の最期の手紙もまた、どのように畢永年の手に渡ったのか、そして本当に譚嗣同自らが綴ったものであるのか、明らかではない。ただし、梁啓超の回想においても、譚嗣同は、他国の改革に流血なしに成就しなかったものはないとして、自らの命を改革に捧《ささ》げるべく、逃亡の勧めに応じなかったとされている。また、変法派の亡命に手を貸した日本人は、譚嗣同が光緒帝の救助に動いていたと証言している。さらに梁啓超は、譚嗣同が最期まで光緒帝のみならず、康有為の身を案じていたかのように、その悲劇的結末を描いている。

譚嗣同は十二歳の時、感染症により母、長兄《ちょうけい》、次姉《じし》を失っていた。その時、譚嗣同もまた生死をさまよったが一命をとりとめた。一度は拾った命と考えていたのだろうか。病身を顧みず北京へと馳せ参じ、新任の軍機章京の激務にあたり、懋勤殿開設を宣言する文章を起草し、袁世凱の説得役にもあたり、悠然《ゆうぜん》と首を刎《は》ねられた。この間、わずか一カ月半程度に過ぎない。

三四歳の譚嗣同は、何に向かい疾走し、死に急いだのだろうか。畢永年が証言した、あるいは畢永年が手にしていた最期の手紙を綴った譚嗣同は、康有為の狂気と自らの理性の狭間で苦しみながら、病で衰弱していく身体に鞭《むち》を打って、改革に邁進《まいしん》した悲劇の主人公である。しかし、畢永年の証言に康有為を貶める意図があったとするならば、同時に譚嗣同の名誉回復をも企図していた可能性にも留意しなければならない。畢永年が北京で目にした亡き友譚嗣同は、光緒帝と言うよりも康有為を狂信し、まるでカルト集団に洗脳されたかのように常軌を逸した、畢永年の知らない譚嗣同であったのかもしれない。荒唐《こうとう》無稽《むけい》なクーデタ計画の先陣を切り、半ば自ら命を絶ったに等しい譚嗣同を受け入れるには、そして畢永年の知る譚嗣同を取り戻すには、その最期に理性を装飾しなければならなかったのかもしれない。

⦿**参考文献**

藤谷浩悦『戊戌政変の衝撃と日本――日中聯盟論の模索と展開――』(研文出版、二〇一五年)

宮古文尋『清末政治史の再構成――日清戦争から戊戌政変まで――』(汲古書院、二〇一七年)

宮古文尋「康有為」「光緒帝」「西太后」(上田信編著『悪の歴史 東アジア編・下+南・東南アジア編』(清水書院、二〇一八年)

梁啓超(小野和子訳)「譚嗣同伝」(西順蔵・島田虔次編訳『清末民国初政治評論集』平凡社、一九七一年)

茅海建『戊戌変法史事考』(生活・読書・新知)(三聯書店、二〇〇五年)

強い心で追い求めた理想の生き様

秋瑾 …しゅうきん…

宮古文尋

中国清朝末期、官僚一家の娘に生まれた秋瑾《しゅうきん》(一八七五?—一九〇七)は、大商家に嫁ぎ、二児を設けた。官職を買った夫にともない、北京に上京すると、そこで知り合った服部繁子《はっとりしげこ》(一八七二—一九五二)の影響もあり、夫と子供を残して日本に留学する。中国での女子教育振興を志す一方で、革命運動にも身を投じた。留学を中断して帰国した後は、武装蜂起を計画するも失敗に終わり、捕らえられ、処刑された。その生涯の軌跡は、彼女を偉大な女革命家、女英雄として称される存在とした。

男子の強い心になりたい

服部：「秋瑾さん、貴女《あなた》が男装しかも洋服を着ているのはどういう主意から来ているのですか?……」

秋瑾：「私の男装の主旨! それは夫人も御存じの通り中国では男子が強く女子は弱かるべきものとして圧迫され通し。私はどうか男子の強い心になりたい。それには先ず形を男子にすれば、心までも男子になると思います……」

服部：「私の意見は貴女と少しちがいます。女子として生れたとて決して男子に劣る筈《はず》はない。人としては同等です。……貴女の男装の主旨は稚気《ちき》（子供っぽさ）に富んでいます。男子が羨《うらや》ましいからせめてその形態でも真似しようという事むしろ卑屈《ひくつ》と思われます。男子の服装をしたところで身体の組織をとりかえることはできない。女子はどこまでも女子で少しも恥ずる事なく正々堂々とふるまって男子をして敬慕させるのです。」

秋瑾：「夫人の説は一理あります。しかし私は、私の意見をまげない。」

服部：「時に秋瑾さん、貴女の家庭の事をききたい。」

秋瑾は二歳年下の夫がいること、五歳と四歳の子供がいること、そして夫は秋瑾の意志や行動に口を出すことなく、自由に任せていることを話した。

服部：「では秋瑾さん、貴女の家庭では貴女が男で良人《おっと》が女ね。ほんとうに貴女は平和な家庭の女王……」

男装した秋瑾

留学前に北京で撮影したものと思われる。
(『秋瑾史蹟』〔上海古籍出版社、1991年〕より)

秋瑾:「エエ夫人！　私の家庭は必要以上に平和です。私はこの無用の平和に物足りなさと倦厭《けんえん》（飽き飽きして嫌になる）の情を感じます。良人がもっと強暴であってほしい、強暴で私を圧迫して欲しい。なぜなら、もしそうならば私はもっと強い決心で男子に対抗するものを……」

服部:「……良人が強暴であれば好いなどとは家庭婦人を嘲笑《ちょうしょう》することになります。男子は強いのが本分ですが、ある時は弱く、女子は弱いのが本分ですが、ある時は強い。女子はどこまでも女子としているのが強いのです……」

秋瑾の死後、服部繁子が記した回想、秋瑾との初対面の場面である。服部繁子は北京大学の前身、北京大学堂教習（教授）である夫とともに北京にやって来ていた。後に秋瑾は服部夫人を頼り、東京に留学することになる。

服部は、北京の官僚や知識人の妻を集めて婦人談話会を催していた。そこに男装の美しい婦人が現れた。頭にはブルーのハンチングを乗せ、首からぶら下げているのはグリーンのネクタイ。ユーズドのオーバーサイズのネイビースーツは白く華奢《きゃしゃ》な手を覆い隠し、その手には細く白いステッキが携えられ、太くだぼだぼのパンツの裾からはブラウンのくたびれたシューズが見え隠れしている。服部が初めて目にした秋瑾のいでたちであった。

この時秋瑾は、「男子の強い心になりたい」と口にした。短くも波乱の生涯を秋瑾が歩んだ理由は、この一言に集約されていたように思われる。

誇りを失わぬために

秋瑾は、父までの四世代にわたり官僚を輩出《はいしゅつ》した、浙江《せっこう》省の名門一家に生を受けた。生年には幾つかの説があり、一八七五年から七九年までの幅がある（本書では、異母弟《いぼてい》が述べる七五年説をとる）。幼い頃から兄につき従って私塾に通い、古典や歴史書に習熟し、詩作をたしなんだ。

二一歳の時、秋瑾は大きな商家に嫁ぎ、翌年には男児を出産した。名門一家の娘が大金持ちの家に嫁いだのだから、その生活環境は地域の上流のそれである。そうした環境下では、秋瑾が小さな頃から身に付けていた素養と詩文の才能がものを言った。秋瑾は詩作を通じて地域の著名人と交流し、誇り高さと楽しさに満ち溢《あふ》れた生活を送っていた。

しかし、秋瑾二六歳の時、父が没する。父に代わり一家の主となる兄は、官職についていない。父の死は秋家の危機を意味した。そこで秋瑾は、父の赴任地に居住していた兄一家を呼び寄せ、兄と自らの蓄えに加えて夫の家から資金を捻出《ねんしゅつ》し、両替商を始めさせた。この経過を見るに、秋家の舵取《かじと》り役を担っていたのは、すなわち実質上の秋家の主は、秋瑾であったと言える。しかし、元より経営の知識も技能もない秋家のこと、たちまちに倒産に追い込まれてしまう。兄一家は故郷へと舞い戻り、祖父の財産を頼りに暮らすこととなる。

また、服部が称したように、秋瑾は自らの家庭においても「女王」であった。父の死により、秋瑾の近親者に官職をもつ者はいなくなった。そこで秋瑾は、夫に金銭で官職を買わせた。資金は夫の家が出した。こうして秋瑾は北京に移り住むこととなる。詩文の才能溢れる大店《おおだな》の美しき若奥様として、地域の著名人と交流を重ねる生活のみでは、秋瑾は満足いかなかったようである。誇るべき生家があり、家族に官職をもつ者がいる。秋瑾は、そうした地位と名誉をも欲したのである。

実家から独立して北京にやって来た夫と秋瑾は、自分たちだけで家族皆を養い、子らの身の回りの世話もする必要があった。上京前と異なり、詩作ばかりにうつつをぬかして暮らしているわけにはいかない。しかし、北京へと発つ前、夫や兄を尻目に一家の主として奔走《ほんそう》した秋瑾が、主婦業に身を入れるはずもない。服部は秋瑾宅を訪れた際の印象を、部屋は本と衣類であふれかえり、果物の皮も散乱して異臭を放つほどであった、と綴っている。

一方で、やはり秋瑾は北京においても積極的に社交界へ進出した。父の死で失った、官僚一家としての地位を取り戻すため、夫に官職を買わせて実現した北京移住であったが、社交界における秋瑾は格下であった。父まで四代続く地方官僚一家の娘、大商家の嫁として、地域の著名人と詩作を交わしていたとは言え、それは所詮《しょせん》地方での話に過ぎない。そこはやはり首都北京。北京社交界には、金で官職を得たのではなく、試験を通じて官職を勝ち取った中央官僚とその妻、日本への留学経験のある者など、自らの実力で社会的地位を獲得した者がひしめいていた。一方夫は、金で買った官職を利用して、地元出身の新任官僚を北京の高級官僚に紹介する手数料で収入を得ていた。秋瑾はこれをいたく軽蔑《けいべつ》し、夫への不満を涙ながらに言ってまわっていた。

秋瑾の服装、振る舞いは、男性的なものへと変化していった。女性が人力車に乗る際は、深く腰掛けて幌《ほろ》から簾《すだれ》を垂らすのが通常であったが、秋瑾は男装であることに加えて、本を片手に男性のような乗り方で車にまたがり、市中の人々を驚かせたという。そうして、服部との出会いの時を迎えるとすぐ、秋瑾は日本への留学を決意する。社交界での地位、自らのプライド、それらを取り戻す、絶好の機会を得たのである。

また、秋瑾は北京に来てから、満洲《まんしゅう》族の王朝である清朝を倒して政権を中国人（漢族）に取り戻す、すなわち「革命」を口にするようになっていた。秋瑾が革命を主張したことについては、後世疑問視されることはなかった。西洋諸国との貿易港であった厦門《アモイ》で幼少期を過ごした際、傲慢《ごうまん》な外国人とそれに耐える中国人の姿を見たからなどと、それらしい説明が加えられたり、列強の侵略にあえ

人力車

通常女性が乗るのは写真上のような二輪の人力車であったが、
秋瑾は車轅《しゃえん》（車から突き出る二本の棒を指す）に跨っていたと言うから、
写真下のような一輪の人力車に乗っていたのだと思われる
（〔上〕林京『北京城百年影像記』〔故宮出版社、2016年〕、
〔下〕閔傑『影像辛亥 上・晩清社会』〔福建教育出版社、2011年〕より）

いでいた当時の清朝の歴史を鑑《かんが》みれば当然だと考えられたりしてきたのである。しかし、こうした見解には、民族や国家の行く末を自らに投影することを当然と見なす、さらにはそれを疑う余地もなく是《ぜ》と見なす観点が多分に含まれているように思われる。ここでは、秋瑾個人が抱えていた問題を解消する手段として、「革命」にどのような意味合いがあったのか検討してみたい。

上京前、言ってみれば地域の社交界の主役であった秋瑾は、北京においてある種の挫折《ざせつ》を経験した。移住の経緯を見ても分かるように、そもそも面子《メンツ》や体面を気にする性分である。その秋瑾の北京で生じた劣等感を解消する手段が、革命主張であり、男装であり、留学であったのではないのだろうか。これらのキャラクター性を備えることで、秋瑾は唯一無二の存在となり、一躍北京社交界においても主役に躍り出ることが可能となったのである。

侠気が阻んだ留学生活

秋瑾の留学の意志を知った夫は、服部を訪ねた。服部は、てっきり秋瑾に外国行きを阻止するよう夫は頼み込んでくると考えたが、夫は秋瑾の留学に協力的であった。「……妻が日本に行きたいという希望は非常に熱心で、私にはとめる事はできません。もし夫人がどうしてもお連れ下さらずば私は妻にどのように苦しめられるか判りません。私は二人の幼児があるにも係わらずお願いします、どうぞお連れ下さい……」。服部は、秋瑾の夫を気の毒に思うとともに、秋瑾が「強暴で私を圧迫して欲しい」と称した夫はもう少し強硬に、秋瑾もまたもう少し従順になればよいのに、とこの時のことを振り返っている。

一九〇四年七月、秋瑾は服部の帰国に同行して、北京を発った。妻の希望を叶えてやりたいという取り計らいであったのか、体のいい厄介払い《やっかいばら》であったのか真意は測りかねるが、夫は二人の幼児を連れて見送りにやって来た。服部の目には、夫は「悲哀を帯びた面持ち」で道中の注意や、到着後の連絡について述べ、それに黙って頷く《うなず》のみの秋瑾の「背けて《そむ》いる顔は涙にくもっている」ように映った。この時、服部もまた夫を残しての一時帰国であったから、自らの寂しさを重ねたのかもしれない。

こうして東京へと向かった秋瑾であったが、ことが全て順調に進んでいたわけではなかった。留学には費用がいる。理由はともかく、心理的には秋瑾の留学に協力的な夫であったが、無い袖は振れない。秋瑾の意向で兄に両替商を始めさせた時、夫に官職を買わせた時、いずれも費用を出したのは夫の実家である。しかも、夫の実家からすれば、嫁の意向で息子が独立して北京に移住したのはほんの一年前のこと。その嫁が、息子と幼い孫たちを残して留学すると言っているのだから、その費用を出せなどという要請に対して首を縦に振るわけはなかった。秋瑾は、手持ちの高価な衣類やアクセサリーを売り、友人に借金をし、費用を捻出した。

であるのに、その金を獄中にあった変法派《へんぽうは》の人物に贈っている。秋瑾はその際に自らの名を告げぬように言付け《ことづ》たということであるが、再度、友人は秋瑾の留学のために金を貸している。それでは、獄中に金を贈ったのは友人ではないかとも思われるのであるが、こうしたことがまかり通るほどに、秋瑾は北京社交界において人望も得ていたということだろう。美しき婦人の男性的な装いと振る舞い、その口をついて出る過激な主張。秋瑾の思惑通《おもわくどお》り、こうした個性は、家族を捨てての留学を後押しする友人が現れるほどに、異彩を放っていたのである。

東京に到着してひと月ほどが経ち八月になると、秋瑾は服部の仲介を経て、実践女学校に入学した。秋瑾はすぐさま女子学生のリーダー格となる。同時期、留学生演説練習会にも加わり、翌九月からは会が創刊した雑誌で連載を開始した。九月十八日、演説練習会は、一八九八年に改革の道半ばで処刑された譚嗣同《たんしどう》（一八六五—九八、本書「譚嗣同」参照）ら六名を称える集会を催した。秋瑾のそこでの演説は、参加者百二〇余名が皆涙を流すほどであったという。秋瑾は、東京の留学生の間でも中心的人物となっていった。

九月末、秋瑾は服部を訪れ、寮の食事が不味い、その割に食費が高い、留学生相手に暴利を貪《むさぼ》っているのではないかなどと不満を訴えた。確かに当時、中国人留学生が日本の質素倹約を美徳とする淡泊《たんぱく》な食事にまいってしまうのはよく見られたことであり、神保町《じんぼうちょう》には留学生相手の中国料理店が立ち並び、さながら中華街のような様相を呈《てい》していた。リーダー格たる秋瑾が、一肌脱いだと言ったところだろうか。服部は、入学早々に無礼極まると秋瑾を諭しながらも、女学校校長に秋瑾の不満を伝えた。校長は、「イヤイヤ食事に就いて不平をいうのは、あの人たちの通弊《つうへい》です。お気にかけなさるな。……そんな事を気にして取り上げていては、中国人の教育は出来ません……」と、意に介さなかった。

服部は、不満を校長に伝えたことを秋瑾に報告し、「よく勉強するよう。しかし、それでも不平なら退学するがよい」と告げた。この頃の秋瑾は精神不安定だったようで、その目に溢れんばかりの涙を一杯にしながら、「……このごろ私はどうしてだか、この世に長く生存しないような気がする……」などと漏らした。服部はホームシックなのだろうと考え、帰国して家族のもとに戻るよう勧めた。しかし、秋瑾は「……私は学校には不平ですが退校しようとは思わぬ。……アア、私はこの世に長く生存はしないと思う。この魂のない残骸《ざんがい》に鞭打《むちう》ってなすべきことをしなければ」と述べたばかりか、「……中国は中国人の中国です。満族のような異人種の中国ではありません！　太々（奥様）よ、首を恐れ尾を恐れて残る身体は幾何《いくばく》ぞ（どれほどでしょうか）」とまで述べ、顔を覆った。譚嗣同らを称える集会での演説の直後のことである。改革に身を投じ、その壮絶な最期により死後崇《あが》められた譚嗣同の生き様に、秋瑾は感化されつつあったのだろうか。

十月、北京に戻る服部を、秋瑾は涙ながらに見送った。夫への伝言を問うた服部に、何もないと伝えた。十一月には、女学校への不満と、如何《いか》に教員が無能であるかが綴られた手紙が、服部のもとに届いた。服部は返信を送らなかった。

この頃、中国本国での武装蜂起に失敗したグループが、獄中にある仲間を救い出すための義援《ぎえん》金《きん》を募るべく日本を訪れていた。秋瑾は、これに半年分の学費と寮費に相当する額を寄付している。最も多額の寄付金を贈った一人であった。これを弱きを助け強きを挫《くじ》く侠気《きょうき》と言うこともできるだろうが、自主退学をせざるを得ない状況に自らを追い詰めたのは、秋瑾のこうした良い格好しいな一面である。同時期、女学校から服部に手紙が届き、秋瑾が校長に不平不満を並び立てた書面を送り付け、退学したと知らされている。秋瑾自らの撒《ま》いた種が招いた退学であったが、憤懣《ふんまん》やる方なく、それをぶつけたと言っていいだろう。なぜなら、翌年三月、秋瑾は再入学を果たすべく、資金集めに中国に戻るのである。

生きた証を刻みたい

秋瑾はまず、公費留学生の資格を得ようとしたが、それは叶わなかった。資金集めはうまくいかなった。秋瑾が兄に宛てた手紙には、夫への激しい罵倒《ばとう》が綴られている。「行いは禽獣《きんじゅう》以下で、人として良いところなどなく、こんなにひどいやつはいない」、「私を殺そうとしている」といった調子であった。秋瑾は帰国したにもかかわらず、夫と子供のもとに顔を出してすらいない。夫やその実家に、私の衣類やアクセサリーを売って金にして送ってくれだとか、日本に戻る金を出せだとか言ったところで、聞き入れられないのも当然であるようにも思えるのだが、秋瑾の怒りは収まらなかった。

秋瑾は七月には日本に戻り、八月に実践女学校に再入学する。秋瑾は帰国中に実践女学校への留学を呼びかける活動をしており、これもまた何らかの形で再入学の許可に影響したのかもしれない。しかし、資金不足は解消されていなかったようで、資金を提供しない夫への罵詈雑言《ばりぞうごん》は激しさを増していく。兄への手紙の中では、夫は「仇敵《きゅうてき》」とされ、「もしも今後私の夫について問うてくる人がいたら、死んだとだけ答えるべき」、「信義もない、真心もない、女を買っては　博打《ばくち》に明け暮れ、ほら吹きで、人を損させては自分だけ儲かろうとし、親戚を酷《ひど》い目に遭わせては馬鹿にして、実力もないのに威張《いば》り散らす。金で官職を買ったお坊ちゃんの悪習と醜態《しゅうたい》は、私の生涯をかけても決して変えることはできないこと」などと、言いたい放題であった。こうした誹謗中傷《ひぼうちゅうしょう》は単なる憂さ晴らしではなかった。夫が金を出さない以上はもはや婚姻関係を続ける必要もない、離婚を以て報復するとまで秋瑾は述べている。言い方を変えるならば、もはや留学の継続は絶望的になってきていたのである。

そこで胸中に去来した思いを、秋瑾は兄に書き送っている。「後日、歴史に名を残すことができたならば、生涯の願いは満ち足りるのです」。「心に留めているのは、死後永遠に名を残すことのみです」。帰国中に中国在住の革命派主要人物と交流していた秋瑾は、一度目の来日の際にも増して、革命を志す留学生や活動家との交際を密にしていった。射撃《しゃげき》や爆薬製造を学ぶこともあった。

清朝は日本政府に留学生の革命運動の取り締まりを依頼し、十一月には、いわゆる清国留学生取締規則が発せられる。これに抗議し、海に身を投げた留学生もいた。秋瑾は、演説会で涙ながらに抗議の一斉帰国を訴えたが、もはや金銭的にも留学の継続が難しかったのも現実であった。秋瑾が採用叶わなかった公費留学生をはじめ、留学打ち切りに反対する学生もいたが、秋瑾は彼らに死刑を宣告し、短刀を演台に突き刺して威嚇《いかく》したという。

秋瑾が選んだ最期

秋瑾は帰国の際、友人に手紙を書き送った。

満洲族から中国を取り戻すことは、一日も遅れてはならない。男子でそのために死した者、……その人は乏しくないのに、女子では聞いたことがない。我ら婦女子の恥である。

帰国した秋瑾は、一九〇六年より女学校教師を務めたり、雑誌を創刊したりしながらも、裏では革命活動に明け暮れた。その活動は、武装蜂起を見据えたものとなっていく。志を同じくする仲間には、官職を手に入れ政府側に潜り込んでいる者もいた。彼らは学校の開設を上官に訴え、それが実現すると、そこを軍事訓練の場とするなどして蜂起に備えた。一九〇七年、秋瑾はそうした学校のうちの一つの校長に就任した。そして、仲間とともに複数箇所での同時蜂起の機会を窺っていた。

しかし、計画は失敗した。官僚の仮面を被った革命派であることが明るみに出そうになった仲間は、予定を早めて蜂起を企て上官を射殺したが、すぐに鎮圧《ちんあつ》される。かねてより革命派と通じていると疑いのあった秋瑾の学校にも、当然捜査の手が及ぼうとしていた。未だ満足いく準備は整っていない。覚悟を決めて蜂起を決行するか、ここはいったん逃亡して態勢を整えるか。二つの選択肢があったが、秋瑾はいずれをも選ばなかった。悠然《ゆうぜん》と逮捕を待ち、即処刑された。

秋瑾がなりたかった、「男子の強い心」とは、如何《いか》なるものだったのだろうか。家族を鼓舞《こぶ》し、繁栄へと導かんとする強い心。家庭の平穏に満足せず、社会的名声を得んとする強い心。今生きているこの瞬間の声望に飽くことなく、歴史に名を残さんとする強い心。秋瑾はこれらをもたない夫を軽蔑し、これらの強い心を抱くのが男性のあるべき姿と考え、憧《あこが》れ、近付こうとしたのだろうか。男装、留学、革命、そして壮絶な最期。その生涯の軌跡を振り返るならば、秋瑾を突き動かしたものは、「男子の強い心になりたい」、その一心にあったのかもしれない。

⊙参考文献

武田泰淳『秋風秋雨人を秋殺す――秋瑾女子伝』（筑摩書房、二〇一四年〔初版一九六八年〕）

石田米子「中国人の女性観――秋瑾のこと――」（野原四郎・増井経夫他著『中国文化史――近代化と伝統』研文出版、一九八一年）

中山義弘『近代中国における女性解放の思想と行動』（北九州中国書店、一九八三年）

大里浩秋「日本人の見た秋瑾――秋瑾史実の若干の再検討」（『中国研究月報』四五三号、一九八五年）

易惠莉（大里浩秋訳）「秋瑾の日本留学及び服部繁子と実践女学校」（大里浩秋・孫安石編著『近現代中国人日本留学生の諸相――「管理」と「交流」を中心に』御茶の水書房、二〇一五年）

革命を導いた熱き決断と冷静な判断

蔡鍔 …さいがく…

宮古文尋

中国清朝末期から中華民国初期に活躍した、蔡鍔《さいがく》（一八八二—一九一六）は、変法《へんぽう》（政治制度改革）運動を牽引《けんいん》した梁啓超《りょうけいちょう》（一八七三—一九二九）、譚嗣同《たんしどう》（一八六五—一八九八）、唐才常《とうさいじょう》（一八六七—一九〇〇）らに学んだ。改革が失敗に終わると、梁啓超らを追って日本に渡り、陸軍士官学校を卒業、帰国後は新軍育成にあたった。辛亥《しんがい》革命（一九一一年）では雲南《うんなん》新軍を率い、清朝からの独立を宣言する。中華民国大総統に就任した袁世凱《えんせいがい》（一八五九—一九一六）が帝政復活を宣言すると、護国軍《ごこくぐん》を編制して政府軍と戦った（第三革命）。

軍人の資質

蔡鍔は裕福とはいえない一家の長男として、湖南《こなん》省に生まれた。生活は苦しく、父と母は家で仕立ての仕事をして生計を立てていた。蔡鍔五歳の時、一家で近くの村に移住した。父は計算ができ、帳簿をつけられたため、商店の店員となる。水車のある堤防の上のあずまやに一家で住み込み、酒と豆腐を作った。父は間もなく、かやぶき屋根とレンガの壁でできた小さな家を建て、やはり酒造りと豆腐作りを生業《なりわい》とした。合間に勉学に励み、後に私塾を開いたという。そんな父親であるから、この頃から蔡鍔にも読み書きを教えていたのだろう。

父は、村から十キロほど離れた大地主の屋敷に行商《ぎょうしょう》に出かけていた。その富豪は、蔡鍔の父の働きぶりや人柄に感心し、しだいに意気投合、二人は友人となった。父は幼い蔡鍔を連れて、富豪の屋敷を訪れるようになる。富豪が膝の上に座らせた蔡鍔にあれこれと尋ねてみると、蔡鍔は考えていることをはっきりと答えるではないか。富豪は、それはそれは蔡鍔を可愛がった。富豪は教師を招いて、一家の子どもたちを教育していたが、七歳になると蔡鍔もそこに通うようになる。学費や書物の費用、食費や宿泊費、全て富豪が面倒を見た。一年が経ち、富豪一家の皆に可愛がられるようになっていた蔡鍔は、婿《むこ》に迎えられることになった。貧しい一家に生まれた蔡鍔は、一躍地域の大地主一家に将来を嘱望《しょくぼう》される存在となったのであった。

富豪の家には、蔡鍔より三歳年上のお坊ちゃまがいた。蔡鍔は坊ちゃんといるのが一番楽しかった。ある日、坊ちゃんは空に石を放った。石は空高く飛んでいく。笑いながら、「おい、お前もちょっとやってみろよ！」と言う。蔡鍔の投げた石は坊ちゃんの半分にも届かなかった。坊ちゃんは大笑いしながら、「勉強なら僕はお前にかなわないけど、石投げならお前は僕にかなわないな」と言った。蔡鍔は黙って声を上げなかった。それから蔡鍔は、毎晩こっそりと石投げの練習に出かけた。ほどなくして、蔡鍔は坊ちゃんの腕を引いて石投げに行った。二人で三度投げた。坊ちゃんの投げた石は全部、蔡鍔のものより高くには届かなかった。少しの間目を赤くしていた坊ちゃんであったが、「ほら！　見てよ！　僕の石が水の上で踊り跳《は》ねているよ！」と蔡鍔を呼んだ。石は五回、六回と水面を跳ねる。遠くで石が僅《わず》かに跳ねると、水面に描かれた円が微《かす》かに揺れた。小さい輪が大きくなったと思うと、さらに大きくなり、もっともっと大きくなった。陽の光が水面を照らし、幾重にも広がる輪は銀色に光ったり金色に光ったり。蔡鍔が見よう見まねで投げた石は、跳ねることなく沈んでしまった。坊ちゃんは大笑いした。蔡鍔はまた同じように練習し、それからすぐ、坊ちゃんと腕比べをした。何をするにもそんなことの繰り返しであった。

蔡鍔は乗馬も好きだった。富豪の胸に抱かれて馬に跨《またが》る蔡鍔は、馬が速く走れば走るほど喜んだ。富豪が留守の時には、坊ちゃんと野原や山中を馬で走り回った。落馬することもしょっちゅうであったが泣かなかった。それを知った富豪は蔵から鞍《くら》を出してきたが、二人は鞍がなくても馬のたてがみを掴《つか》み、両足で腹をしっかりと抱えて姿勢を保った。昼間からずっと馬から降りることなく、馬の方が先に疲れてしまうこともあった。

富豪と家庭教師は、いつも蔡鍔の話をしていた。家庭教師が、「彼は聡明《そうめい》たることこの上ないですけど、ちょっとわんぱくが過ぎますな」と言うと、富豪は、「アレはわんぱくだけどな、かえって人よりふざけているのがかわいいのだ。ワシがようく見てみるにはだな、アレの一挙手一投足は何をとっても他のとは違うぞ、必ずや大人物になるだろうよ」と答える。家庭教師は、それに対し「私もそのように見ていますよ」と答えた。

師たちとの出会い

蔡鍔は期待に違《たが》わず、十三歳で当時の官僚採用試験、科挙《かきょ》の受験資格を得て、秀才(生員《せいいん》)となった。まだ官僚になったわけではないが、秀才ともなると尊敬の的である。一般民衆からは敬礼され、秀才を侮辱《ぶじょく》した者は罰せられる。身に付けるものからして、その風貌《ふうぼう》はもはや官僚のそれとなる。そもそも蔡鍔を婿に迎えた富豪も、秀才の資格を得ていた。その富豪が惚《ほ》れ込んだ蔡鍔であるから、もちろんさらなる立身出世も間違いないと見込まれていたのである。

蔡鍔の試験官を務めたのは、政治制度改革の必要性を訴える変法派官僚の江標《こうひょう》(一八六〇―一九九)であった。江標は蔡鍔の才能を見出し、「名をあげる道が必ずしも科挙にあるとは限らない。重要なことは、学問を実際に役立てる方法を切に追求することだ」と助言した。蔡鍔はこの言葉に大いに啓発された。この年の秋、蔡鍔は自分より十歳上の樊錐《はんすい》(一八七二―一九〇八?)に弟子入りした。樊錐もまた貧しい家に育ちながらも幼い頃から学問を好み、秀才にまでなった若者である。蔡鍔と同じく江標に目をかけられ、この頃から変法思想に目覚め始めていた。

二年後の一八九七年、蔡鍔初めての科挙試験は落第であった。蔡鍔はさらに研鑽《けんさん》を積むべく、この年に創設されたばかりの時務学堂《じむがくどう》に入学する。時務学堂の発起人《ほっきにん》は、江標、譚嗣同らであり、教師に梁啓超、唐才常らを迎えていた。学堂初の合格者は四〇名。蔡鍔は最年少で、三番目の成績で入学した。

翌一八九八年、光緒帝《こうしょてい》(在位一八七五―一九〇八)が変法開始を宣言するも、さしたる成果も出ないまま、変法派のリーダー格たる康有為《こうゆうい》（一八五八―一九二七）が画策した西太后《せいたいこう》（一八三五―一九〇八）暗殺計画が明るみに出て、改革は白紙へと戻された。康有為はいち早く北京を離れ、日本へと向かった。光緒帝は西太后の監視下に置かれ、逃亡を拒んだ譚嗣同は処刑される。梁啓超は日本に逃れ、時務学堂は解散した。

蔡鍔は、唐才常の弟ら数名の時務学堂の学友と新たな学ぶ場を探したが、満足できる学校はなかなか見付からず、入学を希望したところでは受け入れを拒まれた。翌年になり、ようやく上海の学堂への入学が決まった頃、梁啓超から来日を勧める手紙が届く。唐才常の資金援助を受けて、蔡鍔は日本へと渡った。続々と時務学堂の学生が後を追い、計十一名が日本へと渡った。梁啓超と合わせて十二名で三部屋の家を借り、共同生活を送りながら勉学に励んだ。間もなく蔡鍔らは日本の学校に進学するべく、梁啓超が設立した予備学校に入学した。

旧友譚嗣同の死に憤慨《ふんがい》した唐才常もまた日本へと渡っていた。康有為と梁啓超から軍資金を得て、中国に戻り蜂起《ほうき》することを決意する。日本に渡った時務学堂学生十一名のうち九名も行動をともにした。しかし、届かぬ康有為の資金を待つうちに、蜂起の計画は政府側に漏《も》れ伝わってしまう。唐才常は処刑され、蔡鍔の学友の大半もまた命を落とした。

蔡鍔は予定を変更し、唐才常らの後を追って中国へと渡っていた。唐才常は蔡鍔に手紙を託し、使いに出した。そのために蔡鍔が捕らえられることはなかった。唐才常は最も若い蔡鍔を巻き込みたくなかったのかもしれない。蔡鍔は失意のまま日本に戻ることとなる。

我が身を刀身に

蔡鍔は日本に戻ると、梁啓超が創刊していた『清議報《せいぎほう》』を中心に言論活動を開始した。最初に発表したのは次の詩である。

拳軍《けんぐん》の激しい炎が天高くに迫った。
漢族に新たな国を創る者はいない。
譚と唐が相次ぎ公義に殉じた。
湖南の豪傑はもういないだと?
天子は西に逃れ、敗れた朝廷は倒れた。
忠孝《ちゅうこう》たる国民は奴隷《どれい》となった。
故郷に戻りたいと揺れ動く。

王朝は刀によっては滅びない。
天子(皇帝)は西に逃げていった。
国民は永久に譚のために声をあげて泣くだろう。
中華に正義はなおあると、敢えて我らを教導したのだ。
気骨ある忠臣も武装した兵も離散した。
首都は見るに堪《た》えず想像もしたくない。
雲を追って飛んでいきたい……

一九〇〇年、義和拳《ぎわけん》と称する集団を中心に、西洋の施設や、西洋人を攻撃する排外運動が起こった。唐才常の武装蜂起計画は、この義和団の乱に乗じたものであった。清朝政府もまた、これを利用して列強に宣戦布告した。しかし、応じた八ヶ国の連合軍に、またたく間に北京は占領され、光緒帝と西太后は西安に逃れたのであった。

蔡鍔は、義和団戦争の敗戦を嘆くとともに、それでもなお変わらぬ現状への不満を滲ませている。

そして、時務学堂の師であり、自らと同じ湖南省で生まれ育った譚嗣同と唐才常の死への奮起を誓ったのである。詩は、「血を流し民を救うのは吾輩である」と締め括《くく》られている。以降、蔡鍔が発表した文章は、愛国心の高揚、改革の推進、富国強兵の達成を訴える内容が中心であった。その先に見据えているのは、憎き列強への対抗である。

列国が中国に大軍を派遣している。言うには、「同胞《どうほう》を救うために文明の共通の敵を打倒する、人道のために世界の暴族を討伐《とうばつ》する」とのことである。その言

荒廃した北京紫禁城《しきんじょう》(現在の故宮《こきゅう》博物院)太和門《たいわもん》前広場　1901年撮影。

光緒帝と西太后が大勢のお付きの者とともに西安《せいあん》に逃れたため、
手入れもされず、草も伸び放題になっている。

本来、中央にまっすぐに伸びる御道《ぎょどう》に踏み入れることができるのは皇帝のみである。

悪びれることもなくその上を闊歩《かっぽ》する人影は、主《あるじ》のいない城内に侵入した外国人であろう。

(『清朝末期の光景 ―小川一眞・早崎梗吉・関野貞が撮影した中国写真―』

(東京国立博物館、2010年)

葉は正しいのだろうし、その意義は素晴らしいのだろう。しかし、義和団が立ち上がったことで、各国の横暴《おうぼう》な振る舞いは激しさを増した。憤懣《ふんまん》と怨恨《えんこん》が集積し、もう久しく鬱屈《うっくつ》した気分だ。……ああ！　義和団は文明の共通の敵なのか！　世界の暴族なのか！　しばらく話にも出していなかったが、〔第二次アヘン戦争で〕列強が天津《テンシン》を破壊し、北京を陥落させた様子を試しに見てみよう。〔参戦していなかった〕日米を除けば、人民を殺戮《さつりく》し、婦女を強姦《ごうかん》し、財貨をかすめ取り、暴虐ではないことなどひとつもなかったではないか。……ああ！　列強を野蛮と言うことはできない。我こそが文明であると自任し、人道を説いている。騙《だま》しているのは誰なのか。ドイツの学者は、「ただ強い者のみが権利を握ることができる。つまり、権利とは強い者が私有するものである」と述べている。今この言葉を見てみれば、ただ強い者のみが文明を名乗ることができ、文明は強い者が私有するということなのだろう。

さらに、師唐才常と学友らの死を期に、蔡鍔の詩や文章からは、列強のみならず、清朝を打倒せんとする意志も見え隠れするようになっていた。

わが国民は一方では列強に押さえ付けられ、一方では満洲人《まんしゅうじん》に押さえ付けられている。つまり、勢い二重に奴隷となっている。……今日の政府が亡びるのにともなって中国が亡ぶことはない。そこで国民が開化していなければ、一方が亡びた後に、新たな政府が樹立される日は来ないというだけなのである。

清朝は満洲族が樹立した王朝である。もはや、蔡鍔にとっての満洲族は、列強と同じく自らを圧迫する存在であり、敵視の対象となったのである。前掲の詩の注釈には、「フランス革命では、国賊《こくぞく》の首を台で切り落とし、天下に喜びが溢《あふ》れた」とある。言うまでもなく、革命で首を切り落とされたのは、フランス国王とその王妃である。

これらの詩や文章は、蔡鍔名義ではなく、ペンネームで発表されたのであるが、そもそも蔡鍔と名乗るようになったのもこの頃からである。「鍔」とは刀の刃を意味する。十八歳の蔡鍔は、自らが刀身となり、敵を惨殺《ざんさつ》せんと決意し、軍人を志した。

梁啓超は、「君のように勉強ばかりしていて弱々しい学生が、軍事の重要任務を担当するなんて難しいと思うよ」と笑いながら言った。筋金入りの負けず嫌いで、鞍もなしに一日中馬を乗り回していた幼少期の蔡鍔を知っていたならば、梁啓超もそんなことは言わなかったかもしれない。蔡鍔は、「先生が私のために方法を考えてくださり陸軍で学ぶことができるのに、将来いっぱしの名のある軍人となれないようでは先生の教え子とはいえませんよ」と答えた。翌年、蔡鍔は陸軍士官学校の予備校として知られた成城《せいじょう》学校に入学した。さらに翌一九〇二年には陸軍士官学校に入学し、二年後に卒業すると中国に戻った。軍人として、軍学校の教官として、昇進を重ね、新軍を養成した。一九一一年、雲南に赴任する。

貫徹された初志

この年、進展しない鉄道建設を民間企業に替わって推進しようとした清朝政府は、外国からの資金調達を計画した。しかし、すでに民間から投入されていた資金はどうなるのかなど不明な点も多く、この決定に対する反対運動が起こり、暴動に発展する。革命派はこの混乱に乗じた。新軍建設には、蔡鍔のように最新の知識をもつ者が必要であった。そうした者の中には、留学中に革命思想に染まっている者もいた。中国各地で新軍が蜂起し始める。

蔡鍔が赴任した雲南の軍学校教官にも、日本の陸軍士官学校の卒業生が採用されており、彼らの多くも革命思想を抱いていた。蔡鍔は公に革命に賛同することはなかったが、背後では同調していた。他省の蜂起に呼応し、雲南の新軍を率いて清朝からの雲南省独立を宣言する。清朝政府は、袁世凱に革命軍の鎮圧《ちんあつ》を命じるが、袁世凱は革命勢力との停戦交渉を進めた。独立した各省代表が孫《そん》文《ぶん》(一八六六—一九二五)を臨時大総統に選出し、翌年中華民国成立が宣言されると、袁世凱は清朝政府に皇帝の退位を迫り、清朝は滅亡した。袁世凱は中華民国臨時大総統に就任する(辛亥革命)。

袁世凱は自身の権限強化を進めていき、ついには皇帝への即位を計画した。一九一三年、そうした袁世凱への反発は軍事行動へと発展したが(第二革命)、蔡鍔は鎮圧へと回った。蔡鍔は、混乱に乗じた列強の侵略を恐れ、また、いち早く富国強兵を達成するためには、袁世凱の強権政治もやむなしと考えていたようである。蔡鍔が最も警戒していたのは日本であった。しかし一九一五年五月、袁世凱は日本の二十一ヵ条要求を受諾する。

袁世凱は蔡鍔を北京に呼び寄せ重用していた。いや、袁世凱は革命側に立っていた軍人に対する警戒を緩めていなかったから、監視下に置いたとするのが妥当かもしれない。袁世凱が危惧《きぐ》した通り、蔡鍔は打倒袁世凱へと舵を切る。八月、蔡鍔は梁啓超と計画を立て、また雲南の元部下と連絡を取り合って準備を進めた。九月、梁啓超による帝政復活を批判する文章が発表されると、その弟子たる蔡鍔に対する袁世凱の警戒は強くなっていく。十一月、蔡鍔はいったん日本に逃れ、香港、ベトナムを経由して、雲南入りした。

十二月、帝政復活が宣言されると、蔡鍔は袁世凱にその取り消しを求めたが、回答がなかったことから雲南独立を宣言、全国に打倒袁世凱を呼びかける（第三革命）。雲南軍は護国軍と改称した。翌年一月から政府軍との戦闘が始まると、呼応した他の二省も独立を宣言、護国軍に合流する。三月、劣勢の袁世凱は帝政取り消しに応じ、講和交渉に入る。袁世凱は三省独立の撤回を求め、大総統に留まろうとしたが、蔡鍔らは引退を要求し続けた。交渉の間にも、続々と各省が独立を宣言した。六月、かねてより病床にあった袁世凱は五八年の生涯を終える。

半年前、打倒袁世凱を期して雲南に入った時の蔡鍔もまた、「幽霊《ゆうれい》みたいに痩《や》せおとろえ、頬はこけ、顔の中で眼だけが燃えて光っていた。……声はまるで低くて弱くて、耳を寄せてゆかねば、

蔡鍔　Alamy提供

聞こえなかった」といった状態であった。八月には療養に入り、九月に日本に渡り、九州帝国大学医科大学附属病院に入院した。入院当初の蔡鍔は、「両肺並に口頭《こうとう》咽喉《いんこう》に故障を来し食事に苦しみ発熱三九度に及び」といった容態で、十一月には腸結核を併発した。

日本の陸軍士官学校を卒業した蔡鍔が帰国した後、師である樊錐が武装蜂起決行を主張したことがあった。蔡鍔はそれに応じなかった。同じく師であった譚嗣同や唐才常の死に奮起する一方、その死を教訓にしていたのかもしれない。生来勝ち気な蔡鍔は、無謀な戦はしなかった。しかし、屈することを何より嫌った蔡鍔も、病魔には勝てなかった。その生涯は樊錐より二年短く、そして譚嗣同、唐才常と同じく、三四年で幕を閉じた。

⦿参考文献

鎌田和宏「護国運動における蔡鍔の役割について」(『史潮』三〇号、一九九二年)

白土悟「蔡鍔将軍と九州帝国大学医科大学附属病院」(『教育基礎学研究』十四号、二〇一七年)

孫瑛鞠「清末、中国人日本留学生における国民意識の形成――蔡鍔の『軍国民』主張について――」(『文化共生学研究』十六号、二〇一七年)

田伏隆主編『憶蔡鍔』(岳麓書社、一九九六年)

張作霖

…ちょうさくりん…

澁谷由里

彼の名を聞いて読者がまず想起するのは、「張作霖《ちょうさくりん》爆殺事件」であろう。一九二八年六月四日、北京から本拠地・奉天《ほうてん》（現、遼寧省瀋陽市《りょうねいしょうしんようし》）へひきあげる途中だった張作霖（一八七五―一九二八）は、満鉄線とのクロス地点にて、乗っていた列車を爆破され、自宅に運ばれたもののその日のうちに死去した。当時は中華民国安国軍大元帥という、国家元首級の要職にあったので、ことの重大性に鑑《かんが》みてその名は伏せられ、「満洲某重大事件」として一般には報道された、あの事件である。

現場近辺を守備する日本の関東軍は、張と対立していた、蔣介石《しょうかいせき》（一八八七―一九七五）率いる国民革命軍工作隊（「南軍便衣隊《べんいたい》」）のしわざとして本国に報告した。しかし翌年、野党・立憲民主党が徹底的な真相究明を求め、陸軍出身の田中義一《たなかぎいち》首相もそれを約したにもかかわらず、関東軍の守備不手際のみの処分に終わらせたため、昭和天皇（在位一九二六―八九）も激怒し、進退きわまった田中は内閣総辞職を余儀なくされた。東京裁判で、関東軍参謀・河本大作《こうもとだいさく》（一八八三―一九五五）らの謀略《ぼうりゃく》であったことが判明し、事件の呼称も「張作霖爆殺事件」と改められて現在に至る。

もう少し詳しい読者であれば、張作霖が「馬賊《ばぞく》」出身であることもご存じかもしれない。本書のテーマである「俠」、あるいは反社会的勢力をも連想させる馬賊から、権力の頂点ともいえる一国の大元帥にまで、いかにして成り上がり、なぜ関東軍に殺されなければならなかったのか。本稿では、主にこのような問題意識に基づいて叙述することとする。

「馬賊」時代

張作霖は一八七五年、現在の遼寧省海城市で生まれた（本人は自伝や年譜を残しておらず、以下の記述も含めて関係者の証言に基づく点が多い）。漢族出身で字《あざな》は雨亭。祖父は当時の直隷《ちょくれい》省（現、河北省）にいたようだが、窮乏により長城を越えて「満洲」に移住した。ただし満洲族王朝である清朝《しんちょう》は、発祥地への漢族の移住を禁じたので、作霖一家は不法移民であった。それでも彼は、無頼《ぶらい》の父親が亡くなるまでは村の私塾に通い、簡単な漢字の読み書きを覚えたという。

父の死後、私塾をやめ街頭で饅頭《マントウ》を売って生計を助けたというが、父と同様の無頼な青年へと育った。母の再婚相手が獣医《じゅうい》であったからとも、本人が独自に覚えたともいうが、馬の治療を得意とし、それによって馬をも

張作霖（澁谷由里『馬賊の「満洲」』〔「講談社学術文庫」, 2017年〕より）

つ匪賊《ひぞく》と接点ができたようだ。しかし掠奪《りゃくだつ》や営利誘拐《えいりゆうかい》を主とする匪賊と、それらも行いつつ、スポンサー契約を結んだ地元有力者の自衛組織でもある馬賊とは、なりわいは共通するが性格は若干ことなるので、匪賊との交際のみにより馬賊になったという単純な話ではない。

日清戦争(一八九四~九五年)に一兵士として従軍したが、除隊後は無頼の生活に戻った。しかし誇張して話した戦功が、大地主・趙占元《ちょうせんげん》の耳に入り、彼に見込まれて、その娘・春桂《しゅんけい》と結婚した。作霖は趙家に身を寄せ、長女・冠英《かんえい》もそこで生まれた。このように、経済的にも家庭的にもようやく安定した彼だったが、無頼な生活態度は改まらず、ほどなくして匪賊に身を投じてしまった。

当時の匪賊構成員の中には、誘拐した人質の見張り役もいた。作霖はそれを命じられたが、女性を誘拐するのに嫌気がさした。頭目に抗議したが却下されたので、組織から脱退し趙家に戻った。「弱きを助け」ようとした彼には、やはり侠気があったのだろう。のちに自分の妻や娘たちに教育を受けさせ、特に第五夫人・寿氏の意見を尊重したという証言[1]もあるので、単なる侠客でもなく、今でいうフェミニストだったとも思われる。

おそらくこの気質を見込んだ岳父《がくふ》は、作霖のために資金を集め、自衛組織・「保険隊」を結成させた。「満洲」では、漢族不法移民は行政の保護対象ではなく、運よく財を成しても当局をあてにできず、自衛が基本であった(特に日清戦争で「満洲」南部が戦場になってからは、治安悪化が著しかった)。日本でいう用心棒、すなわち専属の自衛組織をもつか、さらなる安心を求めるならば、複数の組織と契約して、襲撃されるリスクを分散させる方法があった。作霖が任された保険隊とは、契約した資産家やエリアを警備する一方、未契約者を襲って収入を得、またある種の営業活動をする（「襲撃されたくなければ契約せよ」と圧力をかける）組織である。実はこの組織こそ、日本人が馬賊と呼んだものだった。いわば、匪賊と指定暴力団と警備会社とを兼ねている存在である。

作霖は一ヘクタールにつき銀一両で警備を引き受け、趙家周辺の七つの村を営業エリアとしたという。しかし増える構成員を養うには、収入源を拡大しなければならない。一九〇〇年、義和団《ぎわだん》事件の混乱に乗じて、同業者・金寿山の営業エリアの一部を奪うにいたる。この頃、現在の内モンゴル自治区から逃れてきた湯玉麟《とうぎょくりん》（一八七一―一九三七）が配下に入った。

翌年六月、金は、義和団鎮圧のため「満洲」に駐留するロシア軍の援護を得て、作霖に逆襲した。作霖は営業エリアを捨て、身重の妻と、湯玉麟に背負われた長女と、僅《わず》かな部下を連れて、八角台の同業者―といっても豆腐屋が本業の―張景恵《ちょうけいけい》（一八七一―一九五九）のもとに逃げ込んだ。この逃避行中に生まれたのが、のちに西安《シーアン》事件（一九三六年）を起こす長男・学良《がくりょう》（一九〇一―二〇〇一）である。

作霖はよそ者ながら、その侠気により人望を集め、「万人喜《ワンレンシー》」というあだ名もついたという。これを見た張景恵は、約一七〇名を擁《よう》する自分の保険隊を作霖に譲り、自身は副頭目になおった。窮鳥《きゅうちょう》を懐にかくまっただけでも充分な侠気だが、根拠地を失った頭目に、自分の組織をまるごと与えたのだ。張景恵にも、かなりの度量があったといえよう。

彼らはもともと地元の商工会長を後ろ盾《だて》にしていたが、さらに資産家への営業活動を強化し、千両以上の銀を集め、近隣の七つほどの匪賊集団を併呑《へいどん》し、有力保険隊へと急成長した。一九〇一～

二年頃、親族の仇討《あだう》ちをして官憲から追われていた張作相《ちょうさくそう》(一八八一―一九四九)をかくまい、彼らの弟分とした。景恵・作相そして湯玉麟は、作霖の古参の部下として、のちに彼の政権の中核ともなった。

清朝帰順後の活躍

当時の「満洲」は、義和団鎮圧後もロシア軍の残留に悩まされていたが、一九〇二年六月に露清間《ろしん》で結ばれた「交収東三省《とうさんしょう》条約」により、〇三年十二月までに、三段階に分けてロシア軍を撤退させて、清朝の主権を回復させることになった。それにともない、清朝が「満洲」の治安維持を担うことになった。しかしもともと漢族住民を不法とみて放置した結果、徴収できる税源が乏しく、しかも義和団事件中は、ほとんどの官僚や軍人が持ち場から逃げるほど、貧弱な統治体制だったため、現地当局に治安を維持する財力、また軍事・警察力はないに等しかった。そこで当局は、保険隊や匪賊を帰順《きじゅん》させて軍隊・警察の代わりとし、特に保険隊のスポンサーたる資産家から活動資金を捻出《ねんしゅつ》させる政策を打ち出した。この政策に応じた保険隊や匪賊は、過去の犯罪を問われないことになったが、古来、類似の政策により帰順した者が、結局は処刑された事例も多かった。そのため作霖は一計を案じた。自分の縄張りを通過する為政者(盛京将軍《せいけいしょうぐん》)の夫人を足止めさせ、夫へのとりなしを頼んだのである。その態度は丁重だったようで、夫人は夫に作霖のことを好意的に話した。それにより彼の保険隊は一九〇二年八月、従来のスポンサーたちの推薦付きで無事に帰順できた。フェミニスト・作霖の面目躍如である。

帰順後の職務は、ほかの保険隊や匪賊を帰順させるか、討伐《とうばつ》することだった。作霖は順調に業績をあげ、直属の上司の命も救ってその信頼を得た。時には同僚を追放してまで兵力を増強し、〇九年には騎馬・歩兵九大隊を統括するに至る。兵員を養うため、製油業や雑貨販売業などを営む一方、二年連続で特別な軍事予算も獲得している。このやり手ぶりが認められ、一九一一年十月の辛亥革《しんがいかく》命勃発《めいぼっぱつ》直後から、東三省総督の命令で奉天省城の警備にあたり、翌年一月には、「満洲」における革命指導者だった張榕《ちょうよう》を暗殺して、「満洲」での革命を挫折させた。

地域政権の樹立

宣統帝溥儀《せんとうていふぎ》(在位一九〇八―一二)は二月に退位し、中華民国下の共和制が全国に施行されたが、「満洲」では旧体制の人材がほとんど残留し、作霖も民国陸軍の師団長兼中将となった。旧体制の存続という面では、最大の功労者だったからである。

孫文ら革命派をおさえて、民国の最高権力者となった大総統・袁世凱《えんせいがい》(一八五九―一九一六)でさえ作霖を恐れ、自分の部下を作霖の上司(奉天都督)に据えて、監視させたほどであった。しかし一九一六年一月に、袁が「中華帝国」皇帝に即位すると、これに反対する旧革命派が蜂起《ほうき》し、次第に袁をおいつめた。作霖もそれに便乗して上司の追放を画策し、六月に袁が死去すると、ついに自身がトップに立つ、事実上の地域政権樹立に成功する。以後、「奉天派」と称される軍事・政治集団として、ポスト袁世凱時代の、いわゆる「軍閥《ぐんばつ》混戦」に名乗りを上げた。

作霖が地域政権の構築に成功し、民国の有力者となれたのは、自衛組織である馬賊（保険隊）から脱却して、支配体制の一員となれたこと、そして革命という危機からその体制を守り、存続させたためである。よって彼の政権は当初から、清朝末期の行財政を熟知する官僚を必要としていた。そもそも辛亥革命時に、奉天省城の警備部隊長として、作霖を総督に推薦したのは、諮議局《しぎきょく》（省議会に相当）副議長の袁金鎧《えんきんがい》（一八七〇—一九四七）だった。彼は科挙《かきょ》中止の憂き目にあった知識人だったが、出身地で自衛組織を結成し、それを足掛かりに警察行政をたちあげ、地方政界にも進出した人物である。一六年における、作霖の上司追放と地域政権樹立でも彼に協力した。しかし作霖と共謀して、親族の革命家・張榕を暗殺し、一時はその罪にも問われた袁金鎧は、政権の行財政を親友の王永江《おうえいこう》（一八七二—一九二七）に委ね、自身は作霖と王の相談役に退いた。王は警察行政の刷新や地方財政の再建に手腕を発揮し、作霖の信頼を得た。むしろ袁金鎧や王が加わったことで、作霖の軍事集団は「政権」へと脱皮できたのである。

民国再統一への苦闘

一九二〇年、袁世凱後継の座を狙う安徽派《あんきは》（段祺瑞《だんきずい》〔一八六五—一九三六〕）と直隷派《ちょくれいは》（曹錕《そうこん》〔一八六二—一九三八〕・呉佩孚《ごはいふ》〔一八七四—一九三九〕）の内戦（安直戦争）において、作霖は後者に味方してこれを勝たせ、ついに北京政府に進出した。

しかし北京での政治経験に乏しかった作霖は、常に直隷派の風下におかれた。その境遇を覆そうと、二二年に第一次奉直戦争をひきおこすがあえなく敗れ、「満洲」に退却した。ここで彼は、王永江の進言に従って、北京政府との断絶を宣言し、以後約二年間も雌伏《しふく》した。この間、保険隊出身の部下だけではなく、日本や中国の士官学校卒業者を積極的に登用した。前者の代表が総参謀長の楊《よう》宇霆《うてい》(一八八六―一九二九)、後者の代表が、奉天武備学堂で学良を教育した郭松齢《かくしょうれい》(一八八三―一九二五)である。実は直隷派に負けた一因は、張景恵軍の足並みの乱れであった。自分の勘に頼り、時に敵軍に情をかけてしまう馬賊流の戦い方では、近代的な戦法や装備をもつ相手には勝てない。張作霖は、かつての恩人・張景恵の「満洲」帰還をしばらく許さず、楊や郭を重用して自軍の近代化を図った。また直隷派打倒を期して、水面下では段祺瑞や孫文《そんぶん》(一八六六―一九二五)とも、同盟構築を模索した。

かつての敵とはいえ、同じく直隷派に敗れた段祺瑞と連携するのはわかるとして、なぜ孫文との同盟まで必要だったのか。実は孫文から先に、張作霖へのアプローチがあったからだった。

辛亥革命の後、袁世凱に主導権を握られ中央政界に食い込めなかった孫文らは、広東省広州に拠点をおき、袁を打倒するため二度も挙兵したが、一六年に袁が死去しても、軍事集団同士が後継を争う政治状況を変えることはできなかった。恒常的な革命軍と資金源をもたない孫文は、子飼いの軍と勢力基盤をもつ北方の有力三派(安徽・直隷・奉天各派)にとって、ライバルではなかったからである。軍事力の弱さゆえに北京政界から疎外《そがい》された上、足元では、直隷派にすり寄る者までいて、孫文は苦境に立たされていた。

歴史的には、二一年の中国共産党結成と、二四年の中国国民党改組からの第一次国共合作により、民国再統一が可能になったと説明されることが多いが、少なくとも孫文存命中はそれほど単純な話ではない。合作を後押ししたコミンテルンとソ連にも、中国を利用して勢力を拡大したいという思惑は当然あり、孫文が彼らだけを頼れば、彼らへの従属度も高まるからである。そこで孫文は一九二〇年代前半期、直隷派打倒という目的が共有できる段祺瑞や張作霖と連携し、彼らの軍事力・政治力も担保して、コミンテルン・ソ連一辺倒にならないようにバランスをとろうとした。特に段以上の軍事力をもち、ソ連の隣接地を勢力基盤とする張作霖は、孫文にとって、中国をソ連の思い通りにさせないための、自分を援護する友軍として、ソ連に対する交渉材料にできる存在だったのである。

張作霖にとっての孫文も、むろん直隷派打倒の同志だった。しかしそれ以上に、中華民国の「国父」が自分を頼ってくれたことが、彼の侠気を喚起《かんき》したようだ。孫文の代理として張作霖との同盟交渉を担った寧武《ねいぶ》は、張から孫文への、多額の資金援助が何度もあったと証言している。❖2 二四年、第二次奉直戦争をしかけた張作霖は、直隷派の有力将軍で孫文崇拝者でもあった馮玉祥《ふうぎょくしょう》の寝返り（北京政変）に助けられ、ついにリベンジを果たし、まずは同盟者の段祺瑞を北京に呼び込んだ。

善後策を協議し、また南北を平和裏に再統一するためにも、張・馮・段は、孫文の上京を望んだ。孫文もこれに応じ、各地で講演をしながら北上した。国際的には日本の支援も必要と考え、日本にも立ち寄り、神戸で有名な「大アジア主義」講演を行っている。しかし孫文の望みは、軍・政界の有力者だけでなく、民間代表や団体をも招集しての「国民会議」開催であった。長年追求してきた、民主共和制の理想形を実現しようとする孫文とそれを支持する馮玉祥、対して、会議の目的を戦争の善後処理に絞ろうとする段祺瑞と段に同調する張作霖、この両派の間には次第に亀裂《きれつ》が生じていった。また孫文は、上京前からガンを発症し、遊説するうちに体調を悪化させ、北京に到着した二四年末には、長時間の会談に耐えられないほど衰弱していた。張らとの妥協点を探れないうちに病床に伏し、善後会議を強行した段・張らの見舞を拒否したまま、二五年三月十二日に永眠した。

現実主義者の段や張との折り合いが悪く、以前から北京政府内で浮いた存在だった馮玉祥も、二四年十一月に、突如下野を宣言したが、段の計らいで、西北地方の守備軍司令官として北京を離れた。同じ頃、張作霖の奉天軍は、第二次奉直戦争に要した軍事費と自軍の維持費とを、経済先進地である長江流域から徴収しようとして、現地の複数の軍事集団から激しい抵抗を受けた。彼らの背後には直隷派の呉佩孚がつき、第三次奉直戦争が勃発しかねない状況となった。張は馮に救援を要請したが、馮は断った。そのため張は孤立無援の状態で、長江流域の呉に支援された反張勢力を敵に回すことになった。

段祺瑞に同調し、結果的に孫文を見捨て、さらには長江流域での無理な膨張政策に走った張作霖には、奉天軍内からも反発がおきた。その筆頭が、もと中国同盟会員つまり孫文支持者にして、長男・学良の教育責任者兼副官でもあった郭松齢である。彼は二五年の秋、日本軍の軍事演習を視察するため訪日し、彼との接触を求めていた馮玉祥の部下と意気投合した。この部下は郭に、これ以上の内乱に加担したくなければ馮と同盟するよう勧めた。郭の帰国後、張は、自分の救援要請を断った馮を討伐するよう郭に命じたが、彼は三回も拒否し、同年十一月、馮と同盟して張作霖打倒の兵を挙げた（郭松齢事件）。

大元帥の見果てぬ夢

作霖は強いショックを受け、郭の上官である学良の反逆さえ疑い、戦況不利に陥ると自殺まで図った。しかし「満洲」に利権をもつ日本が、満鉄線への郭軍将兵の乗車を拒否するなどして、間接的にその進軍を妨害したため、郭軍は奉天省城にのりこめず、張軍の反撃にあって敗れ、郭は十二月二五日に殺された。

張作霖関係地図（1926年）

郭の同盟者である馮を許せなかった作霖は、旧敵・呉佩孚と結んで馮を追い詰め、二六年三月に国外に退去させた。あえて殺さなかったところに、直隷派へのリベンジに恩がある馮に対する、張なりの配慮を感じる。馮は五月にモスクワに入り、国民党員となった。

張が呉と結んだために、同じく張の同盟者であった段祺瑞は立場をなくし、二六年四月に下野した。すでに二五年七月から蔣介石率いる国民革命軍が発足しており、二六年からは、コミンテルンとソ連が定めた合作の基本方針である、軍閥打倒（北伐《ほくばつ》）による民国再統一に乗り出した。同年十一月、作霖は呉佩孚との連合軍を「安国軍」と改称し、さらに二七年六月には、東北・華北十五省の推戴《すいたい》を受ける形で「安国軍大元帥」に就任した。むろん彼が「安」んじたい「国」とは、かつての同盟者・孫文が建国した中華民国である。日本の「傀儡《かいらい》」として、「満洲」に独自の国を作ろうという意図は皆無であった。

第二次奉直戦争後、張作霖は、孫文を北京に迎え入れたら正式の大総統になってもらうつもりでいた。馮玉祥との対立や孫文の死によりそれはかなわなかったが、かといって彼自身は、民国全体のトップである大総統にも首相にあたる国務総理にも、結局は就任しなかった。その後、国民革命軍による北伐を迎撃する非常事態において、みずからは正統な政府と自負する北京政府を軍政府に改めざるを得ず、通常の共和体制が敷けなかったためだろうが、「満洲」の馬賊を振り出しに、事実上の国家元首にまで上りつめた彼が、最後のよりどころとした地位が大元帥であったという事実は重い。彼もまた、南北再統一後の「中華民国」が共和制の完成形であると考えており、自分が預かる安国軍政府は、正統とはいえ仮の姿と認識していたことをうかがわせるからである。
馬賊から地域政権への脱却過程では、王永江らの文官と連携しての行財政改革、地域政権から北京政府への進出過程では、近代教育を受けた士官を登用しての自軍強化に励んだ張作霖は、次第に全国的な視野を獲得し、かつて弾圧した革命勢力（その頂点に立つ孫文）や、宿敵（呉佩孚）との同盟もいとわなかった。これを無節操とみなす向きもあろうが、筆者はそうは考えない。北伐軍が北京に迫ると、日本側の勧めもあったとはいえ「満洲」にひきあげる決断をし、北京での大規模な最終決戦を避けたことからも、彼の望みがやはり中華民国の保全であったことがうかがえる。清濁あわせのむ、大きな侠気をもつ彼を、日本の「満洲」利権保護者としてのみ利用しようとし、その枠内におさまらないとみるや爆殺の暴挙に出た関東軍は、つくづく狭量であった。異質なものや対立者とどう折り合いをつけ、理想と現実との間でどう決着させるか。張作霖の生涯、およびその死が示唆するものは、多様性重視が叫ばれる現代にこそ、再考される必要があるだろう。

❖1…張家の家庭教師であった汪樹屏の証言。同「張作霖的三姨太与四姨太」（鄺桂生『国家元首妻妾録』伝記出版社―台北、一九九三年、所収）
❖2…寧武「孫中山与張作霖聯合反直紀要」（中国人民政治協商会議全国文史資料研究委員会編『文史資料選輯』第四十一輯、文史資料出版社、一九六三年）

⊙参考文献

澁谷由里『馬賊の「満洲」——張作霖と近代中国——』（「講談社学術文庫」、二〇一七年）
澁谷由里「民国時代の試行錯誤」（澁谷由里『〈軍〉の中国史』「講談社現代新書」、二〇一七年）
澁谷由里「孫文と張作霖——民国再統一に向けての提携を中心に——」（『東洋史研究』七八巻三号、二〇一九年十二月）

【執筆者略歴】（掲載順）

植田 喜兵成智（うえだ きへいなりちか）
一九八六年、東京都生まれ。二〇一七年、早稲田大学大学院文学研究科博士後期課程単位取得退学。博士（文学）。現在、学習院大学東洋文化研究所助教。主要論文：「唐人郭行節墓誌からみえる羅唐戦争――六七一年の新羅征討軍派遣問題を中心に――」（『東洋学報』九六―二）、「在唐百済遺民の存在様態――熊津都督府の建安移転の史的意義と関連させて――」（『朝鮮学報』二三六）、「黒歯常之・俊親子の事績とその墓誌の制作背景」（『古代文化』七〇―四）

須川 英徳（すかわ ひでのり）
一九五七年、群馬県生まれ。東京大学大学院経済学研究科博士課程理論経済学・経済史学専攻を修了。博士（経済学）。横浜国立大学大学院教授を経て、現在、放送大学教授。主要著作・論文：『李朝商業政策史研究』（東大出版会、一九九四年）、『朝鮮後期財政と市場』［共著、韓国語］（ソウル大学出版文化院、二〇一〇年）、『韓国・朝鮮史への新たな視座』［編著］（勉誠出版、二〇一七年）、『悪の歴史 東アジア編（下）＋南・東南アジア編』［共著］（清水書院、二〇一八年）、「十九世紀朝鮮の経済状況をめぐる新たな歴史像」（『朝鮮史研究会論文集』五四、二〇一六年）、「高麗末から朝鮮初における武についての試論」（『韓国朝鮮文化研究』第十七号、二〇一八年）

王 瑞来（オウ ズイライ）
一九八二年、北京大学卒業、史学博士。現在中国河南省講座教授、学習院大学東洋文化研究所研究員。主要著作：『宋代の皇帝権力と士大夫政治』（汲古書院、二〇〇一年）、『中国史略』（DTP出版、二〇〇九年）、『王瑞来学術文叢』（五巻）（山西教育出版社、二〇一五年）、『悪の歴史 東アジア編（下）＋南・東南アジア編』［共著］清水書院、二〇一八年）

四日市 康博（よっかいち やすひろ）
一九七一年、岩手県生まれ。二〇〇四年、早稲田大学大学院文学研究科史学（東洋史）専攻 博士後期課程単位取得退学。博士（文学）。九州大学人文科学研究院専任講師、沖縄県立芸術大学附属研究所客員研究員を経て、現在、立教大学文学部史学科准教授。主要著作：『モノから見た海域アジア史――モンゴル～宋元時代のアジアと日本の交流』［編著］（九州大学出版会、二〇〇八年）、『悪の歴史 東アジア編（下）＋南・東南アジア編』［共著］（清水書院、二〇一八年）

加藤 裕人（かとう ひろと）
一九八一年、東京都生まれ。二〇一六年、東京学芸大学大学院連合学校教育学研究科学校教育学専攻博士課程修了。博士（学術）。現在、横浜国立大学・亜細亜大学非常勤講師。主要論文：「高麗末期 恭愍王の『王』の歴史」（『韓国・朝鮮史への新たな視座』勉誠出版、二〇一七年）、「朝鮮前期仏教史に対する歴史学的研究の推移と問題――「排仏」と「抑仏」を超えて――」（『年報朝鮮学』第十九号）

荒木 達雄（あらき たつお）
二〇一五年、東京大学大学院人文社会系研究科博士課程単位取得退学。二〇一八年、博士（文学）学位取得。現在、東京大学附属図書館上廣倫理財団寄付研究部門特任研究員。主要論文：「石渠閣出版活動和《水滸傳》之補刻」（『漢學研究』第三十五巻第三期、二〇一七年）、「两种《水浒传》为何〝再造〟一百回本――加州大学柏克莱校藏本与东京大学文学部藏　本」（『河北学刊』二〇一六年第一期）、「宋江形象演変考」（『中国――社会と文化』第三〇号、二〇一五年）、「《水浒传》李逵杀虎故事形成的背景」（『明代文学研究的新进展』、生活・读书・新知三联　书店、二〇一四年）

林 文孝（はやし ふみたか）
一九六五年、東京都生まれ。一九九四年、東京大学大学院人文科学研究科博士課程単位取得退学。現在、立教大学文学部教授。主要著作・論文：『コスモロギア――天・化・時』［共著］（法政大学出版局、二〇一五年）、『治乱のヒストリア――華夷・正統・勢』［共著］（法政大学出版局、二〇一七年）、「中国歴史思想における鏡の比喩」（『境界を越えて』第十八号所収、二〇一八年）、「孫海波の清代学術思想研究」（『日本中国学会報』第七一集所収、二〇一九年）

鈴木 開（すずき かい）
一九八三年、東京都生まれ。二〇一七年、東京大学大学院博士課程修了。博士（文学）。現在、明治大学文学部専任講師。主要著作・論文：『明清交替と朝鮮外交』（刀水書房、二〇二一年刊行予定）、『ハンドブック近代中国外交史』［共著］（ミネルヴァ書房、二〇一九年）、「伝石之珩撰『南漢日記』」と李道長撰『承政院日記』」（『東洋史研究』第七九巻第二号、二〇二〇年）、「丁応泰の変と朝鮮」（『朝鮮学報』第二二九輯、二〇一一年）

吉尾 寛（よしお ひろし）
一九五三年、高知県生まれ。一九八二年、名古屋大学大学院卒業。博士（歴史学）。現在、高知大学名誉教授・人文社会科学部特任シニアプロフェッサー。主要著作：『明末の流賊反乱と地域社会』（汲古書院、二〇〇一年）、『民衆反乱と中華世界——新しい中国史像の構築に向けて』［編著］（汲古書院、二〇一二年）

杉山 清彦（すぎやま きよひこ）
一九七二年、香川県生まれ。二〇〇〇年、大阪大学大学院文学研究科博士後期課程修了。博士（文学）。現在、東京大学大学院総合文化研究科・教養学部准教授、放送大学客員准教授。主要著作：『大清帝国の形成と八旗制』（名古屋大学出版会、二〇一五年）、『中国と東部ユーラシアの歴史』［共編著］（放送大学教育振興会、二〇二〇年）、『悪の歴史 東アジア編（下）＋南・東南アジア編』［共著］（清水書院、二〇一八年）、『東アジア海域に漕ぎだす——海から見た歴史』［共編著］（東京大学出版会、二〇一三年）、『清朝とは何か』［共編著］（藤原書店、二〇〇九年）

菊池 秀明（きくち ひであき）
一九六一年、神奈川県生まれ。早稲田大学卒業、東京大学大学院修了。博士（文学）。現在、国際基督教大学教授。主要著作：『広西移民社会と太平天国』（風響社、一九九八年）、『太平天国にみる異文化受容』（『山川世界史リブレット 六五』、山川出版社、二〇〇三年）、『ラストエンペラーと近代中国』（『中国の歴史 一〇』、講談社、二〇〇五年）、『清代中国南部の社会変容と太平天国』（汲古書院、二〇〇八年）、『金田から南京へ——太平天国初期史研究』（汲古書院、二〇一三年）、『北伐と西征——太平天国前期史研究』（汲古書院、二〇一七年）、『悪の歴史』東アジア編（下）＋南・東南アジア編』［共著］（清水書院、二〇一八年）

趙 景達（チョ キョンダル）
一九五四年、東京都生まれ。一九八六年、東京都立大学大学院博士課程中退。歴史研究者。主要著作：『近代朝鮮と日本』（岩波書店、二〇一二年）、『植民地朝鮮と日本』（岩波書店、二〇一三年）、『朝鮮の近代思想』（有志舎、二〇一九年）、『近代朝鮮の政治文化と民衆運動』（有志舎、二〇二〇年）、『岩波講座 東アジア近現代通史』（全十一巻）［共編集］二〇一〇～一一年）、『講座 東アジアの知識人』（全五巻）［共編集］有志舎、二〇一三～一四年）

宮古 文尋（みやこ ふみひろ）
一九七九年、岩手県生まれ。二〇一四年、上智大学大学院文学研究科博士課程修了。博士（史学）。現在、上智大学ほか非常勤講師。主要著作・論文：『清末政治史の再構成——日清戦争から戊戌政変まで——』（汲古書院、二〇一七年）、『悪の歴史』東アジア編（下）＋南・東南アジア編』［共著］（清水書院、二〇一八年）、「清末中国の公使接見儀礼——皇帝権威の誇示と失墜——」（『歴史家の調弦』上智大学出版、二〇一九年）、「『立憲』の胎動——清朝朝廷の『立憲』構想」（『史学研究』第三〇三号、二〇一九年）

澁谷 由里（しぶたに ゆり）
一九六八年、東京都生まれ。一九九五年、京都大学大学院文学研究科単位取得退学。一九九八年、博士（文学）取得。現在、帝京大学文学部教授。主要著作・論文：『馬賊の

「満洲」――張作霖と近代中国――』（「講談社学術文庫」、二〇一七年）、『〈軍〉の中国史』（「講談社現代新書」、二〇一七年）、『「漢奸」と英雄の満洲』（「講談社選書メチエ」、二〇〇八年）、「孫文と張作霖――民国再統一に向けての提携を中心に――」（『東洋史研究』七八巻三号、二〇一九年）、「『満洲国』崩壊後の戦犯問題」（『富山大学人文学部紀要』四六号、二〇〇七年）、「張作霖政権下の奉天省民政と社会――王永江を中心として――」（『東洋史研究』五二巻一号、一九九三年）

2020年11月25日　第1刷発行

「俠《きょう》の歴史《れきし》」東洋編《とうようへん》（下《げ》）

編著者
上田《うえだ》 信《まこと》

発行者
野村久一郎

印刷所
法規書籍印刷株式会社

発行所
株式会社 清水書院
〒102-0072
東京都千代田区飯田橋3-11-6
［電話］03-5213-7151㈹
［FAX］03-5213-7160
http://www.shimizushoin.co.jp

デザイン
鈴木一誌・吉見友希

ISBN978-4-389-50123-5
乱丁・落丁本はお取り替えします。